Gaby Hauptmann

Unser ganz besonderer Moment

PIPER

Zu diesem Buch

Ein kleines Café im Herzen von Stuttgart. Und zwischendurch einen Cappuccino oder einen Sekt mit den Gästen: Doris und Katja führen ihren gemeinsamen Laden mit großer Leidenschaft. Wären da nur nicht die Finanzen, die Katja seit einiger Zeit schwer im Magen liegen. Völlig verrückt, in dieser Situation auch noch eine zusätzliche Hilfe einzustellen, die junge, vor Energie sprühende Niki. Aber Niki bringt das Café über Nacht in Schwung, sodass Doris und Katja endlich Zeit finden, einen sommerlichen Ausflug aufs Land zu machen. Und spontan verlieben sich beide in eine alte, leer stehende Winzerstube. Ist sie die Antwort auf viele Fragen? Die Chance, etwas ganz Neues aufzubauen? Denn Niki hat nicht nur Schwung mitgebracht, sondern auch noch die Wahrheit über Doris' Ehemann. Während Katja ihre demenzkranke Mutter in Stuttgart nicht alleine lassen mag, entdeckt Doris den jungen, sympathischen Winzer Robby sehr bald für sich …

»Wie die Heldin ihr Leben anpackt, hat mich fasziniert.«
Charlotte Link

»Wie sich die Dinge schließlich zum Guten wenden, ist ebenso geschickt eingefädelt wie mitreißend erzählt.« *Südkurier*

Gaby Hauptmann, geboren 1957 in Trossingen, lebt in Allensbach am Bodensee. Als Moderatorin, Journalistin und Autorin ist sie seit vielen Jahren einem großen Publikum bekannt. »Unser ganz besonderer Moment« schreibt die Geschichte der Freundinnen aus »Unsere allerbeste Zeit« fort.

Gaby Hauptmann

Unser ganz besonderer Moment

Roman

PIPER

Mehr über unsere Autorinnen, Autoren und Bücher:
www.piper.de

Wenn Ihnen dieser Roman gefallen hat, schreiben Sie uns unter Nennung des Titels »Unser ganz besonderer Moment« an *empfehlungen@piper.de*, und wir empfehlen Ihnen gerne vergleichbare Bücher.

Von Gaby Hauptmann sind im Piper Verlag 28 Bücher erschienen, u. a.:
Suche impotenten Mann fürs Leben
Scheidung nie – nur Mord!
Plötzlich Millionärin – nichts wie weg!
Lebenslang mein Ehemann
Unsere allerbeste Zeit
Unser ganz besonderer Moment

Unser Versprechen für mehr Nachhaltigkeit
• Klimaneutrales Produkt
• FSC®-zertifiziertes Papier
• Hergestellt in Europa

FSC www.fsc.org MIX Papier | Fördert gute Waldnutzung FSC® C083411

Ungekürzte Taschenbuchausgabe
ISBN 978-3-492-31966-9
März 2023

Umschlaggestaltung: FAVORITBUERO, München
Umschlagabbildung: Bilder unter Lizenzierung von Shutterstock.com genutzt
Satz: Satz für Satz, Wangen im Allgäu
Gesetzt aus der Adobe Garamond Pro
Druck und Bindung: CPI books GmbH, Leck
Printed in the EU

Wann fühlt man sich als Einheit?
Wenn man miteinander reden und diskutieren kann,
die Ansichten des anderen anhört und überdenkt,
wenn man gemeinsam lachen und blödeln kann –
und für ein gutes Ergebnis an einem Strang zieht,
in unserem Fall seit 25 Jahren für jedes einzelne
meiner Bücher:

Danke Eva und Thomas für viele besondere Momente!
Und *das* muss jetzt sein!

Prolog

Wie alt muss man eigentlich werden, bis man sich selbst kennt?

Ich bin jetzt 45, und seit Neuestem denke ich, ich kenne mich überhaupt nicht, stehe im Spiegel einer wildfremden Person gegenüber. Es ist noch nicht lange her, da war die Werbeagentur, in der ich arbeitete, mein Leben. Alles drehte sich darum – mein Tagesablauf, meine Gedanken, selbst meine Freunde waren gleich gestrickt wie ich. Mein schönes Appartement in Hamburg war wichtig, mein flotter Wagen, meine Selbstständigkeit, mein Single-Dasein. Und dann hat die Demenz meiner Mutter mein Leben umgekrempelt. Heim nach Stuttgart, wo ich aufgewachsen bin, und wieder in eine Agentur – doch alles war anders. Ich war anders. Plötzlich wurden andere Dinge wichtig: Meine Freundin Doris aus meiner Schulzeit, die Bewohner des Hauses, in das ich gezogen bin, meine Mutter – und selbst mein Bruder, der mir nichts als Ärger bescherte. Und dann habe ich mich gefragt: Bin ich noch ich? Oder – wer bin ich überhaupt? Noch wichtiger: Was will ich? Wo ist mein Ziel? Mein Freund Heiko, auch ein Schulkamerad wie Doris, macht Männer-Coaching. Aber ob er mir weiterhelfen kann? Und die nächste Frage: Will ich das überhaupt?

Ich will nicht bis nach Santiago de Compostela wandern, um mich kennenzulernen. Ich bin keine Pilgerin. Und wandern war noch nie mein Ding. Aber auf irgendeine Art muss man sich doch selbst auf die Schliche kommen können. Wie nur? Das beschäftigt mich gerade. Und es ist kaum anders als damals in der Agentur: Du hast ein Thema und suchst eine Lösung. Ein Branding, um dem Ding einen Namen zu geben. Midlife-Crisis … ist es das?

Montag, 2. August

Doris ruft mich herunter. Das tut sie manchmal, wenn sie in unserem Café Hilfe braucht. Ich mache gerade den Monatsabschluss und lege bedauernd den Locher als Beschwerer auf die vielen Belege, die ich noch nicht bearbeitet habe. Das war unser Deal, als wir uns vor knapp einem Jahr zusammengetan haben … Sie führt ihr Café weiter, wie gehabt, aber ich steige mit ein. Mit meinem Geld und meiner kaufmännischen Ausbildung – denn das hat ihr gefehlt. Ein riesiges Chaos war die Folge. Ich habe einige Zeit gebraucht, bis ich alles im Griff hatte, aber jetzt habe ich den Überblick. Was mich allerdings nicht optimistischer stimmt. Ich signalisiere ihr per SMS, dass ich komme, und schiebe meinen Bürostuhl zurück. Es sind schöne, lichte Räume geworden, nachdem wir die Etage über dem Café dazumieten und renovieren konnten. Und übrigens, trotz der guten Lage in Stuttgarts City, zu einem akzeptablen Preis. Heiko blickt auf. Durch die geöffnete Türe haben wir Sichtkontakt, wenn er seine Coachings vorbereitet. »Alles klar?«, will er wissen.

»Werde ich sehen«, gebe ich zur Antwort, denn woher soll ich das wissen, bevor ich weiß, was da unten los ist?

Es ist später Nachmittag, Kaffee- und Kuchenzeit. Manche trinken auch schon ein Gläschen Wein, andere halten sich plaudernd am Mineralwasser fest und schieben den Kinderwagen beruhigend hin und her. Das Café könnte eine Goldgrube sein, wenn Doris mehr Geschäftssinn hätte. Den hat sie aber nicht, sondern sie freut sich an der Geselligkeit ihrer Gäste. Aber gut, denke ich, abends zieht es ja meist an, da ist der Laden ziemlich voll. Flammkuchen und Wurstsalat, das sind die gängigsten Speisen, inzwischen auch vegan und vegetarisch sowieso. Doris lehnt entspannt über dem Tresen und winkt mir zu. Sie ist gut drauf, das sehe ich ihr an, ihre kurzen, schwarzen Haare stehen kreuz und quer ab, ihre Augen blitzen, und gerade lacht sie fröhlich auf. Ihr Gegenüber ist eine junge Frau, die ich nicht kenne und die nun Doris' Blick folgt und sich nach mir umdreht.

»Das ist meine Teilhaberin«, stellt mich Doris vor, »und außerdem meine Freundin. Katja ist gewissermaßen das Fundament dieses Ladens.«

Ich grüße und denke: Ja, die Rechenmaschine ...

»Und das ist Niki, sie studiert und sucht einen Job.«

»Aha«, sage ich und mustere sie. Braunes, schulterlanges Haar, hübsches Gesicht, schlanke Gestalt. »Und woher kennen Sie unser Café«, frage ich, »ich habe Sie noch nie hier gesehen.«

Sie schiebt sich eine der dicken Haarsträhnen hinters Ohr. »Eine Kommilitonin hat mir den Tipp gegeben. Ich bin nicht aus Stuttgart, darum war ich ihr dankbar.«

Doris nickt. »Ja, Studenten haben wir viele.«

Gut, denke ich, aber brauchen wir überhaupt eine Aushilfe?

»Und im Service haben Sie schon mal gearbeitet?«

Sie lacht. »Das habe ich Doris schon erzählt ... bisher nur auf Bierfesten. So oktoberfestmäßig. Also servieren und rechnen, das kann ich.«

»Tja«, sage ich. »Das ist sicherlich eine gute Schule gewesen.«

»Ja, aber man muss sich auch ganz schön wehren. Bei steigendem Alkoholpegel meinen manche, die Bedienung sei im Bierpreis inbegriffen.«

»Das kann bei uns nicht passieren. Unsere Gäste sind harmlos ...«, erklärt Doris.

Trotzdem verstehe ich nicht so ganz, warum sie jetzt eine weitere Hilfe brauchen soll. »Aber, nur um das abzuklären, wir haben doch Vroni ... oder hat sich da was geändert?«

Doris zuckt mit den Schultern. »Dann arbeitet Vroni halt ein bisschen weniger, sie sagt selber, sechs Tage seien ihr zu viel.«

»Ja dann«, sage ich, »Stundenlohn und Trinkgeld ... habt ihr darüber schon gesprochen?«

Niki schaut Doris an. »Ja, das geht in Ordnung.«

»Und ich melde dich an, das ist auch klar?«

»Klar. Schwarz mache ich sowieso nichts.«

»Und die Zeiten und so, das klärst du mit den beiden?«, frage ich Doris.

»Aber klar!« Sie greift über den Tresen nach Nikis Hand. »Herzlich willkommen.«

»Gut«, sage ich, »dann brauche ich deine Adresse und ein paar andere Informationen. Am besten kommst du gleich mit hoch in mein Büro.«

Heiko schaut auf, und sein Blick begleitet Niki durch den Raum, bis sie sich an meinen Schreibtisch gesetzt hat. Aha, denke ich, die gefällt dir wohl. Zu jung, mein Lieber.

Niki ist eine aparte Person, das muss ich zugeben. Besonders gut gefällt mir ihre natürliche Art, kaum geschminkt und nur die ausdrucksstarken Augen etwas betont. Geschwungene, volle Lippen und hohe Wangenknochen, kein Wunder, dass Heiko von seiner Arbeit aufsieht.

Sie reicht mir ihren Personalausweis über den Tisch. Ich lese ihren Namen, das Geburtsdatum, den Geburtsort. Kiel. Also gerade mal 18 Jahre alt. Aber gut, seitdem man das Abi schon mit 17 machen kann und – immerhin ist sie ja volljährig.

»Hm«, sage ich. »Und wo studierst du?«

»Hochschule der Medien, hier in Stuttgart.«

»Und wo wohnst du?«

»In einer kleinen WG, übergangsmäßig, hoffe ich, bis ich etwas anderes finde.«

»Gut, dann melde ich dich an und heiße dich bei uns willkommen!«

Sie strahlt. »Vielen Dank, ich freue mich.«

Heiko steht auf und kommt zu uns herüber. »Ein neues Crew-Mitglied? Habe ich richtig gehört?«

»Hast du«, antworte ich.

Er reicht ihr die Hand und stellt sich vor.

»Männer-Coaching?« Sie sieht ihn mit einem leicht ironischen Blick an. »Was coacht man denn da?«

»Durchsetzungsvermögen«, antwortet Heiko spontan.

»Gegenüber Frauen?«, will Niki wissen.

»Auch!«

Haha, denke ich, sage aber nichts. Mir fehlt heute einfach der richtige Schwung. Und nachdem Niki gegangen ist, fühle ich mich noch schlapper. Also beschließe ich, heute früher nach Hause zu gehen. Das ist das Gute an der Selbstständigkeit, es zwingt dich keiner dazu, irgendwelche Stunden abzusitzen. Ich fahre den Computer runter und spüre Heikos Blick.

»Noch was vor?«, fragt er von seinem Schreibtisch aus.

»Relaxen«, sage ich. »Morgen ist auch noch ein Tag.«

»Das mit Sicherheit.«

Es hört sich nicht so an, als wolle er sich an meinem Freizeitprogramm beteiligen, also gehe ich auf dem Weg zur Tür nur kurz an ihm vorbei und drücke ihm einen Kuss auf die Stirn. Er sieht mit einem schrägen Lächeln auf.

»Woanders wäre mir das lieber.«

Ich verkneife mir eine Antwort. Zum Scherzen bin ich heute auch nicht aufgelegt. Was ist bloß los? Schlechte Stimmung – und das ohne Grund. Während ich die Treppen hinunter ins Café gehe, denke ich darüber nach. Bin ich heute Morgen schon missgelaunt aufgestanden? Eigentlich nicht … egal.

Doris hat Verständnis für mich.

»Schaust du noch bei deiner Mutter vorbei?«

Das hatte ich eigentlich nicht vor, aber jetzt, da sie es sagt, bekomme ich prompt ein schlechtes Gewissen. Wann war ich das letzte Mal dort? Seitdem meine Schwägerin mit ihren beiden Kindern in unser Elternhaus eingezogen ist, habe ich die Verantwortung abgegeben, stelle ich fest. Also … soll ich?

Mein Fahrrad habe ich im Hinterhof des Nachbarn versteckt, nachdem mir mein neues E-Bike trotz dickem Vorhängeschloss geklaut worden war. Nun überlege ich mir, ob ich überhaupt noch mal eines kaufen soll, und habe mir so lange ein City-Bike geliehen. Ich schiebe es zur Straße und bleibe unentschlossen stehen.

Eigentlich ist es ein Tag fürs Freibad. Ein Augusttag mit strahlender Sonne, wolkenlosem Himmel und Lust auf ein Eis. Oder eher in einen Biergarten? Aber alleine? Oder doch zu Mutti, mich mal wieder mit ihr gemütlich in den Garten setzen und sie von alten Zeiten erzählen lassen? Und von dem Bastdach, das Vati so schön über der Laube angebracht hat?

Ich stehe noch immer regungslos da und kann mich nicht entscheiden.

Ich hasse mich, wenn ich so bin.

Aber es nützt nichts – heute bin ich so.

Schließlich schwinge ich mich auf mein Rad und fahre los. Die verkehrsarme Sackgasse, in der unser Café liegt, hinauf und dann auf die dicht befahrene Durchgangsstraße einbiegen. Aufpassen, dass man nicht übersehen wird, denn eigentlich ist zwischen den vielen Autos, Lieferwagen und auch Lkws kein Platz für Fahrradfahrer, aber das lenkt mich wenigstens ab – und ohne darüber nachzudenken, finde ich mich vor unserem Elternhaus wieder.

Also, okay, das hat wohl meine innere Kommandozentrale beschlossen, dann soll es so sein.

Ich habe zwar einen Schlüssel, aber ich klingle immer ein verabredetes Zeichen, denn ich möchte keinen erschrecken. Wäre auch nicht gegangen, stelle ich fest, nachdem ich im Flur stehe, denn ich sehe und höre niemanden. Wo sind sie denn alle? Normalerweise sind zumindest Lara und Ludwig gleich zur Stelle, die Kinder meiner Schwägerin. Und außerdem Purzel, Muttis neugieriger Kater.

Aber niemand?

Gar niemand?

Ich gehe den Flur weiter in die Küche. »Hallo«, kündige ich mich an, »wo sei ihr denn alle?«

Dann sehe ich sie. Die Terrassentür steht weit offen, und in der Laube erkenne ich bunte Kleidung. Offensichtlich hocken sie alle dort.

Der Garten ist groß, und jetzt, im Sommer, hat er sich in eine blühende Wiese verwandelt. Seitdem der siebenjährige Ludwig in der Schule gelernt hat, dass Bienen Blüten als Nahrung brauchen, darf nicht mehr gemäht werden, nur eine schmale Schneise zur Laube und weiter zur Schaukel am Nussbaum ist noch gestattet.

Meine Schwägerin sieht mich als Erste: »Grüß dich, Katja, du wirst es nicht glauben: Ein Wunder ist geschehen …«

Nun werden auch die anderen aufmerksam. Ludwig macht das Peace-Zeichen zum Gruß, meine Mutter verdreht etwas den Kopf, aber so ganz klappt das nicht mehr. Also winkt sie mit dem einen Arm etwas ungelenk nach hinten.

Schulterprobleme, denke ich. Immer noch.

»Grüß euch«, rufe ich im Näherkommen und erkenne schließlich, dass sie alle über eine große Landkarte gebeugt sind.

»Hallo, Tante Katja«, kräht Lara, die es als Dreijährige irgendwie toll findet, eine Tante zu haben. Sie patscht mit ihrer Hand mitten auf die Karte. »Da fliegen wir hin«, verkündet sie, »zu Papa!«

»Zu Papa?« Ich werfe Isabell einen fragenden Blick zu. Mein Bruder hat sich mit seinen vielen Eskapaden seiner Familie gegenüber nicht gerade loyal gezeigt. Da wollen die jetzt hin?

»Zu ihm?«, frage ich vorsichtshalber nach.

»Er hat uns eingeladen«, bekräftigt Isabell. »Er bezahlt sogar die Tickets …« Ihre Stimme bleibt oben.

Das ist ja ein Ding, denke ich.

»Hier«, signalisiert Ludwig, ganz der große, erfahrene Bruder, und zeigt auf einen Punkt. »Das ist die Insel, wo Papa gerade arbeitet. In Thailand.« Er sieht mich groß an. »Das ist doch richtig weit weg, oder?«

»Ja, das ist weit weg.« Ich bleibe am Kopfende des Tisches stehen.

Nun sieht mich auch meine Mutter an. Seitdem Isabell mit ihren beiden Kindern zu ihr gezogen ist, sieht sie sehr viel besser aus. Diese Durchsichtigkeit, die mich vor einem Jahr bei ihrem Anblick noch so erschreckt hat, ist einer gesunden Körperlichkeit gewichen. Sie hat zugenommen. Vier Kilo schätze ich, und es tut ihr gut. Nun passen ihr auch ihre alten, so geliebten Kostüme wieder und hängen nicht nur an ihrem ausgemergelten Körper.

Als ich damals aus Hamburg angekommen bin, hatte sie nichts außer Kaffee im Schrank. Und im Kühlschrank noch weniger. Es freut mich immer wieder, dass meine Schwägerin zwar ihre Demenz nicht aufhalten kann, aber dafür ihren vorzeitigen körperlichen Verfall. Wobei, ich korrigiere mich, seitdem die Kinder das Haus mit Leben erfüllen, ist auch Muttis Einsamkeit vorbei, sie nimmt buchstäblich wieder am Leben teil.

»Ich fliege auch mit«, sagt sie bestimmt und sieht mich an. »Dann musst du aufs Haus aufpassen und vor allem Purzel füttern. Er mag es gar nicht, wenn er alleine ist!«

Mutti will mitfliegen? Nach Koh Phangan?

»Rutsch mal«, sage ich zu Ludwig und quetsche mich dann neben ihn auf die Bank. »Stimmt das?«, frage ich Isabell.

Sie sieht mich mit einem Blick an, der alles bedeuten kann: Das denkt Mutti, das träumt sie oder … so ist es halt.

Nun sitze ich meiner Mutter gegenüber. Klar, für ihre 78 Jahre ist sie körperlich noch ziemlich fit. Das ist nicht ihr Problem. Die fortschreitende Demenz ist ihr Problem. Wie soll das auf einem so langen Flug mit Umsteigen, Schiffsüberfahrt und was noch allem gehen?

»Bist du sicher, Mutti?«, frage ich sie.

Sie erwidert meine Frage mit einem Lächeln. Eine schöne Frau, auch heute noch, das denke ich immer wieder. Sie hat die feinen Gesichtszüge, die ich nicht habe. Und auch den schmalen, zarten Körper. »Mein ewiges Mädchen«, hatte mein Vater immer gesagt. Irgendwie stimmt das sogar.

»Vati und ich wollten immer reisen«, sagt sie jetzt und dreht ihren Ehering, der ihr locker am Finger sitzt. »Er ist zu früh gegangen.«

»Ja, das ist er«, bestätige ich. An einem Herzinfarkt vor sechs Jahren, kaum, dass er seinen Ruhestand genießen konnte. »Aber muss es gleich so weit sein?«, frage ich in die Runde. Und an Isabells Schweigen erkenne ich: Boris hat Mutti gar nicht eingeladen. Auf diese Idee war ihr geliebter Sohn überhaupt nicht gekommen.

»Es ist nicht weit«, betont meine Mutter mit erhobenem Zeigefinger. »Für einen geliebten Sohn ist nichts zu weit!« Sie sieht mich Beifall heischend an. »Für eine liebende Mutter schon gar nicht.«

Dein geliebter Sohn hat seine Familie sitzen lassen, weil er sich fremdverliebt hat, liegt mir auf der Zunge, aber ich verkneife mir den Kommentar. Schon wegen der Kinder. Die denken ja auch, dass ihr Vater, der berühmte Architekt, große Dinge im Ausland bauen muss und deshalb nicht hier ist.

»Dann also ein Familienausflug«, frage ich, »wann?«

»Recht bald«, erklärt Isabell schnell, und ihre moosgrünen Augen halten meinen Blick fest. »Die Tickets sind da, wir fliegen in drei Tagen.«

»Und seit wann wisst ihr das?«

»Seit heute Morgen.«

»Und wann kommt ihr zurück?«

»Wir bleiben vierzehn Tage.«

Typisch Boris, denke ich. Und jetzt weiß ich plötzlich auch, weshalb ich seit heute Morgen ein so ungutes Gefühl mit mir herumtrage.

Was wird mit Mutti, wenn alle weg sind?

Wer kümmert sich, wer kauft ein, wer überwacht ihre Tabletteneinnahme, wer … vor allem: Wer tröstet sie, wenn Isabell und die Kinder zu Boris fliegen und sie, die Mutter, nicht mitkann?

Mir wird ganz flau.

Zwei Stunden später stoße ich das kleine Gartentor zu meiner Wohnung im Heusteigviertel auf. Seit etwa einem Jahr wohne ich hier, und anfangs dachte ich, dass ich es in dem Mehrfamilienhaus mit den schrägen Mitbewohnern nicht lange aushalten würde. Vor allem mein Vermieter, Petroschka, hatte mir mit seinem fleischigen Vollmondgesicht, den glubschigen Augen hinter der dicken Brille und der unförmigen Figur im Trainingsanzug die ersten Tage einfach nur einen Schrecken eingejagt. Bis ich den besonderen Kern entdeckte, der sein Wesen ausmacht. Was mir mal wieder bestätigte, dass der erste Eindruck sehr wohl trügen kann. Ähnlich ging es mir mit Fräulein Gassmann, einer pensionierten Studienrätin, die auf dieser antiquierten Anrede besteht und mir ständig mit der Hausordnung kam. Nur oben, im dritten Stock, schien mir mit Lisa Landwehr eine normale, junge Frau zu wohnen, wenn sie auch erstaunlich scheu war. Inzwischen hat sich das alles eingespielt. Auch die Gartenmöbel, die ich ungefragt in dem kleinen Garten aufgestellt hatte, sind mittlerweile von allen akzeptiert. Der kleine, runde Eisentisch steht nun mit den passenden Klappstühlen dicht bei den beiden

Apfelbäumchen Else und Judith, die Petroschka, wie er mir eines Tages verraten hat, nach menschlichen Vorbildern benannt hat – und zwar nach seiner Mutter und deren Zwillingsschwester.

Ich schiebe mein Fahrrad den schmalen Weg am Haus entlang und bin froh, dass sich im Garten niemand aufhält. Also werde ich mir ein Glas kühlen Weißwein holen und mich zu den Apfelbäumchen setzen. Vielleicht wissen die beiden ja Rat.

Spinn nicht, sage ich mir im gleichen Moment, aber so ein bisschen traue ich den beiden mystische Fähigkeiten zu, vor allem in Vollmondnächten, wenn ich nicht schlafen kann und ihre Gesellschaft suche. Vielleicht liegt es auch daran, dass Else ein dürres, halb verkrüppeltes Apfelbäumchen ohne Früchte war, bis sie im letzten Jahr Judith dazubekam, Judith im Topf, die dann mit viel Freude von allen Hausbewohnern eingepflanzt wurde. Seither wachsen die beiden Bäume prächtig, und Else trägt sogar zum ersten Mal Früchte, kleine, grüne Äpfel, die im September sicher fantastisch schmecken werden.

Ich stelle mein Fahrrad an der Hauswand ab und frage mich, wie lange ich mich mit irgendwelchen Gedankenspielen noch ablenken kann, bis ich auf das eigentliche Problem zurückkomme: meine Mutter. Meine Mutter und ihr Sohn in Koh Phangan. Mein nichtsnutziger Bruder. Und während ich noch in meinem kleinen Rucksack nach meinem Haustürschlüssel fahnde, fällt mir mein Handy in die Hand. So!, denke ich. Sehr gut! Das werde ich jetzt gleich mal klären.

»Lieber Bruder«, tippe ich, »ich habe gerade von der tollen Einladung gehört. Ludwig und Lara freuen sich schon wahnsinnig. Mutti auch. Kommt ihr Ticket noch?«

Dass ich darauf wahrscheinlich keine Antwort bekommen werde, stört mich nicht, aber immerhin empfinde ich sofort eine diebische Freude. Ich will gerade die Haustüre aufstoßen, da wird sie von innen geöffnet. Lotta Gassmann macht einen erschrockenen Schritt zur Seite: »Huch!« Sie hält ihre unvermeidlichen Walkingstöcke in der einen Hand und sieht mich groß an.

»Ich wollte Sie nicht erschrecken«, sage ich rasch. Bei alten Damen weiß man ja nie, ob das nicht lebensgefährlich enden kann. Sie fasst sich schnell.

»Sie sehen ja auch nicht wirklich zum Fürchten aus«, erwidert sie und weist dann zu meinem Fahrrad. »Nur, dass Ihr Rad schon wieder mitten im Weg steht …«

Ich unterdrücke einen Stoßseufzer. »Ich wollte es nach dem Aufschließen aus dem Weg räumen.«

»Nun, die Türe ist ja jetzt offen …«

Sie kann es einfach nicht lassen, denke ich. Ewig dieser Oberlehrerton. »Dafür habe ich gestern schon das Treppenhaus gereinigt«, sage ich versöhnlich.

»Sie waren ja auch dran!«, erklärt sie stirnrunzelnd und geht an mir vorbei die drei breiten Steinstufen hinunter.

»Ihnen auch einen schönen Tag noch«, rufe ich ihr nach, höre aber nur noch das Tackern ihrer Stöcke.

Blöde Kuh, denke ich, nehme den Gedanken aber gleich wieder zurück. Sie hat auch ihr Päckchen zu tragen, wie ich seit einigen Monaten weiß. Man darf nicht alles auf die Goldwaage legen.

Ich gehe zurück, schiebe mein Fahrrad ein paar Meter weiter am Haus entlang in den Fahrradständer, wo auch Lisas Rad schon steht, und lächle in mich hinein. Lisa ist also zu Hause – und sicher wäre sie einem Gläschen nicht abgeneigt … Auf der anderen Seite, denke ich, wollte ich doch in Ruhe nachdenken. Und ist das nicht eine unbewusste Ablenksituation, wenn ich jetzt Lisa einlade? Sei nicht so streng mit dir, sagt mir meine innere Stimme, und bevor ich mich versehe, ist mein Zeigefinger schon auf Lisas Klingelknopf. Ein Mal lang, zwei Mal kurz, das interne Zeichen im Haus. Noch stehe ich unten auf der Steintreppe und warte gebannt auf eine Reaktion. Als keine eintritt, gebe ich es auf. Dann ist es halt so.

Ich werde mir ein Gläschen eingießen und mich mit meinen Problemen beschäftigen.

Zwanzig Minuten später sitze ich mit meinem Wein im Garten bei den beiden Bäumchen und lasse meine Gedanken schweifen. Zwischendurch sehe ich aufs Handy, dann denke ich plötzlich, wie spät ist es denn eigentlich in Thailand? Ich google schnell: + 6 Stunden. Also ist es jetzt bei Boris nach Mitternacht.

Mitternacht war für meinen Bruder noch nie spät, kein Grund, nicht zu antworten. Aber unabhängig davon: 14 Tage. Gut, es kommt jeden Tag eine Pflegekraft, medizinisch ist Mutti also versorgt, geduscht wird sie auch, falls sie es zulässt und sich nicht verweigert, wie schon einige Male geschehen … Deshalb geht es nur um das, was ich auch vor Isabells Einzug schon gemacht habe, einkaufen, kochen, Zeit mit ihr verbringen. Warten, bis sie im Bett ist.

Das fällt mir ja eigentlich nicht schwer. Angst habe ich nur vor den Fragen nach Boris. Warum sie nicht mitdarf. Was soll ich ihr sagen? Dass ihr erwachsener Sohn sie gar nicht haben will? Nein. Und wenn ich darüber nachdenke, kann man das Isabell auch nicht zumuten: zwei kleine Kinder und dann auch noch eine demente Schwiegermutter … und plötzlich habe ich die Idee: Ich werde ihr anbieten, gemeinsam etwas zu unternehmen. Mutter und Tochter, eine kleine Reise, irgendwohin, wo sie gern hinmag. Schwarzwald, Bodensee … Irgendwas in der näheren Umgebung. Das wäre zeitlich machbar – und auch bezahlbar angesichts unseres unrentablen Cafés.

Zufrieden und ausgeglichen gehe ich an diesem Tag ins Bett, das hätte ich vor ein paar Stunden noch nicht gedacht. Ich hatte mir noch ein kleines Abendessen mit Brot, Käse und Trauben für den Garten gerichtet und mir nebenbei einen Podcast angehört, Thema »Ausdauersport Liebe«, und war dann lächelnd nach oben in meine Wohnung und wenig später ins Bett gegangen.

Das ganze Leben ist ein Ausdauersport, finde ich, bevor mir die Augen zufallen, nicht nur die Liebe. Aber prompt träume ich von meiner ersten großen Liebe und dem Liebeskummer, der mich damals schier umgebracht hätte. Und beim Aufwachen denke ich, dem Traum nachspürend, dass das Thema immer schwierig bleibt. Egal, ob mit 16 oder 45. Vielleicht darf man dem einfach nicht so viel Bedeutung beimessen. So heißt es doch immer: Wer locker bleibt, hat weniger Probleme. Also locker, liebe Katja, sage ich mir, jetzt steh mal locker auf und mach dir einen Morgen-Cappuccino, dann zurück ins Bett zu den Nachrichten des Tages im Frühstücksfernsehen.

Dienstag, 3. August

Doris findet es klasse, dass Boris seine Kinder eingeladen hat. Klar, sie hat ja selber Kinder, sie sieht das halt mehr von dieser Seite. Ich dagegen hatte mir bis zu meinem Umzug nach Stuttgart alles vom Hals gehalten, was irgendwie nach ständiger Pflichterfüllung aussieht … also Kinder, Tiere und Pflanzen. Vielleicht bereue ich das ja eines Tages, denke ich, während sie mir begeistert schildert, wie großartig es für die Kinder sein wird, endlich wieder ihren Vater zu sehen. Und dann noch am Meer. »Auf einer thailändischen Insel, überleg doch mal. Endlose Strände«, sprudelt sie hervor, »Palmen, Wasserschildkröten, Delfine, Sandburgen bauen, schnorcheln, schwimmen … Liebe.«

»Liebe?«, frage ich nach.

»Schön wär's«, sagt sie nur kurz. »Aber für die Kinder ist das ein Traum!«

»Na ja«, sage ich.

»Und du bekommst das doch auch locker in den Griff. Das hast du am Anfang auch geschafft – und da war es doch noch viel schwieriger.«

»Wie wahr, wie wahr«, stimme ich zu.

»Na, also!«

Wir stehen am Tresen über die Reservierungen gebeugt, listen die Waren auf, die bestellt werden müssen, überlegen, ob wir das Weinsortiment vielleicht mal ein bisschen verändern sollen und auch die Speisekarte … zwei weitere vegane Gerichte vielleicht?

»Da soll unser Koch mitreden«, finde ich und schau auf meine Uhr. Schon nach zehn. »Wo bleibt er überhaupt?«

Doris zuckt mit den Achseln. »Du weißt doch, dass er chronisch unpünktlich ist. Aber zum Schluss klappt dann doch immer alles.«

»Er kostet vor allem Nerven«, sage ich und klappe das Reservierungsbuch zu. »Also für heute Abend zehn Leute, das ist doch immerhin was. Welche Tische stellen wir denn zusammen?«

»Das mache ich schon«, winkt Doris ab. »Heute kommt Niki zum Probearbeiten, dann kann ich gleich mal sehen, wie praktisch sie veranlagt ist.«

»Auch gut«, erkläre ich. »Dann bring ich meinen Schreibtisch in Ordnung.«

Doris' schräger Blick hält mich zurück. »Ist noch was?«

Sie zieht mit drei Fingern ein Briefkuvert her, das seitlich von ihr auf dem Tresen lag, und dreht es um. »Vom Finanzamt«, sagt sie leise und schiebt es mir zu. »Ich befürchte, eine Steuernachzahlung.«

»Hast du es nicht aufgemacht?«

»Ich mag keine schlechten Nachrichten.«

Ein Stirnrunzeln kann ich mir nicht verkneifen. »Woher soll denn eine Steuernachzahlung kommen, der Laden wirft doch kaum was ab?«

»Vielleicht habe ich im letzten Jahr was übersehen … als du noch nicht da warst?«

»Heißt das, du hast gar keine Steuererklärung gemacht?«

»Nicht so richtig …«, sagt sie und verzieht das Gesicht, »… befürchte ich.«

»Aber der Steuerberater … Ja, okay«, ich wedle mit dem Briefumschlag, »ich schau mir das erst mal in Ruhe an. Keine Panik. Wird schon.« Damit nicke ich ihr zu und gehe in den Flur zurück, zur Treppe in den ersten Stock, meinem Büro. Tja, Doris ist ein herzensguter Mensch, hübsch dazu mit ihren tiefschwarzen Haaren, dem schmalen, gebräunten Gesicht und den meist strahlenden Augen. Aber sie ist keine Geschäftsfrau, ganz und gar nicht. Zahlen, Konten, Geschäftsbücher, Betriebswirtschaft … lieber backt sie unablässig Kuchen und macht damit ihre Gäste glücklich.

Ich habe kein gutes Gefühl mit dem Briefkuvert in der Hand. Offizielle Kuverts verursachen immer ein schlechtes Gefühl, selbst wenn es nur ein Strafzettel ist.

Oben im Büro lege ich es erst mal auf den Tisch, mittendrauf auf den Stapel, der auch noch bearbeitet werden will, und schau mich nach Heiko um. An seinem Tisch sitzt er nicht, das ist leicht zu sehen, vielleicht in unserer kleinen, gemeinsamen Küche? Auch da nicht.

Ich muss heute mit meinem Kram alleine fertigwerden. Also nehme ich den Brieföffner und schlitze das Kuvert mit einem Ratsch auf. Todesverachtend. Aber dann muss ich mich doch setzen.

Sie haben das Café geschätzt. Gewinn: 80 000 Euro. Nie im Leben, denke ich. Und wieso hat das Finanzamt denn geschätzt?

Hatte Doris die Mahnung übersehen?

Offensichtlich.

Die Zahl darunter macht mich auch nicht glücklicher: 23 000 Euro Steuernachzahlung. Und wenn dies nun auf die

Vorauszahlung umgerechnet wird, dann werden hier die Euros nur so abfließen … und zu wenige hereinkommen.

Ich lasse den Bescheid sinken. Jetzt wäre es doch schön, wenn Heiko da wäre. Mit ihm könnte ich das besprechen. Was kann man gegen den Bescheid tun? Widerspruch einlegen? Aber wie? Ich war noch nie in so einer Situation. Ich bin ja auch kein Steuerberater, sondern habe lediglich vor langer Zeit ein paar Semester BWL studiert.

Dreiundzwanzigtausend Euro.

Das muss man sich mal auf der Zunge zergehen lassen:

Drei-und-zwanzig-tausend!

Ob sie die von ihrem Mann kriegt, der sowieso schon sauer ist, weil sie das Haus und ihn vernachlässigt, wie er ihr ständig vorhält … Oder ist es nun sein Triumph, wenn wir vor seinen Augen baden gehen? Wenn ihre Ambitionen scheitern?

Mein erster Impuls ist, hinunterzugehen und das gleich mit Doris zu besprechen. Aber ich bin zu aufgewühlt, wer weiß, was ich sage. Also lieber erst mal sacken lassen.

80 000 Euro Gewinn!!

Wenn sie 40 000 Euro geschätzt hätten, dann wäre das eine Sache! Dann könnte man ja sogar noch profitieren. Allerdings wäre es dann bei real höheren Einnahmen so etwas wie eine Steuerhinterziehung, und wir könnten entsprechend belangt werden.

Schließlich entscheide ich, dass das wirklich nicht meine Sache ist, und mach mich an die monatliche Abrechnung. Muss aber immer wieder den Kopf schütteln bei all unseren Ausgaben, der Miete, den Waren, dem Koch, den Aushilfen, den Versicherungen, den Abgaben … Wo soll da ein solcher Gewinn herkommen?

Und dann muss ich mir eingestehen: Wenn wir keinen höheren Umsatz erwirtschaften, dann macht das ganze Café keinen Sinn. Mein Taschenrechner zeigt mir schnell, dass wir beide, Doris und ich, bei einem Gewinn von von 80 000 Euro für 3333 Euro monatlich arbeiten. Vor Steuern.

Allerdings sehen die Zahlen für dieses Jahr, zumindest für dieses eine Jahr, in dem ich nun mit Doris zusammenarbeite, nicht so schlecht aus. Aber was heißt das schon? 500 Euro mehr?

Ich muss mit Doris reden. Wir brauchen ein anderes Konzept. Dass die Gäste die Wohlfühlatmosphäre schätzen, ist ja schön. Aber nicht mit einem Cappuccino für drei Stunden. Da muss uns etwas einfallen. Oder wir müssen die Preise erhöhen. Aber drastisch geht das ja nun auch nicht von heute auf morgen.

Ich ziehe den Bescheid heran. 23 000 Euro. Wie das funktionieren soll, weiß ich auch noch nicht.

Nach dem Mittagsgeschäft gehe ich hinunter ins Café. Doris wischt gerade die Tische ab und strahlt mich an. »Rico hat heute Morgen einen völlig neuen Kuchen nach einem alten österreichischen Oma-Rezept gebacken. Er schmeckt fantastisch. Magst du ein Stück?«

Eigentlich krampft es mir seit heute Morgen eher den Magen zusammen, aber ein Stück Kuchen lockt mich dann doch – zumal ich seit meinem Honigbrot-Frühstück nichts mehr gegessen habe.

»Wir beide?«, frage ich. »Hast du Zeit?«

Ihr Lächeln erlischt. Offensichtlich beschäftigt sie das bedrohliche Briefkuvert auch noch.

»Zu einem österreichischen Marillenkuchen kann man auch einen Marillenschnaps trinken …«, sagt sie schnell.

»Vielleicht ist er nötig«, stimme ich zu. »Kaffee, Kuchen und Schnaps, damit dürften wir die erste Hürde hoffentlich nehmen.«

Ich gehe zur Kaffeemaschine, und Doris kommt mit ihrem kleinen Wassereimer und dem Wischtuch hinter den Tresen. »So schlimm?«

»Kommt drauf an«, antworte ich. Kommt drauf an, ob du was auf die Seite gelegt hast, denke ich. Oder ob dein Mann in seine Geldschatulle greift.

»Dann bis später!« Rico schlendert froh gelaunt aus der Küche. Unser Sonnyboy aus Brasilien. Er ist kein gelernter Koch, eher ein Learning-by-doing-Koch, hat er uns bei seiner Einstellung gesagt. Dafür kann er super Salsa tanzen – und ist auch nicht so teuer wie ein IHK-geprüfter Koch mit Abschluss und Trallala. Trotzdem verdient er mehr als ich.

Ich stelle die beiden Kaffeetassen auf ein Tablett und drehe mich zu unserem Spirituosenregal um, wo sie alle brav nebeneinanderstehen: mehrere Gin- und Whiskeysorten, Aperol, Campari und einige ausgesuchte Schnäpse. »Vielleicht gleich einen Doppelten?«, sage ich mit der Flasche in der Hand zu Doris und muss bei ihrem Gesichtsausdruck lachen.

»Okay, mein Herzblatt«, tröste ich sie, »es wird uns schon was einfallen.«

Wir sitzen, bis die ersten Gäste kommen. 18 Uhr. Rico ist noch nicht da, er nimmt Arbeitszeiten eher entspannt. Und so richtig eingefallen ist uns in der Zwischenzeit auch nichts. Doris ist angesichts der Summe schreckensbleich geworden. Und meine Nachfragen fruchten nichts. Klar, sie schreibt alles brav auf – Zettelwirtschaft noch und noch. »Und all unsere Aushilfen«, frage ich sie, »schon mal nachgedacht? Ohne moderne Kasse?« – »Die sind doch alle ehrlich«, beharrt sie. »Klar«, entgegne ich, »bis sie draufkommen, wie leicht sich so eine Studentenzeit etwas aufpeppen lässt.« Und kaum habe ich es gesagt, geht die Tür auf, und Niki schneit herein. »Oh, unsere Reservierung«, fällt Doris bei ihrem Anblick ein. »Zehn Gäste.«

»Da könnt ihr jetzt loslegen, 19 Uhr, das passt locker.«

Doris nickt, kann einen Seufzer aber nicht unterdrücken.

»Wir kriegen das schon hin«, sage ich, schon halb im Aufstehen, »aber eines ist sicher: Wenn das hier Hand und Fuß haben soll, dann treten wir jetzt in den Hotel- und Gaststättenverband ein und kaufen uns eine neue Kasse. Die bonierten Einnahmen sind Belege fürs Finanzamt und eine Erschwernis für … eigene Studentenpläne.«

»Hat mein Steuerberater damals auch gesagt.«

»Tja. Und in der Zwischenzeit hat er dich aufgegeben.«

»Weil er an mir verzweifelt ist«, sagt sie kleinlaut.

Ich erwidere nichts, aber dann schauen wir uns an und müssen beide lachen.

Donnerstag, 5. August

Tag der Abreise. Ich fahre die drei natürlich zum Flughafen. Mutti wollte Gott sei Dank nicht mit. Nach meinem Hinweis an Isabell hat sie den Kindern verboten, noch einmal von Thailand und Boris zu sprechen. In der Hoffnung, Mutti könnte das Reiseziel wieder vergessen, gaben sie Nussdorf am Attersee als Urlaubsort an. Lara, das Plappermaul, brauchte ein bisschen länger, aber nachdem ihr Isabell eindrücklich erklärt hatte, wie traurig dann die Omi sei, hatte auch sie es verstanden. Nur Ludwig machte seine Mutter darauf aufmerksam, dass es ja eine Lüge sei. Und lügen dürfe man nicht, das habe sie selbst gesagt.

Ich habe ehrlich aufgeatmet, als die drei endlich durch die Kontrollen waren und ich ihnen aus der Ferne zuwinken konnte. Auf der anderen Seite habe ich nun wieder die ganze Verantwortung für meine Mutter und das Gefühl, dass sie in der großen alten Villa irgendwie vereinsamt. Hoffentlich sitzt sie jetzt nicht wieder stundenlang am Küchentisch und schaut blicklos zum Fenster hinaus. Und hoffentlich bekommt sie keinen Rückfall, denn der lebhafte Familienalltag hat ihr gutgetan und sie wieder wacher werden lassen.

Wie auch immer, ich fahre sofort zu ihr und telefoniere während der Fahrt mit Doris. Sie konnte das Problem gestern Abend nicht ansprechen, sagt sie, Jörg hatte einfach kein Ohr für sie.

»Okay, aber vorgestern hat es doch auch schon nicht geklappt?«

»Na, du weißt doch, die Reservierung, die zehn Gäste. Geburtstag. Die wollten einfach nicht gehen, es war schon viel zu spät.«

»Wir müssen das aber bald klären.«

Kurze Pause. »Wenn ich ihn auf dem falschen Fuß erwische, dann ist sowieso alles zu spät.«

»Dann erwisch ihn halt auf dem richtigen.«

»Dann muss ich mit ihm schlafen …«

»Ja, gut. Was ist daran so schlimm?«

»Er wird den Braten sofort riechen.«

»Wieso denn das?«

»Ja, was glaubst du, wie oft wir noch dazu kommen?«, sagt sie fast barsch. »Entweder ist er nicht da – oder ich bin unterwegs. Und wenn ich ihn jetzt mit Strapsen und Sekt abpasse … und anschließend fünfundzwanzigtausend Euro brauche – der ist doch nicht blöd!«

»Dreiundzwanzigtausend, Doris, nur dreiundzwanzigtausend!«

»Ja, super!«

Ja, super, denke auch ich. Jedenfalls müssen wir auch Widerspruch beim Amt einlegen. Und ob ich das kann? Vielleicht brauchen wir einen Anwalt. Ich muss Heiko anrufen. Gestern war er auch wieder nicht da. Wo steckt er bloß die ganze Zeit?

An der nächsten roten Ampel schreibe ich ihm eine WhatsApp:

»Sag mal, du untreuer Liebhaber, wo steckst du denn die ganze Zeit??«

Sofort geben mir zwei blaue Haken an, dass er es gelesen hat.

Aber keine Antwort. Kurz ärgere ich mich darüber, aber dann halte ich schon an der Bäckerei und vergesse es wieder.

Mit einer Tüte frischer Brötchen und frischer Butter halte ich wenig später vor meinem Elternhaus. Ich weiß nicht, was im Kühlschrank ist, und vorsichtig ist die Mutter der Porzellankiste. Oder so ähnlich.

Ich klingle kurz und schließe dann auf.

Wie vermutet, sitzt meine Mutter am Küchentisch und schaut in den Garten hinaus. Vor ihr ein Teller mit einem Honigbrot und eine Tasse Kaffee, sicherlich längst kalt geworden.

Sie dreht sich nach mir um, als ich betont fröhlich grüßend hereinkomme.

»Sie sind weg«, sagt sie einfach.

»Ja«, ich hauche ihr einen Kuss auf die Wange, »sie haben Urlaub. Das ist doch gut.«

»Sie sind zu Boris.« Ihre Stimme ist traurig.

Wieso weiß sie das? Kein Mensch hat mehr von Boris gesprochen, da bin ich mir sicher.

»Ah«, sage ich und überlege, was nun die richtige Antwort ist. »Wollen wir erst mal einen Kaffee trinken?«

Sie nickt und zeigt zu der Kaffeekanne auf der Anrichte. Sie hat ihn früher immer von Hand aufgebrüht, und eigentlich, das muss man selbst als Besitzerin einer hochwertigen Kaffeemaschine zugeben, schmeckt er so auch am besten.

Ich lege meine Brötchentüte und die Butter auf den weiß lackierten Holztisch, an dem wir schon als Kinder gefrühstückt haben, leere Muttis volle Kaffeetasse aus, stelle Wasser auf, gebe Pulverkaffee direkt in die Kanne, decke den Tisch mit frischen Tassen, Tellern und Besteck und warte ab.

»Du siehst gut aus«, sage ich und lächle ihr zu. Sie sieht an sich herunter, als ob sie nicht mehr wisse, was sie eigentlich trägt. Eine helle Bluse und eine dunkelblaue Stoffhose. Früher hat sie nur Röcke getragen, am liebsten Kostüme. Aber Isabell hat sie irgendwie davon überzeugt, dass Hosen für den Alltag praktischer sind – und auch gut aussehen. Sie hat ihr sogar eine Jeans gekauft, die Mutti bei ihrer schlanken Figur gut tragen könnte, die sie aber, soviel ich weiß, noch nie angezogen hat. So weit gehen ihre Zugeständnisse dann doch wieder nicht.

»Du musst Kaffee in die Kanne tun«, sagt sie. »Oben im Schrank. Wie immer.«

»Danke, Mutti«, sage ich, »habe ich schon. Es ist gleich so weit.« Ich deute auf ihr unangerührtes Honigbrot. »Magst du das noch essen oder lieber eines der frischen Brötchen?« Ich öffne die Tüte, und sie nickt.

»Ein Laugenbrötchen«, entscheidet sie. »Mit Butter. Ganz dick mit Butter, so wie früher.«

Wie früher. Alles, was früher war, weiß sie genau. Kürzliches vergisst sie. Aber wieso weiß sie, dass Isabell und die Kinder zu Boris geflogen sind?

Nun kocht das Wasser, und ich fülle die Kaffeekanne langsam und in mehreren Intervallen, damit sich der gemahlene Bohnenkaffee auf dem Kannenboden mit Wasser mischt, ohne allzu sehr aufgewirbelt zu werden. Meine Mutter beobachtet mich ganz genau.

»Mach ich's richtig?«, frage ich scherzhaft.

Sie nickt. »Besser als Isabell«, erklärt sie. »Sie ist immer zu hektisch!«

Das kann ich mir denken, mit zwei Kindern am Rockzipfel, die immer alles sofort haben wollen. Ich stelle die geblümte Kaffeekanne auf den Tisch, öffne den gut gefüllten Kühlschrank, nehme Milch heraus, sehe, dass genügend Butter da ist, stelle alles auf den Tisch und setze mich dann zu ihr. »Für die Milch haben wir ein Sahnekännchen«, sagt sie. Und deutet zum Geschirrschrank. »Dort. Das geblümte.«

»Ah, ja …«, ich stehe auf, hole es und gieße etwas Milch hinein. »Zufrieden?«, frage ich, als ich mich wieder setze.

»So hat Papa es immer gemocht.«

»Ja«, sage ich und greife nach ihrer Hand. »Und du auch.«

Ihre Hand ist kalt. Dünn und kalt, und die Haut fühlt sich ein bisschen an wie Pergamentpapier. Ich streiche darüber. Auf der gebräunten Haut zeigen sich Altersflecken. Ich werde ihr eine entsprechende Handcreme kaufen, nehme ich mir vor. Kresse soll gut gegen dunkle Pigmentflecken sein, zumindest habe ich das kürzlich irgendwo gelesen.

»Und warum ist Boris nicht da?«, will sie unvermittelt wissen.

Kurz bringt sie mich aus meinem Gleichgewicht. Warum Boris nicht da ist? Wo ist sie jetzt? In unserer Kindheit?

»Ja«, sage ich und denke über eine unverfängliche Antwort nach. »Er ist eben ein erwachsener Mann, ganz genau so, wie ich eine erwachsene Frau bin, und er muss arbeiten.«

»Und warum arbeitest du nicht?«

Ich greife nach einem Laugenbrötchen, schneide es in der Mitte durch und bestreiche die eine Seite dick mit Butter.

»Wie kommst du auf die Idee, dass ich nicht arbeite?«

Sie antwortet nicht, sondern deutet stattdessen auf die Kaffeekanne.

Offensichtlich ist sie gerade in einer völlig anderen Welt. Ich schiebe ihr den Teller mit dem Brötchen zu und greife nach der Kanne.

»Wollen wir nachher ein bisschen an die frische Luft?«, frage ich sie. »Raus in den Garten oder ein bisschen am Killesberg spazieren gehen?«

»Purzel ist noch nicht da«, sinniert sie, ohne mir zugehört zu haben. »Ich glaube, er schläft noch.«

»Ja, ganz bestimmt«, sage ich. »Du bist ja früh aufgestanden. Und die Pflegerin war bestimmt auch schon da.«

»Ich habe sie weggeschickt.« Sie wirft mir einen trotzigen Blick zu. »Ich mag sie nicht.«

»Aber sie hilft dir doch nur.«

»Die nicht. Die andere schon. Aber die nicht!«

»Was ist denn mit ihr?«

»Sie ist so laut«, beschwert sich meine Mutter. »Sie spricht mit mir, als sei ich schwerhörig. Ich bin nicht schwerhörig. Und außerdem behandelt sie mich wie eine alte Frau.«

»Tja«, sage ich, »das geht natürlich gar nicht.«

»Nein, das geht auch nicht!«

In diesem Moment kommt mit einem kräftigen *Miau* Purzel zur Küchentür hereingeschritten. Ganz Herr des Hauses, geht der Kater mit hoch aufgestelltem Schwanz zu meiner Mutter, und während sie sich zu ihm hinunterbeugt, ändert sich ihre Tonlage: »Ja, Purzel, mein Purzele, hast du bis jetzt geschlafen? Magst du was essen?«

Und mit einem Blick zu mir. »Purzel mag sie auch nicht. Und Katzen haben ein gutes Gespür für Menschen.«

Mich beachtet Purzel auch nie, denke ich, was soll mir das sagen?

Da ich heute mit dem Auto unterwegs bin, habe ich in der Sackgasse, in der sich unser Café befindet, gleich wieder Parkplatzprobleme. Die rechte Straßenseite ist total zugeparkt. Die linke auch. Nur die Kurzzeit-Parkzone des Hotels gegenüber ist noch frei. Aber mich dort hinzustellen wäre unverschämt. Zumal wir auch immer wieder Hotelgäste haben, die sich nachmittags mal gern verlocken lassen und einen Kaffee bei uns trinken. Und das hat Doris ja auch verführerisch gemacht, finde ich. Schon vor dem Eingang steht ein frisch gebackener Kuchen auf einem kleinen Tisch, einfach so, als könnte sich jeder ein Stück davon mitnehmen. Und drinnen hat sie gemütliche Tischinseln geschaffen, jede anders dekoriert, dazu Weinflaschen in den Regalen, ein großer, farbiger Tresen, bunte Kacheln an den Wänden, Tassen und Teller in unterschiedlichem, liebevollem Dekor – alles ein bisschen Oma und trotzdem hip. Vintage eben. Genau das, was im Moment angesagt ist.

Das ist schon alles klasse, denke ich, während ich wende und genervt die Straße wieder hinauffahre, aber es muss sich eben auch rentieren. Für uns alle. Oben angekommen, halte ich an. Ins nächste Parkhaus? Da laufe ich dann ewig. Die Parallelstraße? Erfahrungsgemäß auch zugeparkt. Noch mal wenden und einfach zehn Minuten warten? Das erscheint mir die beste Möglichkeit, also stelle ich mich oben wie ein lauernder Fuchs in die zweite Reihe und warte ab. Und damit Doris schon mal Bescheid weiß, ziehe ich mein Smartphone heraus.

Ah, Heiko hat sich gemeldet.

»Ich hätte eher gedacht, dass du dich nach meinem Sohn erkundigst.«

Nach seinem Sohn? Jetzt stehe *ich* auf dem Schlauch.

»Wieso denn nach deinem Sohn?«, schreibe ich zurück, aber da klingelt es schon. Heiko.

»Anstatt lang hin und her zu schreiben«, sagt er, kaum dass ich den Anruf angenommen habe.

»Ja, da hast du recht«, bestätige ich und füge ein betontes »Schönen guten Tag, lieber Heiko« an, frage dann aber gleich nach. »Dein Sohn? Ist was passiert?«

»Das kommt von der Zettelwirtschaft auf deinem Schreibtisch«, sagt er leicht ungehalten. »Wirklich Wichtiges siehst du nicht mehr.«

Ich verkneife mir eine entsprechende Antwort. »Was ist denn so wichtig?«

»Moritz hat sich mit seinem Mountainbike auf einem Trail mitten im Wald überschlagen. Sanka. Blaulicht. Und hat im Krankenhaus sofort nach mir gefragt. Klar, dass ich direkt losgefahren bin. Bonn ist ja nicht um die Ecke.«

»Klar«, sage ich. Frage mich aber trotzdem, weshalb ich diesen verdammten Zettel nicht gesehen habe. »Schlimm?«

»Gehirnerschütterung. Hätte schlimmer sein können, er hatte einen Schutzengel. Und einen guten Helm!«

»Da bin ich froh«, sage ich. »Und wie ist es genau passiert?«

Während mir Heiko den abschüssigen Naturpfad und diesen Tiefsprung erklärt, stelle ich fest, wie sachlich wir mittlerweile miteinander umgehen. Ein Jahr Beziehung oder zumindest eine einjährige sexuell vertiefte Freundschaft – und der Ton hat sich verändert. Aber klar, denke ich, sein Sohn hatte einen Unfall. Da säuselt man nicht.

»Kann ich was tun?«, frage ich schließlich.

»Für heute Abend dein Bettchen anwärmen«, sagt er, »ich komme heute nämlich wieder. Es geht ihm gut, ich habe ihm ein neues Fahrrad versprochen, denn seines ist hinüber, und mehr kann ich im Moment nicht tun.«

»Vielleicht in den Arm nehmen?«

»Durfte ich nur kurz. Er ist fünfzehn und sehr männlich.« Er stutzt, und dann höre ich ihn lachen. »Findet er.« Und gleich darauf: »Fand ich in dem Alter auch.«

»Ich erinnere mich«, sage ich.

»Du fandst mich nicht männlich, du hast dich ständig nach Älteren umgesehen …«

»So ändert sich die Zeiten. Heute schau ich mich nach Jüngeren um.«

»Wir beide sind aber gleichaltrig.«

»Du hast dich gut gehalten.«

Es ist kurz still. »Sag noch was Nettes«, höre ich ihn gedämpft sagen.

»Ich freu mich auf dich!«

»Sehr?«

»Sehr!«

»Ich mich auch!« Damit ist er weg.

Ich lege das Handy auf den Beifahrersitz und horche in mich

hinein. Sehr? Genau so, wie ich es gesagt habe? Ja, doch. Ich freu mich.

Und ich muss auch ein bisschen darüber lächeln. Wir drei ehemalige Schulkameraden, Doris, Heiko und ich. Damals in unserer Clique eng miteinander befreundet und jetzt, nach so vielen Jahren, wieder in Stuttgart vereint.

Dass Doris nach dem Abi hiergeblieben war, hatte am Anfang mit dem Delikatessengeschäft ihrer Eltern zu tun und, nachdem sie das nicht übernehmen wollte, mit ihrer Heirat. Heiko war als Informatiker nach Bonn gegangen, hatte dort ebenfalls geheiratet, zwei Kinder vom Vorgänger übernommen und war nach seiner Trennung in unsere Heimatstadt zurückgekehrt – und nicht nur das, er hatte auch den Beruf gewechselt. Vom Informatiker zum Männer-Coach.

Hinter mir hupt es.

Ich schau in den Rückspiegel. Da kommt so ein Sonntagsfahrer wieder nicht an mir vorbei. Fährt einen Kleinwagen und glaubt, der sei so breit wie ein Rolls-Royce. Ich lasse mein Seitenfenster herunter und winke ihn vorbei. Und während er noch an mir vorbeizieht, sehe ich, wie ganz am Ende der Sackgasse ein Auto blinkt, also offensichtlich gerade aufgeschlossen wird. Ich starte sofort, aber zu spät. Der Fahrer des Kleinwagens hat es ebenfalls gesehen, gibt Gas und setzt sich blinkend hinter den ausparkenden Wagen in Position. Ich schlage auf mein Lenkrad. Das darf doch einfach nicht wahr sein. Ich nehme mein Handy und schreibe Doris eine Nachricht: »Bin bereits seit zehn Minuten in unserer Straße und warte auf einen Parkplatz.«

Die Nachricht kommt gleich zurück. »Dann bis heute Abend.« Und ein Kuss-Emoji dahinter.

Eine gute halbe Stunde später sitzen wir beide an Heikos aufgeräumtem Konferenztisch, Doris und ich. Vor uns liegt der Bescheid vom Finanzamt.

»Wir brauchen wieder einen Steuerberater«, sage ich. »Ich muss das mit jemandem besprechen, der sich auskennt.«

»Tja.« Doris gibt sich kleinlaut.

»Du hattest doch früher einen. Den muss man doch reaktivieren können, schließlich kennt er dich und die Verhältnisse, das ist doch zumindest besser als jemand ganz Neuer.«

»Ja, aber gerade *weil* er die Verhältnisse kannte, hat er mir doch gesagt, dass er nichts für mich tun kann, wenn ich nicht ordentlich mit ihm zusammenarbeite.«

»Ordentlich ... was hat er denn gemeint?«

»Na, die Belege den Bankauszügen zuordnen, Ausgaben und Einnahmen. Und so.«

»Hm!« Ich erinnere mich ein Jahr zurück, wie mir Doris, nachdem sie mir eine Zusammenarbeit angeboten hatte, etwas verschämt ihr »Büro« gezeigt hatte, das kleine Kabuff, die Abstellkammer neben den Toiletten im hinteren Teil des Cafés, und wie ich das Chaos zum ersten Mal gesehen und sofort gewusst habe: Im Leben werde ich hier nicht arbeiten. Hätte man das einzige Fenster geöffnet, wären beim ersten Windstoß alle Zettelhaufen, Belege und Dokumente davongeflogen. Entsprechend abgestanden roch die Luft, und es war düster, denn das kleine, vergitterte Fenster ging nach hinten raus zur nahen Wand des Nachbarhauses. Ich weiß noch, wie ich die Türe behutsam hinter mir geschlossen und beschlossen habe, mir lieber einen neuen Job bei einer Agentur zu suchen, als bei Doris einzusteigen. Und nur, weil sich die obere Etage durch einen glücklichen Umstand dazumieten ließ, hatte ich mich umstimmen lassen. Und außerdem erinnere ich mich, wie ich beim Umzug alles, was den Schreibtisch irgendwie bedeckte, einfach in einen großen Wäschekorb gewischt und nach oben, in unsere neuen Büroräume, getragen habe. Unterstützt von Heiko, der Doris nur kopfschüttelnd angesehen hat.

»Ist das dein Ernst?«, hatte er nur gefragt.

»Und heute kann er laufen«, war ihre Antwort. Kalauer aus der Jugendzeit.

Ich hole tief Luft und greife nach meiner Espressotasse, um mich zu sammeln und Doris' fragendem Blick auszuweichen.

»Ich schlage vor«, sage ich, »dass du mir seine Kontaktdaten gibst. Ich ruf ihn an. Wir können diese willkürliche Einschätzung nicht so akzeptieren. Das ganze letzte Jahr habe ich genau abgerechnet, vielleicht hilft uns das ja.«

Doris nickt ergeben.

»Und«, sagt sie, »ich traue mich auch nicht, Jörg wegen der 23.000 anzusprechen. Ich befürchte, er schließt den Laden auf der Stelle. Es wäre sein Triumph!«

Oje. Ich weiß, was kommt.

»Könnten wir nicht … Katja, könnten wir nicht einen Kredit aufnehmen? Bei deiner Bank vielleicht?«

»Die wollen auch entsprechende Unterlagen sehen. Was soll ich denen zeigen?«

»Oder vielleicht jemanden privat?«

Ich habe es geahnt.

»Doris, mein Geld schmilzt dahin wie Schnee in der Sonne. Ich hatte mal ein ganz gutes Polster, und eigentlich wollte ich noch Muttis Traum vom Wintergarten erfüllen. Sie wünscht sich eine große Küche zum Garten hin, damit die ganze Familie dort sitzen und zusehen kann, wenn die Schneeflocken tanzen. So ähnlich hat sie es gesagt. Den Umbau unseres alten Wohnzimmers und von Papas Herrenzimmer hat ja Isabell vom Verkauf ihres Hauses bezahlt. Das ist ja auch in Ordnung, denn da wohnt sie ja jetzt. Trotzdem ist es ja mein Elternhaus, und laut Vertrag … ach, ist ja auch zu kompliziert, was wir da ausgehandelt haben, wegen Mutti und dem Erbe und so. Jedenfalls habe ich noch finanzielle Verpflichtungen. Und auf meinen Bruder brauche ich nicht zu zählen. Was Boris da in Thailand baut oder auch nicht baut, das tangiert mich nicht. Das ist, wie wenn der sprichwörtliche Sack Reis umfällt. Und zwar in Thailand. Nicht in China.«

Sie lacht nicht. Offensichtlich ist Doris das Lachen vergangen. Das allerdings ist alarmierend, denn sie ist ja eine absolute Frohnatur.

»Gut«, sagt sie. »Ich gebe dir die Kontaktdaten. Er heißt Ralf Klasser. Vielleicht hast du ja Glück.«

Ich nicke. Und dann fällt mir etwas ein. »Wie war es denn gestern mit unserem Neuzugang, mit Niki?«

Doris' Gesicht erhellt sich. »Sie ist richtig tough. Will alles genau wissen. Und ist flink. Und vor allem kann sie sich alles gut merken. Das ist echt eine seltene Gabe. Die Preise hatte sie auch gleich im Kopf. Ich habe sie gefragt, ob sie auf unserer Homepage unsere Speisekarte auswendig gelernt hat, weil ich das wirklich erstaunlich fand. Aber da hat sie nur gelacht.«

»Prima, dann ist sie ja ein echter Glücksgriff.«

»Ja. Und kommunikativ dazu.«

»Also weißt du nun alles über ihr Leben?«

Doris lacht. »Eher sie über meines.«

Während ich mir am Schreibtisch eine Strategie zurechtlege, wie ich den Steuerberater von einer erneuten Zusammenarbeit überzeugen könnte, rufe ich nebenbei meine Mails ab und lösche den ewigen Unsinn und die Amazon-Phishingmails, die meine Kundendaten haben wollen, weil auf meinem Konto ein Problem aufgetreten sei. Haha, denke ich, wie blöd sind die eigentlich? *Isch abe gar keine Konto.* Es erinnert mich an einen alten Werbespruch im Fernsehen und beschert mir unmittelbar bessere Laune. Alles gut, denke ich, wir kriegen das hin. Und dann stoße ich auf eine Mail von gestern, die ich offensichtlich übersehen habe. Genau wie Heikos Nachricht, die vorhin unter zwei aufgeschlitzten Briefkuverts aufgetaucht ist.

Absender: 3Sinne@weingut.de. Meine drei jungen Winzerfreunde Angelina, Sebastian und Robby, mit denen ich vor ein paar Monaten einen gemeinsamen Brand erarbeitet habe.

Liebe Katja,
nach wie vor finden wir, dass du uns und unsere Weine großartig ins Rennen gebracht hast: Die Presse ist an uns »Jung-Winzern« noch immer interessiert, die von dir entworfenen Flaschenetikette sind einfach klasse und stechen aus der Masse heraus und dein/unser Internetauftritt auch.
Nun kommt die nächste Weinlese auf uns zu – und wir erwarten dieses Jahr nach dem tollen Sommer mit unseren prallen Trauben einen richtig guten Wein. Also überlegen wir gerade, wie wir uns entsprechend in Szene setzen könnten. Das heißt, eigentlich überlegen wir, wie DU uns in Szene setzen könntest ☺. Diesmal auch nicht für Gottes Lohn, sondern wir haben tatsächlich Geld verdient, und mit dir ist das Geld ja gut angelegt ☺☺.
Magst du demnächst mal nach Lauffen kommen?
Bekommst auch ein Gläschen … ☺☺☺
Es grüßen dich herzlich Angelina, Sebastian und Robby

Ich lese die Mail ein zweites Mal, und es kommt eine tiefe, warme Freude in mir auf. Die drei Jungwinzer hatte ich sofort in mein Herz geschlossen. Sie waren nach meinem Umzug von Hamburg nach Stuttgart mein Start in der neuen Agentur, ich sollte ihren ersten großen Auftritt in der arrivierten Welt der prämierten Weine planen, gestalten, verwirklichen. Ein einschlägiger Name für die Weine und für die drei Winzer, das entsprechende Flaschenetikett, dann natürlich die Presse, Auftritte, Internet, Flyer, Plakate … einfach alles. In meiner Hamburger Agentur wäre das ein Klacks gewesen. Etwas, das mich gefreut hätte und das ich mit meinem damaligen Team genau so angegangen wäre: voller Freude, schnell, ideenreich. Wir hätten diesen drei jungen Winzern in kurzer Zeit einen unverwechselbaren Brand verpasst. Das war in Hamburg stets unser Anspruch gewesen – und meist hat es auch geklappt.

Nur die kleine Agenturtochter in Stuttgart, zu der ich nach meinem Umzug gewechselt bin, fand es nicht prickelnd, dass ich ihnen vom großen Hamburger Chef praktisch als Teamleiterin vor die Nase gesetzt wurde. Und sie ließen mich das spüren, ohne dass ich wusste, warum.

Ich bin dann ziemlich schnell aus der Agentur rausgegangen – und habe die drei Jungwinzer auf meine Art betreut: schnell und erfolgreich. Und gratis. Das hat sich offenbar ausgezahlt.

Nun bin ich im Geschäft.

Das zeigt doch, dass ich wieder in Richtung Agentur anfangen sollte, sobald ich den Kram hier in den Griff bekommen habe. So hatte ich das ja ursprünglich auch geplant: Agentur und Café parallel laufen zu lassen, zumal ich mit diesem Büro hier die Räumlichkeit dafür habe.

Ich lehne mich zurück und bin ein bisschen stolz. Schließlich stehe ich auf und gehe hinunter ins Café. Doris kommt gerade mit zwei Flammkuchen aus der Küche und stellt die beiden Holzbretter auf dem Tresen ab.

»Hoi«, sagt sie bei meinem Anblick, »alles klar?«

Ich frage sie nach einem kleinen Glas Weißwein. Ein Achtele.

»Gibt es was zu feiern?«, will sie augenzwinkernd wissen und nimmt ein Weinglas aus dem Regal. »Hat unser Steuerberater zugesagt?«

»Nein, noch nicht. Aber …«, ich schau Niki zu, wie sie gerade einen kleinen Tisch am Fenster abkassiert und offensichtlich nicht nur sehr freundlich, sondern auch schnell ist, »… aber, mir kommt da gerade eine Idee.«

»Deine Ideen sind immer gut, lass hören.«

Niki kommt zu uns herüber, ihre Kellnerbörse unter den Arm geklemmt und zwei Teller und Gläser in der Hand. Da hat sie im

Vorbeigehen also einen der frei gewordenen Tische abgeräumt, sie ist wirklich flink.

»Ah«, sagt sie, »Katja, grüß dich.«

Wir nicken einander zu, sie stellt das benutzte Geschirr ab und ist mit den beiden Flammkuchen schon wieder unterwegs zu einem jungen, Händchen haltenden Paar an einem Tisch hinten in der Ecke.

»Also«, sage ich, »meine Idee heißt Niki. Sie macht das ja wirklich gut. Dabei ist sie ja gerade mal den zweiten Tag da …«

»… den dritten«, korrigiert mich Doris.

»Okay«, stimme ich zu. »Meinst du, sie könnte mit Rico für ein paar Stunden das Café alleine schmeißen?«

Doris zuckt die Schultern. »Ich denke schon. Warum?«

»Dann würden wir beide zu meinen Winzern nach Lauffen fahren. Sie haben nachgefragt – die Weinlese kommt und damit der neue Wein, und für den hätten sie gern meine Beratung. Das will ich mir einfach mal anhören … und ich finde, eine schöne kleine Auszeit, das täte uns beiden gut.«

Doris strahlt. »Tolle Idee! Ja, klar, sofort!« Sie überlegt. »Allerdings ist Niki nur noch morgen da, übers Wochenende kommt dann wieder Vroni. Aber mit Vroni ginge das ja auch. Oder dann eben am Dienstag.«

»Das ist mir zu lang hin. Und außerdem bist du doch am Ruhetag immer mit Haus und Kindern beschäftigt.«

»Mit Haus und Jörg, die Kinder sind aus dem Haus.«

»Ja stimmt.« Ich schüttle den Kopf. »Entschuldige. Jonas und Amelie, ich bin wirklich ein Schussel!«

Sie zuckt mit den Schultern. »Es ging ja auch schnell. Amelie mit siebzehn das Abi und jetzt im Ausland und Jonas mit achtzehn bald Studienanfänger. Ich kann's manchmal selbst kaum glauben. Wahnsinn!«

»Ja, gestern hatten sie noch die Masern, und heute sind sie erwachsen.«

Eine kleine Pause entsteht, und mir fällt auf, dass ich mich noch nie um Doris' Gefühle gekümmert habe. Vielleicht weil ich selbst keine Kinder habe.

»Bist du traurig deswegen?«, frage ich nach.

»Das Haus ist leer. Und so still.«

»Aber dein Sohn ist doch noch da?«

»Er hat schon ein Zimmer in Leipzig. Eigentlich ... er ist nur noch zwischendurch da. Ich denke mal, der Freunde wegen.«

»Vielleicht auch der Familie wegen?«

Sie sieht mich mit gerunzelter Stirn an. »Die hatte er achtzehn Jahre lang, das glaubst du selbst nicht.«

Nein, glaub ich selbst nicht.

»Trinkst du eines mit?« Ich deute auf mein Glas, das noch immer leer neben ihr steht.

»Ja«, sagt sie. »Ich glaube, ja ...« Und angelt sich ebenfalls ein Glas, bückt sich nach einer Flasche im Kühlschrank und schenkt uns beiden ein. Bevor wir anstoßen können, steht Niki wieder neben uns. »So, alle sind versorgt. Haben bestellt oder essen schon. Was kann ich tun?«

»Was meinst du, Niki, könntest du morgen den Nachmittag alleine mit Rico stemmen, ginge das?«, fragt Doris vorsichtig an. Etwas zu verhalten, denke ich, fast schon devot – dabei ist sie doch die Chefin.

»Ja, klar«, Niki wirft ihre langen Haare zurück, »Familienausflug?«

»Nur wir beide.« Doris macht eine entsprechende Geste zu mir.

»Gibt es keine Männer in dem Verein?«

»Doch, klar«, antwortet Doris, »meinen Mann und meinen Sohn. Das habe ich dir ja schon erzählt. Aber die sind morgen nicht dabei.«

»In jeder guten Ehe müssen die Frauen auch mal alleine los«, erklärt Niki voller Inbrunst.

Doris muss lachen. »Sind das eigene Erfahrungen?«

»Eher beobachtete. Ich werde einen Teufel tun, mich zu verheiraten. Ich möchte mein Leben so gestalten, wie ich es will.«

»Dann hast du hier ja das richtige Vorbild stehen.« Doris zeigt auf mich. »Meine Freundin ist und bleibt erfolgreicher Single. Eigenständig, unabhängig, stressfrei.«

»Ganz ohne Mann?«

»Zumindest nicht verheiratet«, erkläre ich und bin mir nicht so sicher, ob mir das Gespräch gefällt oder nicht.

»Und du mit deinen zwei Männern in deinem Leben?«, wendet sie sich an Doris. »Geht das gut?«

»Mal mehr, mal weniger.« Doris zuckt mit der Schulter. »Wenn du verheiratet bist, musst du Kompromisse machen, das ist ja in jeder Beziehung so. Wenn du allerdings Kinder hast, musst du umdenken. Kannst dich nicht mehr vordrängen, sondern musst dich hinten anstellen.«

»Nur die Frauen oder auch die Männer?«

Schlagfertig ist sie, das muss ich zugeben. Und clever. Ich bin auf Doris' Antwort gespannt.

Sie überlegt. »Männer sind schlauer als Frauen. Sie halten sich in vielem einfach zurück. Sind ja auch in vielem bedürfnisloser. Brauchen keinen täglichen Austausch, kommen wortkarg von der Arbeit und wollen dann ihr Feierabendprogramm.«

»Aber es sind doch nicht alle so?« Niki legt den Kopf schief.

Doris lächelt ihr zu. »Die Jungen hoffentlich nicht. Die Alten schon. Das haben sie schon bei ihren Müttern gelernt: Frauen sind für alles zuständig. Vor allem dafür, dass es ihren Männern gut geht.«

»Und geht es deinem Mann gut?«

»Na«, schalte ich mich ein, »ist das nicht vielleicht ein bisschen viel gefragt?«

»Sorry!« Niki wirft Doris einen entwaffnenden Blick zu. »Es interessiert mich halt. Vielleicht hätte ich besser Psychologie studieren sollen, ich finde Menschen einfach interessant. Und die Beziehungen zwischen den Menschen, das Miteinander, das Gegeneinander, die Gründe, weshalb die einen Beziehungen scheitern und andere Beziehungen gut gehen, was überhaupt alles passieren kann in so einem Leben … einer Frau.«

Sie wendet sich ab, und zeitgleich ruft jemand: »Bitte zahlen.«

Ich sehe hin und erkenne die beiden Frauen, die häufig da sind, sich jeweils einen Flammkuchen teilen und über zwei Stunden bei einem Gläschen Wein anregende Gespräche führen. Da wäre ich auch mal gern Mäuschen. Vielleicht sollte ich Niki direkt zu ihnen an den Tisch schicken, nicht nur zum Bezahlen, sondern auch für ihre Psychologiestudien.

Auf der Heimfahrt fühle ich eine Vorfreude aufsteigen, wie ich sie lange nicht empfunden habe. Kurz überlege ich noch, was wohl gerade mit Mutti ist, aber ich weiß, dass abends die Pflegerin kommt und dass nichts schiefgehen kann. Ich hoffe nur, dass es die »richtige« ist. Aber nachdem es doch später als geplant geworden ist, werde ich nicht mehr bei meiner Mutter reinschauen, sondern mich ganz egoistisch auf mich selbst konzentrieren. Heiko kommt – und wie er mir aufs Handy geschrieben hat, ist er noch bei der Markthalle vorbeigefahren und hat für heute Abend eingekauft.

Ich finde in meiner Straße recht schnell einen Parkplatz und freu mich darüber. Keine hundert Meter zu meiner Wohnung, wo gibt es denn so was! Entsprechend gut gelaunt stoße ich das Gartentürchen auf und sehe sie auch gleich bei den Apfelbäumchen sitzen, Heiko und Petroschka. Oje, denke ich. Petroschka. Wenn er mit einer seiner Lebensgeschichten anfängt, kommt man aus der Nummer nicht mehr so schnell raus, ohne extrem unhöflich zu sein. Und in Heiko hat er, schon auch wegen dessen Männer-Coachings, einen geduldigen Zuhörer. Beim Näherkommen sehe ich den vollen Einkaufskorb neben Heikos

Stuhl, alle möglichen Papiertüten schauen heraus, außerdem viel Grünzeug, keine Ahnung, Frühlingszwiebeln, Schnittlauch, Petersilie? Auf dem kleinen Tisch zwischen Heiko und Petroschka stehen zwei Weingläser, und Petroschka gestikuliert gerade mit seinen kurzen, kräftigen Armen, offensichtlich ist er in seinem Element. Aber immerhin stockt er, als er mich erkennt, mitten in seinen Bewegungen und lässt die Arme sinken. »Da kommt ja unsere Klaviervirtuosin«, sagt er, und Heiko dreht sich nach mir um. Sein Gesichtsausdruck sagt: Das wird auch Zeit. Aber er begrüßt mich mit einem fröhlichen: »Nicht nur die Klaviervirtuosin, sondern auch die beste Frau unter der Sonne!«

Petroschka lacht. Sein rundliches Gesicht verzieht sich, und er streicht sich kurz über seine schütteren Haare. »Ja«, bestätigt er, »und auch die Hübscheste!«

Kurz zweifle ich, ob in den Gläsern statt Weißwein doch eher Schnaps ist, aber dann lasse ich mich darauf ein: »Und hier sitzen im Garten Eden die zwei besten Männer, die das Paradies zu bieten hat!«

»Unterm Apfelbaum«, kichert Petroschka.

»Und ich gehe jetzt und bereite unserer Eva ein perfektes Abendmahl!«

Heiko wirft mir einen schelmischen Blick zu, und Petroschka nickt bestätigend.

»Da haben Sie einen guten Adam, der gefällt mir!«

»Mir auch«, sage ich schlicht und warte, bis Heiko aufgestanden ist und seinen Korb aufgenommen hat, dann wünschen wir beide Petroschka einen schönen Abend und gehen eng umschlungen zur Haustür.

Ich weiß genau, dass er uns nachblickt. Und irgendwie tut es mir auch leid, denn ich kann mir vorstellen, welches Gefühl ihn jetzt befällt: Einsamkeit.

Demnächst werde ich ihn mal wieder einladen und ihm ein Klavierstück vorspielen, verspreche ich in Gedanken, denn er ist ja ein wirklich lieber Kerl, und ein Musikabend für ihn ganz alleine tut seiner Seele gut.

Wie sonst auch immer übernimmt Heiko die Küche, und ich sorge für die Getränke. Vor allem bekommt der Koch ein Gläschen gekühlten Weißwein, das hat sich in den letzten Monaten auch eingebürgert. Wir stoßen miteinander an.

»Auf deinen Sohn«, sage ich, »dass er schnell gesund wird.«

»Vor allem, dass er draus lernt!« Er schüttelt den Kopf. »Es ist einfach ein blödes Alter. Imponiergehabe in jede Richtung, klar, um der tolle Hecht bei den Mädchen zu sein, aber auch natürlich der Beste unter den Jungs.«

Ich sehe ihn über mein Glas hinweg an. »Legt sich das jemals?«

Erst runzelt er die Stirn, dann muss er lachen. »Zumindest ist es ein Thema bei unserm Coaching. Es wird bloß mit zunehmendem Alter mit anderen Mitteln gekämpft. Da geht es dann eher um das perfekte Image. Und das kann man sich ja auf mehrere Arten zulegen.«

»Welches Image hab denn ich?«, frage ich ihn spontan.

»Das der starken, unabhängigen Frau – mit einem unbändigen Willen.« Er nimmt mir mein Glas aus der Hand und stellt beide Gläser auf dem Küchentisch ab. »Und«, fährt er fort, »mit einem unglaublichen Sexhunger. Jetzt zum Beispiel.«

»Ehrlich?« Ich schau ihn betont erstaunt an, spüre aber schon ein leichtes Kribbeln in der Bauchgegend. »Bist du sicher, also ich …«

Das Ende meines Satzes küsst er mir weg.

Freitag, 6. August

Wenn Heiko bei mir ist, schlafe ich anders. Tiefer, glaube ich. Aber ich wache trotzdem immer um die gleiche Zeit auf: 7 Uhr. Ich halte die Augen noch geschlossen und hänge meinem Traum nach. Es sind aber nur noch Bruchstücke vorhanden, und die ergeben keinen richtigen Sinn. Besser denke ich also über den neuen Tag nach. Mit Doris zum Weingut, das ist schon mal schön. Am Freitag. Meist der stärkste Tag im Café. Die Niki traut sich was zu. Aber abends sind wir ja auch schon wieder zurück, das schätze ich zumindest. Und, ach ja, die prickelndsten Gedanken entführen mich zum gestrigen Abend, dem vertrauten Körper, der nun neben mir liegt. Ich richte mich etwas auf und betrachte ihn, die dunklen Haare, die Heiko ins Gesicht fallen, seine männlichen Gesichtszüge, die er schon zur Schulzeit hatte, wenn auch nicht ganz so ausgeprägt, und seine geschwungenen Lippen. Die Konturen sind besonders schön, die Linien wie gemalt, so wie es Frauen gern mit einem Lipliner machen … oder sich tätowieren lassen … aber hier, hier ist es Natur. Ich überlege gerade, ob ich ihn wachküssen soll, da schlägt er die Augen auf. »Huch!«, sagt er. »Willst du mir was tun?«

Ich muss lachen. »Hab ich die Augen vom großen, bösen Wolf?«

»So ähnlich.« Er schält seinen Arm unter der Decke hervor und zieht mich an sich. »Jedenfalls groß und hungrig.«

»Hungrig?« Ich sehe die großen Portionen des gestrigen Abendessens vor mir und muss lachen. »Wie soll denn das gehen?«

»Hungrig nach mir.«

»Okay, das schon eher«, gebe ich zu. »Nach dir und einem Morgen-Cappuccino.«

»In genau dieser Reihenfolge?«

Das Gefühl, mit Doris endlich mal wieder unterwegs zu sein, zwei Freundinnen die sich über alles Mögliche unterhalten und nicht nur über Tischbelegungen und Zahlen, die fröhlich und erwartungsvoll sind, das ist einfach herrlich. Ich habe Doris von zu Hause abgeholt, und ja, es ist ein schönes, großes Einfamilienhaus, in dem sie da lebt, genau so, wie man es sich bei einer gut situierten Familie vorstellt – von den seitlich begrünten Steintreppen bis hinauf zur Eingangstür, alles durchdacht und makellos sauber. Blühende Büsche, Wildgräser und ein Meer an dunkelrot-violetten Hortensien, alles da. Ich frag mich, wie Doris das nebenher noch alles schafft. Und ich sehe natürlich sofort unseren Garten mit Else und Judith vor mir. Kein Vergleich. Aber zum Schluss sind es ja immer die Menschen, die ein Haus ausmachen, ist es das Leben *zwischen* den Mauern.

Doris ist jedenfalls super drauf, richtig gelöst, wie befreit, scheint mir.

»Ist bei euch alles in Ordnung?«

Sie nickt. »Ich freue mich einfach, dass wir mal wieder zu zweit unterwegs sind! Wie lange ist das her?«

Keine von uns beiden weiß es. Muss also ewig her sein.

»Den Plan, gemeinsam in die Berge zu fahren, hatten wir jedenfalls schon …«, sage ich.

»Ja, das ist noch immer ein genialer Plan!«

Wir müssen beide lachen.

»Und bei dir?«, will sie wissen. »Mit Heiko?«

»So wie Heiko eben ist … ein großer Lausbub.«

»Wird das was Ernstes?«

Ich zucke die Schultern. »Was ist schon ernst? Im Moment ist es schön.« Und ich erzähle ihr von gestern und seinem Ziehsohn, der mitten in der Pubertät steckt.

»Kenne ich.« Doris zwinkert mir zu. »Jonas war auch nicht anders. Und Amelie toppt ihn noch.« Sie winkt ab. »Na ja. Jetzt sind sie zwar aus dem Haus, dafür rufen sie mich ständig an, wenn was nicht klappt oder wenn sie was brauchen. Das ist fast noch anstrengender.«

»Hm. Und dein Mann? Er ist doch immerhin der Vater.«

»Aber doch nicht für niedere Dienste zuständig!«

»Echt jetzt?« Ich werfe ihr einen schnellen Blick zu.

»Hast du mal einen verwundeten Soldaten nach seinem Vater rufen hören? Sie rufen alle nach der Mutter.«

»Interessanter Vergleich …«, finde ich. Aber stimmt wohl.

»Na ja, alles sofort und schnell, als ginge es um Leben und Tod. Meistens sind sie mit irgendwas zu spät dran, und dann muss Mutter das retten.«

»Und die Kleinen einfach mal auf die Nase fallen lassen?«

Sie sieht mich an, während ich geradeaus auf die Straße sehe, aber ich spüre ihren Blick und muss lachen. »Gib's zu, du kannst das nicht. Es liegt auch an dir!«

»Na ja«, bejaht sie. »Es sind halt meine Kinder. Ich weiß auch nicht. Ich bin einfach so.«

»Okay«, überlege ich, »ich war ja noch nie Mutter: Wer weiß, wie ich wäre … aber schau,«, ich zeige zum Navi und beende abrupt das Thema, »wir sind gleich da. Noch ein paar Kilometer am Neckar entlang … ist doch eine tolle Gegend, findest du nicht?«

Doris sieht eine Weile aus dem Seitenfenster und erwidert dann nachdenklich: »Ja, gell, wir haben so viel Schönes vor der Haustüre und kommen so selten dazu, es zu genießen.« Sie macht eine ausgreifende Handbewegung. »Aber all diese Weinberge, diese Hanglagen, das ist doch unfassbar viel Arbeit – und ein riesiger Kraftakt.«

Ich nicke ihr zustimmend zu. »Das können dir die drei gleich erzählen. Aber weißt du, was es noch ist? Eine tiefe Befriedigung, wenn du das fertige Produkt in den Händen hältst. Und eine innere Freude, wenn nach dem Winter die ersten grünen Triebe kommen.«

»Ja, das ist anders, als das Haus zu putzen oder die Café-Tische abzuwischen.«

»Komm, du liebst doch dein Café!«

Doris muss lachen. »Kennst du zwiespältige Gefühle? So im Großen und Ganzen liebe ich es, da hast du recht. Aber es ist eben doch ein Hamsterrad.« Sie zuckt mit den Achseln. »Das hier riecht dagegen nach Freiheit.«

»Freiheit im Rhythmus der Natur. Nur die Natur diktiert dir den Zeitplan.«

»Ja, und bei uns im Café sind es die Öffnungszeiten.«

Wir lachen beide.

Doris wirft mir einen Seitenblick zu. »Ach, wie schön, dass wir Freundinnen sind.« Sie fasst nach meinem Arm. »Und dass du wieder hier bist.«

Ich lege kurz meine Hand auf ihre. »Ja, das ist ein ganz besonderes, ein sehr warmes Gefühl.«

Bis zum Weingut hängen wir unseren Gedanken nach. Was bedeutet Freundschaft eigentlich, und wie ist es, wenn man keine Freunde hat? Warum hat man keine Freunde, welche Gründe könnte es dafür geben?

»So«, rufe ich mich selbst zur Ordnung, »Achtung, jetzt muss ich mich konzentrieren, denn ich fahr jedes Mal fast daran vorbei. Nach der nächsten Kurve kommt rechts die Hofeinfahrt.«

Doris staunt, wie schmal die Einfahrt durch die beiden weit geöffneten Holztore ist. »Aber sieh mal«, sage ich, halte kurz an und zeige auf das rechte Tor. Eine helle, große 3 prangt dort auf dunkelgrauem Grund, daneben in hellen Großbuchstaben: S I N N E. Und kleiner darunter: *sehen, riechen, schmecken.* »Das habe ich für unsere Winzer entworfen. Drei junge Winzer, drei Sinne, eine große 3!«

»Super! Das sieht richtig gut aus!« Doris zückt ihr Handy. »Das muss ich gleich mal fotografieren. Gratuliere. Und dazu machen die drei Sinne auch noch Sinn.« Sie lacht vergnügt über ihre Wortspielerei. Und fotografiert auch gleich noch das Fachwerkgebäude, das rechts von der Einfahrt liegt. »Das sieht ja idyllisch aus.«

Ich muss lachen. »Ja, klar, es ist aus massivem Stein, und es hat eine alte Familiengeschichte. Echte Tradition eben.«

Wir parken mit Blick auf die Weinberge, steigen aus und gehen über den gepflasterten Hof auf das Gebäude zu.

»Ich habe mir so ein Weingut wirklich größer vorgestellt. Kaum zu glauben … da hat alles Platz? Der ganze Wein und alles? Wohnen auch?« Doris schüttelt den Kopf.

»Schau, die kleine Tür mit dem steinernen Rundbogen ganz rechts führt in den Weinkeller. Der ist wirklich groß, in den Felsen gehauen und eiskalt.«

»Ich erinnere mich, davon hast du mal erzählt.«

»Ja, weil ich dort unten schon jämmerlich gefroren habe.« In Gedanken daran bekomme ich gleich wieder eine Gänsehaut. »Die Eingangstüre, die normale Holztür daneben, führt in den ersten Stock zur Probierstube. Und dann weiter zu den Wohnräumen.«

»Und das da ganz links?« Sie deutet zu einer großen, zweiflügeligen Holztür, die hinter einigen Maschinen kaum zu sehen ist.

»Keine Ahnung. Die ist mir noch nie aufgefallen. Wir können aber fragen, wenn es dich interessiert.«

»Aber dieses in Stein gehauene Wappen in dem Rundbogen darüber ist schön.«

Ich schau genauer hin. Ja, der größte Stein trägt ein Relief.

»Lass mal sehen«, sage ich und trete näher. Zwei aus dem Stein gehauene Männer, in der Mitte eine Tragebütte voller Weintrauben. Ich schüttle den Kopf über mich selbst. »Dass ich das noch nicht gesehen habe? Es ist wirklich schön!«

Doris zuckt die Achseln. »Hier ist ja auch alles vollgestellt. Kein Wunder.« Sie atmet tief durch. »Die Luft ist gut, so … würzig. Erdig. Ich werde einen richtig schönen Spaziergang machen, während ihr über neuen Ideen brütet.«

In diesem Moment öffnet sich die Haustüre, Angelina tritt heraus und kommt auf uns zu. »Hey«, ruft sie, »ich habe euch schon gesehen. Das Bauernvesper ist gerichtet … das heißt, wenn

Robby und Sebastian nicht gerade alles aufessen.« Sie geht uns mit großen Schritten entgegen, eine lockere, weiße Bluse über ihren kurzen, offensichtlich selbst abgeschnittenen Jeans, dazu derbe Trekkingstiefel. Die langen braunen Haare hat sie locker hochgesteckt. Mit einem herzlichen Willkommen reicht sie Doris die Hand.

»Freut mich, dich mal kennenzulernen, Katja hat schon viel erzählt.«

Hab ich das?, frag ich mich, aber ist auch egal, Doris fühlt sich sofort angenommen.

»Schön habt ihr es hier«, geht sie sofort auf das *Du* ein. »Ich will euch aber nicht stören, sondern werde einfach einen Spaziergang durch eure Weinberge machen, wenn ich darf. Hab ja auch die richtigen Schuhe an. Und das Wetter passt auch.«

»Heute passt einfach alles«, Angelina hakt sie unter, »vor allem, dass ihr jetzt da seid. Und machen kannst du, worauf du Lust hast, wenn du kreativ bist, dann rätsle einfach mit, aber vor allem gibt es jetzt erst mal einen Happen aus Muttis guter Küche.«

»Muttis guter Küche?«, frage ich nach.

»Ja, klar, unsere Familie hat Landwirtschaft, da lässt meine Mutter sich nicht lumpen!«

Was sich oben in der Probierstube auf den ersten Blick zeigt. Mitten auf dem langen Tisch steht ein Holzbrett voll mit Speck, Käse, Würsten, mehreren Fleischküchle, dazu zwei große Schüsseln mit Kartoffel- und Wurstsalat.

»Wow!«, entfährt es Doris.

»Und alles beste Qualität von gut gehaltenen Tieren – das ist der Anspruch meines Bruders. So wie unser Anspruch hier mit dem Wein.«

»Setzt euch doch«, sagt eine dunkle Stimme hinter mir, und klar, wir versperren den Eingang zum ohnehin sehr schmalen Probierraum. Da kommt keiner an uns vorbei. Ich drehe mich um, Sebastian steht hinter mir. Seine Energie strahlt fast körperlich aus, ein junger Vollblutwinzer durch und durch.

»Mach ich«, sagt Doris und geht zwischen den Stuhllehnen und der Wand am Tisch entlang tiefer in den Raum hinein. Ich folge ihr, und dann warten wir auf Angelina und Sebastian, die sich uns gegenüber hinsetzen. »Robby kommt gleich nach«, erklärt Sebastian, »er holt noch ein paar Flaschen Wein«, und mit Blick zu Doris, »oder doch lieber ein Bier?«

»In einem Weingut?«, Doris zieht die Augenbrauen hoch, »nie und nimmer.«

Angelina grinst, verteilt die auf dem Tisch stehenden Weingläser und zieht sich ein Bierseidel heran. »Ich trinke ein alkoholfreies Bier, ich habe Durst. Ich war gerade mal bei unseren Trauben, da wird es einem bergauf ordentlich warm«, sie lächelt Doris zu, »wirst schon sehen.«

»Dabei haben wir heute das ideale Wetter.« Sebastian sieht an mir vorbei zum Fenster hinaus. »Blauer Himmel, ein paar Wolken, 25 Grad, alles bestens!«

Du auch, denke ich und mustere ihn. Was Verantwortung und körperliche Anstrengung doch aus jungen Männern machen kann. Sebastian jedenfalls wirkt mit seinen kantigen Gesichtszügen und der kraftvollen Figur sehr männlich. Dabei ist er gerade mal etwas über 30 Jahre alt. Genau wie Robby, der eben die Tür aufstößt, einen Korb mit Weinflaschen auf den Tisch stellt und kurz in unsere Richtung grüßt. »Gut, dass ihr da seid. Angys Mutter würde uns mästen, wenn sie könnte.«

»Sie macht das eben gern«, verteidigt Angelina ihre Mutter. »Das ist sie eben von früher so gewohnt, vier Jungs, zwei Mädchen, da musste was Habhaftes auf den Tisch!«

»Habhaft?«, frage ich.

»Was Ordentliches zwischen die Zähne«, übersetzt Sebastian und reicht mir den Brotkorb. »Also kräftig zulangen, damit sich Mama Pauline freut!«

»Voller Magen, träger Kopf«, sage ich nur.

»Aber ein hungriger Magen denkt auch nicht gern«, kontert Robby und entkorkt eine Flasche. »Und außerdem können wir ja auch schon beim Essen denken. Wir geben dir jetzt mal ein paar Stichworte, und dann brainstormen wir drauflos, denke ich mal.«

Als wir vier Stunden später nach Stuttgart zurückfahren, erzählt mir Doris begeistert von ihrem Spaziergang. Von den Wildblumen zwischen den Weinstöcken, von den Insekten und Faltern, die sie dort gesehen hat, von dem schönen Blick auf das Dorf und von dem kleinen Winzerhäuschen, das sich hoch oben in den steilen Hang schmiegt und das so schnuckelig hergerichtet ist, dass man direkt einziehen möchte.

»War die Türe denn offen?«

»Nein, aber ich habe ganz einfach neugierig durch die Fenster gesehen. Mir auf gut Deutsch die Nase platt gedrückt.«

»Ja, das ist das Häuschen, bei dem wir für die erste Kampagne die Fotos gemacht haben. Die Flyer sind wirklich gut geworden, habe ich dir die noch nicht gezeigt?«

»Doch! An einem alten Holzgeländer mit Blick über den Weinberg. Alle drei wie nach getaner Arbeit, erschöpft, aber glücklich.« Sie kratzt sich am Knöchel. »Ich wusste nur nicht, dass es dort oben war.«

»Bist du gestochen worden?«

»Na ja, nicht schlimm. Ich bin ja auch überall durchmarschiert, und das mit bloßen Beinen, da bleibt es nicht aus.«

»Mach Spucke drauf!«

»Echt?«

»Probier's! Altes Hausrezept ...«

Doris lacht. »Aber jetzt erzähl mal, seid ihr erfolgreich gewesen?«

Während Doris ihre Stiche behandelt, erzähle ich, was wir

uns überlegt haben. »Es ist ein Biowein, klar, wie seine Vorgänger auch. Bloß diesmal versprechen die Trauben einen Spitzenwein, diesmal, wenn nichts dazwischenkommt, hat durch den tollen Sommer alles gepasst. Und wenn du im Weinberg nicht nur Schnaken, sondern auch Schmetterlinge gesehen hast, dann ist das ein Zeichen dafür, dass dieser Weinberg ökologisch gesund ist, denn Schmetterlinge stellen sehr hohe Ansprüche an ihren Lebensraum.«

»Aha, ist ja genial. Also sind Schmetterlinge unbestechlich …«

»Ja«, bestätige ich. »Und deshalb hatte ich die Vision der hellen 3 und der Großbuchstaben S I N N E, wie gehabt auf hellgrauem Untergrund und darüber einfach ein hellgelber Zitronenfalter. Darunter: *Der Unbestechliche*. Ich denke, das sieht vom Bild her gut aus, und die Information ist auch gut.«

»Ah, das Etikett ist sicher super – schon von den Farben her, aber ehrlich, ich habe nicht gewusst, dass Schmetterlinge ein Zeichen für ein gesundes Ökosystem im Weinberg sind.«

»Genau das haben wir uns auch überlegt. Deshalb kurze Info hinten auf der Flasche. Aber es ist bisher nur *eine* Idee. Wir brauchen noch mehr, aber irgendwie kam uns das gleich gut vor.«

»Kann ich verstehen.« Sie blickt kurz auf ihre Uhr.

»Noch sind wir in der Zeit«, sage ich. »Willst du ins Café? Niki unterstützen? Oder lieber nach Hause?«

Doris schüttelt sofort den Kopf. »Weder noch – ich will mit dir irgendwohin, wo wir mit gutem Essen verwöhnt werden und einfach einen gemütlichen Abend haben … nur wir zwei!«

Samstag, 1. August

Früher war Samstag immer der Ausschlaftag, seitdem ich mit Doris zusammenarbeite, ist es der Großkampftag. Samstags sind einfach mehr Menschen in der Stadt unterwegs, manche kommen schon zur Frühstückszeit, und damit sie solche Kunden nicht ständig wegschicken muss, hat Doris darauf reagiert und bietet seit Neuestem ein kleines Frühstück an. Aber auch ein kleines Frühstück macht eben viel Arbeit. Und vor allem besetzen manche Gäste ihren Tisch endlos lang und vermiesen uns dadurch das Mittagsgeschäft. Ich weiß nicht, ob das so eine kluge Entscheidung war.

Vor allem brauche ich heute erst mal eine Aspirin. Wir sind gestern unterwegs in einen Landgasthof eingekehrt, der gemütlich aussah und den wir beide nicht kannten. Wir haben uns so verquatscht, dass wir tatsächlich die letzten Gäste waren. An zu viel Alkohol kann es nicht liegen, dass ich mich heute Morgen so schlapp fühle, denn ich habe nur noch Wasser getrunken. Eher die Gespräche, die Aufarbeitung der vielen Jahre, die wir uns zwischen Schulabschluss und meiner Rückkehr nicht mehr gesehen haben. Viel Fröhliches, aber eben auch Ereignisse, da würde man das Rad gern zurückdrehen und es anders machen. Als die Bedienung mit der Rechnung an den Tisch kam, waren wir wirklich erstaunt, wie schnell die Zeit vergangen war. »Siehst du«, hatte Doris gefrotzelt, »so geht es den Gästen bei uns eben auch … bleiben ewig an einem Glas Wasser hängen.«

»Bloß geben wir dafür ein ordentliches Trinkgeld«, bemerkte ich und legte noch einen Fünfer dazu.

Es ist fast 11 Uhr, als ich im Café eintreffe. Heute sind, außer Croissants, auch unsere Kuchen gefragt, das sehe ich auf den ersten Blick. Also werden wir zum Nachmittagsgeschäft voraussichtlich zu wenig haben. Das heißt, entweder neue backen oder nachkaufen. Aber vielleicht mag heute Nachmittag überhaupt niemand einen Kuchen, dann wäre der ganze Aufwand umsonst.

Hellseherin müsste man sein.

Doris balanciert ein volles Frühstückstablett zu einem der hinteren Tische. Vier Personen, ich kenne sie nicht. Aber die

Person an dem kleinen Tisch in der Ecke kenne ich: Heiko. Offensichtlich hatte er wenig Lust, sich zu Hause selbst ein Frühstück zu machen. Kann ich verstehen. Seit seiner Scheidung lebt er in einer kleinen Wohnung. Ich war nur ein einziges Mal dort, danach waren wir beide der Meinung, dass es bei mir wesentlich gemütlicher ist. Nun hat er mich entdeckt und macht mir ein »Komm«-Zeichen. Ich will aber erst mal von Doris wissen, was Sache ist, also warte ich ab, bis sie den Tisch bedient hat und dann bei mir stehen bleibt.

»Na, wie geht es dir heute Morgen?«, will sie wissen.

»Mäßig. Dagegen siehst du erstaunlich frisch aus«, stelle ich fest. »Früh aufgestanden und eiskalt geduscht?«

»Eiskalt geduscht, nein. Früh aufgestanden, ja. Jonas kommt heute aus Leipzig, Amelie mit dem Zug aus Mailand, da sollte ich schon ein bisschen was vorbereiten.«

»Ist das nun Stress oder Freude?«

»Nach der kurzen Nacht etwas Stress – aber mit viel Freude.«

»Und wie willst du das machen? Kann ich dir helfen? Du machst mir einen Einkaufszettel, und ich sause los.«

Sie lächelt mir zu. »Das ist lieb, aber den hat Heiko schon.«

»Ach, wahrscheinlich winkt er mir deshalb zu … er hat einen Auftrag für mich.«

Doris schüttelt den Kopf. »Nein, nein. Aber setz dich ruhig zu ihm. Cappuccino?«

»Spinnst du? Den kann ich mir auch selbst holen.«

Sie winkt ab. »Du siehst doch, die fünf Tische sind bedient, also alles gut. Und heute Abend spring Niki ein, dann habe ich frei. Alles geregelt.«

»Das ist aber super von ihr. Die macht sich ja richtig gut … gestern und heute, klasse.«

»Ja, und sie hat das gestern perfekt gemeistert. Die Abrechnung ist picobello. Dafür habe ich sie an unserem Ruhetag auch zu mir nach Hause eingeladen. Dann koche ich.«

»Also volles Programm. Die ganze Familie und dann auch noch Niki.«

»Und wenn du magst, komm doch auch. Dann lohnt sich die Kocherei wenigstens.«

»Kommt drauf an, was es gibt.«

Sie knufft mich. »Na, jetzt erst mal einen Cappuccino. Das heißt, zwei. Ich setze mich auch dazu.«

»Meine beiden Schönheiten.« Heiko steht auf und rückt uns zwei Stühle zurecht. »Welche Ehre!«

Ich muss lachen. »Kindskopf!«

»Nur, weil ich ein Gentleman bin?« Er sieht zu Doris. »Sag ihr bitte, dass das nicht fair ist.«

Doris stellt die beiden Tassen ab und dreht sich zu mir um: »Katja, das ist nicht fair!«

»Oje! Verschworene Gesellschaft!« Ich will mich setzen, aber Heiko nimmt mich in den Arm und bläst mir in den Nacken. »Du duftest immer so gut.«

»Nach Kernseife und Weißer Riese.«

»Nein, nach Katja. Es ist dein eigener Duft.«

Ich sehe, wie Doris uns beobachtet, und frage mich, was sie wohl gerade denkt. Vergleicht sie die beiden Männer, ihren eigenen und Heiko?

»Dann, also«, Heiko lässt mich los und setzt sich auf seinen Stuhl zurück, »dann erzählt mal, wie es gestern war. Wie heißt der neue Wein, und warum seht ihr beide heute leicht … na ja, unausgeschlafen aus?«

Am Nachmittag bin ich bei meiner Mutter. Zumindest habe ich mir das gestern schon den ganzen Tag lang vorgenommen, und heute muss es sein, denn der Pflegedienst ist ja nur für den Körper zuständig und nicht fürs Seelenheil. Dafür braucht sie mich. Denke ich wenigstens.

Während ich auf mein Elternhaus zufahre, sehe ich, wie genau in diesem Moment ein Taxi wegfährt. Ein Taxi? Wer besucht Mutti denn mit einem Taxi? Schuldbewusst denke ich, dass ich sie heute noch nicht angerufen habe und gestern nur kurz. Wenn nun was war? Ein Arzt? Aber ein Arzt in einem Taxi?

Beunruhigt halte ich am Randstein und mustere beim Aussteigen die Eingangstüre. Alles wie immer. Zumindest ist sie geschlossen. Aber was soll das schon aussagen?

Ich stecke meinen Schlüssel ins Schloss und klingle wie immer unser verabredetes Zeichen, einmal lang, zweimal kurz, damit sie nicht erschrickt, wenn ich plötzlich in der Wohnung stehe. Doch kaum habe ich den Finger vom Klingelknopf genommen, wird die Tür aufgerissen.

»Hast du was vergessen?« Meine Mutter steht mit glühenden Wangen vor mir, schick im hellblauen Kostüm, das sie schon lange nicht mehr getragen hat. »Oh, du bist es«, sagt sie. Es klingt enttäuscht.

»Wer hätte ich denn sein sollen?«

Sie zuckt die Achseln. »Einfach so«, sagt sie.

»Einfach so? Was heißt das?«

Sie macht einen Schritt an mir vorbei und späht die Straße entlang.

»Da ist gerade ein Taxi weggefahren«, sage ich. »Hattest du Besuch?«

Mit einer tänzerischen Bewegung dreht sie sich um und geht an mir vorbei ins Haus. Dabei macht sie einen Gesichtsausdruck, als würde sie pfeifen. Gespitzte Lippen, spitzbübische Augen.

Ich schließe die Tür hinter mir und gehe ihr nach.

Sie tänzelt mir voraus in Isabells Wohnzimmer, das vor dem Umbau mal Papas Herrenzimmer gewesen ist. Dunkel und mit schweren Möbeln ausgestattet, wie es vor vierzig Jahren Mode war. Nun ist es ein helles Zimmer, modern eingerichtet, für uns alle, wie Isabell stets betont, aber eigentlich gehört es zu ihrem Wohnbereich.

Auf dem Tisch stehen zwei Sektgläser und eine Flasche Sekt. Beim Näherkommen erkenne ich, dass es sogar Champagner ist.

»Mutti, wer war denn da?«

Sie greift nach der Flasche. »Trinken wir ein Gläschen?«

Ich weiß wirklich nicht, was ich sagen soll. Aus ihrem Kühlschrank stammt die Flasche nicht, das ist sicher. Aber wer bringt ihr eine Flasche Champagner mit? Und Mutti, so aufgedreht. So … sie kommt mir vor wie ein Teenager nach dem ersten Rendezvous.

»Mutti, willst du mir nicht sagen, wer da war?«

Sie lächelt nur. »Ein Gläschen?«

Es nützt nichts. Ich gehe zum Schrank und hole mir ein frisches Sektglas. Die Flasche ist noch kalt. Nicht mehr eiskalt, aber ziemlich kalt. Und es ist ein sehr guter, ein teurer Champagner. Dom Pérignon. Den leiste ich mir nie.

Mutti setzt sich wieder zu ihrem Glas und hält es hoch. »Zum Wohl!«

Sie ist so klar, als wäre die Demenz eine echte Fehldiagnose.

»Und du willst mir wirklich nicht sagen …«

»Ein guter Bekannter.«

Aha. Ein guter Bekannter. Wer könnte dieser gute Bekannte sein? Ich stoße mit ihr an.

»Gut, dass du nicht früher gekommen bist.«

Wieder dieser schelmische Blick. »Hätte ich euch in flagranti erwischt?«, frage ich leichthin.

Sie zuckt die Schultern. »Wer weiß?«

Ja, ehrlich! Meine Mutter! Andererseits: Sie ist erst 78 Jahre alt und eine gut aussehende Frau. Warum soll sie keinen Liebhaber haben?

»Hast du einen Liebhaber?«

Sie kichert. »Warum nicht?«

Offensichtlich macht ihr die Situation Spaß, und ich überlege, ob sie mich hereinlegen will. Ist sie denn dazu noch imstande? Aber unser Arzt hatte mir das bereits erklärt. Die Krankheit ist wie eine Berg- und Talfahrt. Manchmal wird sie mir ganz klar vorkommen, und dann ist sie wieder verwirrt, kaum ansprechbar, lebt in ihrer eigenen Welt.

Offensichtlich ist sie jetzt gerade on the top.

Wir stoßen an, und ich genieße den prickelnden Schluck. Dann muss ich plötzlich lachen.

»Mutti, weißt du noch, wie es mit meinem ersten Freund war? Ich war wahnsinnig verliebt.«

»Ein Wuschelkopf«, antwortet sie wie aus der Pistole geschossen. »Vor lauter Haaren hat man sein Gesicht kaum gesehen.«

»Das war ja das Tolle an ihm. Ich war sechzehn und er ein Jahr älter.«

Sie lächelt dieses spezielle Lächeln, wenn sie in die Vergangenheit zurückgeht. Halb versonnen, halb wehmütig, die Augenlider gesenkt. »Aber sonst war, glaube ich, nichts Tolles an ihm«, sagt sie schließlich.

»Doch, er konnte fantastisch Geige spielen.«

Sie überlegt wieder.

»Ich weiß nicht, habt ihr jemals zusammen gespielt – du am Klavier, er Geige?«

»Wir haben schon zusammen gespielt – nur eben anders.«

»Ich wollte mit dir damals zum Frauenarzt.«

»Ja, das war hochnotpeinlich für mich. Welche Sechzehnjährige geht mit ihrer Mutter zum Frauenarzt, das geht ja gar nicht.«

»Ich wollte ihn nicht zum Schwiegersohn.«

»Genau. Und jetzt hast du gar keinen ...« Ich sage das in einem scherzhaften Ton, aber sie blickt mir direkt in die Augen. »Ja, ganz genau. Jetzt habe ich gar keinen.« Sie nimmt einen Schluck, ohne ihren Blick von mir zu lassen. »Warum eigentlich nicht?«

»Weil du von Boris ja schon zwei Enkel hast. Also im Durchschnitt ein Enkel von jedem deiner Kinder.«

Darüber denkt sie eine Weile nach, und ich habe Zeit, sie zu betrachten. Das eine Jahr unter der Obhut meiner Schwägerin hat ihr sichtlich gutgetan. Durch die Gewichtszunahme hat sich die Haut gestrafft, ihr Gesicht ist nicht mehr so eingefallen. Als ich sie vor einem Jahr nach Doris' Alarm hier besucht hatte, war ich wirklich erschrocken. Was wäre passiert, wenn mich Doris nicht alarmiert hätte? Ich habe Mutti von Hamburg aus ja nur zwei Mal im Jahr besucht – und im Trubel des Weihnachtsfestes natürlich gar nichts geschnallt. Und Boris, ihr geliebter Sohn, hatte mit seinem eigenen chaotischen Leben zu tun, da kam ihm eine pflegebedürftige Mutter höchst ungelegen.

Sie sieht auf, und ich tauche aus meinen Gedanken wieder auf.

»Deine Frisur steht dir gut«, sage ich – und es stimmt auch. Seitdem sie sich von ihren Dauerwellen verabschiedet hat und eine gestufte Kurzhaarfrisur trägt, was sie mit ihrem dichten, weißen Haar gut kann, sieht sie richtig flott aus.

»Ja? Findest du?« Sie fährt sich durch die Haare und lächelt still in sich hinein. »Das hat er auch gesagt.«

»Wer?«

»ER!«

Gut, sie will es nicht sagen. Dann Themenwechsel.

»Hast du was von Isabell gehört? Sind sie gut angekommen?«

»Wieso ich? Du hast doch dieses … Dingsda. Ihr steht doch in Kontakt.«

»Dann hat sie nicht angerufen?«

Meine Mutter schüttelt den Kopf, und ich rechne nach, seit wann die drei weg sind. Wann hatte ich sie zum Flughafen gefahren? Am Donnerstag. Heute ist Samstag. Sie müssten also gestern angekommen sein.

Kein Ton, kein Pieps.

Ist das gut oder schlecht?

»Was ist?«

Sie ist heute so klar, dass es fast unheimlich ist. Und auch dieser kritische Blick – ganz wie früher, wenn ich ihr als Jugendliche etwas verheimlichte. Wie beispielsweise die Pille, die ich natürlich mit fünfzehn schon hatte und nicht erst mit dem Wuschelkopf, wie meine Mutter Freddy immer nannte.

»Tja!« Ich ziehe meine Tasche herüber und suche nach dem Handy. »Gestern war ich den ganzen Tag mit Doris unterwegs, ich habe meine Mails noch überhaupt nicht gecheckt.«

Sie sieht mich an, als wäre das mal wieder typisch für mich, den großen Bruder einfach so zu vergessen, das Herzstück der Familie.

Keine Mails, aber eine WhatsApp mit mindestens zehn Fotos. Flughafen, über den Wolken, schlafende Kinder, Ankunft … und das? Mein Bruder mit Pferdeschwanz? Nun ist er zum Indianer geworden, so sieht er zumindest aus. Begrüßung. Kinder, die offensichtlich etwas fremdeln, klar, nach einem Jahr. Aber dann: blaues Meer, Strand und schließlich ein kleines weißes Häuschen mit Terrasse, wo genau, kann ich nicht sehen, aber irgendwo auf einer Art Wiese mit Bäumen.

»Meine Lieben, hat alles gut geklappt. Das hier ist unser Feriendomizil, eigentlich wohnt Boris hier, aber er schläft so lange woanders. Oder in der Hängematte auf dem Balkon, egal, Koh Phangan ist jedenfalls eine sehr schöne Insel. Noch ist alles etwas fremd. Boris auch. Aber: Alles gut, liebe Grüße an euch beide, Isabell und die Kinder, die noch immer sehr aufgeregt sind.«

Ich lese den Text vor, dann gehe ich um den Tisch herum und zeige meiner Mutter die Fotos.

»Geht das nicht größer?«

»Auf dem Handy leider nicht. Dann bringe ich morgen mein Tablet mit, da können wir uns das größer anschauen.«

Doch sie betrachtet die Fotos schon sehr eingehend. Und plötzlich schwant mir, dass ich in meinem Überschwang einen

Riesenfehler gemacht habe, denn offiziell sind Isabell und die Kinder ja in Nussdorf am Attersee. Was mach ich jetzt?

»Und wer ist der Mann da?« Sie tippt auf Boris. Klar. Braun gebrannt mit Pferdeschwanz, Sonnenbrille und Camouflage-T-Shirt, dazu, schätze ich mal, vier Kilo stärker, da erkennt man ihn nicht auf Anhieb.

»Und wieso schreibt sie von Boris?«

Soll ich lügen? Kann ich sie ablenken? Soll ich ihr sagen, dass ihr geliebter Sohn sie leider nicht nach Koh Phangan eingeladen hat … alles das, was sie eigentlich schon wieder vergessen hatte?

»Weißt du was, Mutti, ich weiß es auch nicht. Sollen wir sie morgen mal anrufen?«

Sie zuckt die Schultern, macht aber ein unglückliches Gesicht. Ach Mensch, denke ich. Dabei war sie doch vorhin noch so glücklich gewesen. Ich setze mich und halte mein Glas hoch. »Lass uns auf deinen netten Besuch trinken, den du heute gehabt hast.«

Sie greift nach ihrem Glas, doch an ihren Augen sehe ich, dass sie überlegt, wen ich wohl meinen könnte. Diesen Ausdruck der beginnenden Leere kenne ich, dieses Durch-mich-hindurch-Schauen. Ich könnte heulen. Bin ich daran schuld? Oder stürzt sie bei dem Gedanken an ihren Sohn ab, den sie so lange nicht mehr gesehen hat?

Wenn er Weihnachten nicht kommt, dann fliege ich mit ihr hin, überlege ich. Obwohl mich nichts zu meinem Bruder zieht. Aber wer weiß, vielleicht tut ihr ja so eine Reise gut? Nahrung für den Kopf?

»Mutti, wie hast du denn Papa kennengelernt?«, versuche ich meinen alten Trick. Und tatsächlich. Sie sieht auf, und ihre Mimik verändert sich. »Er war ein fescher junger Mann«, beginnt sie und taucht in die Vergangenheit ein. Dort fühlt sie sich wohl, dort ist sie geborgen. Und ich weiß, nun ist sie auf sicherem Terrain. Ich werde eine Weile zuhören, uns dann ein Abendessen zubereiten und sie schließlich ins Bett bringen.

Und wahrscheinlich werde ich mich zu Hause an mein Klavier setzen und Chopin spielen. Den spiele ich immer, wenn ich traurig bin.

Sonntag, 8. August

Ich wache mit einem unbestimmten Gefühl auf. Irgendetwas rumort in mir. Mein Traum? Ich kann ihn nicht mehr nachverfolgen. Keine Ahnung, was ich geträumt habe. Was dann? Ich setze mich auf, um mich zu beruhigen, aber mein Herz schlägt, als hätte ich gerade etwas Schreckliches erlebt.

Habe ich aber nicht.

Ich versuche, mich zu beruhigen, und schau auf die Uhr. Sieben Uhr. Was für ein Tag? Sonntag. Ich muss also nicht einmal aufstehen. Ich habe nichts verpasst und auch keine Pflichten vor mir. Sonntag ist mein Ruhetag, das hatte ich mit Doris frühzeitig ausgemacht. Ich kann völlig beruhigt weiterschlafen.

Ich kuschle mich also wieder in mein Kissen, ziehe die Decke über die Schultern und versuche, mich dem Gefühl hinzugeben, dass nichts, aber auch gar nichts drängt. Doch es klappt nicht. Jeder Einschlafversuch misslingt, schließlich schlage ich die Bettdecke zurück und beschließe, mir einen Cappuccino zu machen. Und während ich unentschlossen mit der Tasse in der Küche stehe, fällt mein Blick durchs Küchenfenster auf die gegenüberliegenden Häuser. Sie sind schon in sonniges Licht getaucht. Ich trete etwas näher ans Fenster. Ja, der Himmel über den Dächern ist blau. Mit vereinzelten Wölkchen. Schleierwolken? Das würde doch eher auf schlechtes Wetter hindeuten. Egal. Im Moment ist der Himmel blau, die Sonne scheint, sicher ist es angenehm warm, und außer mir ist im Haus noch niemand wach.

Kurz entschlossen öffne ich meine Wohnungstüre und gehe im Nachthemd in den Garten. Der ist, verglichen mit dem Garten meines Elternhauses, zwar ein schmales Handtuch, zudem auch noch durch einen scheußlichen Maschendrahtzaun zum Nachbargrundstück abgegrenzt, aber immerhin stehen bei den beiden Apfelbäumchen die Gartenstühle und das Tischchen. Und so ist dieses Fleckchen trotz des schmucklosen Rasens doch irgendwie gemütlich.

Jedenfalls drängt es mich jetzt, dort, ganz in Ruhe, meinen Cappuccino zu trinken. Und dann werde ich einfach wieder ins Bett zurückgehen. Und ganz in aller Ruhe über meinen Sonntagsplan nachdenken.

So weit die Theorie. Nur für die Praxis bin ich nicht schnell genug, nämlich direkt wieder umzudrehen. Petroschka hat mich schon entdeckt und hebt den Arm zur Begrüßung. Wahrscheinlich hält er Zwiesprache mit den beiden Bäumchen, das tut er oft. Ich könnte also unter dem Vorwand, ihn bei seiner Sonntagmorgenandacht nicht stören zu wollen, einfach wieder kehrtmachen. Aber er ruft schon. »Das ist aber schön, Sie heute Morgen zu sehen.«

Ich kann das nun nicht aus vollem Herzen zurückgeben, denn in seinem alten Morgenmantel und mit den spärlichen Haaren, die ungekämmt in alle Richtungen abstehen, ist er nicht gerade der erbaulichste Morgenanblick. »Ja«, sage ich deshalb nur, ein bisschen halbherzig.

Er macht eine einladende Handbewegung.

»Extra für Sie gerichtet ...«

Tatsächlich. Auch der zweite Stuhl hat ein Sitzkissen. Ist er Hellseher?

Ich setze mich zu ihm. »Das ist aber nett, guten Morgen.«

Sein Strahlen erhellt sein kugelrundes Gesicht, und auch seine Augen blitzen hinter den dicken Brillengläsern. »Habe ich es doch richtig gedeutet«, sagt er, »wenn Sie bis tief in die Nacht traurige Klaviersonaten spielen, dann gehen Sie frühmorgens in den Garten.« Er nickt zu den beiden Bäumchen hin. »Trost holen.«

Weiß er zum Schluss mehr über mich als ich selbst?

»Ist das so?« Ich bin wirklich verwundert.

Er nickt. »Danach könnte man die Uhr stellen.«

»Habe ich Sie gestört?«

»Ich höre das gern. Das wissen Sie doch.« Er lächelt mich beruhigend an. »Was war es denn? Irgendwas Getragenes. Aber Schönes.«

»Chopin.« Ich gebe meinen inneren Widerstand auf. Gut, jetzt sitzen wir beide hier, dann ist es eben so.

»Bedrückt Sie was?«

Sein Blick sucht meine Augen. Ich schaffe es kaum, aber dann erwidere ich den Blick. Ruhig und für meine Begriffe sehr lang.

»Wenn ich das wüsste«, bekenne ich. »Einfach ein Bauchgefühl. Meine Mutter gibt mir Rätsel auf, das Leben auch ... aber«, ich hole tief Luft, »ich habe keinen Grund, mich zu beklagen, ich weiß auch nicht, was los ist. Als ob etwas auf mich zukommen würde, von dem ich noch nicht weiß, was es ist.«

Ich muss über mich selbst den Kopf schütteln und nehme aus Verlegenheit schnell einen Schluck von meinem zwischenzeitlich kalten Kaffee. »Verrückt, stimmt's? Mir geht es gut, und trotzdem habe ich ein schlechtes Gefühl ...«

»Auf seine Gefühle sollte man hören.« Petroschka beugt sich über den Tisch und schenkt sich aus seiner Teekanne nach. »Lieber auch einen warmen Tee?« Tatsächlich. Da steht auch eine zweite Tasse. Manchmal ist mir dieser Mensch direkt unheimlich.

»Ja, gern«, sage ich dankbar. Und während er meine Tasse füllt, entdecke ich den Brotkorb. Zwei Croissants.

»Das letzte Mal, als wir einfach so frei philosophiert haben, war es Mitternacht mit einem verhangenen Mond.«

»Jedenfalls hatten wir beide Schlafanzüge an«, erinnere ich mich und muss bei dem Gedanken an diese ungeplante Begegnung lachen. »Genau wie jetzt wieder …«

»Na«, sagt er. »Kleidung spielt eine untergeordnete Rolle. Wichtig ist doch, was sich darunter abspielt.« Er greift sich ans Herz. »Hier.«

»Stimmt«, gebe ich ihm recht. »Dann, lieber Herr Petroschka, helfen Sie mir doch mal auf die Sprünge, ich weiß nämlich im Moment nicht, was sich hier abspielt …« Ich deute auf mein Herz und dann zum Brotkorb. »Darf ich?«

An seinem Lächeln sehe ich, dass er gewonnen hat. Er wird keine Ruhe geben, bis er weiß, was mich beschäftigt. Und dann weiß ich es vielleicht auch.

Das Geklapper der Walkingstöcke unserer Mitbewohnerin reißt uns eine gute Stunde später aus unserem Gespräch. Fräulein Gassmann kommt schwungvoll durch das Gartentürchen auf uns zu, und ich nehme dies dankbar als genialen Anlass für einen Absprung.

»Na, Sie sind ja noch im Nachtzeug«, stellt sie fest, leicht pikiert, wie sich das für eine Oberstudienrätin a. D. gehört.

»Setzen Sie sich doch«, erwidert Petroschka, und bevor sie es tut, gebe ich meinen Stuhl frei.

»Noch schön angewärmt«, füge ich hinzu und lobe, weil ich ein gutes Gespräch hatte und mich nun nach meinem Bett sehne, auch noch ihre weiß gelockte Haarpracht, frisch vom Friseur. Sie freut sich, stellt ihre Stöcke ab, fasst sich mit beiden Händen ins Haar und sagt dann: »Ja, das ist aber schon einen Tag alt. Gestern habe ich mir diese Auffrischung gegönnt.«

»Sieht fabelhaft aus.«

Fabelhaft, denke ich, ist ein so aus der Zeit gefallenes Wort, dass es super passt.

Wie das *Fräulein*, auf dem sie noch immer besteht. Als ob es eine Auszeichnung für eine Frau über siebzig wäre. Allerdings. Und genau genommen, schmunzle ich vor mich hin, während ich die Treppe zu meiner Wohnung in den ersten Stock hochsteige, bin ich auch noch ein Fräulein. Eine unverheiratete Frau von 45 Jahren. Für den Fortbestand der Menschheit nutzlos. Und offensichtlich habe ich keinen abgekriegt, der mich heiraten wollte. Also auch gesellschaftlich untendurch.

Wie gut, dass ich heute lebe und nicht vor fünfzig Jahren. Ich erinnere mich, dass die Eltern unserer jungen Nachbarin eine Art Torschlusspanik bekommen haben. »Sechsundzwanzig Jahre alt und noch nicht unter der Haube.« Daraufhin hat sie in irgend so ein Kaff geheiratet. Ob sie heute glücklich ist? Keine Ahnung, sie war einige Jahre älter als ich.

Beim Anblick meines Bettes kann ich sämtliche Überlegungen abschütteln. Alles gut, denke ich. Wir haben uns freigekämpft, unsere Mütter haben uns freigekämpft und angefangen mit dem Frauenwahlrecht vor hundert Jahren auch unsere Großmütter. Wir sind in Europa weit vorn. Noch nicht ganz da, wo wir hinwollen, aber auf einem guten Weg.

Und mit diesem Gedanken sinke ich ins Bett, ziehe mir die Decke über den Kopf und schlafe sofort ein.

Am Nachmittag fahre ich mit dem Entschluss zu meiner Mutter, sie in den Wagen zu packen und irgendwohin zu fahren. Vielleicht ins Graf Zeppelin Hotel auf ein Glas Sekt. Da waren wir schon einige Male, daran hat sie schöne Erinnerungen und freut sich jedes Mal. Oder etwas später zum Abendessen um die Ecke, dort gibt es auch ein Restaurant, das sie schätzt. Und in dem sie vom jungen Kellner stets wie Marilyn Monroe behandelt wird. Was ihr natürlich gefällt.

Ach, egal, Hauptsache raus. Vielleicht auch ein schöner Spaziergang im Grünen und dann in einen Landgasthof?

Ich klingle wie immer und gehe dann hinein. Alles still.

Ist ja klar, denke ich, Isabell und die Kinder sind nicht da, also herrscht Ruhe. Trotzdem. In der Küche ist sie nicht, der weiße Tisch ist abgeräumt und sauber, keine Kaffeetasse, keine Zuckerdose, kein gar nichts, die Terrassentür ist geschlossen.

»Mutti?«

Vielleicht macht sie ja ein Mittagsschläfchen? Trotz dieses Gedankens habe ich beim Hinaufgehen in den ersten Stock ein komisches Gefühl. An ihrer Schlafzimmertür verharre ich kurz, dann klopfe ich und öffne. Zuerst erkenne ich im dämmrigen Licht, das durch die schräg gestellten Lamellen der heruntergelassenen Jalousie fällt, überhaupt nichts. Ihr Bett sieht ungemacht aus. Aber nein, beim Näherkommen sehe ich die geschwungene Kontur unter der geblümten Decke.

»Mutti?«, frage ich leise und spüre, wie mein Herz klopft. Nur ein Mittagsschläfchen? Soll ich das Licht einschalten?

Am Bett bleibe ich unentschlossen stehen und starre auf die Decke vor mir. Sie liegt ruhig da, ihre Figur zeichnet sich unter der Decke ab. Doch wenn ich jetzt die Hand auf sie lege, könnte sie fürchterlich erschrecken. Ich entscheide mich dagegen, gehe stattdessen zum Fenster und ziehe die Jalousien möglichst leise hoch.

»Mutti?«, sage ich dann lauter, trete wieder ans Bett und lege nun doch meine Hand auf die Decke, etwa in Höhe ihrer Schulter. »Mutti, geht es dir gut?«

Es rührt sich etwas. Ihre Beine, dann ein Arm, und schließlich taucht sie auf.

»Gott sei Dank«, entfährt es mir. Aber gleich darauf denke ich: Sie sieht schlecht aus. »Mutti, geht es dir gut?«

Sie versucht sich aufzurichten, und ich stütze sie. Ihre Augen sind noch halb geschlossen, und in meinem Arm erinnert sie mich an eine leblose Stoffpuppe. »Mutti?«

Mein Blick gleitet zum Nachttisch. Ein randvolles Wasserglas. Wie lange hat sie nichts getrunken? War heute Morgen vom Pflegedienst überhaupt jemand da?

»Mutti?« Sie schlägt die Augen auf und betrachtet mich aus trüben Pupillen. Jetzt bekomme ich es wirklich langsam mit der Angst. Schlaganfall?

»Mutti, was ist? Wie fühlst du dich?«

Allmählich kommt doch etwas Leben in ihren Körper, sie strafft sich, und ich atme auf. Erleichtert setze ich mich auf die Bettkante neben sie. »Sag was«, ermuntere ich sie, denn ich will hören, ob sie sprechen kann. Ob alles in Ordnung ist.

»Ist er da?«

»Wer …?«, frage ich.

»Ist er noch da?«

»Hattest du einen Albtraum, Mutti? Irgendetwas Schlimmes?«

Ich reiche ihr das Wasserglas. Sie lehnt erst ab, nimmt dann aber doch einen kleinen Schluck.

»Mutti, du musst trinken. Das ist wichtig!«

Sie richtet ihren Blick auf mich, als sähe sie mich zum ersten Mal. Wie in Trance. Hat sie Medikamente bekommen?

»Ist er schon weg?«

»Mama, von wem sprichst du denn? Ich komme überhaupt nicht mit. *Wer* soll da sein?«

Aber sie antwortet nicht, sondern kneift die Lippen zusammen. Wie ein kleines Mädchen.

»Willst du es nicht sagen? Oder darfst du es nicht sagen?« Und mit einem Schlag fällt mir ihr geheimnisvoller Gast ein. »*Darfst* du es nicht sagen?«

Aber sie sieht mich nur an. Offensichtlich war diese ganze Aktion gestern zu viel für sie. Dieser Gast, dieses Aufgedrehtsein, das ganze Drumherum. Ich wahrscheinlich auch. Und die Flasche Champagner! Das hat sie nicht verkraftet.

»Ich will, dass er wiederkommt.«

»Mutti, kannst du mal vernünftig mit mir reden? Du bist keine Fünfzehnjährige. Also: *Wer* soll wiederkommen? Von wem sprichst du?«

Sie kratzt sich am Hinterkopf und lässt sich wieder etwas zurücksinken.

»Weißt du was? Ich mach uns jetzt etwas zu essen. Magst du runter in die Küche kommen oder lieber im Bett essen?«

»Ich habe keinen Hunger.«

»Aber hast du heute denn überhaupt schon was gegessen? Bist du überhaupt schon mal aufgestanden?«

Sie rutscht tiefer unter die Decke. »Aber du musst etwas essen. Dein Körper braucht Flüssigkeit und Nahrung. Oder magst du aufstehen, und wir beide gehen in dein Lieblingsrestaurant?«

»Aber wenn er kommt?«

»Wenn er kommt und du liegst ungeduscht im Bett, hast weder gegessen noch getrunken, dann ist das auch nicht besonders prickelnd«, sage ich giftig. Aber sofort tut es mir leid, und ich lenke ein. »Also gut, ich schau mal, was der Kühlschrank hergibt.«

»Das ist gut«, seufzt sie, und ich vermute, dass sie einschlafen wird, sobald ich das Zimmer verlassen habe.

Ich finde noch eine Packung Griesnockerl und improvisiere mit einem Brühwürfel eine Suppe. Suppe ist immer gut. Warm, Nahrung, Flüssigkeit und Salze, denke ich, während ich das Tablett mit dem randvollen Teller und einer Flasche Wasser nach oben balanciere. Sie sitzt kerzengerade im Bett und sieht mir entgegen.

Ich stelle das Tablett auf der Kommode ab und rücke für mich einen Hocker ans Bett. »Kann ich dir das Tablett auf die Beine stellen, oder ist das zu schwierig?«, will ich wissen. Statt einer Antwort klopft sie mit der flachen Hand auf ihre Decke. Ich bin mir nicht ganz sicher, aber es kann ja auch nicht mehr passieren, als dass die Suppe über den Tellerrand auf das Tablett schwappt.

Ich nehme die Mineralflasche runter, lege ihr das Tablett vorsichtig auf die Beine, rücke den Suppenteller an den Rand, stecke ihr eine Serviette in den Ausschnitt ihres Nachthemdes und reiche ihr den Löffel.

»Gestern warst du doch noch so fit«, beginne ich, nachdem sie die halbe Suppe unfallfrei gelöffelt hat. »Was ist denn passiert?« Sie antwortet nicht, sondern isst weiter. Immerhin, es scheint zu schmecken. Dann legt sie den Löffel weg, sieht mich an und fragt völlig klar: »Wo ist Boris?«

»Boris?«

Jetzt bin ich diejenige, die verwirrt ist. Hat sie also vorhin gar nicht nach diesem geheimnisvollen Mann gefragt, sondern nach Boris?

»Ja, Boris.«

Ich räume das Tablett weg, um etwas Zeit zum Nachdenken zu gewinnen. Jetzt kommt's also. Genau wie Petroschka heute Morgen gesagt hat.

»Magst du noch was trinken?« Ich setze mich wieder auf den Hocker.

»Ich mag wissen, wo Boris ist.«

»Also gut. Mutti, dein Sohn hat einen Job in Thailand bekommen. Auf einer Insel, sie heißt Koh Phangan. Dort baut er Häuser.«

»Ich weiß, dass er weit weg ist. Aber er hat uns doch eingeladen. Und Isabell und die Kinder sind fort …«

Sie hat es also kapiert. Das ganze Theater mit dem österreichischen Urlaubssee … aber selbst schuld, ich habe ihr die Fotos gezeigt. Nun muss ich ihr die schmerzliche Wahrheit gestehen.

»Was magst du wissen?«, frage ich direkt.

»Warum ich hier bin und …«, ihr Gesichtsausdruck verändert sich. Ich weiß, was sie sagen will, ich muss das jetzt klären.

»Mutti, Boris hat nur Isabell und seine beiden Kinder eingeladen, Ludwig und Lara.«

»Und ich?« Ihre Stimme klingt brüchig. Oje, denke ich, das tut weh. Ausgegrenzt zu werden ist schrecklich. Und dann auch noch vom geliebten Sohn, ihrem Sonnyboy.

Ich fasse nach ihrer Hand und denke daran, welchen Rat mir Petroschka heute Morgen gegeben hat: Schenken Sie ihr Zuversicht. Etwas, worauf sie sich freuen kann, dann geht es auch Ihnen gleich besser.

»Mutti, mit den Kindern und Isabell ist er vollauf beschäftigt. Die Kinder wollen Sachen machen, auf die du bestimmt keine Lust hättest. Schnorcheln, am Strand Burgen bauen, in den Swimmingpool springen …« Ich suche nach möglichst abschreckenden Beschäftigungen, sehe aber an ihrem Gesicht, dass mir das nicht wirklich gelingt.

»Ja, und?«, sagt sie nur.

»Wir machen das anders. Im Moment ist es dort sehr heiß. Im August und im September mal locker dreißig Grad. Das tut dir nicht gut. Und wir wollen ja nicht nur in klimatisierten Räumen sitzen. Wir beide fliegen im Dezember zu ihm, das ist für die Gegend dort die beste Reisezeit mit optimalem Klima. Und dann hat er auch Zeit für uns. Und vor allem für dich.«

Sie drückt meine Hand. Und ich denke nur, nun habe ich mir endgültig eine Reise zu meinem Bruder eingebrockt. Dabei könnte ich den für seine Unzuverlässigkeit und seinen Egoismus noch immer würgen. Schließlich hat er ja praktisch hier um die Ecke gewohnt und hat von Muttis Erkrankung nichts mitgekriegt. Oder nichts mitkriegen wollen. Dafür aber für ein Liebesabenteuer Frau und Kinder verlassen, sie quasi ohne Geld sitzen gelassen. Und alles, aber wirklich alles vermasselt, um schließlich auf eine Insel abzuhauen.

»Ich bin gespannt, was Isabell erzählt, wenn sie zurückkommen«, sage ich und frag mich, ob sie sich in Koh Phangan wohl in die Haare kriegen, oder ob alles friedlich abläuft?

»Du hast doch Fotos?« Mutti sieht mich an, und mir wird

einmal mehr bewusst, dass sie manchmal doch mehr weiß, als man so glaubt. »Ja, aber nur die Bilder, die wir gestern schon gesehen haben.«

»Und neue?«

»Ich weiß nicht. In Thailand ist es jetzt …«, ich überlege, »Thailand ist uns fünf Stunden voraus. Also etwa zweiundzwanzig Uhr. Die schlafen schon.«

»Dann schau doch mal.« Sie lässt nicht locker.

»Gut, mein Handy ist in meiner Tasche, in der Küche. Ich hol es schnell.«

Auf dem Weg zurück nach oben checke ich mal schnell, ob es etwas Neues gibt. Und tatsächlich: Einige neue Fotos aus Thailand sind da. Ein Selfie mit allen vieren, da sehen sie eher entspannt aus, finde ich, die Kinder am Strand und im Wasser und alle zusammen in einem Strandrestaurant. Und schließlich das Foto einer völlig einsamen Bucht und die Nahaufnahme von einer Palme mit einem angehefteten, alten Pappdeckel. Darauf steht in großer, mit schwarzem Filzstift gemalter Druckschrift *Free WiFi* und dazu eine Nummer. »Das glaubst du nicht«, schreibt Isabell. »Überall hast du hier Empfang, WLAN selbst an diesem gottverlassenen Stückchen Strand.« Das scheint ihr wichtiger zu sein als ihr Verhältnis zu ihrem Ex-Mann, denn über den schreibt sie kein Wort.

Mutti betrachtet die Fotos eingehend. Auch die vom Vortag.

»Dann ist das also Boris«, sagt sie und tippt mit spitzem Finger auf das Display. Ich nicke und vergrößere das Bild, sodass sie sein Gesicht erkennen kann. Ob sie meine Schwindelei von gestern noch in Erinnerung hat?

Sie sagt aber nichts, sondern nickt nur.

»Weihnachten?«, fragt sie dann. »Kommt Boris nicht an Weihnachten?«

Ich zucke die Schultern. »Wenn er nicht kommt, fliegen wir zu ihm.«

Ein stilles Lächeln huscht über ihr Gesicht. Dann sagt sie schlicht: »Danke.«

Dienstag, 10. August

Heute Abend nun also das Abendessen bei Doris, im Kreis ihrer Familie. Heute früh habe ich mich davon überzeugt, dass Mutti wieder gut aufgestellt ist und mit der Pflegerin kooperiert, und den Tag über habe ich im Büro meine Ideen für meine drei Winzer ausgearbeitet und außerdem meine Akquise vorangebracht.

Für solche Überlegungen und Schreibarbeiten ist der Dienstag geradezu perfekt. Keiner da, der mich stört, auch Heiko nicht, der heute für sein abendliches Coaching irgendwas in der freien Natur vorbereitet.

Ich spüre, wie gut mir das tut. Ich komme mit allem schnell voran, esse zwischendurch nur ein belegtes Brot, das ich mir mitgenommen habe, und genieße die störungsfreie Arbeitszeit. Beim Blick auf die Uhr bin ich überrascht, dass es schon 17 Uhr ist. Um 19 Uhr möchte Doris den gemeinsamen Abend starten, und ich bin gespannt, denn im Kreise der Familie habe ich bei Doris noch nie gesessen. Mal zu einem Gläschen Wein oder nachmittags zu einem Kaffee, aber bei Licht besehen war das sehr, sehr selten. Also bin ich neugierig. Vor allem auf ihre Kinder – und nicht zuletzt auf Niki. Eigentlich müsste das ja passen. Ob die drei nachher noch miteinander ausgehen? In eine Disco, oder ist so was nicht mehr angesagt?

Ich habe keine Ahnung. Genau genommen bin ich völlig ahnungslos, was Jugendliche heutzutage so treiben. Oder was ihnen wichtig ist – außer Klima und Umwelt, aber das finde ich gut. Ist ja auch deren Zukunft.

Sollte ich vorher noch nach Hause und mich umziehen?

Heute Morgen habe ich aus Bequemlichkeit nur eine Jeans und ein weißes T-Shirt angezogen. Kein Make-up, keinen Schmuck, nicht mal eine Uhr. Ist es nicht auch Wertschätzung, wenn man sich für eine Einladung ein bisschen aufpoliert? Aber ich habe dazu einfach keine Lust. Und ich glaube, dass es Doris auch völlig egal ist.

Punkt sieben stehe ich mit einem großen bunten Blumenstrauß vor Doris' Haus und klingle an der Eingangstür.

Amelie öffnet mir. Eine schlanke, junge Frau mit schwarzen, kurzen Haaren, exakt geschnittenem Pony direkt über den dunkel geschminkten Augen. Ein Hingucker. Das letzte Mal, als ich sie gesehen habe, war sie noch etwas pummelig, langhaarig und kastanienbraun. Ein sechzehnjähriges Mädchen. Jetzt ist sie plötzlich eine Frau.

»Katja«, sagt sie erfreut und tritt zur Seite. »Schön, dass du kommst.«

»Schön, dass ich kommen darf.« Ich gehe an ihr vorbei in den Flur und bleibe dann stehen. »Du siehst gut aus, bist eine richtige junge Frau geworden.«

»Danke!«

»Ja, wirklich«, bekräftige ich. »Und wo ist deine Mutter? In der Küche?«

»Nein, alles fertig. Wir sind auf der Terrasse, Jonas bereitet gerade die Aperitifs vor.« Sie grinst. »Er jobbt in Leipzig als Barkeeper. Na, das wird was werden …«

»Lassen wir uns überraschen.« Ich lächle ihr zu. »Ist unsere neue Mitarbeiterin, Niki, schon da?«

Amelie schüttelt den Kopf. »Aber es ist ja auch gerade erst *Punkt* sieben.«

»Ja, ich weiß«, ich nicke. »Ich gehöre noch zu der Pünktlichkeitsgeneration. Ich hoffe, es ist nicht allzu schlimm.«

Sie lacht, geht mir dann voraus und deutet zur offenen Terrassentür. »Ich schau noch nach einer Vase, geh doch einfach schon mal auf die Terrasse.«

Ich trete hinaus auf die hellen Fliesen und schaue mich um. Links von mir legt Doris gerade einen Stoß Servietten auf den Gartentisch, und rechts von mir steht an einer Bar ein junger Mann, den ich auch nicht mehr erkannt hätte: Jonas. Er trägt Bart und längere Haare. Außerdem ist er in den Schultern breiter geworden, kommt mir vor.

»Katja!« Doris kommt auf mich zu, und wir nehmen uns in die Arme. »Wie schön, dass du gekommen bist!«

»Klar doch! Aber pass auf, du zerquetscht die schönen Blumen«, warne ich, doch sie lässt nicht locker, sondern sieht mir in die Augen. »Ich freu mich so! Das ist ja eine richtige Premiere! Am Abend warst du noch nie hier!«

»Ja, stimmt. Unglaublich, wo wir uns doch schon so lange kennen.«

»Na ja, du warst eben immer in Hamburg«, sagt Amelie hinter mir. »Geniale Stadt. Da würde ich auch gern hin.«

In diesem Moment klingelt es an der Haustüre.

»Da musst du jetzt ran«, weist Amelie ihren größeren Bruder an, nimmt mir die Blumen ab und steckt sie in die Vase. Tatkräftig. Und delegieren kann sie auch schon.

Jonas wirft uns im Gehen einen Blick zu. »Wie heißt sie noch mal?«

»Niki«, sagt Doris und zieht mich dann an der Hand zu der Gartenbar, auf der fünf Gläser stehen.

»Fünf?«, frage ich, »kommt dein Mann nicht?«

»Später, er hat noch zu tun.«

»Und was hat Jonas da gezaubert?«, will ich wissen.

»Er nennt es Sunshine-Cocktail.« Amelie legt den Kopf schief. »Was es genau ist, kann ich dir nicht sagen. Vielleicht weiß er es selbst nicht, er mixt immer drauflos. Aber bisher war alles genießbar.«

»Das hört sich jedenfalls gut an«, sage ich und muss mir ein Lächeln verkneifen.

Jonas kommt zurück auf die Terrasse, dicht gefolgt von Niki. Niki trägt ein weißes, knöchellanges Sommerkleid mit feinen, pastellfarbenen Blütenmustern. Es schwingt bei jeder ihrer Bewegungen und steht ihr wirklich gut. Ein Hauch von Unschuld, denke ich. Auch sie hat einen kleinen Blumenstrauß dabei, den sie Doris überreicht, während sie uns freudig und mit einem entwaffnenden Lächeln begrüßt. »Schön habt ihr's hier«, sagt sie und sieht sich um.

Amelie nickt. »Ja, es war unser Kinderparadies, hier im Garten und außerhalb das Gelände am Ende unserer Straße. Bäume, Bäche, hohes Gras – überall war Abenteuerspielplatz.«

»Traumhaft!« Niki deutet in den großen Garten. »Und sogar einen Swimmingpool habt ihr.«

»Aber der macht nur Arbeit«, winkt Doris ab. »Seit die beiden ausgezogen sind, war niemand mehr im Wasser.«

»Dafür gab es vorher coole Partys«, erinnert sich Jonas und reicht jedem ein Glas.

»Vor allem dann, wenn wir nicht da waren.« Doris zieht spielerisch die Augenbraue hoch.

»Klar, wenn ihr nicht da wart!«, bestätigt Jonas und zu Niki gewandt: »Die Discos sind von hier aus nämlich weit weg. Ein Kinderparadies, aber für Jugendliche eher lahm.«

»Laufweit«, fällt Amelie kichernd ein.

»Stimmt!« Jonas grinst. »Das hat unser Vater immer gesagt, wenn er uns nicht bis zur S-Bahn fahren wollte.«

»Das hat er sowieso nie getan. Und euch abgeholt habe auch immer ich.« Doris rührt mit ihrem Röhrchen im Glas herum. »Und was ist das jetzt?«

»Sunshine-Cocktail. Nur für besondere Gäste.«

Amelie muss lachen. »Was anderes kannst du ja gar nicht.«

»Pass auf, was du sagst. Das Wasser ist nicht weit!«

»Schön, wenn man einen Bruder hat …« Niki prostet Amelie zu.

»Bist du etwa ein gesegnetes Einzelkind?«, will Jonas wissen.

»Meine Mutter hat die Produktion nach mir eingestellt.«

»Das hättest du auch mal tun sollen«, foppt Jonas seine Mutter und erntet dafür von Amelie einen leichten Tritt gegen das Schienbein. »He!«

»Wir lieben uns«; erklärt Jonas mit einem Seitenblick zu Niki, und Amelie ergänzt: »Stimmt. Seitdem wir uns nicht mehr täglich sehen.«

Nun lachen alle, und ich muss an Boris denken. So war es bei uns früher auch. Mein großer Bruder. Ich habe ihn wirklich geliebt.

»Und du studierst jetzt in Stuttgart?«, fragt Jonas Niki, und ich schätze, dass sich die drei nun einiges zu erzählen haben, was uns eher nicht interessiert, und ziehe Doris zu dem Strandkorb am Pool. »Der zieht mich magisch an, alte Erinnerungen.«

»Dem habe ich heute Morgen die Schutzhaube abgezogen«, sagt sie kopfschüttelnd. »Auch ein verwaistes Stück. Und ich habe mal wieder Rasen gemäht.« Während wir mit unseren Cocktailgläsern zum Strandkorb gehen, macht sie eine ausschweifende Handbewegung. »Für zwei Leute ist das hier viel zu groß. Vor allem für zwei Leute, die nie zu Hause sind.«

»Macht viel Arbeit«, ergänze ich.

»Macht *nur* Arbeit!«, präzisiert sie.

»Aber wenn Enkelkinder kommen?«

»Du machst mir Spaß!« Sie schlüpft aus ihren Schuhen und geht barfuß weiter. »Sie sind siebzehn und achtzehn. Die sollen erst mal leben, was werden, auf eigenen Beinen stehen. Den richtigen Partner finden … ach, Katja, das ist alles so leicht gesagt.«

»Ja.« Da kann ich auch mitreden. »Die Zukunft hält sich leider an keine Planung.«

Am Strandkorb ziehe ich auch meine Sneakers aus, dann sinken wir tief in den breiten Sitz hinein, legen unsere Beine auf die ausgezogenen Fußablagen und kippen die Rückenlehne. »Super!« Ich stelle mein Glas auf die kleine Ablagefläche und fühle mich total wohl. Eine Weile beobachte ich die drei fast Gleichaltrigen, die an der Bar stehen und sich offensichtlich ganz gut unterhalten, dann schaue ich den dahinziehenden Sommerwolken nach, und schließlich wende ich mich Doris zu. »Warum tust du dir das mit dem Café eigentlich an? Du könntest hier doch ein völlig zufriedenes, entspanntes Leben führen?«

Sie verzieht das Gesicht. »Das ist jetzt aber nicht dein Ernst?« Als sie meinen Gesichtsausdruck sieht, fügt sie an: »Oder doch?«

»Kein Stress«, sage ich, »ein schönes Haus, alles gepflegt, keine Geldsorgen, die Kinder sind wohlgeraten, es ist doch alles perfekt!«

»Die Fassade ist perfekt!« Sie greift nach ihrem Glas. »Ich will doch auch mit achtzig zurückblicken können und mich darüber freuen, dass ich etwas geleistet habe.«

»Aber als Mutter leistest du doch viel. Und als Hausfrau sowieso.«

»Ja, danke. Das machen andere Frauen nebenher.«

»Ich nicht.«

»Ja, du nicht.« Sie zieht kurz und geräuschvoll an ihrem Röhrchen. »Dafür hast du auch ein Bankkonto, das du ganz alleine gefüllt hast. Du selbst. Verstehst du den Unterschied?«

»Das ist doch nicht so wichtig!«

»Doch! Ist es!«, sagt Doris entschieden. »Alles, was du dir je gekauft hast, hast du von deinem eigenen Geld bezahlt. Du musst nicht danke sagen und nicht bitte. Du musst keine Gründe anführen, warum man das jetzt braucht. Wenn du es dir leisten kannst, dann kaufst du es dir. Wenn nicht, dann nicht. Es ist deine eigene Entscheidung!«

»Du redest dich in Rage!«

»Ja? Tu ich das?«

Sie hat sich aufgerichtet, ihr Körper ist angespannt.

Ich lege ihr beschwichtigend die Hand auf den Oberschenkel, und sie lässt sich wieder zurücksinken. »Es ist meine Achillesferse.«

»Hab ich gemerkt.«

»Entschuldige!«

»Kein Problem!« Ich nehme mein Glas, um mit ihr anzustoßen. »Ich könnte es hier jedenfalls gut aushalten. Vierzehn Tage im Strandkorb liegen, lesen, die Sonne genießen, den ziehenden Wolken nachschauen, still vor mich hin philosophieren und deinen Sohn Cocktails machen lassen. Ich finde den Gedanken paradiesisch.«

Unsere Gläser klingen, und wir prosten uns zu.

»Herzlich willkommen«, sagt Doris.

»Hunger«, schallt es von der Bar. Jonas winkt uns zu. »Wollten wir nicht grillen?«

»Wollten wir das?« Doris legt den Kopf schief.

»Tja, dann wollen wir mal.« Ich richte mich auf. »Schade. Hat gerade angefangen, richtig gemütlich zu werden.«

Doris hat den Tisch drinnen gedeckt, weil für den späteren Abend Gewitter angekündigt wurden. Ich kann mir das zwar nicht vorstellen, aber ich will auch nicht herummäkeln. Der Sommer ist so kurz, dass ich am liebsten jede Stunde draußen verbringe und deshalb auch sehr viel lieber an dem schönen Gartentisch gegessen hätte. Aber ja, Doris hat sich viel Mühe gegeben, hat den langen Holztisch mit weißem Geschirr, weißen Stoffservietten und weißen Kerzen eingedeckt, die schon brennen, obwohl es draußen noch hell ist.

»Richtig schön«, sage ich, während wir uns alle setzen, und Amelie bestätigt: »Das kann sie gut, die Mama.«

»Was?«, fragt Jonas.

»Depp!« Amelie zieht die Augenbrauen hoch und zischt Niki zu: »Brüder! So was will man nicht wirklich haben!«

Niki zieht kurz die Schultern hoch. »Ich finde ihn ganz süß …«

»Da hast du es!« Jonas wirft seiner Schwester einen triumphierenden Blick zu.

»Sie kennt dich eben nicht!«

»Stopp, stopp«, geht Doris dazwischen. »Wer von euch ist nun der Grillmeister? Das Kartoffelgratin ist gleich fertig, also müssen die Steaks auf den Rost!«

Ich hätte mich gern angeboten, aber ich kann nicht grillen.

»Ich bin eine gute Grillmeisterin«, erklärt Niki und steht wieder auf.

»Dann hol ich das Fleisch!« Jonas steht ebenfalls auf.

»Und du den Wein aus dem Kühlschrank? Sektkühler nicht vergessen«, weist Doris ihre Tochter an, um mich gleich darauf zu fragen: »Oder willst du lieber ein Bier?«

»Oder Mineralwasser?«, ergänze ich, »ich muss noch fahren.«

»Also beides«, sagt Amelie und steht auch auf.

»Sie sind gut erzogen«, flüstere ich Doris zu.

Sie muss lachen. »Ja, manchmal klappt es. Wahrscheinlich, weil sie wirklich Hunger haben.« Sie nickt mir auffordernd zu. »Okay, dann kümmern wir beide uns mal um den Salat und das Kartoffelgratin. Und dann kann es losgehen.«

Unsere Runde ist bereits recht ausgelassen, weil Jonas und Amelie lustige Episoden schildern, die sie in Leipzig und Mailand erlebt haben, als ich die Haustüre zuschlagen höre.

»Aha, der Hausherr kommt«, sage ich scherzhaft.

»Wird auch Zeit!« Amelie schaut streng auf den leeren Platz am Tisch. »Mal gespannt, ob er schon gegessen hat.«

»Er isst nichts. Er achtet auf seine Linie«, scherzt Jonas.

Jörg schaut schnell zur Tür herein. »Hallo zusammen, ich bin gleich da. Zieh mich nur schnell um.« Und schon ist er wieder weg. Dass sich Doris in ihn verliebt hat, kann ich gut nachvollziehen. Groß und schlank macht er schon was her, zudem ein attraktives Männergesicht wie aus dem Magazin und nun mit beginnenden grauen Schläfen. Das ist eine echte Vorzeigefamilie, auch wenn Doris das nicht hören mag.

Mein Blick fällt auf Niki, die ihm nachstarrt. Offensichtlich hat er ihr auch imponiert. Ich lächle in mich hinein. Männer mit grauen Schläfen … gab es da nicht sogar ein Lied?

»Ist überhaupt noch ein Steak für ihn da?«, will Doris wissen, und Jonas nickt. »Kein Problem. Amelie isst ja seit Mailand kein Fleisch mehr – es ist also noch genug da. Und vielleicht will er ja auch gar nichts.«

»Und Kartoffelgratin?« Amelie hebt den Deckel der Auflaufform. »Ist sogar noch warm. Alles paletti.« Sie zwinkert Niki zu. »Wir essen dann schon mal das Tiramisu, das macht meine Mutter nämlich richtig gut.«

Aber irgendwie hat sich die Stimmung verändert, die ausgelassene Fröhlichkeit ist einer leichten Anspannung gewichen. Wo das wohl herkommt, überlege ich und mustere die Gesichter. Aber vielleicht ist der Grund auch nur, dass wir mitten aus dem Erzählen gerissen wurden und erst wieder zurückfinden müssen. Amelie greift den Faden als Erste wieder auf und schmückt die Geschichte ihrer Bahnfahrt von Mailand nach Stuttgart aus. Dabei beschreibt sie die Typen aus ihrem Abteil so witzig, dass wir schon wieder gut drauf sind, als Jörg zwanzig Minuten später hereinkommt. Nun hat er seinen Anzug gegen T-Shirt und Jeans getauscht und bleibt erst mal am Tisch stehen. »Ah ja, unsere Gäste«, sagt er, begrüßt mich und dann Niki mit Handschlag. »Ein neues Gesicht«, sagt er dazu. »Sind Sie eine Bekannte meiner Kinder?«

»Unsere neue Mitarbeiterin aus dem Café«, sagt Doris schnell.

»Schön«, sagt er und setzt »hübsch« dazu, während er sich setzt.

»Hast du schon gegessen, oder bist du noch hungrig?«, fragt

Doris, und Amelie schiebt ihm den Weinkühler über den Tisch zu. Er nimmt die Flasche heraus, mustert das Etikett, stellt sie zurück und fragt nach einem Bier. »Ich kann dir noch ein Steak machen«, bietet Jonas an, während Doris ihrem Mann die Auflaufform reicht. Er nimmt den Deckel ab, mustert das restliche Kartoffelgratin und deckt es wieder ab.

»Steak und Salat wären okay«, erklärt er schließlich. Und mit etwas Nachdruck: »Und ein kühles Bier auch.«

Amelie hat verstanden und steht auf.

»Und«, fragt er Niki, »Sie sorgen jetzt für guten Umsatz im Café?«

Seine stahlblauen Augen heften sich auf sie.

»Wie soll sie das tun?«, kommt Doris Niki einer Antwort zuvor.

»Na, sie sieht gut aus. So etwas zieht doch immer«, bemerkt er leichthin.

»Wir sind aber kein ...« Doris Stimme hat sich verändert.

»Hab ich auch nicht behauptet!« Jörg dreht sich nach Amelie um, die neben ihm steht und das Flaschenbier langsam in die schräg gehaltene Biertulpe gießt. »Sehr gut«, sagt er. »Du hast nichts verlernt.«

»Schwerlich.« Amelie reicht ihm das Glas mit einer perfekten Schaumkrone. »In Italien trinkt man auch Bier.«

»Ja, dann Prost!« Jörg erhebt das Glas, und alle greifen nach ihren Gläsern. Ich auch. Er nimmt einen tiefen Schluck, leert das Glas bis zur Hälfte, wischt sich mit der Serviette den Schaum von den Lippen und wendet sich dann Niki zu. »Und was tun Sie, wenn Sie nicht gerade Kaffee ausschenken und Kuchen verteilen?«, will er von ihr wissen, aber bevor sie antworten kann, kommt Jonas mit dem Steak zurück und platziert den Teller gekonnt wie ein Kellner von rechts vor seinen Vater. »Und Kräuterbutter?« Jörg wirft seinem Sohn einen kurzen, kritischen Blick zu, bevor er zur Salatschüssel greift.

Es braucht eine Weile, bis alles passt, aber schließlich beginnt er zu essen. Eine kurze Weile ist es still, dann sagt Niki plötzlich: »Ich heiße Nikola Klingenstein, komme aus Kiel und habe mich im Café und hier eingeschlichen, weil ich dich kennenlernen wollte.«

Jörg lässt die Gabel sinken, starrt sie an, und wir alle halten die Luft an.

»Was?«, fragt er.

»Meine Mutter ist Helena Klingenstein, und du hast sie vor neunzehn Jahren geschwängert. Als Doris mit Jonas schätzungsweise im neunten Monat war.«

Seine Augen verengen sich.

»Was sagst du da?«

»Ich bin das Kind, das es nicht geben soll. Das unter allen Umständen verheimlicht wurde. Das nie erfahren sollte, wer sein Vater ist. Dafür hast du ja monatlich Geld überwiesen.«

Wieder ist es absolut still. Keiner bewegt sich. Dann zischt Jörg gefährlich leise: »Spinnst du? Was erlaubst du dir, hier solche Lügen aufzutischen??«

»Es sind keine Lügen«, antwortet Niki schlicht. »Und das weißt du ganz genau!«

Er schlägt mit der Faust auf den Tisch und herrscht Doris an. »Wen hast du denn da eingeladen? Was soll das?«

»Das hat nichts mit Doris zu tun«, erklärt Niki in sachlichem Ton. »Das hat nur mit dir und meiner Mutter zu tun!«

Stille. Wir schauen uns gegenseitig entgeistert an. Was sagt sie da?

»Du bist mein Vater. Genau, wie du der Vater von Jonas und Amelie bist! Nur mit einer anderen Frau.«

Jörgs Mimik verändert sich, seine Gesichtsfarbe auch.

»Was erzählst du da für einen bodenlosen, unhaltbaren Mist? Hast du sie noch alle?«

»Der Mist lässt sich belegen … anhand der Kontoauszüge.

Und der Briefe.« Während wir alle in Schreckstarre sind, scheint Niki noch immer völlig gefasst zu sein.

Jörgs Augen verengen sich. »Wer auch immer du bist und welche Behauptungen du auch immer aufstellst, es sind unhaltbare Lügen!«

»Nein, sind es nicht. Und das weißt du sehr gut!«

Jörg springt so ungestüm auf, dass der Teller vor ihm scheppert.

»Das reicht! Mach, dass du hier rauskommst! Verlass auf der Stelle mein Haus!«

»Dein Haus?« Nun springt auch Doris so plötzlich auf, dass ihr Stuhl umfällt, und ich spüre mein Herz bis zum Hals schlagen. »Dein Haus?«, schreit sie ihn an. »Und was erzählt sie da überhaupt? Sie ist deine Tochter? Ist das wahr?«

Jörg würdigt Doris keines Blickes. »Wenn du nicht sofort abhaust«, droht er Niki, »dann ruf ich die Polizei!«

Mein Blick fällt auf Jonas und Amelie. Beide sitzen mir kalkbleich und regungslos gegenüber.

»Die Polizei fürs Fremdgehen? Ha!« Doris Stimme überschlägt sich fast. »Ich will wissen, was da war!«

»Eine Halbschwester?« Jonas schiebt seinen Stuhl nach hinten. »Papa! Eine Halbschwester? Wieso wissen wir davon nichts?«

»Raus!«, brüllt Jörg. Die Ader an seiner Schläfe schwillt an, und langsam überlege ich, ob es nicht besser wäre, gemeinsam mit Niki zu gehen. Ich drehe mich zu ihr um, sie sitzt noch immer auf ihrem Stuhl. Kerzengerade.

»Das ist das Foto, das ich in der Kommode meiner Mutter gefunden habe.« Damit legt sie ein Foto auf den Tisch und schiebt es mit drei Fingern in Jörgs Richtung. Doris greift sofort danach. »Was ist das?«, will sie wissen, aber nachdem sie es kurz betrachtet hat, lässt sie es sinken. »Das bist auf alle Fälle du«, sagt sie einigermaßen gefasst zu Jörg und stellt ihren Stuhl wieder auf. »Nur die Frau, die du da im Arm hältst, das bin auf alle Fälle nicht ich!«

Sie setzt sich wieder und blickt zu Jörg auf, der noch immer bedrohlich aggressiv am Tisch steht. Allerdings erwidert er nun ihren Blick und winkt ab. »Merkst du nicht, dass sie eine Betrügerin ist? Ein Foto kann jeder manipulieren. Also!« Mit gerunzelter Stirn richtet er seinen Blick auf Niki. »Was soll das sein? Ein Erpressungsversuch? Willst du Geld?«

Niki schüttelt den Kopf. »Ich hätte nur auch gern einen Vater gehabt, der sich um mich kümmert. Das ist alles. Ich wollte dich kennenlernen und dir das sagen. Vom eigenen Vater verleugnet zu werden ist bitter, vor allem, wenn man nicht weiß, warum. Kinder nehmen die Schuld dann oft auf sich. Aber ich konnte ja nichts dafür, das ist mir heute klar, viele Jahre aber nicht.«

»Du bist also …«, Amelie fährt sich durch ihren Pony, »du bist also wirklich … also, unser Vater …«

»Quatsch!« Jörg funkelt Niki über den Tisch hinweg an. »Ich höre mir diesen Unsinn nicht länger an. Ich kenne keine Klingenbeil. Und dich schon gar nicht!«

»Klingenstein«, korrigiert Niki und steht auf. »Und ja, ich gehe.« Sie nickt Doris zu. »Tut mir leid, dass ich mich unter Vortäuschung falscher Tatsachen eingeschlichen habe. Aber es quält mich schon so lange. Es musste jetzt einfach sein!«

Ich stehe ebenfalls auf. »Ich gehe auch. Ich glaube, das ist besser so.« Und zu Niki: »Ich kann dich mitnehmen.«

»Danke für alles«, sagt sie in die Runde, während sie mit steifen Bewegungen am Tisch entlang zur Tür geht. »Ach ja, das Foto lasse ich euch da.«

Ich bin knapp hinter ihr, als ich Jonas rufen höre. »Sie kann doch jetzt nicht so einfach gehen! Wir müssen doch jetzt wissen, was Sache ist!«

»Und ob sie gehen kann!«, herrscht ihn sein Vater an. »Sonst werfe ich sie eigenhändig hinaus!«

»Aber doch nicht, wenn sie deine Tochter ist…«, höre ich Amelie. Dann sind wir im Flur. Vor der Eingangstüre holt uns Doris ein und packt Niki am Oberarm.

»Ich weiß nicht, was ich sagen soll«, beginnt sie. »Ich fühle mich betrogen, du hast mich benutzt. Aber er hat mich auch betrogen. Und dich – um deine Kindheit. Ich bin … ich weiß nicht!« Ich nehme Doris in den Arm. »Ich bin sprachlos«, fährt sie mit aschfahlem Gesicht fort. »Mir tut das sehr, sehr leid!«

Niki nickt. Dann legt sie ihre Hand auf Doris' Hand. »Mir tut es auch leid. Um eure Familie. Um mich … auch.«

Sie sehen einander in die Augen, dann öffnet Niki die Tür und geht hinaus. Und ich hinterher. »Ich melde mich«, sage ich nur, denn mehr fällt mir im Moment nicht ein. »Doris, ich drück dir die Daumen!«

»Wofür?«

»Dass ihr das alles irgendwie packt. Und am besten mit Niki. Und ihrer Mutter.«

Niki runzelt die Stirn.

»Will deine Mutter das überhaupt?«, frage ich sie.

»Sie weiß gar nichts davon, dass ich hier bin.«

»Sie weiß nichts davon?« Doris Stimme klingt ungläubig.

»Sie weiß nichts davon«, bekräftigt Niki. »Ich habe das alles alleine recherchiert. Und durchgezogen. Meine Mutter glaubt, ich sei in Frankfurt bei einer Freundin und jobbe über eine Agentur auf der Messe.«

Doris und ich schauen uns an. Dann holt Doris tief Luft. »Dass es ein Schock ist, kannst du dir ja denken. Aber Jörg hätte es mir sagen sollen. Sagen müssen!«

»Das war feige«, stimme ich ihr zu.

»Wahrscheinlich hatte er Angst um seine Karriere.«

»Oder um seine große Liebe, um dich?«, werfe ich ein.

»Tttt«, meint Doris nur, und bevor sie mehr sagen kann, fasst sich Niki an den Magen. »Mir ist übel!«

»Toilette?« Doris macht einen Schritt zur Seite.

Niki schüttelt den Kopf. »Nein, geht schon. Danke!«

»Komm, wir fahren!« Ich umarme Doris kurz und in stillem Einvernehmen, dann fasse ich Niki am Arm und dirigiere sie zur Steintreppe.

»Wo wohnst du überhaupt? Das mit dem Medien-Studienplatz stimmt dann doch wohl auch nicht?«, frage ich, während wir nebeneinander die Stufen hinuntergehen.

»Die WG-Adresse stimmt.«

»Aber sonst nichts?«

»Na ja. Ich habe mich in einer Vierer-WG eingemietet, das eine Mädchen studiert hier in Stuttgart an der Medien-Hochschule und macht gerade ein Praktikum in München. Das hat gerade gepasst.«

Unten an der Treppe drehen wir uns noch einmal um. Doris hat sich noch nicht bewegt, sie sieht uns nach. Ich hebe die Hand zum Abschied. In ihrer Haut möchte ich jetzt wirklich nicht stecken. Wie wird es ihr gehen? Und den Kindern?

Mittwoch, 11. August

Nach absolut wirren Träumen wache ich ziemlich gerädert auf. Kaum fällt mir alles wieder ein, geht mein erster Griff zum Handy. Hat Doris geschrieben? Nein, keine Nachricht. Ist das nun ein gutes oder ein schlechtes Zeichen? Es ist kurz nach sieben. Wird sie heute ganz normal im Café erscheinen? Sicher haben sie die ganze Nacht durch diskutiert. Oder gestritten. Oder … keine Ahnung. Abgehauen ist sie bestimmt nicht, ihre Kinder sind ja da. Aber die sind ja auch betroffen. Was ist nun mit denen? Und wie wird es Niki jetzt gehen? Ist sie erleichtert? Oder krümmt sie sich im Schmerz zusammen?

Ich kann nicht länger liegen bleiben und stehe auf. Am Küchenfenster bleibe ich eine Weile stehen und starre hinaus. Wie sich das Leben so plötzlich ändern kann … meines durch meine Mutter, und jetzt das von Doris. Wie wird sie reagieren?

Der Tag passt zu meiner Stimmung. Heute Nacht muss es ordentlich geregnet haben, selbst jetzt ist es noch nicht richtig hell. Es ist, als senkten sich die grauen Wolken auf unsere Straße hinunter. Fast wie ein Theaterhimmel, denke ich und beobachte die Menschen, die vorbeilaufen. Funktionsjacken und Regenschirme. Das drückt meine Stimmung noch mehr. Am liebsten wäre ich zurück ins Bett, aber ich weiß, dass ich dort keine Ruhe finde, und lasse es.

Vielleicht sollte ich Doris anrufen, ihr meine Hilfe anbieten?

Aber sie weiß ja sowieso, dass sie auf mich zählen kann. Also nicht? Oder doch?

Ich mache mir einen Cappuccino, und während ich Milch in den Schäumer fülle und dem Kaffee dabei zuschaue, wie er in meine Tasse fließt, überlege ich, wie denn ich reagieren würde. Aber ich kann mir das gar nicht vorstellen. Ich habe keine Familie, lebe mit niemandem in einem Haus, trage keine Verantwortung für meine Kinder. Ich könnte einfach sagen: Pack deine Sachen und geh.

Aber sollte man das nicht aufarbeiten? Wäre ein Psychologe oder Therapeut da nicht angebracht – oder eine Paarberatung? Zumindest muss man doch wissen, warum er nicht offen und ehrlich war?

Ich schüttle den Kopf und stelle mich mit meiner Tasse wieder ans Fenster. Kann eine solch große Krise nicht auch etwas Gutes bewirken? Dinge aufarbeiten und dann wieder zusammenfinden, vielleicht besser als mit einer großen Lüge, die zwischen einem steht? Dabei, korrigiere ich mich selbst, hat er ja nicht gelogen. Sondern nur verschwiegen. Theoretisch könnte Jörg sogar erleichtert sein – endlich ist es raus. Irgendwie kann ich mir das aber nicht vorstellen. Er ist nicht der Typ, der gern entblößt dasteht. Und das gestern war eine Entblößung … vor der ganzen Familie. Und dann auch noch vor mir.

Ich trinke meinen Cappuccino und spüre, dass ich auf keinen grünen Ast komme, das ganze Grübeln nützt nichts. Ich bin einfach ein anderer Typ, habe ein anderes Leben, andere Erfahrungen und kann da nicht mitreden. Aber melden kann ich mich zumindest, also schreibe ich Doris eine WhatsApp: »Kann ich irgendwie helfen?«

Und bekomme sofort eine Antwort: »Wir sprechen nachher drüber.«

Okay.

Dann gehe ich heute einfach mal früher ins Büro und lasse es auf mich zukommen.

Doris ist schon da. Als ich hereinkomme, nimmt sie gerade einen Kuchen aus dem Backofen. »Johannisbeerkuchen mit Quark und Streuseln«, sagt sie, während sie sich aufrichtet. »Da war mir heute danach.«

»Nach Johannisbeerkuchen?« Das verwundert mich nun doch. »Ich hätte eher auf ein Fliegenpilzgericht getippt.«

»Ach«, sie stellt das heiße Kuchenblech auf der steinernen Arbeitsplatte ab und zieht ihre roten Topfhandschuhe aus, »es war das, was ich schon lange erwartet habe, ein großer Knall. Irgendwas, was das schöne Kartenhaus einstürzen lässt. Ich dachte immer, der Knall kommt in Form einer langbeinigen Nebenbeschäftigung. Jetzt ist es eben keine Geliebte, sondern ein verschwiegenes Kind.«

»Tut es weh?«

Doris lehnt sich mit der Hüfte an die Arbeitsplatte. »Wir sind alle wie betäubt. Das trifft es vielleicht am besten.« Sie zuckt die Achseln. »Der Schmerz kommt vielleicht noch. Im Moment bin ich eher ratlos. Und ich habe keine Antworten auf die Fragen meiner Kinder. Die sind genauso vor den Kopf geschlagen wie ich.«

»Und Jörg?«

»Hat sich gestern allem entzogen. Er müsse nachdenken.«

»Nachdenken? Hm.« Ich schüttle den Kopf. »Hat er sich denn nicht mit euch zusammengesetzt und die Geschichte erklärt?«

»Das will er heute Abend tun.«

»Aha!«

»Wahrscheinlich wollte er erst mal diese … also, Nikis Mutter anrufen und sie zur Schnecke machen und die Zahlungen einstellen.«

»Denkst du wirklich?«

»Keine Ahnung.«

Hinter mir höre ich die Eingangstüre, und ich weiß schon, bevor ich mich umdrehe, wer es ist.

»Ich wollte mich verabschieden.« Nikis Stimme. »Und auch gleich bei dir entschuldigen, Doris.«

Doris winkt ab. »Nicht nötig. Du hast ja nur die Wahrheit gesagt.«

»Aber ich wollte euch allen nicht wehtun.«

Ich drehe mich nach Niki um. Sie bleibt am Tresen stehen und so, wie sie aussieht, hat sie die Nacht nicht geschlafen: blass und geschwollene Augen.

»Hast du schon mit deiner Mutter telefoniert?«, will ich wissen.

»Magst du einen Kaffee?«, fragt Doris gleichzeitig. »Und hast du schon was gegessen?«

»Ich kann nichts essen, danke. Kaffee gern. Und mit meiner Mutter …«, sie sieht mich an, »da ist mir Jörg wohl zuvorgekommen. So aufgebracht, wie er gestern Abend war, hat er ihr sicher Vorwürfe gemacht und das Konto gekündigt.«

»Denke ich auch.« Doris stößt sich von der Arbeitsplatte ab

und geht zur Kaffeemaschine. »Magst du auch einen?«, fragt sie mich. Ich nicke. An irgendwas muss ich mich festhalten, und sei es nur eine Kaffeetasse.

»Und jetzt? Willst du fahren?« Ich mustere Niki, wie sie so vor mir steht ... schmal in T-Shirt und Jeans und durchnässt. Sie muss durch den Regen gelaufen sein.

»Ich habe hier nichts mehr zu suchen. Außerdem habe ich das Zimmer gekündigt. Es ist besser so – ich habe genug Unruhe gestiftet.«

Doris wirft mir einen Blick zu, während die Maschine neben ihr dröhnend die Kaffeebohnen zermalmt. Ich weiß, was sie mir sagen will.

»Du kannst jetzt nicht gehen«, sage ich und lege meine Hand auf Nikis Schulter. »Genau deswegen, weil du Unruhe gestiftet hast, müssen wir jetzt doch erst mal schauen ... also, ich meine ...«, ich fühle mich hilflos, aber Doris kommt mir zu Hilfe. »Amelie und Jonas. Mit denen solltest du reden. Du bist weg, und die beiden stehen jetzt da.«

»Sollten die nicht besser mit ihrem Vater reden?«

»Aber du bist ... eine Halbschwester.« Doris stellt eine Zuckerdose auf den Tresen. »Wenn alles stimmt.«

»Wenn alles stimmt?« Nikis Stimme klingt ungläubig.

»Na ja, ich denke, ein Vaterschaftstest sollte schon gemacht werden ...«

»Der liegt vor. Den hat Jörg schon vor achtzehn Jahren verlangt. Er lag bei den ganzen Unterlagen, die ich mir angesehen habe.«

»Na dann ...«, sage ich.

»Na dann ...«, wiederholt Doris.

Um zwei, früher als sonst, scheuchen wir die letzten Gäste hinaus. Dann ziehen Niki und Doris zwei kleine Tische am Fenster zusammen, und wir decken für sechs Personen. Kurz nach zwei kommt Heiko herein und setzt sich an seinen Fensterplatz. Ihn habe ich vorher in seinem Büro über die neue Situation aufgeklärt. »Soso, die kleine Niki also«, war alles, was er dazu gesagt hatte.

Um halb drei stoßen Amelie und Jonas zu uns. Ihnen ist die Befangenheit anzumerken, offensichtlich wissen sie nicht, wie sie nun mit Niki umgehen sollen, die zur Begrüßung auf sie zugeht. So stehen sie hölzern da, weder Small Talk noch konkrete Fragen scheinen angebracht zu sein. Also sagen sie außer einem »Hi« gar nichts.

»Setzt euch doch einfach«, löst Doris die Situation und stellt ihren Johannisbeerkuchen mitten auf den Tisch. »Ich habe gerade unser Geschlossene-Gesellschaft-Schild rausgehängt. Der hier ist demnach übrig … greift also zu.«

Das lockert die Stimmung auf, es ist sofort zu spüren. Die ersten scherzhaften Worte fliegen von Jonas zu Amelie, und die kichert, während sie sich ein großes Stück auf ihren Teller lädt.

»Kaffee?«, fragt Niki und will schon aufstehen, als Doris abwinkt. »Läuft schon. Ich mache eine ganze Kanne, dann können wir sitzen bleiben.«

»Ist sie schon durch? Und Milch und Zucker?«

Doris nickt ihr zu. Mir fällt ihr Blick auf, mit dem sie das tut. Wehmütig. Sie mag sie. Und will sie eigentlich nicht verlieren.

»Tolle Geschichte«, fängt Heiko an, nachdem Niki mit einer vollen Kaffeekanne, der Zuckerdose und einem Milchkännchen an den Tisch zurückgekehrt ist. »Wollt ihr eurem Vater nicht vielleicht einen Kurs bei mir schenken, das wäre mal eine Bereicherung der Coaching-Runde. So einen Fall hatten wir noch nie.«

»Heiko!«, sage ich scharf, aber Doris lächelt. »Keine schlechte Idee. Vielleicht hätte ich ihn besser mal früher schicken sollen.«

»Machst du Coaching?«, will Jonas wissen. »Interessant. Psychologie hat mich schon immer interessiert!«

»Da kannst du bei deinem Vater gleich anfangen«, rutscht es Doris heraus, aber Jonas grinst nur und offenbart: »Mit Geheimnissen dürfte er nicht alleine dastehen.«

»Was soll denn das jetzt heißen?« Doris runzelt die Stirn. »Meinst du mich? Ich habe keine Geheimnisse!« Und nach kurzer Pause: »Leider nicht!«

»Nein, er meint wohl sich selbst«, schmunzelt Heiko.

»Nein, er meint mich!« Amelie hebt beide Hände. »Ich habe mich in Mailand verliebt und bin schwanger!«

»Was?« Doris fährt zu ihr herum.

»Ich wollte nur die Runde aufheitern, keine Sorge, Mama.«

»Also nicht schwanger?«

»Nicht schwanger, aber verliebt. In einen Italiener. Heißt Mario und kommt nächste Woche runter, um dich und Papa kennenzulernen.«

Heiko lächelt in die Runde und greift nach der Kaffeekanne. »Tja, die Kinder gehen ihre eigenen Wege, liebe Schulkameradin. Am Schluss bleiben eben nur die Eltern übrig.«

»Das wird sich noch zeigen«, entgegnet Doris düster.

»Was? Wohin die Kinder gehen?«, fragt Jonas nach.

»Nein, eher, was mit den Eltern ist …«

»Womit wir beim Thema wären«, sage ich, und alle sehen Niki an.

»Ja, womit wir beim Thema wären«, wiederholt sie. »Meint ihr, es wäre sinnvoll, wenn ich mal das Gespräch mit Jörg suchen würde?«

»Das würdest du dich trauen?«, fragt Amelie sofort.

»Wenn es Sinn macht?«

»Keine Ahnung, ob es Sinn macht.« Jonas zuckt die Schultern. »Er kann ziemlich stur sein. Ob er dich nun plötzlich als seine verlorene Tochter in die Arme schließt, eher zu bezweifeln …«

»Muss er ja gar nicht.« Niki spielt mit ihrem Kaffeelöffel.

»Aber er muss sich doch auch mal damit auseinandersetzen … und sich vielleicht anhören, wie ich mich all die Jahre gefühlt habe.«

»Und wie wir uns jetzt fühlen«, ergänzt Amelie.

»Aber dann müsstest du heute Abend mitkommen. Da will er ja mit uns reden.«

Doris hebt beide Hände. »Das halte ich für keine gute Idee. Da steht er sofort auf und geht.«

»Was ist dann die gute Idee?«, will Jonas wissen.

»Dass wir uns das heute Abend anhören und dann weiter entscheiden.«

»Wie lange bist du noch da?«, will Heiko von Niki wissen.

»Mein Zimmer ist gekündigt, ich bin wieder weg.«

»Das geht ja auf gar keinen Fall!« Jonas runzelt die Stirn. »Wann willst du dann mit ihm reden?«

»Du kannst doch jetzt nicht weg!« Auch Amelie sieht Niki beteuernd an. »Wenn wir plötzlich eine Halbschwester haben, dann müssen wir das klären. Das hat man schließlich nicht alle Tage!«

»Das kann man wohl sagen!« Heiko muss lachen. »Schiebt mal den Kuchen rüber, ich komme von hier aus nicht ran.«

»Gib mir deinen Teller.« Doris lädt ihm ein Stück auf, und ich muss zugeben, dass er aufgeschnitten wirklich gut aussieht, und lass mir auch ein Stück geben, obwohl ich eigentlich keine Kuchenliebhaberin bin.

»Ich mache einen Vorschlag«, erkläre ich spontan. »Wenn es für dich okay ist, Niki, dann richte ich dir meine Couch, und du bleibst, bis sich die Situation geklärt hat. Arbeitest hier weiter und verdienst Geld. Es sei denn, dass du schnell zu deiner Mutter zurückmusst.«

Doris winkt ab. »Deine Mutter soll herkommen, schließlich gehört sie zu diesem Spiel dazu, und ich möchte sie kennenlernen.« Sie klingt entschlossen.

»Echt jetzt?«, entfährt es Amelie, und alle Blicke richten sich auf Doris.

Die zuckt nur mit der Schulter.

»Zu diesem … wie nennst du das? Spiel? Na, du bist gut«, nuschelt Heiko mit vollem Mund. »Und außerdem, liebste Katja, wenn Niki bei dir schläft, wo bleib dann ich?«

Das bringt sogar Doris zum Lachen. »Vielleicht in deinem eigenen Zimmerchen, liebster Heiko?« Aber dann sieht sie in die Runde. »Ich finde das in Ordnung. Ein Schritt nach dem anderen. Wir haben heute Abend die Familienrunde, und daraus ergibt sich alles andere.«

»Und du, Niki?«, frage ich.

»Ich nehme dein Angebot gern an. Und mit meiner Mutter habe ich vorhin kurz telefoniert, sie ist recht entspannt.«

»Das macht sie sympathisch.« Heiko nickt. »Entspannte Menschen sind mir die liebsten. Trifft man nur leider so selten.«

»Na ja«, spöttelt Jonas: »Wenn man Coach ist …«

Noch während ich einparke, denke ich, wie sich die Dinge doch manchmal wiederholen. Im letzten Jahr war es die junge türkische Freundin meines Bruders, die ich bei mir einquartiert hab. Boris hatte damals mächtig viel Staub aufgewirbelt, bevor er sich nach Thailand abgesetzt hat – zuerst seine Familie wegen Merve verlassen und dann wegen dieser Liebschaft auch noch die türkische Familie gegen sich aufgebracht. Inzwischen geht es Merve gut, sie hat sich mit ihrer Familie versöhnt und lebt auf einem Reiterhof in Aalen ihren Traum. Niki greift nach ihrer Sporttasche und öffnet die Wagentür.

»Die Straße runter«, sage ich und gebe die Richtung an, »dort, links, das große, graue Haus.«

»Sieht nett aus«, antwortet sie, obwohl auf diese Entfernung noch gar nichts zu erkennen ist.

»Es ist vielleicht nicht die schönste Villa«, sage ich daher im

Gehen, »aber es lebt durch seine Bewohner. Die sind nämlich allesamt ziemlich schräg.«

»Schräg?« Niki sieht mich an.

»Lauter Individualisten. Mich eingeschlossen.«

Fast bringt mich das zum Lachen. Ja, stimmt. Wahrscheinlich bin ich inzwischen auch schon eine ziemlich schräge Type.

Wir sind an unserem niedrigen Gartentürchen angelangt, und während ich es für uns beide öffne, sagt Niki nachdenklich: »Ja, vielleicht bist du auch ein bisschen eigensinnig. Im Sinne von eigen und sinnig. Das ist doch gut.«

»Eigener Sinn.« Ich lasse sie an mir vorbeigehen. »Ja, selbstständig zu denken war noch nie das Schlechteste.«

»Genau. Und deshalb bin ich hier.« Sie sieht an dem Haus empor. »Erinnert mich irgendwie an eine Trutzburg. Viereckig, dicke Mauern, kleine Fenster.«

Ich folge ihrem Blick. »Und dort oben im Erker unser Burgfräulein, ganz genau.«

Schnell zieht Lotta Gassmann ihren Kopf zurück. Sicher ärgert sie sich nun, dass wir sie beim Spionieren ertappt haben.

»Sie ist neugierig«, stellt Niki sachlich fest.

»Als ehemalige Oberstudienrätin würde sie das wissbegierig nennen.«

Wir kichern beide, während ich in meiner Handtasche nach dem Haustürschlüssel suche, Niki ihre Sporttasche abstellt und sich umsieht. »Die Gartenecke dort sieht aber doch ganz idyllisch aus«, sie zeigt zu den Gartenmöbeln zwischen unseren beiden Apfelbäumchen.

»Ja,«, stimme ich ihr zu, »selbst eingefahrene Gewohnheiten lassen sich noch ändern. Bei meinem Einzug vor einem Jahr fand das keiner nötig. Und jetzt sitzen sie alle da.«

Niki dreht sich zu mir um.

»Ich bin gespannt, wie mein Leben weitergeht.« Wie sie so dasteht, schmal und mit hängenden Armen, hätte ich sie am liebsten in die Arme geschlossen. Wie ein verlorenes Kind. Stattdessen sage ich: »Wenn du dir deinen eigenen Sinn bewahrst, bestimmt gut …«

»Womit wir wieder beim Thema wären«, sagt sie, und ich halte den Haustürschlüssel triumphierend in die Höhe. »Da ist er, der Schlingel!«

Niki hat darauf bestanden, für mich etwas zu kochen.

»Ich kann das gut«, hat sie erklärt, während ich dabei war, ihr Bettzeug für die Nacht zusammenzusuchen.

»Wir müssten aber erst einkaufen«, meinte ich noch, denn der Kühlschrank gab nicht mehr viel her.

»Ich kann zaubern«, behauptete sie einfach. »Das mache ich zu Hause ständig. Aus Nichts etwas zu machen ist die Kunst, sagt meine Mum immer.«

»Kluge Frau.« Ich überließ ihr die Küche und deckte den Tisch.

Nun sitzen wir bei Kerzenlicht und zwei Gläsern Rotwein da, und ich muss Niki recht geben, was sie auf den Tisch gestellt hat, schmeckt wirklich gut: überbackene Pasta mit einer Käse-Sahne-Soße und dazu einen kleinen, gemischten Salat.

»Das kannst du wirklich«, sage ich beim Anstoßen, und urplötzlich sagt sie: »Ich habe Angst.«

»Du hast Angst? Wovor denn?«

»Vor der Zukunft.«

Oje, denke ich und sage:

»Du bist jung, du bist tough, du kannst zupacken … du musst dir nur selbst vertrauen, dann wird das schon.«

»Das sagt sich so leicht …«

»Niki«, sage ich bestimmt. »Schau mal, was du für einen Mut gehabt hast. Du hast dein Leben selbst in die Hand genommen, du hast diese ganze Geschichte um deinen Vater allein durchgezogen. Du kannst dir selbst vertrauen, das hast du dir genau damit bewiesen.«

Sie zuckt mit den Achseln, und ihr hübsches Gesicht zeigt einen Ausdruck von Mutlosigkeit.

»Du hättest ja auch«, fahre ich weiter fort, »den Kopf in den Sand stecken können, nachdem du das Geheimnis aufgedeckt hast.« Ich überlege. »Hast du die Unterlagen denn zufällig gefunden – oder aktiv danach gesucht?«

»Beides«, erklärt sie und stochert in ihrem Essen herum. »Auf der Suche nach ein paar Nylons in der Wäschekommode meiner Mutter hatte ich plötzlich einen Brief in den Händen. Das kam mir komisch vor. Weshalb versteckt sie einen Brief? Er war von Jörg. Er hat sie daraufhin gewiesen, dass ich ja nun volljährig und das Arrangement somit beendet sei.« Sie legt ihre Gabel weg und sieht mich an. »Das Arrangement ... das war ich.«

Was soll ich dazu sagen?

Gott sei Dank muss ich nichts sagen, denn in dem Moment klingelt es. Und während ich zum Türöffner gehe, erkenne ich den großen Schatten vor dem milchgläsernen Fenster meiner Eingangstür. Mein Vermieter, Petroschka.

Mich erfasst eine Mischung aus Erleichterung und Besorgnis. Erleichtert über die Störung im rechten Moment und besorgt über den Grund seines Besuches. Was wird er wohl wollen?

Ich öffne, und er steht da wie immer. Ein Lächeln zieht sich über sein Vollmondgesicht, und über dem Bauch spannt sich eine zu kurz geratene Hausjacke. »Schön, dass Sie da sind, Frau Klinger, darf ich Sie kurz stören?«

Das tun Sie ja schon, wäre die richtige Antwort gewesen, aber ich sage natürlich: »Guten Abend, Herr Petroschka, Sie stören doch nicht. Wie kann ich helfen?«

Er hält etwas in seiner rechten Hand. Ich erkenne ein altes, leicht vergilbtes Notenbuch.

»Sie werden es kaum glauben«, beginnt er, aber ich unterbreche ihn und bitte ihn herein. Jetzt, wo er schon mal da ist, kann er vielleicht mit seiner Erfahrung in ehrenamtlichen Tätigkeiten die richtigen Antworten geben, die mir gerade nicht in den Sinn kommen.

»Sehen Sie«, sagt er beim Hereinkommen, »es ist eine alte Partitur. Die wurde heute bei einer Wohnungsräumung … na ja, eine traurige Geschichte, ein alter, verstorbener Mann … jedenfalls lag sie schon im Mülleimer, und ich hab sie herausgefischt. *Leonore*. Eine Oper von Beethoven. Mit Klavierauszügen …«, er unterbricht sich, denn nun hat er Niki bemerkt. »Oh! Ich wollte nicht stören. Sie haben Besuch!«

Ich bin mir wirklich nicht sicher, ob seine Partitur nur ein Vorwand ist, denn dass in diesem Haus etwas verborgen bleiben könnte, glaube ich nicht. Schon gar kein Übernachtungsbesuch.

»Kein Problem«, sage ich, »setzen Sie sich doch einfach zu uns, und ich schau mir das mal an.«

Er drückt mir die Partitur in die Hand und stellt sich Niki förmlich vor. So förmlich, dass Niki aufsteht, ihm die Hand reicht und sich ebenfalls wortreich vorstellt.

Prima, denke ich, das hätten wir schon mal.

»Ein Glas Rotwein?«, frage ich. »Und einen Teller Nudelauflauf vielleicht?«

Er sieht auf unsere beiden Teller. »Sie haben ja selbst noch kaum etwas gegessen.«

»So kommen Sie gerade zur rechten Zeit!« Ich biete ihm einen der Stühle an, dann hole ich Glas, Teller und Besteck.

»Und Sie … machen Urlaub in Stuttgart?«, will er gerade von Niki wissen, und mir ist jetzt schon klar, dass er innerhalb der nächsten Stunde die ganze Geschichte erfahren wird. Also ziehe ich die halb volle Auflaufform heran, schöpfe seinen Teller voll und ergebe mich meinem Schicksal.

Donnerstag, 12. August

Mir dröhnt der Kopf, als ich aufwache. Zu viel Rotwein, ist mein erster Gedanke. Mein zweiter: zu viele schwere Gespräche. Oje, ich hatte es ja geahnt. Petroschka hat sich Nikis Problemen angenommen, wie er das immer tut. Aufmerksam, lösungsbereit. Und er hat von den Frauen erzählt, denen er täglich hilft – im Frauenhaus. Und nebenbei arbeitet er auch noch jeden Tag bei der Stuttgarter Tafel. Er hat mir beigebracht, dass man Menschen nicht auf den ersten Blick beurteilen sollte. So, wie ich es bei ihm getan habe, das gebe ich zu.

Ich drehe mich auf den Bauch. Trotzdem.

Nun ist auch Niki in sein großes Herz aufgenommen.

Am besten wäre es, noch ein bisschen weiterzuschlafen. Kann ich aber nicht. Ich drehe mich auf den Rücken und greife nach dem Handy. 8 Uhr. Zeit zum Aufstehen. Oder lieber noch ein bisschen dösen. Zum Dösen muss man aber entspannt sein, das bin ich nicht. Also setze ich mich auf und beschließe, mal nach Niki zu sehen. Vielleicht wäre ja auch ein erster Cappuccino angebracht, gemeinsam, oder jede für sich im Bett.

Ich stehe auf, ziehe mein Nachthemd in Form und gehe an der Küche vorbei ins Wohnzimmer. Alles noch still, die dicke Zudecke auf der Couch total verknäult, Niki liegt wohl bis zum Haarschopf drunter. Ich will mich gerade lautlos zurückziehen, da kommt mir die Form der Decke doch komisch vor. So verbogen liegt selbst ein junger Mensch nicht im Bett. Also gehe ich näher. Nein, ganz klar, da ist niemand. Niki ist nicht da.

Im Badezimmer vielleicht? Auch nicht.

Wo ist sie? Und: Warum ist sie gegangen? Gibt es eine Erklärung? Nirgends ein Zettel, also dann das Handy. Aber auch da finde ich keine Info von Niki. Aber eine von Doris. Ich spüre den Adrenalinstoß, bevor ich sie überhaupt aufgemacht habe.

Ruhig Blut, versuche ich mich zu beruhigen, was soll schon sein, die Welt geht nicht unter.

»Liebe Katja«, lese ich, »im Leben gibt es nicht nur einen Weg, wer könnte das besser wissen als du. Nach einem langen Telefonat mit Helena, Nikis Mutter, suche ich gerade meinen zweiten Weg. Wollte ich dir nur sagen. Ich drück dich, Doris.«

Ich muss mich setzen. Das haut mich dann doch um. Einen zweiten Weg? Heißt das, sie gibt alles auf? Ihren Mann, die Familie, das Haus, das Café? Nein, das kann nicht sein. Doris doch nicht.

Und ein Telefonat mit Helena? Wahnsinn. Ich frag mich, ob ich das gekonnt hätte … die Verursacherin des ganzen Übels einfach anzurufen? Aber nein, rufe ich mich zu Ordnung, wer weiß, was ihr Jörg damals erzählt hat. Kein Ehering, unverheiratet. Und schon gar nicht mit einer Frau liiert, die in Kürze das erste gemeinsame Kind erwartet.

Nein. Meine Gedanken laufen falsch. Ich brauch einen Cappuccino. Und ein Aspirin. Mein Schädel brummt immer noch.

Und wo, zum Teufel, ist Niki?

Ich stehe gerade in der Küche und beobachte das Sprudeln meiner Aspirin im Wasserglas, als ich die Tür gehen höre und gleich darauf Nikis helle Stimme: »Hallooo, Katja, bist du schon munter?«

Noch nicht so richtig, denke ich, freu mich aber, dass sie wieder da ist.

»Ja, hier, in der Küche.«

Niki kommt hereingestürmt, in der Hand eine prall gefüllte, große Papiertüte, die sie triumphierend in die Höhe hält. Und im Schlepptau eine kühle Brise. »Tatäää«, sagt sie, »ich habe einen Bäcker gefunden. War gar nicht so leicht, wenn man sich nicht auskennt …«

Ich nicke. »Ja, kleine Geschäfte werden langsam Mangelware.«

»Ja, aber mir ist Lisa über den Weg gelaufen, und die hat mich sogar hinbegleitet. Die hat ja auch eine tolle Geschichte!«

»Stimmt«, sage ich und denke, Niki könnte auch ein bisschen leiser reden, die Lautstärke tut mir heute Morgen physisch weh. »Das ganze Haus ist voller Geschichten.«

»Und jetzt kommt meine noch dazu!«

»Sieht so aus«, bestätige ich und deute zur Kaffeemaschine. »Magst du einen? Oder hattest du schon?«

»Weißt du was? Du wirst erst mal richtig munter, und ich mach das hier … frische Butter habe ich mitgebracht. Und selbst gemachte Marmelade hatten sie da auch. Und Bioeier und Weidemilch. Angeblich von Mutterkuh-Kälbchen-Haltung. Ich zaubere uns ein schönes Frühstück.«

Während ich im Bad stehe, höre ich Nikis geschäftiges Treiben nebenan. Irgendwie ist es doch schön, wenn man zu zweit ist. Wahrscheinlich wäre es mir für jeden Tag zu viel, aber zwischendurch tut es doch richtig gut. Beim Wimperntuschen fällt mir Doris' Nachricht wieder ein. Ob Niki vom Telefonat mit ihrer Mutter schon weiß?

Vor meinem Kleiderschrank muss ich mich entscheiden. Noch ist es morgendlich frisch, das sehe ich an den Passanten auf der Straße. Und irgendwie grau. Also könnte der Tag etwas Farbe gebrauchen. Ich greife nach meiner orangefarbenen Bluse und einer weißen Jeans. Jetzt kann das Frühstück kommen.

Und tatsächlich, das hat sie wirklich hübsch angerichtet. Sogar eine kleine rote Rose steht mitten auf dem Tisch. Aus welchem Vorgarten die wohl stammt?

»Superschön«, lobe ich, während ich mich setze. »Und das Rührei sieht fantastisch aus.«

Locker aufgeschlagen, genau wie ich es liebe.

»Und welches Brötchen? Mehrkorn oder Dinkel? Oder ein Croissant?«

Niki hält mir den Brotkorb hin, und ich entscheide mich für ein Croissant. Mit selbst gemachter Erdbeermarmelade.

»Haushalt beherrschst du also«, stelle ich fest.

»Als Kind einer alleinerziehenden Mutter wird man schnell selbstständig«, gibt sie mir zur Antwort und grinst. Ich denke an mein behütetes Elternhaus und wie sehr ich mich aus allem rausgehalten habe. Jeder Handgriff im Haushalt war mir zu viel. Dazu die Meinung meines Vaters, dass dies eben Arbeitsteilung sei – er schaffe das Geld ran, und unsere Mutter erledige den Haushalt. Kochen habe ich erst als Single gelernt. Und meine erste Waschmaschine gab mir die gleichen Rätsel auf, wie man es manchmal von Männern hört. Kurz, ich war superverwöhnt. Und völlig unselbstständig bis zum Abitur, wenn ich es recht bedenke.

»Toll, dass du das alles kannst«, sage ich nur.

Niki macht eine wegwerfende Handbewegung. »Alles keine Hexerei. Man muss nur wollen.«

Das ist mein Stichwort. »Was wird Doris jetzt wollen?«

»Was meinst du?« Sie stellt ihren Cappuccino ab und hat eine weiße Nasenspitze.

Unwillkürlich muss ich lächeln. »Und ein Naseweis bist du auch noch.«

Sie wischt sich den Schaum mit dem Handrücken ab. »Gibt's was Neues?«

Ich berichte ihr, dass Doris ausführlich mit ihrer Mutter telefoniert hat. Mehr weiß ich auch nicht. Aber es reicht schon, um in uns beiden die Unruhe hochsteigen zu lassen. Ich werfe einen Blick auf die Uhr.

»Kurz nach neun«, sage ich. »Wie ist das heute im Café geregelt? Vroni oder du?«

»Vroni. Ich bin ja nicht mehr da.«

»Na ja, jetzt bist du ja wieder da.«

Niki greift nach ihrem Smartphone. »Es hat ihr zeitlich sowieso nicht gepasst. Ich check das mal. Vielleicht ist sie ja froh, wenn ich das heute übernehme …«

Kaum im Café angekommen, führt uns der Kuchenduft direkt in die Küche. Doris sieht vom Backofen auf: »Johannisbeerkuchen, der zweite«, und hebt den frischen Kuchen vorsichtig auf die Anrichte.

»Lecker!« Niki saugt hörbar den Duft ein. »Da läuft einem ja das Wasser im Mund zusammen!«

»Wir kommen gerade vom Frühstück«, werfe ich ein. »Hast du etwa schon wieder Hunger?«

»Appetit«, sagt sie.

»Von gestern ist noch was da«, erklärt Doris, »das kannst du dir nehmen.« Ich frage mich, wo so eine schmale Person diese Mengen hinsteckt. Schon die drei Frühstücksbrötchen fand ich üppig.

»Können wir reden?«, frage ich sie.

Doris schiebt den Johannisbeerkuchen zu dem Aprikosenkäsekuchen, der schon fertig dasteht. Dann streift sie ihre Backhandschuhe langsam ab und fährt sich mit fünf gespreizten Fingern durch die kurzen Haare. Ihre Hand im Nacken blickt sie zur Decke. Kämpft sie mit den Tränen? Ich bin mir nicht sicher, geh aber auf sie zu, und wir schließen uns in die Arme. Eine Weile bleiben wir so stehen, bis sie sich von mir löst. »Es ist schwerer als gedacht«, beginnt sie mit wässrigen Augen. »Eigentlich habe ich oft mit dem Gedanken gespielt. Trenn dich und fang ein neues Leben an. Vor allem, als du vor einem Jahr gekommen bist, habe ich mich zwischendurch gefragt, was mich eigentlich hält. Die Kinder, klar, und das Café. Die Kinder gehen jetzt ihre eigenen Wege, aber das Café … dieser Wunsch hat sich ja erst vor Kurzem erfüllt, da wollte ich nicht schon wieder aufgeben.«

»Das Café hat doch nichts mit deiner Ehe zu tun«, hake ich ein. »Das könntest du doch auch als Single weiterführen.«

»Wenn ich mich trenne, dann möchte ich weg. Alles neu. Keinen Ballast aus alten Tagen. Und das Café … da steckt Jörg drin.«

Sie reißt sich ein Stück von der Küchenrolle ab und schnäuzt kräftig hinein. »Und wenn ich an diese Nachforderung vom Finanzamt denke, dann wird mir ganz schlecht.«

»Wir finden eine Lösung«, verspreche ich zuversichtlicher, als ich bin.

»Und Mama?« Nikis Stimme.

Niki. Die hatte ich ganz vergessen. Wir drehen uns nach ihr um. Sie steht am Fenster und sieht angestrengt hinaus auf die nahen, düsteren Mauern des Nachbargebäudes.

»Ja, wie war euer Gespräch? Und wie war euer Familiengespräch gestern Abend?«

Doris wirft einen Blick auf die Wanduhr, dann zeigt sie auf den kleinen, viereckigen Holztisch, der an der gegenüberliegenden Wand steht. »Hol dir einfach noch einen Stuhl«, sagt sie zu Niki und legt, um Platz zu schaffen, Kochbücher und einige Belege aufeinander. Ich verkneife mir eine Bemerkung wegen der Belege, werde sie aber nachher einsammeln, bevor wieder etwas schiefläuft.

»Also, deine Mutter ist sehr nett. Sie wusste von nichts, hatte sich in ihn verliebt, und es war auch nicht das eine Mal, sondern sie haben sich öfter gesehen. Bis sie schwanger war. Da war sie beglückt und dachte an Zukunft, und er hat einen radikalen Strich gezogen. Mit der Drohung, alle Zahlungen einzustellen, sollte seine Frau etwas erfahren. So erfuhr sie von seiner Ehe und dass sie nur Geliebte auf Zeit war. Genau genommen während der letzten drei Monate meiner Schwangerschaft. Offensichtlich fand er mich mit dickem Bauch nicht besonders reizvoll …«

»Das hat sie dir erzählt?«

»Ganz genau.«

»Und wie ist seine Version?«

»Ein Ausrutscher. Einmal. Dem Alkohol geschuldet. Und wegen so einer kleinen Sache wollte er nicht das große Ganze zerstören.«

»Das große Ganze?«

»Uns. Seine Familie, meint er. Ich denke, es war auch seine Karriere. Er wollte als Saubermann dastehen.«

»Und was sagen eure Kinder?«

»Dasselbe wie ich. Ehrlichkeit wäre besser gewesen. Man findet immer einen Weg.«

»Und jetzt?«

»Amelie sagt, man kann jede Krise bewältigen, und Jonas meint, er möchte ungern seine Eltern verlieren, aber auch nicht im Weg stehen, wenn es anders laufen sollte.«

»Oje!« Niki verbirgt ihr Gesicht in den Händen. »Da habe ich ja was angerichtet.«

»Das hättest du dir früher überlegen können«, entfährt es mir, aber ich bereue es sofort wieder. »Aber eigentlich hast du ja richtig gehandelt.«

Doris legt ihre Hand auf Nikis Hand. »Mach dir keine Vorwürfe. Die müsste sich Jörg machen. Tut er aber nicht.«

»Für ihn bin ich der Sündenbock. Schon alleine deshalb, weil ich auf der Welt bin.« Nun kämpft auch Niki mit den Tränen.

»Also, Schluss jetzt. Es ist, wie es ist. Da braucht es keine Schuldzuweisungen. Lasst uns lieber nach vorne blicken«, sage ich energisch.

»Versuche ich schon die ganze Zeit«, erklärt Doris, »aber mir fällt nichts ein. Nur unrealistisches Zeug, das ich dann wieder verwerfe.«

»Wut ist kein guter Ratgeber«, sage ich.

»Trauer auch nicht«, erklärt Doris.

»Arbeit hilft.« Niki steht auf. »Ich richte schon mal die Tische, gleich geht's los.«

Ich werfe einen Blick zur Küchentür. »Und wo ist dein begnadeter Koch?«

Doris steht ebenfalls auf. »Es ist noch nicht elf. Und jetzt kommen höchstens Frühstücksgäste. Das können wir alleine.«

Auf dem Weg in mein Büro habe ich plötzlich einen Flash. Es trifft mich so stark, dass ich auf einer der Treppen stehen bleiben muss. Vor mein inneres Auge schiebt sich das Weingut. Und dann dieses zweigeteilte Holztor mit dem schönen Rundbogen, nach dem Doris das letzte Mal gefragt hat. Was verbirgt sich dahinter? Völlig elektrisiert haste ich nach oben und ziehe am Schreibtisch sofort mein Smartphone aus meiner Tasche. Wen frage ich? Das Weingut ist Sebastians Elternhaus. Also Sebastian.

»Guten Morgen, mein Liebling.«

Heiko steht mit einer Kaffeetasse in der Hand an unserer offenen Verbindungstür. »Gibt's was Neues?«

»Psst«, mache ich als Antwort und warte ungeduldig auf die Verbindung. Tut-tut-tut. Besetzt. So ein Mist. Also Geduld. Das fällt mir schwer.

»Du siehst heute so farbenfroh aus. Willst du dir gute Laune verschaffen?«

»Oje«, sage ich. »Nun auch noch höhere Psychologie …«

»Sieht jedenfalls gut aus«, erklärt er. »Du siehst gut aus.«

»Oh, ehrlich?« Das überrascht mich nun doch. Ich fühle mich absolut nicht in meiner besten Verfassung. Meine Haare sind zu lang, außerdem wächst das Blond raus, und Sport habe ich auch schon lange nicht mehr gemacht. Trotz des angeschafften Hula-Hoop-Reifens und des festen Willens, das jeden Abend während der *Tagesschau* zu trainieren, ist es bei der Anschaffung geblieben. Perfekt ist an mir im Moment überhaupt nichts.

»Dass Frauen nie was annehmen können. Wenn ich sage, dass du gut aussiehst, stellst du bestimmt schon gleich wieder eine innere Mängelliste auf.«

»Wie kannst du denn so was behaupten?«

»Das sehe ich doch an deinem Gesichtsausdruck. Nach dem Motto: Was findet er denn an mir?«

»Spinnst du?« Ich richte mich auf. »Ich finde mich ausgesprochen sexy!«

Wir müssen beide lachen. Und, ach, tut mir das gut. Ich gehe zu ihm hin, und wir nehmen uns in die Arme. »Du könntest auch mal wieder zum Friseur«, murmle ich an seiner Schulter. »Siehst allmählich aus wie ein Waldschrat.«

»Ein was? Ein Wolpertinger?«, raunt er mir ins Ohr und beißt mich leicht in mein Ohrläppchen. »Macht dich das an? So ein Wolpertinger?«

Ich wuschel ihm durch sein dichtes Haar.

»Kindskopf!«

»Männer sind Kindsköpfe. Wusstest du das nicht?«

Ich sage nichts darauf, spüre aber, wie sich etwas bei ihm regt und gegen mein Becken drückt.

»Ich bin ein äußerst heißer Kindskopf!«

»Keine schlechte Idee«, flüstere ich. »Aber zuerst muss ich telefonieren.«

»Na!« Er macht einen Schritt zurück und sieht mich kopfschüttelnd an. »Ist denn das die Möglichkeit?!«

»Sorry!« Ich halte mein Smartphone hoch. »Es geht um Leben und Tod.«

»Bei mir auch.« Heiko klopft sich leicht gegen den Gürtel.

Okay, denke ich und schiele zu der Couch in seinem Besprechungszimmer. Zumindest wäre das eine gute Methode, um für ein paar Minuten lästige Gedanken loszuwerden. Warum nicht?

Sex mit Heiko tut immer gut. Vielleicht, weil wir uns schon so lange kennen und uns nichts vormachen müssen. Keine Show, sondern das, was uns beiden gerade gefällt. In diesem Fall eine kleine Befriedigung, eine kurze Ekstase, ein Stromschlag durch den ganzen Körper und danach ein Einverständniskuss.

Wir lächeln uns zu, ein Lächeln, das tief in unseren Augen sitzt und das wir uns gegenseitig schenken.

»Und jetzt?«, will er wissen.

»Was meinst du?«

»Dein Telefonat?«

»Au Mann! Ja, klar!«

Er lacht. »Dann gehe ich mal an meinen Schreibtisch zurück. Oder geht es mich etwas an?«

Ich zögere. »Vielleicht … ich weiß nicht. Eine Idee. Ich sag's dir gleich!«

Ich hole mein Smartphone, bleibe mitten im Zimmer stehen und drücke die Wiederholungstaste.

»Koch«, meldet sich Sebastian knapp.

»Klinger.«

»Ah, Katja. Schön. Geht schon was voran?«

Ja, denke ich, an allen Ecken. Bloß nicht im Kreativbereich.

»Ich bin dran«, sage ich ausweichend.

»Ja, aber eigentlich haben wir uns gestern für deinen Vorschlag mit dem Zitronenfalter entschieden. Der Unbestechliche. Da kannst du loslegen!«

»Oh!« Das ist mal eine gute Nachricht. »Super! Das freut mich sehr! Dann bearbeite ich das Motiv jetzt für alle anderen Bereiche!« Ich zögere. »Aber ich rufe dich wegen etwas ganz anderem an.«

»Schieß los.« Seine Art gefällt mir. Immer fokussiert und bestimmt.

»Was verbirgt sich denn hinter dieser großen, schönen Holztür ganz links im Erdgeschoss?«

»Im Weingut?«

»Ja, bei dir im Haus.«

»Im Moment nur Gerümpel, befürchte ich. Früher war das

mal eine Winzerstube, die hat mein Großvater ins Leben gerufen, weil es im Dorf ja nichts gab. Erst wieder eine Beiz in Lauffen, und das war früher weit weg … am Sonntag nach dem Kirchgang war das immer der Treffpunkt der Männer. Stammtisch. Wochentags Kartenspiele, manchmal kleine Feste. Sogar mit Tanz, hat mein Großvater erzählt. Ich denke, da hat sich dann auch die Dorfjugend kennengelernt.« Ich höre das Lächeln in seiner Stimme. »Wieso fragst du?«

»Weil ich einen ganz verrückten Gedanken hatte … Sag mir aber gleich, ob der total blöd oder zumindest überdenkenswert ist.«

»Lass hören.«

»Könnte man diese Winzerstube reanimieren? Könntest du dir das vorstellen? Drinnen gemütlich, draußen ein paar Bänke … euren Wein, auch den von befreundeten Weingütern, den Lauffener Weingärtnern, und ein Vesper dazu? So ungefähr, wie es Angelinas Mutter gemacht hat, nichts Großes, kleine Speisekarte, aber lecker und bio, selbst gebackenes Brot und selbst gebackener Kuchen?«

»Hm«, ich sehe sein Gesicht vor mir, wie er das im Geiste durchspielt. »Darüber habe ich noch nie nachgedacht.«

»Und spontan, so aus dem Bauch heraus, gute oder schlechte Idee?«

»Ich kann nicht aus dem Bauch heraus, ich bin keine Frau.«

Ich muss lachen. »Quatsch, Sebastian. Was sagt dein Gefühl?«

»Also, mein Gefühl …«, er zögert, »mein Gefühl sagt mir, dass ich darüber nachdenken muss.«

»Natürlich«, meine ich ein bisschen enttäuscht. »Klar musst du das ja auch erst mal mit Angelina und Robby besprechen. Falls es überhaupt besprechenswert ist …«

»Also meine innere Stimme sagt mir gerade, dass es eine gute Idee ist.«

»Oh, eine innere Stimme hast du also?«

»Nenne es Intuition. Oder Instinkt. Egal. Wie auch immer, es könnte funktionieren.«

»Ernsthaft?«

»Ich frage mich gerade, weshalb wir da selbst noch nicht draufgekommen sind.«

»Tja …«

»Und ich frage mich, warum du draufkommst. Was dahintersteckt …«

»Noch gar nichts. Vielleicht aber auch viel. Ich wollte erst mal deine Meinung hören.«

»Sehr aufschlussreich!« Ich höre den Sarkasmus in seiner Stimme und lenke ein.

»Du hast meine Freundin Doris doch kennengelernt«, beginne ich und erkläre ihm kurz den Sachverhalt. »Es geht um neue Ufer.«

»Und du?«

»Ich unterstütze sie natürlich, bis es läuft.«

»Und was sagt deine Freundin?«

»Noch gar nichts. Sie weiß es nämlich noch nicht.«

Ich sehe nicht nur sein Kopfschütteln, sondern auch das von Heiko. Er steht wieder in der Türöffnung und hat mir offensichtlich zugehört.

»Frauen!«, meint Sebastian.

»… bewirken was«, vollende ich seinen Satz und höre ihn lachen.

»Also gut, klär das mal. Und dann reden wir weiter.«

Als ich auflege, mache ich einen Luftsprung und falle Heiko direkt um den Hals. »Hast du das gehört?«, frage ich ihn überflüssigerweise, und dann laufe ich euphorisch die Treppen hinunter zum Café. Vielleicht habe ich ja die Lösung, eine Zukunftsplanung ohne Jörg, ein Neuanfang, genau wie ihn sich Doris wünscht.

Ich bin supergespannt, was sie sagen wird.

Doris steht an ihrem schönen, bunten Tresen und starrt Löcher in die Luft. Niki ist nicht zu sehen, wahrscheinlich ist sie in der Küche. Bei unserem Koch. Drei Tische sind besetzt, zwei davon mit Stammgästen, das Pärchen in der Ecke kenne ich nicht, ich nehme an, es sind Hotelgäste von gegenüber. Die beiden Frauen am Fenster treffen sich jeden Donnerstag um die Mittagszeit zum aktuellen Austausch auf ein Tagessüppchen. Heute ist es Gazpacho, eine kalte Tomatensuppe aus Spanien. Mit Wassermelone und Erdbeeren verfeinert, soviel ich weiß. Die Stammgäste warten wohl noch auf ihr Essen, und das Pärchen gönnt sich gerade einen Johannisbeerkuchen mit einem Glas Weißwein.

Allen scheint es zu gefallen, die Atmosphäre, das Essen, die Preise.

Und so wollte es Doris ja auch: ein Café zum Wohlfühlen.

Die Einzige, die sich nicht mehr wohlfühlt, ist sie selbst.

Ich betrachte sie, wie sie so dasteht. Regungslos und mit ihren Gedanken offenbar weit weg. 45 Jahre alt, denke ich, das ist ja nichts. Sie hat Energie für zwei, sie kann noch mal durchstarten.

Niki kommt durch die Küchentür, einen Teller mit gemischtem Salat und einen mit geschmelzten Maultaschen in den Händen. Die Gäste blicken ihr freudig entgegen, sie wünscht guten Appetit, nimmt noch eine Bestellung auf und kommt zum Tresen.

»Zwei Gläser Mineralwasser«, informiert sie Doris, geht an ihr vorbei zum Kühlschrank und bringt die Getränke schließlich an den Tisch, ohne dass sich Doris überhaupt gerührt hätte.

»Doris«, sage ich leise und fasse sie behutsam am Arm.

»Ich könnte heulen«, sagt sie regungslos, ohne ihre Stellung zu verändern.

»Ja«, bestätige ich, »vielleicht solltest du das mal tun. Einfach nur heulen!«

»Es ist nur leider keine Lösung.«

»Nein, ist es nicht. Kann aber mal guttun.«

Sie seufzt und nimmt ihren Blick von der Decke. »Womit habe ich das eigentlich verdient? Ich versuche doch nur, allen ein schönes Leben zu bieten …« Sie macht eine Handbewegung. »Selbst hier.«

»Ja. Du schaust nach allen, bloß nicht nach dir.«

»Aber ich bin glücklich, wenn es allen gut geht.«

Ich nicke und streichle ihren Handrücken. »Das ehrt dich ja auch. Trotzdem musst du mal nach dir schauen. Vielleicht brauchst du Abstand? Eine Woche Wellnesshotel?«

Sie zieht die Augenbrauen hoch. »Was soll das bringen? Dann grüble ich dort. Ist doch egal, ob ich hier grüble oder woanders, es bleibt sich gleich.«

»Was würde dir denn guttun?«

»Wenn sich die Situation in Wohlgefallen auflösen würde. Wenn alles wieder wie früher wäre. Auf Anfang.«

»Wie früher? Vor einem Monat … vor Niki?«

»Nein. Wie früher. Vor Jörg.«

Das gibt mir doch einen kleinen Schock.

»Wollen wir einen Spaziergang machen?«, frage ich sie. »Raus an die frische Luft?«

»Dann müssten wir rausfahren«, sagt sie. »Hier in der Stadt engen mich die Häuser genauso ein wie die Menschen.«

»Sollen wir? Ich bin zwar mit dem Fahrrad da, aber ich kann mein Auto holen.«

Sie schüttelt den Kopf. »Meines steht um die Ecke. Aber lass mal.«

»Ich würde dir aber gern etwas erzählen …«

Sie sieht mich an. Zum ersten Mal entdecke ich in ihren Augen wieder Leben. »Was denn?«

»Ich hätte da eine Idee«, sage ich leichthin, weil es ja auch noch nicht mehr ist als eine angedachte Möglichkeit. Und vielleicht winkt Sebastian ja doch ab, wenn er mit seinen Freunden gesprochen hat.

»Und die kannst du mir nur bei einem Spaziergang erzählen?«

»Nein.« Ich schüttle den Kopf. »Aber hier zwischen Tür und Angel … ist auch nicht der richtige Platz.«

»Willst du mir einen Heiratsantrag machen?« Immerhin, sie lächelt wieder. Ich nun auch.

»Weißt du was? Du hast doch die kleinen Weinfestgläschen. Wir füllen drei und tragen sie hoch zum Konferenztisch.«

»Dann weiß Heiko auch schon Bescheid?«

»Nur im Groben.«

Sie geht in die Küche, wechselt ein paar Worte mit Niki und Rico, kommt mit drei kleinen Weingläsern zurück, füllt sie am Tresen und bleibt dann erwartungsvoll vor mir stehen. »Also«, sagt sie. »Ich bin parat. Und falls du denkst, mit Alkohol finde ich alle Ideen gut … täusch dich nicht, du weißt, ich bin trinkfest!«

Ich nehme ihr eines der Gläser ab. »Davon wird nicht mal eine Maus betrunken.«

»Na denn«, sagt sie. »Geh voraus.«

Heiko sitzt an seinem PC, als wir raufkommen.

»Welch schöne Überraschung«, sagt er und steht auf. »Wollt ihr zu mir?«

»Sieht so aus.« Doris reicht ihm ein Glas.

»Und worauf trinken wir?«

»Auf eine Idee«, sagt Doris und bleibt unentschlossen stehen. »Couch oder Konferenztisch?«

Heiko wirft mir einen kurzen Blick zu. »Konferenztisch.«

»Also hochoffiziell«, bemerkt sie und rückt sich einen Stuhl zurecht.

»Wirklich nur eine Idee«, beschwichtige ich, während ich mich ebenfalls setze, und dann erzähle ich ihr von meinem Einfall und dem Telefonat mit Sebastian.

Doris ist hin- und hergerissen. Der Gedanke, gemeinsam bei meinen Weinbauern ein Lokal aufzumachen, gefällt ihr spontan. Denn einfach so weitermachen will sie nicht mehr, das weiß sie inzwischen. Aber der Gedanke, alles aufzugeben, tut ihr doch weh.

»Das Haus?«, frage ich sie.

»Ist mir völlig egal. Es ist nicht der Wert des Hauses, es ist die Geschichte des Hauses. Die Kindheit meiner Kinder, die Spiele, das Herumtollen, die Kindergeburtstage … einfach ihr Aufwachsen, das ich vor mir sehe. Wenn ich das Haus abschließe und verlasse, schließe ich auch diese Zeit ab. So kommt es mir jedenfalls vor.«

Ich kann sie verstehen.

Sehr gut sogar.

Wir können einfach keinen klaren Gedanken fassen. Am Konferenztisch nicht und später an unserem Küchentisch im Café auch nicht.

»Haben sich deine Winzer denn schon gemeldet?«, fragt sie ein ums andere Mal. »Wenn sie Nein sagen, wissen wir es wenigstens.«

»Und wenn sie Ja sagen?«

»Dann …«, sie überlegt, »bin ich genau so schlau wie jetzt!«

Aber Warten fällt schwer. Vor allem auf eine Nachricht, von der so viel abhängt.

»Und wenn es ein Ja ist«, überlegt Doris weiter, »dann sind die Folgen ungewiss. Es ist, wie auf Sand zu bauen. Hält er, oder gibt er nach?«

»Das hast du hier ja auch nicht gewusst«, sage ich und mache eine allumfassende Handbewegung.

»Aber da hatte ich Jörg hinter mir.« Sie verzieht kurz das Gesicht »Zumindest finanziell.« Sie streicht liebevoll über die alte Tischplatte. »Und da steckt ja auch Herzblut drin.«

»Also weiterhin das Café und nur private Änderungen?«, versuche ich, ihr bei den Überlegungen helfen.

»Ich weiß ja sowieso nicht, wie es weitergehen soll«, sagt sie düster. »Wo sollen beispielsweise die dreiundzwanzigtausend Euro fürs Finanzamt herkommen?«

»Der Steuerberater ist dran, sagt er.«

»Ja, aber selbst, wenn es nur fünfzehntausend Euro wären. Schulden und dann einen neuen Laden aufbauen, wie soll das gehen?«

Da bin ich im Moment auch überfragt.

»Das müsste ein gemeinsames Ding sein. Mit unseren Winzern.«

»Haben die denn Geld? Kann ich kaum glauben …«

Haben sie auch nicht, denke ich. Wie auch, sie fangen ja erst an. »Vielleicht Sebastians Eltern? Eigentlich ist es ja deren Haus …«

»Oje«, Doris runzelt die Stirn. »Lauter ungelegte Eier.«

Schließlich setzt uns Niki vor die Tür.

»Das ist ja nicht mitanzusehen«, erklärt sie. »Und produktiv seid ihr beide in dem Zustand sowieso nicht. Da könnt ihr genauso gut irgendwo hingehen, euch unterhalten, Pläne schmieden oder auch nicht. Rico und ich schmeißen den Laden.«

»Keine schlechte Idee«, finde ich.

Doris sieht mich an. »Aber wohin? Was meinst du? Zu mir nach Hause geht nicht. Eine andere Kneipe?«

»Dann können wir genauso gut hierbleiben«, winke ich ab. »Nein, lass uns zu Mutti fahren. In die Laube. Es ist schönes Wetter, sie freut sich, das passt doch!«

Doris nickt und steht auf. »Und ihr beide seid sicher, dass ihr das stemmt?«, will sie von Niki und Rico wissen.

Rico, der auf der Arbeitsfläche gerade Gemüse klein schnippelt, dreht sich nur kurz nach uns um und macht mit seinem Messer eine Drehbewegung zur Tür hin. »Husch, husch«, macht er dazu, und Niki grinst. »Sag ich doch!«

Ich bin froh darüber, das beruhigt mein schlechtes Gewissen

meiner Mutter gegenüber, und so packen wir ein paar Leckereien in einen Korb, dazu eine gekühlte Flasche Weißwein, und machen uns auf den Weg zu ihr. Als wir gerade in die Straße einbiegen, fährt ein Taxi von unserer Haustüre weg.

»Das hatten wir schon einmal«, sage ich zu Doris, die am Steuer sitzt. »Ich möchte mal wissen, wer dieser geheimnisvolle Gast ist. Sicher ist sie jetzt wieder ganz aufgekratzt.«

»Besser als todtraurig.«

Da hat sie recht.

Nun sitzen wir also in der Laube meines Elternhauses, Gemüsesticks mit verschiedenen Soßen vor uns auf dem Tisch, dazu Butter und frisches Bauernbrot.

Meine Mutter hat sich wirklich sehr gefreut, vor allem über Doris, wie sie zur Begrüßung betont hat. Wobei ich mir nicht sicher bin, ob sie sie wirklich einordnen konnte. Aber egal, gerade ist sie vom Tisch aufgestanden und zum Haus gegangen, »für kleine Mädchen«, und wir beide sehen ihr nach, wie federnd sie sich bewegt. Wären nicht die weißen Haare gewesen, hätte man sie in ihrer schmalen, schwarzen Hose und der cremefarbenen Kostümjacke für sehr viel jünger halten können.

»Sie ist super drauf«, bemerke ich. Ob das wieder mit ihrem Besuch zu tun hat?

»Und sie sieht toll aus«, ergänzt Doris. »Und auch im Gesicht so frisch. Ich glaube, ich habe aktuell mehr Falten als sie.«

Ich muss lachen. »Du hast ja keine!«

»Haha!« Sie zeigt zu ihren Augen. »Da, überall!«

»Lachfalten. Du bist halt ein fröhlicher Mensch.«

»Ich war ein fröhlicher Mensch!«

»Jetzt komm!!«

Sie zwinkert mir zu. »Können wir demnächst noch mal zum Weingut fahren? Ganz egal, ob es eine Entscheidung gibt oder nicht? Ich möchte es auf mich wirken lassen. Einfach irgendwo sitzen und in mich hineinfühlen. Das wäre klasse!«

»Ja, würde mir auch guttun«, stimme ich zu.

Doris greift nach einem Zucchinistreifen und knabbert daran. »Du hast mich noch gar nicht gefragt, ob ich Helena treffen werde.«

»Ich will dich nicht drängen …«

»Aber wissen willst du es schon?«

Ich nicke nur. Sie kennt mich.

»Willst du das denn?«, frage ich. »So ein Treffen?«

»Ganz ehrlich, am liebsten würde ich sie zu uns nach Hause einladen. Jörg könnte ruhig mal damit konfrontiert werden. Als ob Geld alles sei. Typisch Mann. Oder zumindest typisch Jörg!«

»Damit würdest du aber wirklich alles auf eine Karte setzen.«

»Das ist mir egal!«

»Und wenn er dich rauswirft?«

»Kann er nicht. Ich habe auch Rechte! Und möglicherweise wäre es sogar umgekehrt der Fall … Ich habe einen Termin mit einer Scheidungsanwältin, die soll mich mal über meine Rechte aufklären. Und nicht nur über meine Pflichten, wie Jörg das ständig tut.«

»Da machst du ja richtig Nägel mit Köpfen. Langsam bekomme ich den Eindruck, du hasst ihn?«

»Ich hätte mal früher in den Spiegel schauen sollen. Da hätte ich mich vielleicht erkannt. So habe ich jahrelang nur funktioniert.« Sie greift nach einem Gurkenstick. »Aber hassen? Nein. Ich glaube fast, ich habe überhaupt keine Gefühle mehr für ihn.«

»Das glaube ich nicht. Du und ohne Gefühle … nie und nimmer.« Ich deute mit dem Kopf zu meiner Mutter, die gerade fröhlich durch die Terrassentür kommt. »Da, schau sie an. Das Taxi vorhin … irgendein Galan tut ihr gut. Im Wohnzimmer stehen zwei Sektgläser und eine angebrochene Flasche Champagner. Ich weiß nicht, wie oft er kommt, aber …«

Doris dreht sich nach ihr um. »Ist doch super!« Und dann lächelt sie. »Meinst du, sie haben was miteinander?«

Ich beobachte sie, wie sie auf ihrem Weg zu uns um die vielen Gänseblümchen herumtänzelt, um sie nicht zu zertreten. »Warum nicht? Sie ist eine attraktive Frau. Und nur, weil sie sich an manches nicht mehr erinnern kann …«

»Ich glaube, *das* verlernt man nicht«, kichert Doris. Und dann seufzt sie. »Ihr habt es hier richtig schön. Ich habe dein Elternhaus immer geliebt. Dieser große, wilde Garten, deine großzügigen Eltern, diese Lockerheit … deinen Vater hat doch nie gekratzt, was die anderen tun oder für richtig halten. Das war bei meinen Eltern anders. Die haben sich immer den landläufigen Meinungen angepasst!«

»Na ja, mit einem Delikatessengeschäft mussten sie die Kundschaft halten. Da konnte dein Vater schlecht als Revoluzzer gelten.«

Mutti hat unseren Tisch erreicht. »Das ist schön …«

»Was ist schön, Mutti?«

Sie bleibt an der kurzen Seite des Tisches stehen. »Dass ihr da seid.«

Hat sie vergessen, dass wir schon vorher hier waren, oder will sie es nur noch einmal betonen? Ich bin mir nicht sicher. Aber es ist ja auch egal.

»Es ist schön, dass ich hier sein darf«, sagt Doris.

»Sag deinen Eltern nachher einen schönen Gruß. Ich hätte mal wieder gern von diesem wunderbaren französischen Brie. Der zerschmilzt auf der Zunge, das sagt auch dein Vater immer.« Sie lächelt Doris an, und ich sehe an Doris' Miene, wie erschrocken sie ist.

Ich auch, in solchen Momenten. Wie gehe ich jetzt damit um? Soll ich sie bestärken oder über die Realität aufklären? Oder gar nichts tun? Ich muss endlich mal mit Fachleuten darüber reden, dann bin ich nicht so hilflos.

Mutti setzt sich beschwingt zu uns.

»Das ist ein richtig schöner Tag«, sagt sie.

»Ja?«, ich lächle ihr zu. »Was ist denn so besonders schön?«

»Alles!« Sie macht eine weite Handbewegung. »Einfach alles!«

»Auch dein Besuch vorhin?«, spiele ich auf ihr kleines Geheimnis an.

»Ihr seid doch da«, entgegnet sie.

»Und die Flasche Champagner im Wohnzimmer?«

»Ach ja? Dann hol sie doch.«

Damit hat sie zwar recht, aber ich überlege, während ich aufstehe, ob sie Vergangenheit und Gegenwart wirklich so durcheinanderwirft, oder ob sie mir gerade was vorspielt? Nein. Eigentlich glaube ich das nicht. Aber meine Mutter war schon immer auf eine Art ... durchtrieben wäre zu viel gesagt, aber ... vielleicht hinterlistig? Selbst als Kind ist mir das aufgefallen. Wenn sie bei einer Freundesrunde in unserem Wohnzimmer irgendeine scheinbar harmlose Bemerkung fallen ließ, war es für manche überhaupt nicht harmlos. Sie konnte wohldurchdachte Spitzen in genau den Momenten setzen, in denen sie den Gemeinten am meisten trafen. Einfach so. Es wirkte spielerisch, unabsichtlich, versehentlich – aber ich weiß genau, dass es einem Ziel folgte. Einem Schlachtplan gehorchte.

Und was treibt sie da mit uns? Aber nein, während ich ins Wohnzimmer gehe und die Flasche Champagner, wieder ein Dom Pérignon, hole, streiche ich alle Vorstellungen einer Planung. Das kann sie nicht mehr. Das ist Vergangenheit. Sie erlebt ihr Leben und ihr Umfeld ganz, wie der Arzt mir sagte, mal so, mal so. Rauf und klar – dann wieder runter in die Vergangenheit, und am Schluss vermischt sich alles. Ich kann ihr das nicht zum Vorwurf machen.

Mit der Flasche in der Hand komme ich an den Tisch zurück.

»Wow«, sage ich, »das ist aber ein teures Tröpfchen!«

»Für Konstantin gerade gut genug, hat Hugo immer gesagt!«

Darauf fällt mir nun gar nichts ein. Wie kommt sie jetzt auf meinen Vater und seinen damaligen Freund Hugo?

Auch Doris hebt den Kopf. »Hugo?«, fragt sie nach. »Hugo und seine Frau Harriet sind Stammgäste bei uns im Café … und außerdem unsere Vermieter, denen gehört die Immobilie.«

Ich rutsche zu meiner Mutter auf die Bank. Sie sieht auf die Flasche und schaut mich schelmisch an. »Ja«, sagt sie, »Hugo war in seiner Jugend sehr begehrt. Aber alle haben immer gesagt, dass er vom … anderen Ufer sei.« Sie schiebt mir ihr leeres Wasserglas zu. »Ist er aber nicht.«

»Er ist ja auch verheiratet«, erklärt Doris. »Und hat mit Harriet zwei Kinder.«

»Ob mit Harriet oder jemand anderem … die Kinder sind da«, sagt sie und sieht mich plötzlich intensiv an, »ihr auch.«

»Mutti«, ereifere ich mich, »das Thema hatten wir schon einmal. Und du hast mir gesagt, ihr hättet mich im Herrenzimmer am Kamin gezeugt.«

»Ja, das war schön«, sagt sie wehmütig und versinkt offensichtlich in Gedanken an die Vergangenheit.

Doris, die mir gegenübersitzt, wirft mir einen Blick zu. He, halloo??, soll der sagen.

»Man spreche sich nie frei von Sünd«, sage ich leise, und Doris muss lachen.

»Vielleicht nehme ich das Leben zu schwer.«

»Vielleicht hilft manchmal auch …«

»Ein gewisses Alter«, ergänzt Doris.

Freitag, 13. August

Ich wache auf und denke an den gestrigen Tag. Als ich nach Hause gekommen bin, war Niki noch nicht da. Dafür wartete mein Freund, das Klavier. Erst ließ ich einfach nur meine Finger gleiten, von einer Melodie in die andere, völlig planlos, einfach nur so. Manchmal ergründe ich meinen Gemütszustand am besten dadurch, dass ich einfach nur spiele. Dann kommen Songs, irgendwelche Hits, fröhlich oder traurig, oder plötzlich auch Klassiker, die mir noch in den Fingern stecken, aber die ich eigentlich schon vergessen habe. Es ist ein Mysterium, dass meine Finger den Weg über die Tasten finden, ohne dass ich darüber nachdenke. Schließlich habe ich mir aber das Notenbüchlein vorgenommen, das mir Petroschka kürzlich als Vorwand, so glaube ich, bin mir aber nicht sicher, hochgebracht hat. Klavierauszüge der Oper *Leonore* von Beethoven. Ich habe noch nie davon gehört, aber es reizt mich. Zudem habe ich schon lange nicht mehr direkt vom Blatt gespielt. Ob ich die Noten überhaupt noch so schnell lesen kann? Ich stelle mich auf die Probe. Manche Noten muss ich mir genau ansehen, sehr langsam spielen, andere fließen so dahin. Schließlich denke ich: Leonore? Wieso eigentlich Leonore? Das muss doch einen Hintergrund haben … und ich gehe mit meinem Tablet ins Bett, um Beethovens Motivation zu dieser Oper nachzulesen. Und darüber, das merke ich jetzt, bin ich eingeschlafen. Ich habe nicht mal mehr Nikis Heimkommen gehört. Wobei ich doch annehme, dass sie da ist?

Mein Blick geht zu meinem Wecker, der noch schön altmodisch auf dem Fenstersims steht, aber nicht mehr weckt. 6 Uhr 15. Was wird der heutige Tag bringen?

Freitag, denke ich. Büro … und … genau, die Steuerschuld. Ich muss den Steuerberater anrufen. Und Doris, wie wird sie drauf sein? Und Niki, wohin geht ihr Weg? Und ich?

Gibt es für heute etwas Verlockendes?

Nein, mir fällt nichts ein. Also drehe ich mich um und schlafe weiter.

Ein Klopfen drängt sich in mein Bewusstsein. Anfangs baue ich es in meinen Traum ein, aber dann wache ich doch auf. Es klopft an meiner Tür.

»Ja?«, sage ich schlaftrunken.

Die Tür geht auf, und Niki steht mit einer Tasse Cappuccino da.

»Sorry«, entschuldigt sie sich. »Bist du noch sehr müde?«

»Eher besinnungslos«, sage ich und rapple mich auf. »Das kommt davon, wenn man noch mal einschläft. Dann kommt diese tiefe Traumwelt, aus der man kaum noch auftauchen kann.«

»Ja«, Niki tritt an meine Bettseite, »das kenne ich.«

»Ist es schon spät?«

»Das hängt von der Sichtweise ab«, sagt sie und reicht mir die Tasse. »Neun Uhr. Ich muss los. Heute Mittag kommen … na ja, meine Kommilitoninnen, die ich nicht hatte!« Sie muss lachen. »Aber meine Mädels-WG hat sich zusammentelefoniert, und jetzt sind es neun. Das muss ich vorbereiten, wollte ich dir nur sagen. Rico weiß Bescheid, Doris habe ich eine Nachricht geschickt, aber noch nichts von ihr gehört.«

»Wahrscheinlich ist sie auch ohnmächtig«, gähne ich und denke an den gestrigen Abend, der irgendwie kein Ende finden wollte.

»Gibt es was Neues?«

Eigentlich nicht. Ich schüttle den Kopf.

»Aber bei mir …« Sie deutet auf meine Tasse. »Schmeckt er dir nicht?«

»Ich komme nicht zum Trinken«, sage ich. »Also schieß los.«

»Meine Mutter kommt.«

Das ist tatsächlich eine Neuigkeit. »Echt jetzt?«, frage ich völlig unnötig.

»Ja, echt jetzt!«

»Und wann?«

»Sie muss es noch mit Doris abstimmen. Irgendwann demnächst.«

Nun nehme ich doch einen weiß geschäumten Schluck und lecke mir die Oberlippe ab. »Donnerwetter!«

»Ja, ich halte dich auf dem Laufenden!« Niki zwinkert mir zu und dreht sich zum Gehen um, sieht aber wohl noch aus den Augenwinkeln, wie ich den Kopf schüttle.

»Was ist? Stimmt was nicht?«

»Bist du wirklich erst achtzehn? Du kommst mir viel älter vor.«

»Echt jetzt?«, sagt sie und grinst.

»Echt jetzt!«

Eine Achtzehnjährige, die den Laden schmeißt, denke ich, als ich unsere Wohnungstüre ins Schloss fallen höre. Das hätte mir vorher mal jemand erzählen sollen. Ich greife nach dem Handy. Ob sich Doris wegen Helena schon gemeldet hat?

Aber von ihr ist noch keine Nachricht da, dafür von meiner Schwägerin. Ich schau die Fotos durch. Diese thailändische Insel muss jedenfalls sehr schön sein, und wie es aussieht, fühlen sich alle wohl. Vor allem bei Isabell fällt mir das auf. »Mit Boris' Kompagnon Markus«, schreibt sie unter ein Foto, das sie äußerst vergnügt mit einem braun gebrannten Mann zeigt, gut aussehend, schulterlange Haare, ein deutscher Lebemann auf Kho Phangan, so sieht es aus. Abendstimmung, Sundowner, dann wieder die herumtollenden Kinder am Strand und unter Palmen. Endloses Meer, türkisfarbenes Wasser, sandige Füße, die sich in den Himmel recken. »Ein Traum«, schreibt sie dazu. Und: »Es stimmt, Boris arbeitet. Das wird ein Ferienbungalow.« Dazu folgen Fotos von einem Rohbau hoch über dem Meer. Sollte mein Bruder tatsächlich gefunden haben, was er sucht? Schön wär's ja.

Ich vertage eine Antwort auf später und will das Smartphone gerade weglegen, da entdecke ich eine frisch eingetroffene Nachricht von Angelina: »Können wir uns treffen? Sebastian, Robby und ich sind ziemlich elektrisiert. Was geht, und was geht nicht? Müssen brainstormen.«

Das elektrisiert nun wiederum mich. Hört sich jedenfalls schon mal gut an, finde ich. Ich antworte, dass ich mich entsprechend melden werde, und leite die Nachricht an Doris weiter, dann stehe ich auf. Zunächst brauche ich eine Dusche, dann mindestens einen Liter Wasser und etwas Festes in den Magen. Das war ja gestern wie in früheren Zeiten. Ich weiß gar nicht, wie lange wir draußen gesessen haben, jedenfalls war es längst dunkel, Mutti schon im Bett, und schlussendlich haben wir uns zwei Taxen bestellt, denn wir wohnen in entgegengesetzten Richtungen. Also müssen wir heute Doris' Auto holen. Und mein Rad steht noch beim Café.

Die nächsten Tage kein Alkohol, schwöre ich mir, bevor ich ins Bad gehe.

Eine halbe Stunde später bin ich startklar und ordne meine Gedanken für den Tag, mache mir eine To-do-Liste, habe aber nicht mit meinen Mitbewohnern gerechnet. Die sitzen nämlich im Garten, als ich zielstrebig zu meinem Wagen gehen will.

»Wie schön«, ruft mir Petroschka zu, »dass Sie dazukommen. War das gestern *Leonore*? Das Klavierstück aus der Oper?«

Ich bleibe stehen. Petroschka hat offensichtlich eine Frühstückstafel für vier Personen gerichtet, der vierte Stuhl am Gartentisch ist allerdings unbesetzt. Meiner?

»Ja«, sage ich und gehe zögernd näher. Lisa hat sich lächelnd nach mir umgedreht, und selbst Fräulein Gassmanns Miene ist heiter. Vor der etwas mageren Blumenrabatte, die den Weg vom Rasen trennt, bleibe ich stehen. »Habe ich da was verpasst?«

»Ich habe allen die Einladung in den Briefkasten geworfen«, erklärt Petroschka mit leicht enttäuschtem Gesicht.

»Oh!«, sage ich nur. »Das ist mir entgangen, es ist gerade so viel los.« Ich spüre selbst, wie lahm das klingt.

»Herr Petroschka hat heute Geburtstag«, erklärt Fräulein Gassmann förmlich und reckt ihren wohlfrisierten Kopf in die Höhe.

»Das ist ja noch schlimmer«, sage ich betroffen. Was ist nun mit meiner To-do-Liste?

»Freitag, der dreizehnte!«, fügt Lisa an. »Wenn das kein Glückstag ist?«

»Das ist einer!« Petroschka hebt die große Thermoskanne hoch. »Auf einen Schluck werden Sie doch sicherlich Zeit haben? Der Kaffee ist noch heiß, und die Croissants sind frisch, und außerdem hat Lisa einen Russischen Zupfkuchen gebacken!«

»Geburtstag – und ich stehe mit nichts da«, sage ich entschuldigend.

»Mein Zupfkuchen reicht für zwei!« Lisa zwinkert mir zu. Und wieder einmal fällt mir ihre helle Haut mit den vielen Sommersprossen auf. Sie ist eine echte Rothaarige. Ein wirklich seltenes Exemplar, denke ich.

»Ich hole etwas zum Anstoßen«, sage ich und mache auf dem Absatz kehrt. Bestimmt habe ich noch eine kalte Flasche Sekt, denke ich, während ich wieder ins Haus gehe. Aber nur zum Verschenken, heute keinen Schluck!

Tatsächlich findet sich eine im Kühlschrank, und ich atme auf. Das wäre geregelt. Ein rotes Geschenkband für eine Schleife um den Flaschenhals finde ich auch noch, und zur Sicherheit nehme ich auf dem Rückweg vier Sektgläser mit. Petroschka strahlt mir entgegen, seine breiten Wangen sind vor Aufregung gerötet und seine wenigen Haare offensichtlich mit Gel gebändigt. Galant steht er auf und rückt mir den Stuhl zurecht. Und das tut er, trotz seines schwerfälligen Körpers, behände wie ein tänzelnder Boxer.

»Herzlichen Glückwunsch«, sage ich, reiche ihm die Flasche und stelle die Gläser auf den Tisch.

»Die größte Freude können Sie mir mit Ihrer Musik machen, aber das wissen Sie ja«, sagt er, während ich mich setze.

»Ja, die Künstler im Haus«, sagt Fräulein Gassmann etwas

spitz. Wahrscheinlich ist ihr mein Klavierspiel zu laut. Aber solange es der Vermieter gut findet, stört mich das nicht.

»Niki ist vorhin schon an uns vorbei.« Lisa wendet sich mir zu. »Sie ist nett. Ich habe sie kürzlich kennengelernt, als sie einen Bäcker gesucht hat.«

»Das hat sie mir erzählt.« Ich nicke und denke, ja, Niki passt hierher. Sie hat auch eine außerordentliche Geschichte.

»Sie haben ja immer mal wieder junge Mädchen bei sich«, bemerkt Fräulein Gassmann, und ihre wässrig blauen Augen mustern mich.

Denkt sie, ich hab was mit denen? »Ja, da gibt es immer Gründe. Merve im letzten Jahr war die Freundin meines Bruders, die sich neu orientieren musste, und Niki ist eine Mitarbeiterin in unserem Café, die im Moment keine Wohnung hat.«

»Sie studiert doch …?«, wirft Lisa ein. Ich habe keine Ahnung, was Niki erzählt hat, deshalb bin ich auf der Hut. »Auch«, sage ich und frage gleichzeitig: »Und wie geht es mit dem Tanztraining?«

Lisa, Tochter eines Deutschen, aufgewachsen in Russland und mit großen Ballettambitionen von ihren Eltern nach Stuttgart geschickt worden, nickt glücklich. »Gott sei Dank ist alles verheilt. Der Kreuzbandriss ist Geschichte, es tut nichts mehr weh, ich kann das Training voll mitmachen.« Sie, die schmale Person, deren Gestalt und Auftreten mich schon bei unserem ersten, flüchtigen Kennenlernen vor einem Jahr an eine Märchenfee erinnert haben, sagt mit einem glücklichen Gesichtsausdruck: »Ich kann wieder tanzen!« Und darin liegt ein solcher Ausdruck unbändiger Dankbarkeit, dass es einem die Tränen in die Augen treiben könnte. »Meine Eltern können stolz auf mich sein, bald folgen meine ersten Auftritte!«

»Dann komme ich auch«, erkläre ich sofort, denn ich weiß, dass sie ihren Eltern in Russland ihre Verletzung verheimlicht hatte. Sie wollte sie nicht beunruhigen Und auch nicht enttäuschen. Deshalb sparte sie das Geld und arbeitete in der Zwischenzeit bei Aldi an der Kasse. Ich habe sie dafür bewundert. Bewundere sie noch.

»Wer ist eigentlich dein Vorbild?«, will ich wissen.

Sie muss lachen. »Das wird dich vielleicht erstaunen. Ein Mann. Friedemann Vogel. Er ist erster Solist im Stuttgarter Ballett und weltweit, ich bin sicher, der Beste. Und ständig unterwegs. Wenn man ihn tanzen sieht, ist die Schwerkraft ausgesetzt. Kraft, Schwerelosigkeit, Eleganz …«, sie glüht förmlich. »Sein Körper … einfach unbeschreiblich. Man muss das selbst gesehen haben.«

Fräulein Gassmann zupft kurz an einer ihren weißen Locken. »Sind Sie verliebt?«, fragt sie, und diese Frage ist so ungewöhnlich für die Frau Oberstudienrätin a. D., dass sich sofort alle Augen auf sie richten.

»Mehr als das«, gibt Lisa enthusiastisch zu. »Ich bewundere ihn, ich bete ihn an, ich liebe ihn!«

So einen Gefühlsausbruch hätte ich nicht erwartet. Bisher hatte ich Lisa nur schüchtern erlebt … obwohl sie zusammen mit Merve im letzten Jahr ziemlich aufgeblüht war. Aber so temperamentvoll? Ich muss sie tanzen sehen, da steckt sicherlich vieles drin, was man von außen nicht erkennen kann.

»Liebe …«, Petroschka neigt den Kopf. »Ja, wer Liebe geben und empfangen kann, ist ein glückliches Wesen.«

Wesen, denke ich. Er sagt nicht Mensch.

»Wesen?«, frage ich.

»Menschen, Tiere, Pflanzen, vielleicht können ja sogar Steine glücklich sein, wenn ein klarer Wildbach über sie hinwegrauscht, wer weiß das schon?«

»Ja«, stimme ich ihm zu. »Wer weiß das schon. Wir treten die Steine mit unseren Füßen und denken uns nichts.«

»Wir treten noch ganz andere Dinge mit unseren Füßen und denken uns nichts«, erwidert er.

»Wir werden philosophisch, Herr Petroschka.« Lotta Gassmann beugt sich vor.

»Wir können aber auch diese Flasche Sekt aufmachen, solange sie noch kalt ist, und auf Ihren Geburtstag trinken«, sage ich schnell, denn aus eigener Erfahrung weiß ich, dass man nicht mehr wegkommt, wenn Petroschka erst einmal anfängt, über die Welt nachzudenken. Und ich habe ja noch eine To-do-Liste.

Es ist später als gedacht, als ich endlich im Café ankomme, und nicht nur ich, auch Doris trifft gerade erst ein. Jonas fährt vor, als ich die drei Steinstufen zum Café hochgehen will. Ich drehe mich um und warte, bis Doris neben mir ist.

»Endlich zahlt es sich mal aus, wenn die Kids eigene Autos haben«, sagt sie und winkt Jonas zu, der sich gerade nach einer Wendemöglichkeit in der schmalen Sackgasse umsieht.

»Wird er schon schaffen«, beruhige ich sie.

»Er hat den Führerschein noch nicht so lange …« Doris sieht ihm skeptisch nach.

»Wenn du nun hier stehst und ihm kritisch zuschaust, wird es auch nicht besser. Also komm rein.«

Sie seufzt. »Brummt dein Kopf auch so?«

»Jedenfalls die nächsten Tage keinen Alkohol«, sage ich und denke an den Geburtstagsschluck von vorhin. Immerhin nur ganz wenig. Und geschmeckt hat er auch nicht.

»Und wir wollen wirklich ein Weinlokal aufmachen?« Doris fasst sich an den Kopf und geht voraus in den Flur. Am Eingang zum Café zögert sie. »Steht vor der Treppe ein Kuchen oder nicht? Ich habe nicht darauf geachtet.«

»Ich auch nicht«, sage ich und gehe zurück. Tatsächlich. Draußen auf dem kleinen Tisch neben der Treppe steht, wie immer, einladend ein ganzer Kuchen. Käsekuchen, soviel ich erkennen kann.

»Wie hat sie denn das gemacht?«, wundert sich Doris. »Rico kommt doch erst zu Mittag?«

»Es ist fast Mittag.«

Sie sieht kurz auf ihre Uhr. »Mannomann. Schon nach elf. Heute geht ja alles durcheinander«, damit öffnet sie die Tür. Drinnen hat Niki am Fenster bereits eine Tafel gerichtet, mit gefalteten Servietten und blühenden kleinen Blümchen in schmalen Gläsern. Wir werfen uns einen Blick zu.

»Vielleicht soll sie den Laden hier einfach weitermachen, und wir beide wandern aus?«, kommentiert Doris tonlos und geht mir voraus zur Küche.

»Oh, hallo!« Niki kommt uns an der Küchentür gut gelaunt entgegen. »Der Laden ist heute Mittag fast voll. Meine neun Mädels und drei Paare, alle haben brav reserviert. Ist doch cool!«

»Ja, wirklich!«, sage ich und bleibe stehen. »Das scheint dir Spaß zu machen.«

»Das macht mir wirklich Spaß«, bestätigt sie. »Und mit Rico macht das Arbeiten auch Spaß. Hand in Hand. Klasse Teamwork.«

Rico ist mir bisher eher durch sein eigenwilliges Arbeitsverständnis aufgefallen, weniger durch übermäßigen Einsatz. Wir gehen an Niki vorbei in die Küche und bleiben gleichzeitig stehen. Zur brasilianischen Musik aus einem kleinen Lautsprecher steht Rico wippend am Herd. »Hi«, sagt er und deutet zu seinem Kochtopf. »Paprikaschaumsuppe mit Croûtons. Tagessüppchen. Wollt ihr probieren?«

Wir schütteln beide den Kopf.

»Alles in Ordnung?«, will er wissen.

»Geht so.« Doris tritt neben ihn. »Sieht jedenfalls gut aus, das Süppchen. Niki sagt, der Laden ist heute Mittag fast voll?«

»Ja, ich glaube, sie akquiriert ein bisschen. Irgendwelche Freundinnen ihrer Mitbewohner, und übers Internet hat sie auch ein bisschen was gestreut. Scheint zu ziehen.«

Doris runzelt die Stirn. »Ja? Was denn?«

»Frag sie!« Er zeigt mit dem Kochlöffel zur Tür.

»Ist doch gut«, finde ich. »Wenn wir ein paar verträumte Stundengäste weniger und dafür mehr laufende Kundschaft haben, ist das ja auch nicht so schlecht.«

»Ist aber nicht meine Philosophie.«

»Doris…«, sage ich nur. »Wir brauchen Umsatz. Und Niki ist in einem Alter, das siehst du doch bei deinen Kids, die haben einfach andere Hebel. Wenn's funktioniert?«

Doris zuckt nur mit den Achseln.

»Na ja. Du meinst, altes Eisen kann sich zu Römer-Weingläsern zurückziehen?«

Ich muss lachen. »Gerade hast du noch gesagt, sie soll den Laden schmeißen, und wir wandern aus.«

»Ach, Katja.« Sie lässt sich auf einen der Küchenstühle sinken. »Ich weiß ja selbst nicht, was ich will, was gut ist. Trinken wir einen Kaffee und denken nach.«

»Ich hole uns einen«, biete ich an und höre im Hinausgehen Rico sagen: »Oder wie wäre es mit einem kleinen Tänzchen? Samba? Da sieht die Welt gleich wieder rosarot aus.«

Niki kontrolliert gerade die Besteckkästchen auf den Tischen und rückt die Stühle zurecht. Sie hat sich eine weiße Schürze über ihre Jeans gebunden und ihre langen Haare hochgesteckt. Sie sieht nicht nur super professionell aus, sondern auch reizvoll. Und wie sie so durch die Tischreihen geht, absolut zufrieden mit sich und der Welt. »So, jetzt können sie alle kommen«, erklärt sie und scheint sich wirklich darauf zu freuen. »Machst du dir einen Kaffee?«

»Zwei«, sage ich. »Für Doris und mich.«

»Das kann ich euch doch machen.«

»Lass nur.« Ich hole zwei Tassen, und an der Kaffeemaschine treffen wir uns. »Das liegt dir, stimmt's?« Ich mache eine Handbewegung über den Raum.

»Ja, das stelle ich auch gerade fest«, sagt sie und lacht. »Hätte ich nie gedacht. Zuerst war es ja nur Mittel zum Zweck, aber jetzt finde ich das klasse. Die Begegnung mit Menschen macht Spaß, außerdem kannst du dir überlegen, wie du auf dich aufmerksam machst, Gäste bekommst, Marketing … das ist doch eine Herausforderung … und auch so ein bisschen das, was du machst, stimmt's?«

»Im weitesten Sinne, ja.«

»Und das ist doch toll! Meistens sind es ja auch sehr nette Gäste. Und das Café ist klasse. Vintage, richtig cool. Eigentlich müsste man sich vor Gästen kaum retten können. Vielleicht das Angebot ein bisschen verändern, zeitgemäßer, mal schauen, was die angesagten Läden so machen. Ein bisschen abschauen, variieren.«

»Du bist ja wirklich in deinem Element.«

Sie lacht und hebt die Hände. »Ja, vielleicht komme ich durch diesen Job drauf, was mir liegt und was ich studieren will.«

»Ja, das könnte gut sein«, stimme ich ihr zu. »Man muss sich ja erst mal selbst auf die Spur kommen.«

»Gar nicht so leicht.« Sie reicht mir zwei Untertassen und legt zwei Kaffeelöffel dazu. »Und was sagst du dazu, dass meine Mutter kommen will?«

»Was sagst denn du?«

»Ich finde das gut. Und mutig von meiner Mum. Schließlich weiß sie ja nicht, was sie erwartet.«

»Da sind sie schon zu zweit. Doris weiß es auch nicht.«

»Wird schon klappen. Zwei starke Frauen. Was soll schon passieren.«

Eine knappe halbe Stunde später bin ich oben in meinem Büro. Die Verbindungstüre zu Heiko ist zu, also hat er gerade einige Kursteilnehmer da sitzen. Oder einen besonders schwierigen Fall. Jörg kommt mir in den Sinn, aber das ist nur ein ironischer Gedanke. Gut, dann werde ich ihn nachher begrüßen und zunächst mal an die Buchhaltung gehen, bevor ich nicht mehr hinterherkomme. Der Stapel ist jedenfalls schon wieder ordentlich angewachsen. Ich sortiere und komme eine Weile ganz gut voran, bis ich merke, dass sich ständig andere Gedanken in meinen Kopf schleichen. Schließlich greife ich nach meinem Smartphone und schreibe Angelina: »Wann habt ihr Zeit? Wir kommen.«

Die Antwort kommt umgehend. »Die nächsten Tage intensive Rebenpflege, da sind wir abends geschafft. Heute?«

Ich schau auf die Uhr und stürme gleich darauf die Treppen hinunter. Unten empfängt mich Stimmengewirr, es brummt richtig, so voll ist das Café. Niki flitzt hin und her, und Doris steht schwer beschäftigt hinter dem Tresen, füllt Gläser, holt die Speisen aus der Küche und richtet sie für Niki her. Ich bleibe am Eingang stehen. Arbeit tut gut, das lenkt ab, denke ich. Trotzdem, ich brauche eine Antwort. Und je eher, desto besser. Soll ich jetzt stören – oder noch warten? In dem Moment blickt sie auf und entdeckt mich. Sie nickt mir kurz zu, dreht sich aber sofort geschäftig zum Gläserschrank um. Okay, denke ich, schlechter Zeitpunkt. Niki läuft mit einem vollen Tablett an mir vorbei.

»Braucht ihr meine Hilfe?«, biete ich an, denn im Service habe ich nun auch schon etliche Male geholfen, wenn Rico überraschend ausgefallen war und Doris selbst in der Küche stehen musste. »Alles im Griff«, sagt sie, als sie zurückkommt.

Ja, so sieht es auch aus, muss ich zugeben. Die jungen Frauen an der langen Tafel sind gut drauf, haben die Speisekarte vor sich liegen und beratschlagen gerade lautstark die einzelnen Gerichte, die Gäste an den zwei Ecktischen sind schon weiter, dort stehen bereits volle Teller, und die Gespräche sind verstummt. Keine Stammgäste, das sehe ich auf den ersten Blick. Wo kommen die jetzt her? Ich hätte sie gern gefragt. Und auch, wie sie auf uns aufmerksam geworden sind. Mund zu Mund? Internet?

Nikis Initiative, was auch immer sie da gemacht hat? Ich muss Niki fragen. Aber jetzt ziehe ich mich erst einmal zurück.

Oben steht die Verbindungstür offen. Heikos Gast muss gegangen sein, während ich im Café war.

»Oh, meine Liebe«, begrüßt er mich und kommt mir entgegen. »Ist das Leben gerade schön für dich?«, will er wissen, streicht mir mit beiden Händen die Haare zärtlich nach hinten und küsst mich auf die Stirn.

»Ich weiß nicht«, antworte ich. »Alles ein bisschen durcheinander.« Ich rühre mich nicht, weil das Gefühl gerade so schön ist. Dann löse ich mich, damit ich ihm in die Augen sehen kann. »Und du«, frage ich, »wie geht es dir gerade?«

»Ich habe Sehnsucht nach dir.« Er zieht mich wieder an sich. »Und ich spreche nicht von Sex, sondern einfach von Wärme. Ein bisschen kuscheln, gemeinsam kochen, Kerzenlicht, Gespräche ...«

»Ja«, stimme ich zu, »im Moment ist viel Aufregung drin.«

»Und Niki wohnt bei dir. Das erschwert die Sache.«

Ich nicke in seinen Pulli hinein. »Es hängt alles in der Luft.«

»Und meine kleine Wohnung gefällt dir nicht ...«

»Wenn ich die Wahl habe ...« Ich lasse den Rest des Satzes in der Luft hängen, er weiß auch so, dass sein Appartement für uns beide einfach zu klein und für meinen Geschmack zu ungemütlich ist.

»Wir könnten doch tauschen.« Ich spüre, wie sich seine Oberarme spannen. »Die Idee kommt mir gerade. Niki in meine Wohnung und ich zu dir. Das wäre doch endlich mal ein guter Deal!«

Ich zögere. Niki abschieben, jetzt, da alles so sensibel ist? »Warten wir noch ein paar Tage. Ich glaube, die Dinge entwickeln sich recht schnell.«

»Ja?« Er hält mich etwas von sich weg und sieht mir ins Gesicht. »Ich hoffe nur, dass du nicht auch auf die Idee kommst, hier alles hinzuschmeißen.«

»Ohne Grund schmeißt auch Doris nicht alles hin.«

»Ja, aber trotz allem lebt ja Doris ihr Leben – und du deines.«

»Das ist mir bewusst.« Ich muss aufpassen, dass sich kein ärgerlicher Ton einschleicht. Aber ich kenne mich. Einmischung konnte ich noch nie leiden. Beratung schon. Aber … wo ist die Grenze?

»Ich will dir nicht zu nahe treten.«

Heiko ist feinfühlig, das muss ich ihm lassen. »Nicht?«, sage ich und muss trotz allem lachen. »Ganz objektiv gesehen«, ich fülle mit einer Handspanne den Raum zwischen seinem und meinem Körper aus, »bist du mir ganz schön nahe getreten.«

»Nicht nahe genug.«

Er zieht mich wieder an sich und vergräbt seine Nase in meinen Haaren. »Du riechst so gut.«

Ich frage mich, wie das sein kann. Wann habe ich meine Haare zuletzt gewaschen?

»Und du hast einen tollen Körper.«

Seine Wahrnehmung muss gestört sein, denke ich, es freut mich aber trotzdem.

»Und insgesamt bist du einfach eine verdammt gute Frau!«

»Hm«, sage ich, »das hört sich alles richtig gut an. Hast du dich etwa in mich verliebt?«

Er muss lachen. »Bereits vor dreißig Jahren. Das weißt du doch.«

»Und gleichzeitig auch in tausend andere …«

»Was eine glatte Lüge ist.«

Es klopft, und wir drehen uns beide um. Hugo steht in der Bürotür, unser Vermieter.

»Sodom und Gomorra«, sagt er süffisant. »Na, wissen das Ihre Partner?«

»Wir sind unsere Partner«, sage ich kühl und löse mich von Heiko. »Schönen guten Tag!«

Heiko geht ein paar Schritte auf ihn zu. »Was führt Sie zu uns?«

»Ach, ich wollte unten eigentlich nur ein Süppchen essen, habe aber feststellen müssen, dass alle Tische besetzt sind.« Hugo steht noch immer in der Türe.

»Ja«, Heiko nickt. »Das freut uns.«

»Mich weniger, wenn sogar ein Stammgast keinen Platz mehr bekommt.« Groß und hager, in einem schlecht sitzenden, beigen Sommeranzug, taxiert er uns wie ein Habicht seine Beute.

Ich weiß, warum ich ihn nicht leiden kann. Seine Arroganz geht mir fürchterlich auf den Nerv.

»Wahrscheinlich wusste niemand, dass Sie heute kommen wollten?«, sage ich gequält freundlich.

»Nein, bisher musste ich mich auch nicht anmelden!«, sagt er und sieht mich aus seinen kleinen, stechenden Augen an. »Aber sicher haben Sie da unten noch einen gewissen Einfluss?«

»Ich kann doch jetzt die Leute nicht rausschmeißen, nur weil Sie gerade kommen?«, bricht es aus mir heraus.

»Nur?«, wiederholt er und schüttelt langsam den Kopf. »Nur weil ich gerade komme?« Er schnalzt mit der Zunge. »Wenn das Ihr Vater wüsste. Gott hab ihn selig. Wir waren Freunde. Dicke Freunde!« Er dreht sich zum Gehen um. »Aber das ist heutzutage ja nichts mehr wert.«

Heiko wirft mir einen schnellen Blick zu. »Nun warten Sie doch. Ich schau mal schnell runter.«

Ich bleibe stehen. Soll ich noch was Nettes sagen? Schließlich ist er unser Vermieter. Aber warum eigentlich? Er bekommt monatlich sein Geld, und das nicht zu knapp.

»Vielleicht klappt es ja noch«, sage ich seinem Rücken hinterher, während ich höre, wie Heiko die Treppe hinunterläuft.

Ich bleibe an den Türrahmen gelehnt stehen, bis Heiko wieder da ist. Wie kann sich so ein starker, breitschultriger Mann nur so herumkommandieren lassen, denke ich, als er hereinkommt. Heiko verzieht das Gesicht und wirft einen kurzen Blick zur Decke. »Reiner Zufall. Das Pärchen, das an seinem Tisch saß, wie er sagt, hat gerade gezahlt. Und Niki hat ihn charmant bedient.«

»Warum muss man dem eigentlich Honig um den Bart schmieren?«, will ich ärgerlich wissen. »Er tut doch immer so, als ob er der liebe Gott persönlich sei. Ein ekelhafter Narzisst, das ist er!«

»Stimmt alles, aber wir haben nur einen Jahresvertrag, und mir gefällt der Platz hier. Der Vermieter ist ein Ekel, stimmt, aber für uns ist er ein nützliches Ekel.«

»Hast du ihm mal einen Gutschein für einen deiner Kurse geschenkt?«

»Perfekte Idee!« Heiko grinst. »Zu Weihnachten dann!«

Mein Handy klingelt, und ich werfe einen Blick darauf. Der Steuerberater. Ralf Klasser.

Ich halte Heiko das Display kurz vors Gesicht, dann nehme ich an und gehe zu meinem Schreibtisch.

Was ich von ihm höre, habe ich mir schon gedacht. Viel Spielraum haben wir nicht. Wir können stunden, aber die festgesetzte Summe könnte nur durch vorliegende Belege verändert werden. Die haben wir aber nicht. Doris sagte, sie habe alles aus diesem Jahr in einem großen Schuhkarton aufbewahrt, der aber verschwunden ist. Vielleicht bei einer Aufräumaktion in den Papiercontainer gewandert … oder so. Und außerdem ist die Abgabefrist sowieso längst abgelaufen. Das Wiederaufrollen wäre also eine ganz besondere Goodwillaktion.

»Es bleibt also bei dreiundzwanzigtausend Euro?«, frage ich nach, um Gewissheit zu haben.

»Wie gesagt …«, Klassers Stimme bleibt freundlich in der Luft hängen.

»Tja«, meine ich und hole tief Luft. »Vielen Dank!«

Heiko wirft mir einen Blick zu. »Kaffee?«

»Marille!«, sage ich. »Einen doppelten!«

Ich beschließe, das Doris nicht gleich zu sagen, sonst kippt sie mir vollends um.

Vielleicht auf dem Rückweg vom Weingut … und überhaupt, ich schau auf die Uhr, jetzt dürfte sich der Trubel dort unten langsam legen. Vielleicht können wir ja bald los?

»Ich werfe mal einen Blick nach unten«, rufe ich Heiko zu, der wieder an der hinteren Wand seines Raumes an seinem Schreibtisch sitzt.

»Schock sie nicht«, gibt er zurück und macht eine entsprechende Handbewegung. Ich werfe ihm eine Kusshand zu und laufe die Treppe hinunter. Jetzt muss ich auch diesen grässlichen Hugo wieder sehen, denke ich, aber ich könnte ja auch direkt in die Küche ausweichen.

Die jungen Frauen an dem langen Tisch werden nicht so schnell aufbrechen, das sehe ich auf den ersten Blick – sie sind noch immer gut drauf, und es stehen auch schon zwei Sektkühler am Tisch, offensichtlich haben sie was zu feiern. Oder feiern sich selbst, auch gut. Aber an den anderen Tischen bewegt sich was, Geldbeutel liegen auf den Tischen, gleich wird es sich lichten. Hugo hat sich gegen seine Gewohnheit an den Platz seiner Frau gesetzt, Rücken zum Eingang, Gesicht zum Fenster. Aber mir ist auch gleich klar, warum: Er beobachtet das Treiben an dem langen Tisch, das Lachen und Schäkern, die fröhliche Bewegung, die dort herrscht. Und möglicherweise, so argwöhne ich, beobachtet er vor allem die jungen Frauen selbst. Ich will nicht weiter drüber nachdenken und gehe in die Küche.

Sie sitzen zu dritt am Küchentisch, was an sich schon ein ungewohntes Bild ist, denn Rico ist normalerweise spätestens mit Auslieferung des letzten Gerichts in der Mittagspause. Doris dreht sich nach mir um. »Ah, da bist du ja«, sagt sie, als wäre ich zu spät dran.

»Ja, da bin ich«, antworte ich im selben Tonfall.

»Heute war allerhand los.« Sie wirft die Arme hoch. »Wirklich enorm für die Mittagszeit.«

»Es ist noch immer allerhand los«, ergänze ich, und Niki steht sofort auf.

»Stimmt! Ich muss mal einen kurzen Blick rauswerfen.« Sie weist einladend auf ihren frei gewordenen Stuhl. »Und der ältere Herr wartet auf seine Tagessuppe.«

Da kann er ruhig warten, denke ich, sage aber nichts.

Rico steht auf, »soll er kriegen«, und geht zu dem großen Suppentopf an den Herd. Kaum zu glauben. Nun wird sogar unser Rico aktiv. Ich setze mich zu Doris und finde, dass sie wieder richtig lebendig aussieht, zumindest hat sie wieder Farbe im Gesicht, und ihre Augen leuchten. »Alles gut?«, frage ich.

»Ja, lass hören. Als du vorhin kurz da warst, hast du nach einer wichtigen Neuigkeit ausgesehen. Was gibt's?«

Ich erzähle ihr von Angelinas Nachricht, dass heute ein Treffen möglich sei, die nächsten Tage aber nicht. Über mein Gespräch mit dem Steuerberater sage ich vorerst nichts.

»Hm«, sie sieht mich forschend an, »was meinst du?«

»Ich meine, wir sollten die Gelegenheit beim Schopf packen.«

»Also nachher losfahren?«

»Wenn Rico und Niki das alleine in den Griff bekommen? Es ist heute viel los. Sonst müssten wir vielleicht Vroni dazubitten.«

Rico hat offensichtlich zugehört. »Da macht euch mal keine Sorgen«, brummt er, während er einen Suppenteller vollschöpft und Niki reicht, die gerade hereinkommt. »Unsere Mittagstische gehen«, sagt sie, »aber meine Mädels haben gutes Sitzfleisch.« Sie lacht, nimmt den Suppenteller und geht wieder hinaus.

»Eigentlich ist sie ja so etwas wie meine Stieftochter«, sagt Doris und sieht ihr hinterher.

»Jetzt, wo du es sagst …« Ich zwinkere ihr zu.

Kurze Zeit später sind wir unterwegs und dies ziemlich schweigsam. Fünfzig Kilometer lang schaut Doris meist durch das Seitenfenster in die Landschaft hinaus. Jetzt, kurz vor dem Ziel, sagt sie plötzlich: »Und wenn es mich überhaupt nicht anspricht?« Sie wendet sich mir zu. »Ich habe halt doch starke Zweifel, ob ich alles richtig mache.«

»Doris, wer hat die nicht. Diese Zweifel hat jeder Mensch. Und ich habe sie, seitdem ich in Stuttgart bin, doppelt und dreifach.«

»Aber du bist nicht verheiratet.«

»Stimmt, bin ich nicht. Das ändert aber nichts an meinen Zweifeln.«

»Und du hast keine Kinder.«

»Auch damit hast du recht.«

Sie versinkt wieder in Schweigen, und ich frage mich langsam, ob sie sich nicht einfach mit Jörg versöhnen und alles beim Alten belassen sollte.

»Aber mit Jörg kann ich auch nicht mehr«, sagt sie, als hätte sie meine Gedanken gelesen. »Meine Kinder sind aus dem Haus. Und so weitermachen hieße … lebendig begraben sein.«

»Ach«, fast muss ich lachen, »so schlimm es nun auch nicht.«

»Aber stell dir vor, er würde meine Steuerschulden bezahlen. Dann hat er mich völlig in der Hand. Dann bin ich die Kleine, die nichts auf die Reihe bekommt. Und irgendwann würde ich das dann auch von mir selbst glauben.«

Ich winke ab. »Es gibt doch für alles eine Lösung. Ihr könntet euch trennen, und du lebst einfach in Stuttgart und mit dem Café weiter.«

»Das Café erinnert mich jeden Tag an ihn.«

»Das würde mit der Zeit nachlassen.«

Sie scheint nicht überzeugt, denn sie sagt nichts mehr.

»Und es ist hier doch eine hübsche Gegend«, erklärt sie dann kurz vor Lauffen. »Da lässt es sich doch gut leben.«

»Willst du dich gerade selbst überzeugen?«

»Ich will mir auf die Schliche kommen.«

»Nimm eine Coaching-Stunde bei Heiko.«

Sie sieht mich erstaunt an, dann müssen wir beide lachen. »Super Idee!«

Ein Klingelton aus Doris' Handtasche, die neben ihren Füßen auf dem Boden steht, lässt uns ernst werden. »Kein gutes Zeichen«, sagt sie und kramt danach. Bis sie es gefunden hat, hat es aufgehört. »Jonas«, liest sie vom Display ab. »Was kann Jonas wollen?«, fragt sie mich.

»Frag ihn«, schlage ich vor.

Sie ruft zurück und schaltet auf laut.

»Hi, Mama, bist du unterwegs?«

»Ja, mit Katja.«

Es ist kurz still. »Okay. Amelie und ich haben uns überlegt, dass wir uns mit Niki treffen wollen. Wir können ja nicht so tun, als wäre nichts gewesen. Es ist was gewesen. Es ist jetzt was, und es wird auch in der Zukunft was sein. Also müssen wir uns kennenlernen. Ihre Geschichte hören. Und sie unsere.« Er zögert. »Also nicht nur am langen Tisch im Café, du weißt schon, was ich meine, bei Kaffee und Kuchen, sondern richtig. Das ist doch völlig normal.«

Ich sehe, wie sich ein Lächeln auf Doris' Gesicht stiehlt. »Das finde ich gut«, sagt sie. »Ja, das spricht für euch, dass ihr das tun wollt.«

»Aber sie arbeitet«, sagt er gleich darauf. »Im Café, sagt sie. Und hat keine Zeit, weil du nicht da bist. Warum arbeitet sie und nicht du?«

»Tja.« Sie wirft mir einen hilfesuchenden Blick zu. Offensichtlich hat sie mit ihren Kindern noch nicht über ihre Pläne gesprochen. Macht sie im Moment alles mit sich selbst aus?

»Mama, wir fragen uns, was du vorhast. Ich meine: Sind wir noch eine Familie?«

Ich lege ihr meine rechte Hand aufs Knie, denn ich spüre, wie ihr das in den Magen fährt.

»Wir werden immer eine Familie bleiben, du, Amelie und ich. Egal, was passiert.«

»Das ist ja keine Familie.«

»Jonas, diese ganze Geschichte geht nicht so spurlos an mir vorüber, kannst du das verstehen? Ich habe im Moment … Probleme mit Papa, das könnt ihr euch ja denken.« Sie stockt. »Und mit mir selbst habe ich auch Probleme.«

»Dann geht doch zu einem Eheberater.«

»Zu einem Eheberater geht man nur, wenn man etwas retten will.«

»Das willst du gar nicht?«

So ausdrücklich stand es noch nie im Raum.

Durch Jonas wird die Endgültigkeit deutlich – wohl auch für Doris selbst.

»Jonas …«, sie zögert, »lass uns das nicht am Handy besprechen …«

»… dann setz dich halt mit uns zusammen«, schneidet er ihr das Wort ab. »Und zwar nicht zwischen Tür und Angel, und auch nicht mit Papa, wenn du da nicht frei reden kannst, sondern mit uns. Mit Amelie und mir! Wir sind erwachsen!«

»Ja.« Sie nickt, als ob er das sehen könnte. »Das wird wohl das Beste sein.«

Sie verabschieden sich reichlich kurz, dann legt sie auf und sieht mich an. »Erwachsen!«, sagt sie langsam. »Kinder sind Kinder, egal, wie alt sie sind. Eine Trennung ist eben immer … schmerzhaft. Für alle!«

»Ja«, sage ich und denke an meine Mutter. Diese Trennung wird auch einmal sehr wehtun. Aber bis dahin ist es noch eine lange Zeit, hoffe ich.

»Wie auch immer«, ich öffne beide Seitenfenster, lass frischen Wind durch unsere Gedanken wehen, »jetzt schauen wir nach vorn und öffnen ein neues Kapitel. Leeres Blatt. Keine Vorbehalte und keine Zweifel. Einfach wirken lassen.«

Ich sehe ihr an, dass sie »Du hast gut reden« sagen will. Aber sie sagt nichts.

»Einverstanden?«, frage ich.

»Einverstanden!«, willigt sie ein.

Robby, der breitschultrige Macher, so nenne ich ihn im Geheimen, kommt uns entgegen, kaum, dass wir unseren Wagen im Hof des Weingutes geparkt haben. »Na«, sagt er direkt nach der Begrüßung, »ihr habt uns vielleicht einen Floh ins Ohr gesetzt…«, aber er grinst dabei und zeigt zum Haus und den beiden großen, offen stehenden Flügeltüren. »Angelina und Sebastian sind schon drin und völlig staubig.«

»Wir sind gespannt«, sage ich, und Doris beschleunigt ihren Schritt. »Da stand doch das letzte Mal noch allerhand davor«, sagt sie zu Sebastian, und der nickt. »Wir haben den Traktor und die Anhänger hinter das Haus gestellt. Wir wollen uns das ja gründlich ansehen – und vorstellen können. Mit Biertischen, Sonnenschirmen und so. Früher stand hier übrigens eine alte Linde«, er zeigt im Vorbeigehen bedauernd auf einen Baumstumpf, »das ist leider alles, was von ihr übrig geblieben ist.«

»Ja«, Doris nickt, »so ein paar Bäume wären für einen Biergarten schön – zumindest idyllischer als nur Gartenschirme.«

Vor dem offenen Eingang bleiben wir stehen. Groß wie ein Scheunentor, denke ich. »Recht groß für eine Gastwirtschaft«, sage ich skeptisch, »da bläst es die Gäste bei jedem Türöffnen weg.«

»Die waren früher auch nicht blöd.« Robby führt mich näher an die eine Flügeltüre ran – und tatsächlich, durch die Maserung kaum zu erkennen, ist eine ganz normale Türe in das Scheunentor eingelassen.

»Schlau«, sage ich nur und folge ihm in das dunkle Innere.

Angelina und Sebastian, die gerade einen schweren Holztisch von Gerümpel befreien, drehen sich nach uns um. »Achtung, Staubwolke«, ruft Angelina hustend und muss lachen. »Mann, was sich hier alles angesammelt hat, ist unbeschreiblich!«

Ich sehe noch gar nichts, weil sich meine Augen erst an das Dunkel gewöhnen müssen.

»Es ist groß«, höre ich Doris. »Größer, als ich dachte!«

Sebastian streicht mit der Hand über eine alte Vitrine und betrachtet dann seine schmutzige Handfläche. »Ja, das war viele Jahre ungenutzt. Ich habe meinen Vater gefragt, er kann zwar wegen seiner Krankheit nicht mehr körperlich arbeiten, ist aber geistig sehr fit. Meine Großeltern haben es damals Winzerstube genannt, hat er mir erklärt, aber bei Licht besehen war es eher so eine Art Besenwirtschaft.«

»Sieht aber eigentlich supergemütlich aus«, Doris bleibt stehen und dreht sich mehrfach im Kreis, »eigentlich erinnert es mich an eine alte Scheune. Jedenfalls mehr als an eine Wirtschaft.«

»Tja, eben …!« Sebastian zuckt die Schultern. »Das ist die Geschichte. Aus dem Festsaal ist eine Abstellkammer geworden, wenn du so willst.«

»Gibt es hier denn kein Licht?«, will ich wissen, denn ich kann die Schränke, Tische und die anderen Gegenstände mehr erahnen als sehen.

»Den Schock wollten wir euch für den Anfang ersparen!« Angelina geht zu einem Balken, der mitten im Raum steht.

»Nur Mut«, sage ich, und sie schaltet ein.

Auf den ersten Blick sehe ich nicht das, was ist, sondern das, was daraus werden könnte. Ich sehe die rötliche Backsteinmauer, davor einen Tresen aus rötlichem Holz, reich verziert und mit allerlei Geschirr vollgestellt. Daneben eine Tür und einige Vitrinen, die ihren Ursprungsplatz wohl verlassen haben, aber ebenfalls schön und aufwendig gearbeitet sind. Dazwischen stehen alte, ausgediente Maschinen, aber auch ein Kinderkaufladen und ein alter Puppenwagen. Doris hustet.

»Ein Abstell- und Aufbewahrungsplatz, würde ich mal sagen. Nach dem Motto: Man könnte es ja noch mal brauchen. Oder zumindest Teile davon«, sagt Sebastian.

Das kenne ich, viele Menschen denken so. Zumal, wenn sie schlechte Zeiten oder sogar einen Krieg miterlebt haben. Der Keller meines Elternhauses sieht nicht viel anders aus. Vollgestopft bis zur Decke.

»Ich sehe da kein Problem«, sage ich schnell. »Einen Nachmittag lang anpacken, dann ist das sortiert. Und manches, wie der Kinderkaufladen, ist es ja auch wirklich wert, dass man es aufhebt.«

»Für die Enkelkinderchen«, säuselt Angelina mit Seitenblick zu Sebastian.

»Beispielsweise«, gibt der völlig ungerührt zurück.

»Schaut, da hinten sind die Tische und Stühle aufeinandergestapelt.« Doris stöbert in der dunklen Ecke herum. »Ich glaube, das sind richtig tolle massive Tische und schöne, feste Stühle.« Sie zieht ihr Smartphone heraus und leuchtet sie an. »Total verstaubt, aber … ja, die sind klasse! Hilft mir mal einer?«

Robby ist am nächsten dran, und zu zweit ziehen sie einige ineinander verkeilte Stühle auseinander und bringen einen davon ins Licht.

»Schau«, sie fährt mit der Hand über die geschwungene Rückenlehne, »die vielen Schnitzereien und sogar mit einem Herz in der Lehne. Superschön gemacht. Ein richtiger Bauernstuhl. Nussholz? Jedenfalls ein richtiges Schmuckstück.« Sie richtet sich auf. »Wenn die alle so sind?«

Sebastian sieht ihn sich genauer an. »Irgendwie kommen da gerade Erinnerungen hoch. Ich glaube, wir hatten die an unserem Esstisch, als ich noch klein war.«

»Wieso sind deine Eltern denn überhaupt ausgezogen? Platz ist doch genug?«, will Doris wissen.

»Mein Vater hatte einen Schlaganfall, als ich sechsundzwanzig Jahre alt war. Ich musste mein Weinbaustudium abbrechen und direkt hier einsteigen. Meine Eltern haben sich eine Erdgeschosswohnung gekauft ... das machte Sinn.« Doris nickt und fragt nicht weiter.

»Und außerdem täuscht es«, fährt Sebastian fort, »wir brauchen viel Platz für die Probierstube, die beiden Büros, Gästetoiletten und so weiter ... Für zwei Familien wäre es viel zu eng.«

»Dann wohnst du also hier?«

»Ja, ich führe die Tradition fort.«

In der Ecke rumort etwas, und wir drehen uns danach um. Angelina zerrt an etwas Großem, Dunklem. »Helft ihr mal?«, ruft sie. »Ich glaube, das ist ein uraltes Weinfass!«

Wir gehen zu ihr, und Doris fuchtelt mit dem Lichtkegel ihrer Handytaschenlampe herum. »Könnte wirklich ein altes Weinfass sein«, meint Robby, »oder auch nicht. Schlecht zu erkennen zwischen all dem Müll.«

»Wenn man auch nichts sieht«, ärgert sich Sebastian. »Ich hole jetzt mal eine richtige Stablampe.«

Robby zeigt nur kurz zur Decke. »Oder Glühbirnen. Lampen sind ja da. Und sinnvollerweise auch noch eine Leiter.«

»Da kommst du doch am besten gleich mit!«

Ich gehe zu Doris, die gerade einen zweiten Stuhl aus dem Stuhlgewirr zerrt und neben den ersten stellt. »Identisch!«, sagt sie zu mir. »Siehst du?«

Ich nicke.

»Wie ist dein erster Eindruck?«, möchte ich von ihr wissen, rechne aber nicht mit Angelina, die das gehört hat.

»Wie soll er sein?«, sagt sie aus ihrer dunklen Ecke heraus. »Chaotisch, Schmutz, wohin man schaut, alles verstaubt, dunkel, unattraktiv – jedenfalls nichts für Jungfrau-Geborene.«

Ich muss lachen. »Das trifft auf mich jedenfalls schon mal nicht zu. Ich bin ein waschechter Stier.«

»Und ich ein Widder«, wirft Doris ein. »Mit dem Kopf durch die Wand.«

»Aha, ich seh schon«, Angelina gesellt sich zu uns unter die Glühbirne, die an einem langen Kabel über uns pendelt. »An Herausforderungen wächst man. Na ja, das könnte auch unser Logo werden, wir haben hier nur Herausforderungen.«

»Aber ist doch auch schön«, sage ich, »vor allem dann, wenn der Erfolg kommt?«

»Ja, wenn er kommt. Sonst ist es doch eher deprimierend, findest du nicht?«

Ich denke über meine Situation nach. In Hamburg megaerfolgreich, in der Stuttgarter Agentur gescheitert und jetzt bei Doris mittelmäßig. Und außer meinen Winzern habe ich keinen Kunden, dafür jede Menge anderen Kram an der Backe. Erfolgreich kann man das nun auch nicht gerade nennen.

»Aber bei euch klappt das doch?«, hakt Doris nach.

»Ja, so gut, dass es fast unheimlich ist.« Sie wiegt den Kopf. »Kennt ihr das Gefühl, wenn man ganz arg glücklich ist, und plötzlich kommt die Sorge, dafür müsste bestimmt noch was Schlimmes passieren?«

Doris nickt. »Ja, kenne ich. Das Gefühl hatte ich als junge Mutter, als alles so perfekt war. Die Kinder waren gesund, ich liebte meinen Mann und er mich, dachte ich, und es schien ständig bergauf zu gehen. Da hat mich zwischendurch ein ähnliches Gefühl beschlichen.«

Ich zucke die Schultern. Und plötzlich wird mir die Ironie der Geschichte klar. »Da seht ihr mal«, bricht es aus mir heraus. »Wenn auf alles Schöne die Strafe folgt, dann müsste Stuttgart die Strafe für mein tolles Leben in Hamburg sein.« Ich schüttle den Kopf. »Das glaube ich aber nicht. Man kann aus jeder Situation was machen.«

»Und außerdem«, Doris runzelt die Stirn, »siehst du uns echt als Bestrafung?«

Ich winke ab, obwohl ich es ganz genau so gemeint habe. Schließlich hat mich Stuttgart vor jede Menge neuer Herausforderungen gestellt – und sie waren weder leicht, noch sind alle gut ausgegangen.

»Ihr seid eine Bereicherung!«, sage ich schnell.

Doris legt den Kopf schief, und Angelina grinst.

»Und ob!« Robby kommt mit einer langen Stehleiter durch die Tür. »Hast du nicht gerade gesagt, wir seien eine Bereicherung? Und recht hast du!«

Er trägt seine Leiter unter die hintere Lampe, nimmt sie von der Schulter und klappt sie auf. »Es werde Licht!«

Doris folgt ihm, und ich sehe ihr hinterher. Was sie gesagt hat, stimmt mich nachdenklich. Wenn uns das Leben für gute Zeiten bestrafen würde, dann müsste es ja auch jemanden geben, der uns für schlechte Zeiten belohnt. Wer soll das sein? Wie soll das funktionieren … und vor allem, auf dieser Welt gibt es sicher sehr viel mehr Menschen, die harte Zeiten erleben als umgekehrt. Da war der Trost doch immer das Himmelreich. Zumindest bei den Katholiken. Vertrauen auf den Tod und das ewige Leben. Ich möchte nicht weiter darüber nachdenken, es überfordert mich. Vor allem jetzt. Vielleicht mal wieder mit Petroschka bei unseren Apfelbäumchen? Das ist der beste Platz für philosophische Gedanken.

»Und hier … ich hätte es nicht geglaubt!« Sebastian biegt mit einer großen Schachtel um die Ecke. »Das sind noch echte Glühbirnen, zweihundert Watt! Es ist eben doch gut, wenn man Eltern hat, die alles aufheben!«

Er stellt die Pappschachtel auf einen der Tische und pustet darüber. »Da steht's«, sagt er und deutet auf die große Filzstiftschrift: Glühbirnen, 200 Watt, Winzerstube.

»Sind auch welche drin?«, will Angelina wissen und kassiert

dafür einen leichten Schubser von Sebastian. »Du hältst mich wohl für doof!« Er hebt den Deckel ab. »Das habe ich natürlich kontrolliert. Hier sind sie, Schächtelchen an Schächtelchen wie die Zinnsoldaten.«

»Jetzt müssen sie nur noch brennen, also gib mal eine rauf.« Robby steht schon freihändig oben auf der Leiter, hält die altmodische Lampe, die an einem wuchtigen Balken befestigt ist, mit einer Hand fest und schraubt mit der anderen die alte Glühbirne heraus. Die steckt er sich in die Hosentasche und winkt uns. Doris zieht eine neue aus ihrer Verpackung. »Jetzt bin ich aber mal gespannt. Ganz frisch können die ja auch nicht mehr sein ...« Robby pustet über die Lampe, was eine Staubwolke auslöst, und bückt sich dann zu Doris hinunter, die ein paar Sprossen zu ihm emporsteigt und ihm die Birne entgegenstreckt.

»Mit dir kann man was anfangen«, lobt er und schraubt die Birne ein. Es wird sofort hell, und gleich darauf fällt Robby vor Lachen fast von der Leiter. »Wie siehst du denn aus?«, platzt er heraus, und tatsächlich: Doris' schwarze Haare sind grau. Und auch die Schultern ihrer roten Jacke haben einen Grauschleier. Sie klettert auf den Boden zurück, fasst sich ins Haar und betrachtet dann den Schmutz in ihren Händen. »In Ehren ergraut«, sagt sie und lacht dann auch. »So sehe ich also mal in zwanzig Jahren aus ...«

»Zum Anbeißen«, Robby steigt herunter und lacht noch immer. »Abenteuer Winzerstube, sage ich da nur.«

»Aber zumindest sehen wir jetzt was!« Angelina geht zu dem Winzerfass in der Ecke zurück.

»Ja, stimmt!« Ich sehe mich um. »Aber weshalb ist es hier drin denn so finster? Draußen ist es doch taghell?« Ich sehe mich nach den Fenstern um.

»Das ist der nächste Punkt.« Sebastian deutet zu einem der Sprossenfenster hinter dem Tresen. »Die sind alle klein und zudem mit Brettern vernagelt. Das hat mein Großvater wohl gemacht, um den Frost draußen zu halten.«

»Okay«, Angelina kommt zu uns zurück, »das ist wirklich ein richtig tolles altes Weinfass. Sollten wir uns genauer ansehen«, sie sieht sich um. »Unternehmen Winzerstube. Was meint ihr? Macht das Sinn oder nicht?«

»Es macht jedenfalls viel Arbeit, bis es so weit ist«, erklärt Robby.

»Und lohnt es sich dann?«, gebe ich zu bedenken, »kommen die Einheimischen ... und zwar nicht nur am Sonntag nach der Kirche?«

»Tja«, meint Sebastian, »da gibt es immer die Abteilung Zustimmung und Freude gegen die Abteilung Ablehnung und Neid. Schwer vorauszusagen.«

»Und die weitere Umgebung?«, will ich wissen, »fahren sie aus Lauffen die paar Kilometer her? Oder aus anderen Städten? Und was ist mit Touristen?«

»Wenn es ein Geheimtipp wird, laufen sie einem die Bude ein, da bin ich sicher.« Angelina nickt mir zu. »Dein Job. Marketing. Wie heißt eigentlich deine neue Agentur?«

»Agentur für alle Fälle«, sage ich spontan.

Sie grinst und zwirbelt ihre Haare zu einem Knoten hoch. »Perfekt! Arbeitet deine Agentur auch schon an unserem neuen Auftrag?« Sie lässt die Haare wie einen schweren Theatervorhang wieder fallen.

»Tag und Nacht«, bestätige ich und denke, ja, da sollte ich jetzt auch mal dringend ran. Aber zumindest sind die Etiketten schon geklärt.

»Und unabhängig von deiner Agentur«, mischt sich Sebastian ein, »wie stellt ihr euch das vor? Machen wir das gemeinsam? Wer übernimmt die Renovierung – wie könnte das vertraglich aussehen? Oder wollt ihr Pächter sein? Involvieren wir zur Finanzierung eine Brauerei?« Er hebt beide Hände. »Und die wichtigste Frage, Katja, du hast es ja schon angesprochen: Macht es überhaupt Sinn?«

Ich suche Doris' Blick. Finde ihn aber nicht, sie sieht auf den Boden. Das ist schon mal kein gutes Zeichen. Da hebt sie den Kopf und sagt mit fester Stimme: »Wir haben das ja jetzt zum ersten Mal gesehen. Vorher konnte ich mir nichts darunter vorstellen. Oder vielleicht habe ich mir schon zu viel darunter vorgestellt, eine alte Winzerstube. Da denkt man ja nicht«, sie holt Luft und schließt kurz die Augen, »an ein über die Jahre vollgerümpeltes Abstelllager. Trotzdem«, jetzt suchen ihre Augen meinen Blick, »es kommt immer darauf an, wie man sich in dem Moment fühlt, in dem man ein Haus betritt. Und ich habe ein Gefühl der Wärme. Da lebt ein guter Geist. Vielleicht ist er etwas eingeschlafen – aber wenn wir das wollen, werden wir ihn wiedererwecken.«

Es bleibt ein paar Sekunden still. Doris spürt einen guten Geist.

»Tja dann«, brummt Robby, der offensichtlich genauso sprachlos ist wie ich.

Nur Sebastian nickt bekräftigend. »Ich weiß, was du meinst. Und ich glaube, dass du recht hast. In diesen Mauern herrschte immer Harmonie. Und wenn Streit hereingetragen wurde, hat meine Großmutter das nicht geduldet. Egal, ob sich die Männer aus politischen oder wirtschaftlichen Gründen an die Gurgel gingen, sie hat sie an die frische Luft gesetzt. Und mehr als einmal hat sie die Wirtschaft ausgeräuchert, das hat mir zumindest meine Mutter erzählt.«

»Ausgeräuchert?« Angelina sieht ihn fragend an.

»Böse Geister vertreiben. Negative Energien loswerden.«

Angelina runzelt die Stirn. »Wie muss ich mir das vorstellen? Mit einem brennenden Ast durchgehen … oder wie?«

»Nein, das ist schon etwas mehr«, Sebastian winkt ab, »es geht darum, negative Einflüsse und böse Geister zu vertreiben. Das war früher nicht ungewöhnlich. Ich nehme mal an, der Weihrauch in der katholischen Kirche hat einen ähnlichen Hintergrund, das weiß ich aber nicht sicher, weil der Ursprung, glaube ich, eher heidnisch ist.« Sebastian ballt die Faust und klopft mit seinen Knöcheln auf den Tisch.

Der dumpfe Ton lässt mich zusammenfahren. »Also mit Geistern mag ich mich ungern beschäftigen«, schüttle ich mich. »Wer weiß, was passiert, wenn man sie erst mal ruft.«

»Es soll ja auch umgekehrt sein«, beruhigt mich Doris. »Wir wollen sie loskriegen.«

»Aber wenn du doch sagst, hier lebt ein guter Geist, dann brauchen wir den ganzen Hokuspokus ja nicht …«, wirft Angelina ein. »Dann müssen wir auch nicht ausräuchern, sondern einfach anfangen.«

»Anfangen?« Robby wirft ihr einen Blick zu. »Das heißt, du bist dafür?«

»Ich kann mir das jedenfalls sehr schön vorstellen. Hier drin die gemütliche Winzerstube, draußen Tische und Pflanzen. Der Platz ist ja sowieso sehr kahl, eigentlich nur ein Abstellplatz für irgendwelche Fahrzeuge. Völlig ohne Charme – zumindest nicht für ein Weingut.« Angelina schürzt die Lippen. »Da könnte man wirklich dran arbeiten. Wenn die Leute kommen, dann haben wir hier ja die beste Möglichkeit, unseren Wein verkosten zu lassen. Jeder Besucher, jeder Gast lässt sich bei einem Glas Wein und einem Bauernvesper doch prima von der Qualität unseres Weines überzeugen.«

»Hm«, Robby verschränkt die Arme. »Und wenn hier nun doch kein guter, sondern ein schlechter Geist wohnt, der uns beim Renovieren dauernd in die Quere kommt?«

»Quatsch!« Sebastian schüttelt den Kopf. »Wo soll der denn herkommen? Meine Großeltern waren noch vom alten Schlag … Nächstenliebe, Barmherzigkeit, Fleiß … und dazu auch noch sittlich. Wo sollte da bitte ein böser Geist herkommen?«

»Weiß man's?« Robby sieht zu der hohen Decke hinauf. »Vielleicht haben die Balken hier mehr gesehen, als wir uns vorstellen können.«

»Na, egal wie«, winkt Angelina ab. »Wir wissen jetzt, dass es ein vollgestopfter Raum ist, dass es viel Arbeit wird, den wieder auf Vordermann zu kriegen, und dass es einen Versuch wert ist. Ob das am Schluss erfolgreich wird, weiß niemand. Die Frage ist jetzt einfach, ob wir das wollen.«

Zwei Stunden später fahren Doris und ich schweigsam nach Hause. Jede hängt ihren Gedanken nach, und im Moment macht es auch keinen Sinn zu reden. Alles, was jeder von uns dachte, haben wir beim anschließenden Vesper im Probierraum ausgesprochen und diskutiert, aber zum Schluss fanden wir dann doch, dass man es reifen lassen muss.

»So eine Entscheidung fällt man nicht von heute auf morgen«, hat Sebastian resümiert.

»Nichts übers Knie brechen«, meinte Robby.

»Mal wirken lassen«, fand Angelina.

Und das fanden Doris und ich auch. Mal wirken lassen. Ich spüre leichtes Magendrücken. Nicht wegen des reichhaltigen Vespers, das uns Angelinas Mutter zubereitet hat, sondern wegen der Situation. Wenn wir einsteigen, kostet das Geld. Im Moment liegen Doris aber 23 000 Euro Steuerschulden auf der Seele. Die hätte ich zwar, aber mein Geld habe ich stets in Aktien angelegt. Natürlich könnte ich das eine oder andere Aktienpaket verkaufen, aber würde es Sinn machen, Doris ein Darlehen zu geben? Vor allem, wenn wir zusätzlich Geld für einen Neuanfang brauchen? Ich denke an Heiko. Sein Rat würde uns vielleicht helfen, er ist nicht involviert, er kann die Sache nüchtern von außen betrachten, aus einer anderen Perspektive. Und überhaupt, heute Abend hätte ich ihn gern an meiner Seite. Seine ruhige Art, seine starke Schulter. Bei diesem Gedanken muss ich über mich selbst lächeln. Eigentlich bin ja ich immer die starke Schulter. Aber manchmal tut es eben auch gut, sich anlehnen zu können.

Als ich unbewusst seufze, sieht Doris zu mir rüber.

»Keine leichte Entscheidung, gell?«, sagt sie und presst die Lippen zusammen.

»Auf was hörst du?«, frage ich, »Kopf oder Bauch?«

»Bauch«, sagt sie sofort.

»Und was sagt der?«

»Machen!«

Ich nicke. »Und was sagt dein Kopf?«

»Der sagt: Spinnst du?«

Ich nicke erneut. »Ja, so geht es mir auch.«

Ich nehme meine rechte Hand vom Lenkrad und greife nach ihrer. Und so fahren wir eine Weile Händchen haltend die Landstraße entlang, bis es kurvig wird und ich meine Hand am Lenkrad brauche. Aber dieses körperliche Einverständnis tut gut. Zu zweit schaffen wir das – das war die Botschaft.

Samstag, 14. August

Noch schlaftrunken schalte ich den Fernseher ein und warte darauf, dass mich das *Morgenmagazin* in den Tag begleitet. Als stattdessen *Die Pfefferkörner* laufen, weiß ich, dass es Samstag ist. Eine Weile sehe ich zu, denn ich mag diese pfiffige Kinderserie, ständig passiert etwas Aufregendes, und bei aller Dramatik geht es doch immer gut aus. Dann raffe ich mich auf, um mir einen Cappuccino zu holen. Bei der Gelegenheit sehe ich, dass das Sofa leer ist. Keine Niki. Ist sie schon weg, oder war sie gar nicht da? Decke und Leintuch liegen zusammengefaltet auf dem Kopfkissen. Ich gehe hin und lege meine Handfläche auf die Couch. Ist sie noch warm? Gleichzeitig geht mir der Unsinn meines eigenen Handelns auf. Wenn das Polster noch warm wäre, stünde sie ja quasi neben mir. Aber wo ist sie? Die Badezimmertür steht offen, in der Küche ist die Kaffeemaschine nicht eingeschaltet, und die Geschirrspülmaschine ist leer. Sie war nicht da.

Hm, denke ich. Klar hatte ich damit gerechnet, dass ich früher als Niki zu Hause bin. Wenn im Café abends viel los ist, wird es schnell mal Mitternacht. Außerdem hat es mich nach unserer Rückkehr auch recht früh ins Bett gezogen, dort hatte ich mich noch kurz durchs Programm gezappt und dann entschieden, dass mich nichts anspricht und ich deshalb lieber schön träume. Ob mir das gelungen ist, weiß ich jetzt nicht mehr. Aber es ist auch egal. Die wichtigere Frage scheint mir, wo Niki abgeblieben ist.

Mein Smartphone entschlüsselt das Rätsel. »Wir ziehen noch um die Häuser, kenne Stuttgart ja nur peripher.«

Aha, denke ich. Diese WhatsApp kam um 0:30. Da scheint das »um die Häuser ziehen« doch wohl etwas länger gedauert haben. Auch recht. Obwohl … wer ist wir? Und wer weiß, wo sie gelandet ist?

Ich schau auf die Uhr. Kurz vor zehn. Keine weitere Nachricht. Ich will gerade schreiben, da klingelt es. Sie hat ihren Schlüssel vergessen, denke ich erleichtert. Alles gut. Und gleichzeitig bin ich gespannt, was sie mir nun erzählen wird. Rico und Niki? Ich weiß nicht. Aber um die Häuser ziehen heißt ja nicht gleich …na, egal. Sie ist erwachsen.

Ich drücke auf den elektrischen Türöffner und öffne schon gleich mal meine Wohnungstür. Und dann mache ich mir jetzt endlich einen Kaffee. Und ihr gleich mit. Wahrscheinlich kann sie ihn brauchen. Der Gedanke stimmt mich fröhlich, während ich in die Küche gehe, die Maschine einschalte, Milch aus dem Kühlschrank nehme und zwei Becher bereitstelle.

Ein zaghaftes »Hallooo?« lässt mich aufhorchen.

Hallo?

Das irritiert mich dann doch. Dieses »Hallo« lässt sich Niki nicht zuordnen. Wem dann? Postbote? Ich gehe aus der Küche und sehe eine wildfremde Frau auf meiner Schwelle stehen. Sichtlich verlegen, wie ich so auf sie zukomme, unfrisiert und noch im Nachthemd.

»Ja?«, frage ich und sehe sie an.

»Entschuldigung, ich störe, tut mir leid … ich wollte … komme wohl ungelegen.«

»Wenn Sie mir erst mal sagen, wer Sie sind?«

Jedenfalls keine Postbotin, das ist klar. Keine gelbe Uniform, sondern gut gekleidet in einem leichten, offenen Trenchcoat über einer hellen Hose, Bluse, und darüber ein hübsches Gesicht, so in meinem Alter, mit kurzen dunklen Haaren, blauen Augen und einem Lächeln, das nun aber eher erstarrt wirkt.

»Ich wollte meine Tochter zum Frühstück abholen, so war es ausgemacht. Tut mir sehr leid, sie hat mir diese Adresse gegeben.« Sie zögert. »Und den Namen. Klinger …«

»Alles richtig«, sage ich, und dann weicht mein Erstaunen der Erkenntnis: »Ach je, Sie sind Nikis Mutter?«

Sie nickt.

»Na, dann kommen Sie mal rein«, sage ich und trete zurück. »Leider ist Niki nicht da. Das habe ich auch gerade erst bemerkt, bin eben erst aufgestanden.« Ich mache eine Handbewegung über mein Outfit. »Wie man erkennen kann.«

Sie steht noch immer wie angewurzelt. »Das ist mir sehr peinlich.«

»I wo«, sage ich. »Ich nehme mal an, als Frau haben Sie schon Frauen in Nachthemden gesehen.« Ich zeige zu meinem Esstisch. »Jetzt kommen Sie erst mal rein. Ich wollte eben zwei Tassen Kaffee machen, weil ich dachte, Niki habe ihren Haustürschlüssel vergessen … nun trinken wir beide den halt, falls Sie einen mögen.«

»Sehr gern«, sie nickt, »ich bin schon gestern in Kiel gestartet, um pünktlich zu sein.«

»Wie? Durchgefahren?« Ich kann's kaum glauben. »Egal wie, jetzt, bitte. Die Garderobe ist hier im Schrank, dort ist der Tisch, machen Sie es sich gemütlich. Was mit Niki ist, klären wir nachher. Ich brauch jetzt einen Kaffee!«

In meiner Küche wird es mir erst so richtig klar. Nun sitzt also Jörgs Zweitfrau bei mir am Tisch. Helena. Was Doris dazu sagen würde? Egal, im Moment ist es, wie es ist. Der Rest wird sich finden.

Mein Milchschäumer kreist, die Maschine mahlt knatternd die Kaffeebohnen, und ich stelle eine Zuckerdose aufs Tablett, Butter, Marmelade und Honig und heize den Backofen für vier tiefgefrorene Croissants an. Orangensaft? Nur noch ein kläglicher Rest. Den trinke ich im Stehen direkt aus der Flasche. Ich muss dringend einkaufen. Und ins Café und außerdem möglichst bald zu meiner Mutter. Ihr Kühlschrank wird auch ziemlich leer sein. Und jetzt habe ich Helena da sitzen. Frühstück mit Niki … Töchter!

Helena sitzt ziemlich steif am Tisch, als ich mit dem Tablett zurückkomme. Offensichtlich fühlt sie sich unbehaglich. Immerhin hat sie ihren Mantel abgelegt.

Ich stelle alles ab und setzte mich ihr gegenüber hin. So frisch aus dem Bett, ohne Blick in den Spiegel, fühle ich mich zwar auch nicht ganz wohl, aber ich will sie jetzt nicht so alleine sitzen lassen. Also greife ich nach meinem Cappuccino und sie nach ihrem.

»Sie wussten also von gar nichts?«, fragt sie nach dem ersten Schluck.

»Also, jetzt kommt es darauf an, wovon ich nichts wusste. Dass Jörg der Vater ist, weiß ich. Dass Sie eventuell am Wochenende kommen wollten, habe ich auch gehört … ist allerdings noch nicht sicher, hat Niki gestern gesagt. Dass Sie heute mit

Niki zum Frühstück verabredet waren, wusste ich nicht. Und dass der Treffpunkt bei mir ist, wusste ich gleich zweimal nicht. Wo sie steckt und mit wem, weiß ich auch nicht.«

»Das tut mir wirklich leid. Und dann störe ich Sie auch noch am heiligen Samstagmorgen …«

»So heilig ist der nicht«, winke ich ab. »Samstag ist unser Großkampftag. Außerdem habe ich eine demenzkranke Mutter, die auf mich wartet. Und gefrühstückt hätte ich sowieso … also alles überhaupt kein Problem.«

Ich springe auf, weil mir die Croissants im Backofen einfallen. Kaum bin ich in der Küche, höre ich die Eingangstüre gehen.

»Oh, Mum, du bist schon da?« Nikis Stimme.

»Ja, ganz genau wie ausgemacht«, höre ich Helenas Antwort, etwas spitz.

»Ja, sorry, es ist … es war … also, das sind meine beiden Halbgeschwister, Amelie und Jonas!«

Das macht mich nun doch neugierig. Ich greife schnell nach einem Geschirrtuch, nehme den Rost mit den Croissants aus dem Backofen und lege ihn zum Abkühlen auf die Spüle. Dann gehe ich ins Wohnzimmer zurück.

»Hoppla!« Niki steht in Jeans und Parka mitten im Raum und mustert mich. »Bist du gerade aus dem Bett gefallen?«

»Könnte man so sagen …«

Ich nicke Amelie und Jonas zu, die nebeneinander in der Tür stehen. »Und ihr seht aus, als wärt ihr überhaupt nicht im Bett gewesen?«

Amelie fährt sich durch die Haare. »Sieht man uns das an?«

Ich muss lachen. »Auch Siebzehnjährigen sieht man an, wenn sie die Nacht durchmachen.«

»Na ja, das mache ich ja nicht so oft«, erklärt sie treuherzig.

»Weiß denn eure Mutter Bescheid?«, frage ich Jonas, der an Niki vorbei neugierig zu Helena schaut.

»Wir haben ihr eine WhatsApp geschickt«, antwortet Niki.

Wahrscheinlich ähnlicher Wortlaut wie meine, denke ich. Eine Rundum-WhatsApp.

»Na, kommt erst mal rein und macht euch miteinander bekannt. Sicherlich habt ihr auch Kaffeedurst?«

Als alle nicken, zeige ich zum Tisch. »Es sind genug Stühle da, also bitte. Niki, Kaffee und Croissants, du kennst dich aus. Ich zieh mich mal kurz an.«

Und genau das mache ich. Ich verzichte auf alles, was Zeit kostet, denn ich will nichts verpassen. Also nur kurz Wasser ins Gesicht, Haare gebürstet, Jeans und T-Shirt, alles Weitere kann warten.

»Das ging aber schnell«, bemerkt Amelie, als ich wieder hereinkomme. Nun sitzen alle mit Kaffeetassen vor sich am Tisch, und ich frag mich, ob sich inzwischen ein Gespräch entwickelt hat.

»Ja, mit siebzehn braucht man länger«, zwinkere ich ihr zu. »Bis alles sitzt, wie es soll, jede Haarsträhne, jede Wimper, bis das Make-up passt … das verliert sich aber mit den Jahren.«

Zu meinem Erstaunen wird sie rot. Das wollte ich nicht – doch trotzdem, da habe ich sie wohl auf dem genau richtigen Fuß erwischt. Jonas zieht die Stirn in Falten. Das soll ihm wohl einen betont männlichen Anstrich geben und erinnert mich an meine eigene Jugend. Heiko hatte auch immer … Heiko. Es wäre schön, wenn er jetzt da wäre.

»Also«, meint Jonas zu mir, während ich mich setze, »wir haben Nikis Mama gerade erklärt, dass wir beide, Amelie und ich, mit der Situation gar kein Problem haben. Wir haben uns in den letzten Stunden kennengelernt und finden es eigentlich«, er nickt Niki zu, »total okay!«

Helena sieht erleichtert aus. Als ob eine Erstarrung von ihr abgefallen wäre. »Ich bin wirklich froh«, ergreift sie das Wort. »Sogar sehr froh. Denn es war ja Nikis eigenmächtiges Handeln. Ich hatte keine Ahnung, denn sie hatte mich ja«, sie überlegt kurz, »belogen. Ja«, ihr Blick sucht den Blick ihrer Tochter, »richtig belogen. Ich wusste weder, dass sie auf die Spur ihres Vaters gekommen ist, noch dass sie das hier alles inszeniert hat.« Sie schüttelt den Kopf. »Also, eigentlich wollte ich mich für dich entschuldigen!«

»Nicht nötig!« Jonas legt seinen Arm auf Nikis Stuhllehne. »Wir sind klar miteinander. Jetzt liegt es an den Eltern, was ihr auf die Reihe kriegt.«

»Weiß denn Doris, dass deine Mutter hier ist?«, will ich von Niki wissen. Sie zuckt die Achseln. »Nicht so richtig.«

»Gestern hast du mir noch gesagt, deine Mum wolle das direkt mit Doris abstimmen …« Ich sehe von Niki zu Helena.

Die wiederum mustert ihre Tochter mit hochgezogenen Augenbrauen. »Ich dachte, du managst das für uns beide? So hast du es doch gesagt?«

Also weiß Doris es nicht. Sonst hätte sie mir gestern davon erzählt.

»Es war viel los«, windet sich Niki kleinlaut.

»Also nicht?« Helena schüttelt den Kopf. »Na ja, ich habe ihr vorsichtshalber eine Mail mit meiner Ankunft geschickt.«

Die sie sicherlich überhaupt nicht gelesen hat, denke ich.

»Gut«, sage ich, schwanke aber wegen Nikis Leichtfertigkeit trotzdem zwischen Verwunderung und Ärger. »Und wann hattest du vor, sie mit der Neuigkeit zu überraschen?«

»Ich dachte, wir frühstücken im Café …«

»Du spinnst!«, entfährt es mir. Und da sich sofort alle Blicke auf mich richten, füge ich hinzu. »Bei aller Liebe! Du kannst doch nicht einfach so ins Café hereinplatzen und Doris vor vollendete Tatsachen stellen. Wolltest du ›Da ist sie‹ sagen? Und wie, denkst du, soll Doris da reagieren?«

»Sie ist doch sonst immer so cool.« Nikis Stimmlage bekommt etwas aufbegehrend Mädchenhaftes.

»Sie ist cool«, bestätige ich. »Aber sie hat im Moment viele

Probleme, und die meisten macht sie ganz alleine mit sich selbst aus. Wisst ihr, wie sich das anfühlt?«

Die drei sehen sich an, und Helena starrt vor sich auf den Tisch.

Ich hole tief Luft und habe gerade den Eindruck, ich säße in einem Hühnerstall. Mit lauter jungen Küken. Und einem gerupften Huhn.

»Also«, sage ich. »Ich mach euch jetzt einen Vorschlag. Ich fahre ins Café, was ich ohnehin wollte und sollte – und lausch mal, wie die Stimmung ist. Und dann gebe ich euch ein Signal. Ihr könnt hier inzwischen gemütlich frühstücken, es sind noch jede Menge Croissants eingefroren, Butter, Honig und Marmelade müssten reichen. Kaffee auch. Mehr gibt es heute nicht …«

»Ich habe ein Hotel gebucht«, wirft Helena ein und hebt den Kopf. »Ich könnte ja auch erst mal …«

Ich winke ab. »Ihr sitzt jetzt hier zusammen. Eine bessere Gelegenheit gibt es nicht.« Ich sehe Helena in die Augen. »Erzählen Sie den Youngstern doch mal, wie es war. Warum Niki auf der Welt ist. Fast gleichzeitig mit Jonas. Sagen Sie ruhig, dass Niki ein Kind der Liebe ist – denn Sie haben ihn doch geliebt.«

»Ja, sehr«, sagt sie. »Allerdings im Glauben, dass er frei wäre. Ungebunden.« Sie sieht Amelie und Jonas fest an. »Das müsst ihr mir glauben. Ich hatte keine Ahnung!«

Jonas schüttelt nur den Kopf. »Dass er so mit falschen Karten gespielt hat – euch gegenüber«, er nimmt seinen Arm von Nikis Rückenlehne und legt seine Hand auf Amelies Knie, »und uns gegenüber, und vor allem Mama gegenüber! Das kann ich einfach nicht verstehen!«

»Er hätte es ja nur sagen müssen«, fügt Amelie hinzu.

»Während der Schwangerschaft seiner Frau schwängert er eine andere?« Ich stehe auf. »Na, ich weiß nicht. Er dachte wohl, damit ist alles aus.«

»Aber gemacht hat er es trotzdem!«, wirft Niki impulsiv dazwischen.

Helena nimmt beide Hände hoch. »Gut. Aber nun wollen wir auch mal das Gute an ihm sehen. Immerhin hat er achtzehn Jahre lang finanziell für Niki gesorgt. Da gibt es weiß Gott andere Beispiele!«

Ich sehe, die Gespräche nehmen Fahrt auf. Und bin im Zwiespalt. Einerseits würde ich noch gern dabei sein, andererseits habe ich Verpflichtungen.

»Und was ist, wenn Mama ihn verlässt? Nehmen dann Sie ihn?«

Die Wendung der Geschichte scheint wirklich spannend zu werden. Alle drehen sich ruckartig zu Amelie um. Ja, so langsam kommen die wahren Gefühle ans Licht. Die Sorge, verlassen zu werden. Die Sorge, die Eltern könnten sich trennen.

»Nein«, sagt Helena sofort. »Die Gefahr bestand überhaupt nie. Jörg liebt eure Mutter. Das war ja auch der Grund für seine Ablehnung und die Angst, entdeckt zu werden. Zur Liebe gehören immer zwei. Ich liebe ihn nicht mehr, und mich hat er wahrscheinlich nie geliebt.«

»Vorhin hast du noch gesagt, ich sei ein Kind der Liebe.«

»Ja«, Helena beugt sich etwas über den Tisch zu Niki, »das stimmt auch. Weil ich ihn zu dem Zeitpunkt wirklich geliebt habe. Und dich. Von Anfang an.«

»Ich glaube trotzdem, dass Mama ihn verlässt«, sagt Jonas düster. »Wenn man es mal genau betrachtet, wann wurde bei uns zu Hause richtig gelacht? Wann haben die beiden miteinander gescherzt, sich geküsst, wie andere Paare? Wenn Papa nach Hause kommt, muss doch immer alles zackzack gehen. Mit Mama alleine war es dagegen immer relaxed.«

»Na ja«, überlegt Amelie, »sie war ja auch Hausfrau. Und hatte Zeit. Sowieso mit Gärtner und Putzhilfe. Und er schaffte die Kohle ran und war oft gestresst.«

»Aber alleine von Kohle ranschaffen ist man ja auch nicht gestresst. Jedenfalls nicht immer!« Jonas verzieht das Gesicht. »Wenn du mich fragst, hat es da schon länger gekriselt. Keine Ahnung, warum. Vielleicht hatten sie andere Vorstellungen voneinander? Vielleicht haben sie sich über die Jahre auseinandergelebt?«

»Ich will aber nicht, dass sie sich trennen!«, erklärt Amelie trotzig.

»Na«, Jonas betrachtet seine Kaffeetasse, »kein Kind will, dass sich die Eltern trennen. Wir auch nicht! Klar, es kommt so viel Ungewisses auf jeden von uns zu. Und das alte Nest verschwindet.« Er sieht hoch. »Aber das hat nichts mit Niki zu tun.« Und mit einem Blick zu Helena. »Oder mit Ihnen. Das hat ganz einfach nur mit den beiden zu tun. Das ist jetzt vielleicht noch das i-Tüpfelchen, aber ganz ehrlich, wenn die Beziehung in Ordnung wäre, würden sie das verkraften. Sich aussprechen und versöhnen.« Und nun fixiert sein Blick mich. »Was sagt sie denn, unsere Mutter?«

Ich stehe vom Tisch auf. »Ich denke, du hast recht. Die Enttäuschung ist ihr schon früher in die Knochen gekrochen. Vielleicht als ihr flügge wurdet. Da spürt man die Leere.«

»Aber da hatte sie doch dann das Café«, wirft Amelie ein. »Also jede Menge Ablenkung.«

»Was nützt dir ein Café, wenn keine Liebe da ist?«, bemerkt Niki, und in dem Moment empfinde ich sie als ungeheuer erwachsen. Ja, denke ich, was nützt dir überhaupt irgendeine Beschäftigung, irgendein toller Beruf, wenn du außer diesem Beruf nichts hast? Petroschka fällt mir ein. Er versucht ständig, Liebe zu geben. Ist das der Weg?

»Also«, ergreift Helena das Wort, »jedenfalls wollen wir uns zusammensetzen, Doris und ich. Wir haben das telefonisch ausgemacht, das war auch der Grund, weshalb ich überhaupt gekommen bin. Ich dachte nur, Niki hätte den Termin geklärt –

aber sei's drum. Wenn es nun nicht klappen sollte, komme ich eben wieder. Jedenfalls möchte ich ihr das erklären, das ist mir ein Bedürfnis.«

Vielleicht sollte ich sie und Doris mit Petroschka zusammenbringen. Ein paar Stunden bei den beiden Bäumchen philosophieren, das würde beiden sicherlich guttun.

»Und was habt ihr nun vor?«, will ich wissen. »Ich könnt hier natürlich noch gemütlich frühstücken, aber dann?«

»Ich checke erst mal in meinem Hotel ein«, erklärt Helena.

»Und ich habe frei«, Niki scheint sich wieder gefangen zu haben, sie grinst, »schließlich ist meine Mutter da. Vroni hilft heute.«

»Gut«, sage ich und warte auf Jonas. Er sieht aber nur zu meinem Klavier. »Schönes, altes Stück«, bemerkt er. »Spielst du?«

Nein, es steht nur zur Zierde da, liegt mir auf der Zunge, aber ich verkneif es mir. »Hin und wieder, immer, wenn mir danach ist.«

Er hat gar nicht zugehört.

»Darf ich mal?« Kurz denke ich über die Uhrzeit und meine Nachbarn nach, aber dann nicke ich. »Klar, gern.«

Er steht auf, geht zu dem Klavier, hebt den Deckel hoch und fährt sacht, fast liebevoll, mit seinen Fingerkuppen quer über die Tasten. Dann setzt er sich.

Und als er beginnt, denke ich, ein Gewitter bricht los. Was spielt er da? Für mich hört es sich an wie eine Mischung aus Rock'n'Roll und Klassik. Es dauert nicht lange, bis wir alle direkt hinter ihm stehen. Jonas spielt wie in Trance. Er kehrt sein Inneres nach außen, denke ich, am besten kann er sich also am Klavier ausdrücken. Nun wissen wir alle, wie es in ihm aussieht. Gewitter, Donner, Ungemach, Trauer, Verlust, Hoffnung. Als er den letzten, dröhnenden Akkord setzt und dann den Klavierdeckel langsam zuklappt, sind wir alle still. Er dreht sich auf dem Klavierhocker nach uns um.

»Ach, da seid ihr ja noch«, sagt er wie ein Erwachender.

»Ja, da sind wir«, sage ich und lege meine Hand auf seine Schulter – und wie selbstverständlich legt er seine Hand auf meine. Er drückt am Klavier aus, was er nicht sagen kann. Oder noch nicht weiß, nur spürt. Das kenne ich auch von mir.

Er könnte mein Sohn sein.

Mit einem leisen Seufzer wende ich mich ab.

Ich habe keine Kinder. Hätte ich eines, könnte es so sein. Wie Jonas.

Es ist zu spät, um darüber nachzugrübeln. »Macht es euch gemütlich. Oder was auch immer.« Ich wende mich an Helena, die hinter Niki steht und nun einen völlig entspannten Eindruck macht. Ein Lächeln liegt auf ihren Zügen, und ich sehe zum ersten Mal Ähnlichkeiten mit Niki. Sie ist eine schöne Frau.

»Ich hoffe, Sie haben etwas Zeit mitgebracht, damit wir uns alle besser kennenlernen«, sage ich zu ihr.

»Danke«, sagt sie nur. »Ja, das habe ich. Und ja, das möchte ich gern.«

Auf dem Weg ins Café denke ich, ich sollte doch besser zuerst zu Mutti fahren und anschließend ins Café! Welchen Tag haben wir heute? 14. August. Okay, am 19. August kommen Isabell und die Kinder zurück. Noch fünf Tage. Das ist doch wohl zu schaffen! Bei der nächsten Gelegenheit wechsle ich die Richtung. Auch aus Feigheit, stelle ich fest, denn nun bei Mutti nach dem Rechten zu sehen und einen Einkaufszettel zusammenzustellen ist einfacher, als Doris den heutigen Vormittag zu schildern. Klar möchte sie Helena kennenlernen, aber wenn es nun so konkret wird? Zumindest hoffe ich, dass sich ihre Kids nach der durchgemachten Nacht bei ihr gemeldet haben, damit sie sich nicht auch noch deswegen Sorgen machen muss.

Weiß man's?

Soll ich sie anrufen?

An der nächsten roten Ampel schreibe ich ihr eine WhatsApp.

»Ich fahre noch kurz bei Mutti vorbei ... und die Kids waren miteinander unterwegs, sind vorhin bei mir aufgetaucht – ich nehme an, du weißt das ...«

Gerade stelle ich vor unserem Haus den Motor ab, da kommt die Antwort: »So in etwa. Gerade Frühstücksstress!«

Ich lese es und habe sofort ein schlechtes Gewissen. Hätte ich doch zuerst zu ihr fahren sollen? Aber nein, jetzt bin ich hier – und damit gut!

Beim Aussteigen sehe ich, dass das Auto vom Pflegedienst vor dem Haus steht. Gut, denke ich, da kann ich gleich mal sehen, was heute Sache ist. Duschen? Haare waschen? Oder weigert sich Mutti wieder? Ich gebe zu, auch der Pflegedienst hat es nicht leicht, was ihre Körperpflege angeht. Sie will das alleine bestimmen, und das passt nicht immer mit den Zeiten des Pflegedienstes überein. Und von mir will sie sich sowieso nicht duschen lassen, obwohl ich es schon hundertmal angeboten habe: »Mutti, du hast mich als Kind doch auch gebadet, warum soll ich jetzt nicht dich ...?«

»Weil ich kein Kind bin.«

Wie soll ich dagegen ankommen? Bisher hat kein einziges Argument gefruchtet. Sie hat immer eines dagegen: »Papa hätte das auch nicht gewollt.«

»Papa fand es immer toll, dass du so gepflegt warst.«

»Ja, eben, und das kann ich auch alleine!«

Ich schließe die Haustüre auf und schüttle die Gedanken ab.

Ich klingle unser verabredetes Klingelzeichen, einmal lang, zweimal kurz, und rufe: »Mutti, ich bin da«, damit sie sich nicht erschreckt.

»Ja, endlich«, höre ich aus der Küche. »Komm schnell.«

Es hört sich leicht hysterisch an, und außerdem schreit sie sonst nicht durchs halbe Haus. Alarmiert laufe ich den Flur entlang in die Küche. Zuerst sehe ich gegen das helle Licht von außen durch das Fenster und die Terrassentür nichts, dann aber doch. Meine Mutter kniet auf allen vieren vor dem Bauernschrank, in dem sie ihr Geschirr aufbewahrt.

»Was machst du denn da?«, will ich wissen und drehe mich um, weil die Antwort aus der anderen Ecke der Küche kommt.

»Sie sucht die Maus, die ihre Katze eingeschleppt hat.«

Meine Mutter wendet den Kopf. »Er heißt Purzel«, sagt sie oberlehrerhaft, »und es ist ein Kater!«

»Ich jedenfalls habe Angst vor Mäusen«, erklärt die Frau im weißen Hosenanzug und bleibt abwartend in der Ecke stehen.

»Vielleicht ist sie verletzt und braucht Hilfe«, meint meine Mutter ungerührt und späht erneut zwischen Küchenboden und Schrankunterseite an den kurzen Holzbeinen entlang ins Dunkle.

»Vielleicht könnte ein Besenstiel helfen?«, frage ich, um eine Lösung anzubieten.

»Bevor die da rauskommt, gehe ich«, sagt die Stimme aus der Ecke.

Ich beschließe, mich zumindest mal vorzustellen. »Ja«, sagt die Frau und macht einen Schritt auf mich zu. »Ich heiße Weiß. Und ich habe Ihre Mutter mit Katze und Maus angetroffen. Seit zehn Minuten versuche ich, hier irgendwas Sinnvolles zu tun!«

»Der Maus zu helfen ist sinnvoll!«, erklärt meine Mutter vehement.

»Gut«, sage ich. »Ich denke, in dem Fall ist es besser, wenn ich übernehme. Was steht denn auf Ihrem Plan?«

»Die Medikamente liegen dort auf dem Tisch, und eigentlich ist heute Duschen angesagt.« Die Pflegerin ist sichtlich erleichtert. Ich schätze sie auf Ende dreißig, und ihrer kernigen Statur nach hätte ich sie eher für zupackend gehalten. Aber die Kraft braucht sie wahrscheinlich für ihre Patienten. Nicht für Mäuse.

»Also, dann heute Abend, Frau Klinger«, sagt sie, während sie am Schrank und meiner Mutter vorbei in den Flur eilt.

»Muss nicht sein«, raunzt meine Mutter.

»Mutti!«, sage ich streng, während ich höre, wie die Haustüre ins Schloss fällt. »So kannst du mit der Frau doch nicht umgehen, sie will dir doch bloß helfen.«

»Die kriegt einen Schreikrampf, nur weil Purzel eine Maus hereingebracht hat. Da hat selbst Purzel Panik gekriegt, die Maus fallen lassen und ist wieder ab durch die Mitte.«

Immerhin ist sie heute gut drauf, denke ich, während ich mich neben sie hinknie. »Und du bist sicher, dass die Maus da unten ist? Hast du sie gesehen?«

»Bin ich meschugge?«

»Nein, natürlich nicht. Jetzt mach ich besser mal Licht.« Und was mache ich, wenn die Maus halb tot ist? Von Purzels spitzen Zähnen und scharfen Krallen zerquetscht? Aufgeschlitzt? Ich mag es mir nicht vorstellen. Ich hole mein Smartphone aus meiner Handtasche und schalte die Taschenlampe daran an.

»Da ist sie runter«, gibt mir meine Mutter Anweisung.

»Ja, danke, weiß ich schon.« Ich lege mich bäuchlings neben sie und leuchte unter den Schrank. Trotz hellem Lichtstrahl kann man wenig erkennen. Dichte Spinnweben reflektieren den Schein.

»Da hat Frau Kowalski auch selten druntergeguckt«, konstatiert meine Mutter. Dass ihr der Name so schnell eingefallen ist, finde ich beachtlich. Frau Kowalski war jahrzehntelang Muttis Zugehfrau und hat sich vor knapp einem Jahr, nachdem Isabell mit den Kindern eingezogen war, in den längst verdienten Ruhestand verabschiedet.

»Dann brauchen wir jetzt wirklich einen Besen«, erkläre ich. »Aber einen sehr flachen, damit er da drunterpasst.«

Mutti nickt, und ich frage mich, ob es so etwas in dem Haushalt überhaupt gibt. Und wenn ja, wo…

»Ja, mach«, kommandiert meine Mutter und streckt sich jetzt auch auf dem Boden aus.

Na gut, denke ich, stehe auf und schau auf sie herunter. Nur gut, dass ich sie so nicht angetroffen habe, ich wäre vor Schreck direkt in Ohnmacht gefallen

»Mach!«, sagt sie wieder, und ich lasse meinen Blick suchend schweifen. Das Erste, was ich sehe, ist Purzel. Er steht vor der geschlossenen Terrassentür, sucht Blickkontakt und will, seiner nachdrücklichen Mimik nach, unbedingt hereingelassen werden. Zumindest wüsste er sicherlich gleich, wohin seine entlaufene Beute verschwunden ist. Denn ob die überhaupt noch unter dem Bauernschrank sitzt, wo doch die angrenzende Küchenzeile einen sehr viel sichereren Rückzugsort bietet?

»Vielleicht sollten wir einfach die Terrassentür aufmachen«, schlage ich meiner Mutter vor, »dann kann sie wieder raus.«

»Und wenn sie verletzt ist?« Sie dreht den Kopf. »Und außerdem läuft sie Purzel direkt in den Rachen! Nein, nein, das Mäuschen retten wir!«

Wenn ich nur wüsste, wie.

Ich winke Purzel ab und versuche es in der Abstellkammer. Der Staubsauger zieht meinen Blick magisch an. Turbostark, im letzten Herbst gekauft. Aber nein, das würde sie wahrscheinlich nicht überleben. Der Staubbesen scheint geeigneter. Teleskopstange. Na bitte. Ich gehe damit zum Schrank zurück. Purzel drückt sich am Glas der Terrassentür die Nase platt, und meine Mutter versucht, mit ihrem Arm unter den Schrank zu kommen.

»Mutti, lass doch. Du ruinierst ja deinen schönen Pullover! Ich hab was Geeignetes gefunden.«

»Ich kann den Pullover nicht leiden. Wer hat mir den noch mal geschenkt?«

Ich. Feinstes Cashmere, Luxusfashion von Iris von Arnim. Vorletztes Weihnachten, als die Welt für uns alle noch in Ordnung war. Ich in Hamburg, Boris im Kreise seiner lieben Familie, Mutti fit. Zumindest schien es damals so.

Ich nehme das lange Gestänge, lege mich neben sie und stochere mit den Kunststoffborsten unter den Schrank.

»Sei vorsichtig, damit du sie nicht noch mehr verletzt!« Meine Mutter sieht meinem Treiben argwöhnisch zu. Dann nimmt sie mir den Stiel aus der Hand. »Lass mich mal! Du musst an der Wand entlang fegen!«

Sie hat kaum angefangen, da schießt etwas Helles unter dem Schrank hervor, direkt auf mich zu, verfängt sich kurz in meinem Ausschnitt, befreit sich und saust quer durch den Raum davon. Ich konnte mir einen Aufschrei verkneifen, aber ich bin zu Tode erschrocken.

»Das war sie!«, sagt meine Mutter triumphierend. Ich richte mich auf und fasse an meinen Hals. Kleine Kratzspuren, da bin ich mir sicher. »Offensichtlich unverletzt«, fügt sie hinzu, geht wieder auf alle viere und sieht sich um. »Und wo ist sie jetzt?« Ich weiß es nicht sicher, aber da der lange, dichte Vorhang wackelt, nehme ich mal an, dass sie da drunter sitzt. Also quasi direkt neben Purzel, nur durch eine Glasscheibe getrennt. Der Kater schlägt heftig mit dem Schwanz, und so, wie seine Oberlippe zuckt und er schräg zum Vorhang sieht, ist gut zu erkennen, dass er genau weiß, wo sie ist. »Du kriegst sie nicht«, sage ich zu ihm, weiß aber noch immer nicht, wie wir sie kriegen sollen.

Mutti hat sich inzwischen ganz aufgerappelt, und so stehen wir nun nebenaneinander am Bauernschrank und beobachten den Vorhang.

»Wenn sie unter die Küchenzeile verschwindet, kriegen wir sie nie mehr«, sage ich.

»Und wie kriegen wir sie unter dem Vorhang?«

Gute Frage! »Ich weiß es auch nicht.«

»Das bringt uns nicht weiter …«

»Ein Fischernetz wäre jetzt gut«, überlege ich. »So ein Netz am Stiel.« Ich überlege kurz. »Ein Kescher!«

Mutti schüttelt den Kopf. »Purzel muss da weg. Dann öffnen wir einfach die Terrassentür. Mäuse sind nicht blöd – das kapiert sie.«

»Und wie soll Purzel weg? Zaubern?«

»Du schnappst ihn dir und trägst ihn weg. Ganz einfach!«

»Wenn ich die Tür öffne, ist er drin. Und die Maus unter der Küchenzeile.«

Sie sieht mich an wie früher, wenn ich in ihren Augen unsäglich dumm daherredete. »Du musst ums Haus rum. Natürlich!«

Mamma mia. Vielleicht hätte ich doch erst ins Café sollen. Jetzt habe ich hier die endlose Geschichte am Hals.

»Und du glaubst, er lässt sich so einfach von mir wegtragen? Er kennt mich doch kaum.«

»Stell dich nicht so an!«

Ich mustere Purzel, der vor lauter Jagdgier seine langen Eckzähne zeigt. Außerdem ist er groß. Ein ganz besonders großer, getigerter Kater. Krallen hat er auch. Und der soll sich so einfach von mir wegtragen lassen?

»Hast du irgendwo Lederhandschuhe?«, frage ich deshalb.

»Er ist völlig zahm. Und anschmiegsam. Geh einfach!«

»Und er will nur spielen«, sage ich, merke aber, dass es keinen Sinn hat. Also gut. Selbst Tierärzte fürchten Katzenbisse, will ich noch sagen, aber auch das würde wenig Anklang finden. Also gehe ich zur Haustüre hinaus und ums Haus herum. Seitdem es hier keinen Gärtner mehr gibt, ist das gar nicht so einfach. Die kleinen Büsche, die früher das Grundstück zur Straße hin abgegrenzt haben, sind riesig geworden und erschweren mein Durchkommen. Ich kratze mir die Arme auf und ärgere mich, dass ich mich überhaupt darauf eingelassen habe. Endlich im Garten, stehe ich im hohen Gras. Inzwischen längst kein englischer Rasen mehr, sondern eine Wiese, mit allem, was dazugehört, vor allem Brennnesseln. »Verdammt!«, fluche ich, weil sie sich an meinen bloßen Knöcheln zwischen Sneakers und Hosenrand vergreifen. Es brennt. Trotzdem, nun gibt es kein Zurück mehr. Und was mache ich mit Purzel, wenn ich ihn erst mal auf dem Arm habe? Den gleichen Weg durch die Büsche zurück ins Haus tragen?

Und alles wegen einer Maus. Das kann ich keinem erzählen. Ich schüttle den Kopf über mich selbst. Und dann biege ich um unsere Hausecke und habe freien Blick zur Terrasse.

Der Kater ist gar nicht mehr da. Wo ist er hin?

Ich sehe mich um, dann entdecke ich den schwarz-weißen Nachbarkater hinten im Garten am alten Nussbaum. Offensichtlich versucht er gerade, Purzels Revier als seines zu kennzeichnen. Und Purzel, der angriffslustig durch das hohe Gras auf ihn zuschleicht, will ihn vertreiben. Aha, Nachbarschaftsstreitigkeiten, denke ich erleichtert. Testosterongehabe. Wahrscheinlich gehen sie sich gleich an die Gurgel.

Auch Mutti scheint die Situation verfolgt zu haben, denn gerade öffnet sich die Terrassentür, und ich höre sie »Husch, husch« rufen, und wenn es keine Täuschung ist, dann flitzt gleich darauf etwas Kleines hinaus. Ich atme auf. Aber vor allem deshalb, weil ich meiner Mutprobe entgangen bin … wer weiß schon, wie kratzbürstig ein Kater ist, dem man die Beute klaut?

Ich gehe zur Terrasse, und Mutti tritt in die Sonne. Wie früher, denke ich und hole tief Luft. So stand sie früher auch immer in der Tür, wenn sie nach uns Ausschau gehalten hat: schlank, energiegeladen, forsch. »Sie ist raus«, ruft sie und freut sich offensichtlich.

Ich freue mich auch – und vor allem, sie so zu sehen. Wenn es doch nur so bleiben könnte, denke ich, wenn sie doch nur so wach und forsch bleiben könnte, wenn man diese verdammte Krankheit, dieses Dämmern und Wegtreten, besiegen könnte. Ausrotten, mit Stumpf und Stiel. Mit einer Impfung verhüten, egal wie, Hauptsache weg damit.

Aus dem Garten höre ich tiefes Knurren. Purzel und der fremde Kater umkreisen sich mit rundem Rücken und stimmen ein lautes Katzenkonzert in allen Tonlagen an. Na, das gibt jetzt was, aber besser im Kampf mit dem Rivalen als mit mir.

Mutti lacht mir entgegen.

»Ist er nicht lieb, der Purzel?«, fragt sie strahlend und sieht richtig glücklich aus. »Da hat er mir doch einfach ein Geschenk gebracht.« Sie kichert. »Dabei habe ich nicht mal Geburtstag, oder so. Aber er ist halt ein Gentleman. Ganz, wie es der Papa war.«

Eine Stunde später bin ich im Café. Einkaufen habe ich verschoben, ich bin trotzdem zu spät, ich weiß. Ich hätte Doris helfen sollen, aber nach diesem Erlebnis konnte ich nicht so einfach gehen. Zu kostbar waren mir die Minuten, als meine Mutter oben auf der Welle schwamm. Mal zieht dich die Welle hinunter, dann spült sie dich wieder hoch, erklärte sie mir, als ich sie einmal gefragt habe, was sie denn fühlt, wenn sie so einfach in eine andere Welt abtaucht. »Es sind dunkle Momente«, sagte sie mir. Deshalb will ich die hellen Momente auskosten und bei ihr sein.

Ich bin sicher, dass Doris das versteht, sie kennt ja meine Mutter seit unserer Jugend. Und sie kennt auch die Problematik. Problematik, denke ich, während ich von meinem Parkplatz auf das Café zugehe. Zurzeit scheint es nur Probleme zu geben. Aber wenn man ganz unten ist, muss es auch wieder hochgehen. Wie beim Jo-Jo. Oder den Gezeiten. Hoch und runter, vor und zurück. Nichts steht still. Das Leben nicht und die Probleme auch nicht.

Schon am Treppenaufgang zum Café fällt mir neben der Hauswand das leere kleine Tischchen auf, auf dem normalerweise ein ganzer Kuchen steht. Sehr einladend für jeden, der vorbeikommt. Wenn der weg ist, ist er entweder geklaut, was noch nie vorgekommen ist, oder Doris hat ihn tatsächlich gebraucht. Ich beeile mich, obwohl die paar Sekunden weniger nun auch keine Rolle mehr spielen. Der Lärmpegel ist hoch, als ich die Türe zum Café öffne, und tatsächlich – das Café ist bis auf den letzten Platz besetzt. Das gab es selbst an Samstagen um diese Zeit noch nie. Vroni flitzt gerade zu einem Tisch am Fenster, und Doris steht am Tresen und ist mit Getränken beschäftigt. Beim Näherkommen sehe ich, dass sie mixt. Kein Wein, kein Bier, kein Mineralwasser, nein, augenscheinlich sind Drinks gefragt. Sie winkt mir kurz zu, bevor sie sich wieder zum Kühlschrank hinabbeugt, ich werfe einen Blick in die Runde. Viele junge Leute. Drinks und Kuchen, ich weiß nicht, ob das wirklich zusammenpasst, aber allen scheint es zu schmecken.

»Wo kommen die denn her?«, frage ich Doris mit einer kurzen Kopfbewegung in den Raum.

»Die Eroberungen der letzten Nacht«, erklärt Doris. »Sie haben mich regelrecht überfallen.«

»Die Eroberungen … was?«

»Ich glaube, sie haben alle durchgemacht. Ich weiß auch eigentlich nicht, ob sie überhaupt Geld haben, sie sind ja noch recht jung.«

»Aber Alkohol dürfen sie schon?«, frage ich und denke sofort an Jonas, Amelie und Niki. Gibt es da einen Zusammenhang?

»Sie sind alle achtzehn.« Sie greift erneut nach einer Flasche. »Sie haben meine Stammgäste vertrieben, die dachten, sie sind in einer Disco.«

Wider Willen muss ich lachen. »Aber wo kommen sie her?«

»Frag den da in der Küche. Der ist auch völlig gaga!«

Das lass ich mir nicht zweimal sagen. Rico steht hüftschwingend am Herd und bereitet die Tagessuppe vor. Aus einem kleinen Lautsprecher tönen, annähernd so laut wie bei einem Livekonzert, brasilianische Rhythmen. Ich stelle mich neben Rico und ernte einen verschmitzten Blick.

»Na«, sagt er und macht die Musik leiser. »Heute ist Schwung drin!«

»Ja, allerdings!« Ich schnuppere in den großen Kochtopf.

»Fleischbrühe für heute Abend. Mit Tafelspitz. Und die kleinen Maultaschen kommen dann später …«

»Mmmhh, lecker!« Ich liebe Maultaschen. Und seitdem ich

aus Hamburg zurück bin, bin ich direkt gierig danach. »Dann erklär mir das doch mal. Seid ihr gemeinsam auf Achse gewesen, Niki, Jonas, Amelie und du?«

Er grinst. Ein typisch männliches Grinsen: Stirnrunzeln, die Mundwinkel leicht süffisant angehoben, direkter Blick. Und ja, ich muss zugeben, er ist attraktiv. Vor allem, weil ihm seine schwarzen Haare und der dunkle Schatten seines Eintagesbarts gerade das gewisse Etwas geben.

»Ja, ganz genau. Ich habe den dreien mal gezeigt, dass es in Stuttgart coole Clubs und Discos gibt. Und da haben wir die anderen aufgegabelt.« Schulterbewegung zur Tür.

»Das scheint mir schon eine halbe Disco zu sein.«

Er lacht. »Nein, das sind nur die übrig gebliebenen Nachtschwärmer. Die frühstücken jetzt, und dann fallen sie um.«

»Hoffentlich nicht hier!«

Er trocknet sich die Hände an seiner Küchenschürze ab. »Alles Kundenwerbung. War Nikis Idee.«

Eigentlich wollte ich mich gerade zur Kaffeemaschine umdrehen, aber jetzt bleibe ich doch noch mal stehen.

»Was war Nikis Idee?«

»Frühstück gratis, die Getränke müssen sie selbst bezahlen.«

Sie kann doch nicht einfach, will ich lospoltern, zügle mich aber. »Das Frühstück?«, frage ich nach. »Mit Brötchen, Spiegelei, Speck und so was?«

»Gab's nicht. Zu wenige Brötchen. Also hat Doris entschieden, dass es Kuchen gibt. Den backen wir nachher nach. PR-Maßnahme!«

Ich sage nichts mehr, nicke ihm nur zu und gehe zurück. Doris steht an der Kaffeemaschine und sieht mir entgegen. »Was sagst du?«

»Ich weiß nicht.«

»Jetzt sind sie beim Kaffee angekommen …«, Doris lächelt. »Jonas und Amelie waren auch dabei, sagt Rico. Aber offensichtlich haben sie nicht so lange durchgehalten, sonst wären sie ja schließlich hier. Ist Niki bei dir aufgetaucht?«

Alle drei, denke ich. Jetzt kommt die Stunde der Wahrheit. »Und noch ein Gast, mit dem ich überhaupt nicht gerechnet habe.«

»Ja? Wer denn?«, sie holt ein paar Kaffeetassen aus dem Hängeschrank. »Magst du auch einen?«

»Helena!«

»Helena?« Ihr Blick bleibt bei mir hängen. »Wo kommt die denn her?«

»Direkt aus Kiel. Durchgefahren, weil sie mit ihrer Tochter zum Frühstück verabredet war.«

»Ach!«

»Ja, die war aber nicht da, weil sie mit Jonas und Amelie auf Achse war.«

»Ach!« Sie stellt die Tassen betont langsam neben der Kaffeemaschine ab. Offensichtlich muss sie sich sammeln.

»Das ist wirklich eine Überraschung!«

»Ja, fand ich auch.«

Eine Weile ist es still, und sie stiert nur die Tüte Kaffeebohnen an, die neben der Kaffeemaschine steht.

»Noch mal vier Tassen, bitte.« Vroni trägt Geschirr an uns vorbei in die Küche.

Doris gibt sich einen Ruck.

»Und sie stand einfach so vor der Tür?«

»Ja, einfach so.«

»Hab ich da was verpasst? Sie wollte sich ja eigentlich gemeldet haben, bevor sie losfährt.« Sie drückt auf den Schalter, und die Maschine fängt lautstark an zu mahlen, bevor kurz danach schaumiger Kaffee in die Tassen fließt.

»Wann hast du zuletzt deine Mails gecheckt?«, will ich wissen.

Sie zuckt mit den Achseln. »Es war immer so viel los.«

Dachte ich es mir doch. »Ja, okay, Helena hat dir eine Ankunftsmail geschickt. Ist aber jetzt auch egal«, sage ich. »Sie haben alle vier bei mir gefrühstückt, ich bin dann zu Mutti. Jetzt bin ich hier, mehr weiß ich auch nicht.«

Doris stellt die Tassen auf die Untertassen und reiht sie eine nach der anderen auf dem Tresen auf. Vroni kommt aus der Küche, packt sie auf ihr großes Tablett und wirft Doris einen Blick zu. »Alles in Ordnung?«

»Ja, ich glaube schon«, gebe ich zur Antwort, weil Doris offensichtlich gar nicht zugehört hat.

»Und wie ist sie so?«, will sie dann wissen.

»Sie war zu Tode erschrocken, als sie merkte, dass ich von nichts eine Ahnung habe. Ich glaube, am liebsten hätte sie sich in Luft aufgelöst.«

»Na ja«, Doris räuspert sich, »das spricht ja für sie. Ich dachte schon, sie sei super selbstbewusst bei dir hereingeplatzt.«

»Nein«, ich muss fast lachen, »wirklich nicht. Ganz und gar nicht! Ich war noch im Nachthemd, weil ich dachte, Niki habe ihren Schlüssel vergessen, und sie stand total verlegen in der Tür.«

Zum ersten Mal lächelt Doris und fährt sich mit dem Unterarm über die Stirn. »Ist doch alles komisch, findest du nicht? Das Leben ist doch komisch!«

Ich weiß jetzt nicht so richtig, worauf sie hinauswill. »Was meinst du?«

»Gestern Nacht macht mir Jörg eine Szene, erklärt mich für total hysterisch und nicht mehr Frau meiner Sinne, und heute Morgen steht seine alte Flamme bei dir vor der Haustüre.«

»Du wolltest sie ja kennenlernen, du hast doch mit ihr telefoniert.«

»Alles richtig. Wir haben uns ja auch verabredet. Irgendwann mal. Aber verstehst du nicht die Ironie der Geschichte? Er macht mir Vorhaltungen, weil ich nicht mehr so bin, wie er mich will. Und ich? Ich fühle mich auch noch schuldig!«

Sie steht vor mir, und ich nehme sie einfach in den Arm. So stehen wir eine Weile, und ich spüre, dass es uns beiden guttut.

»Hm.« Ein Räuspern lässt uns aufschauen. Das ist nun gerade der Letzte, den ich hier sehen will. »Wird das hier nun Mode mit dem jungen Gemüse?«

Ich hole tief Luft. Hugo und seine Frau Harriet. Sie fasst ihn, wie immer, beschwichtigend am Unterarm. »Lass mich«, zischt er und fixiert mich. »Nun?«

»Das sind alles zahlende Gäste«, sage ich. »Durch dieses junge Gemüse können wir unsere Miete bei Ihnen bezahlen. Das ist, in meinen Augen, eine Win-win-Situation.«

»Ich wollte eigentlich in Ruhe zu Mittag essen.«

Ich, ich, ich. Immer ich. Ich sehe Harriet an. Aber nun beschwichtigt sie auch mich mit ihren Augen, die alles sagen.

»Ich richte Ihnen gleich einen Tisch«, sage ich, denn Harriet tut mir einfach nur leid. Einer der reichsten Männer dieser Stadt und dann ein solch ekelhafter Knilch.

»Das wäre schön«, sagt er in einem solchen Ton, dass ich ihm am liebsten eine gescheuert hätte.

Sein Stammtisch ist von zwei jungen Frauen besetzt. Mal sehen, denke ich. Vielleicht sind sie ja einsichtig.

»Können wir bezahlen?«, sagt die eine, als ich auf sie zusteuere.

»Wir sind müde«, erklärt die andere so treuherzig, dass ich lächeln muss. Was für ein tolles Alter. Mit zwanzig habe ich die Nächte auch noch durchgemacht, mit zwanzig fühlte ich mich wie neugeboren: endlich frei, erwachsen, endlich selbst verantwortlich.

»Das kommt mir entgegen«, erkläre ich ehrlich, »die alten Herrschaften sind Stammgäste und waren schon etwas enttäuscht ...«

Die eine der beiden, eine junge Frau in einem olivfarbenen Leinenkleid und mit einem breiten indischen Stirnband über ihren schweren dunkelbraunen Haaren, steht auf und wendet sich an die anderen. »Ciao, Mädels, wir sind dann mal weg.«

Auch bei den anderen kommt nun Bewegung rein.

»Zahlen«, höre ich von überall und denke, jedenfalls ist eine Horde junger Leute tausendmal angenehmer als so ein knochiger Hagestolz wie Hugo.

»Ich schicke euch Vroni«, sage ich, »die hat den Überblick.«

Mit meiner Kaffeetasse in der Hand gehe ich hinauf in mein Büro. Das scheint mir heute die rettende Insel zu sein. Zu meinem Erstaunen ist Heiko da. Er sitzt an seinem Computer und sieht hoch, als ich hereinkomme. »Na, mein Liebes«, begrüßt er mich, »kehrt bei dir langsam Ruhe ein?«

Ich muss lachen. Es klingt wohl etwas süffisant. Er steht auf. »Nein? Schade. Ich möchte mal wieder eine gemütliche Zeit mit dir verbringen.« Ich nicke nur. Von gemütlichen Zeiten kann ich derzeit nur träumen. »Sind wir denn nun ein Liebespaar, oder nicht?«, setzt er nach und sieht mich herausfordernd an.

»Keine Beziehung?«, frage ich frech, weil es mir danach ist. Seit einem Jahr sind wir nun so etwas wie ein Liebespaar. Aber bei Licht besehen nichts Halbes und nichts Ganzes.

»Du wolltest keine Beziehung. Erinnere dich, damals an unserer Hütte habe ich dich gefragt.«

»Na ja«, ich stelle meine Kaffeetasse ab. »Kann man eine Beziehung bestimmen? So, ab morgen haben wir eine Beziehung?«

Er streichelt mir sacht übers Haar. »Denk zurück. Früher ging das auch. Da hat man einfach nachgefragt: Willst du mit mir gehen?, und die Sache war geklärt. Sagte sie Nein, war es nein, sagte sie Ja, hat man sich geküsst.«

Er schafft es immer wieder, die bösen Geister zu vertreiben, stelle ich fest, denn ich fühle mich gleich besser.

»Ein Kuss ist gut«, stimme ich zu.

»Darf es auch ein bisschen mehr sein?«

Ich mache einen kleinen Schritt vor und schmiege mich an ihn. Es tut einfach gut, jemanden zu spüren, den nichts umzuwerfen scheint. Heiko legt seine Arme um mich und zieht mich an sich. So stehen wir eine Weile da, und ich atme ihn ein, seinen Duft, der sacht aus seinem offenen Hemdkragen steigt.

Dann löse ich mich von ihm. »Manchmal denke ich, dass ich dieses Kapitel Leben einfach zu- und ein anderes aufschlagen sollte«, sage ich. Und weil er so sanft auf mich herunterschaut, frage ich: »Geht es dir auch manchmal so?«

»Ich habe mein Kapitel in Bonn zugeschlagen. Dieses Kapitel hier möchte ich nicht zuschlagen.«

Ich nicke. »Ja, stimmt. Ich habe letztes Jahr ein Kapitel in Hamburg zugeschlagen, allerdings unfreiwillig. Und dann das bei meiner Agentur. Ebenfalls eher unfreiwillig. Vielleicht macht das den Unterschied. Vielleicht bist du deshalb mit dir und allem zufrieden, aber ich nicht.«

»Aber mit mir doch schon?«

Widerwillig kann ich mir ein Lächeln nicht verkneifen. »Kindskopf!«

»Ja, was ist denn nun?« Heiko legt den Kopf schräg. »Willst du mit mir gehen oder nicht?«

»Ich befürchte, die Tragweite ist bei dem Spruch heute größer als vor … dreißig Jahren.«

»Feigling!«

»Ja, stimmt!« Ich schmiege mich wieder an ihn. »Ich wünsche es mir oft, nicht mit allem alleine zu sein – bei jeder Entscheidung, bei jedem Abendessen, bei jedem Sonnenuntergang …«

»… bei jedem Einkauf, bei jedem Reifenwechsel, bei jedem Recyclingabfall.«

Nun bringt er mich endgültig zum Lachen. »Ach, du!« Ich löse mich wieder von ihm und boxe leicht gegen seine Brust.

»Na und, stimmt doch!«, sagt er. »Wer hat dir denn bei deinem Einzug die Leiter gehalten, während du die Deckenlampe montiert hast?«

Ich nicke. So war es zwar nicht, aber er ist ein stets verlässlicher Freund. Ein Freund aus alten Tagen. Ein echter Freund.

»Und«, sagt er, »wo stecken jetzt die Probleme? Willst du deinen kalten Kaffee vom Café trinken, und ich mache mir hier einen frischen … und du erzählst es mir?«

Ich will ihm gerade entsprechend antworten, da wird die Tür aufgerissen. Doris stürzt herein, sieht uns und bleibt stehen. »Entschuldigt, ich wollte nicht … ich war gerade so im Schwung!«

»Komm doch einfach herein!«, sagt Heiko leichthin.

»Ach, Leute!« Doris bleibt mitten im Raum stehen. »Jetzt verlässt mich doch der Mut! Katja, kannst du da heute Abend mit?«

»Worum geht es denn?«, will Heiko wissen und nimmt mir das Wort aus dem Mund.

Doris holt tief Luft. »Helena hat mich angerufen. Sie möchte mich heute Abend treffen, lädt mich zum Essen ein, falls ich mir die Zeit nehmen kann.«

»Helena?«, fragt Heiko.

Ich nehme ihn am Arm und winke Doris auffordernd zu. »Komm, wir setzen uns für zwanzig Minuten zusammen. Es ist viel passiert!«

»Scheint mir auch so«, sagt Heiko, und während wir zu seinem Konferenztisch gehen, fragt er über die Schulter: »Doris, magst du vielleicht einen guten Kaffee?«

Sonntag, 15. August

Ein Arm umfasst mich, und davon wache ich auf. So ein gutes Gefühl. Ich rekele mich ein bisschen und spüre, wie Heiko näher an mich heranrutscht. Löffelchenstellung, denke ich, die bequemste aller Stellungen, so genüsslich im Halbschlaf mit noch verträumten Sinnen. Wir kommen uns entgegen und genießen den langsamen Rhythmus, bis wir es nicht mehr aushalten und uns aneinander austoben. Dann fallen wir zurück und sehen uns, halb durch unsere Kissen verdeckt, seitlich an. »Guten Morgen.« Heikos Gesichtsausdruck ist noch verschlafen, aber seine Augen blitzen.

»Guten Morgen«, erwidere ich und muss gähnen. »Ist es noch früh?«

Er zieht mich wieder an sich. »Wahrscheinlich«, haucht er in mein Ohr. »Jedenfalls viel zu früh, um aufzuwachen.« Kaum gesagt, ist er auch schon eingeschlafen.

Ich betrachte ihn eine Weile. Unglaublich, wie viel von meinem damaligen Schulkamerad noch in ihm steckt. Unser Abi liegt 25 Jahre zurück, und trotzdem sieht er aus wie früher. Zumindest fast. Ob er in 25 Jahren noch immer diese jugendlichen Züge haben wird? Dieses Lausbubengesicht? Ich ziehe das Handy heran. 6:30 Uhr. Draußen muss es schon hell sein, aber die Rollos sind noch unten, und Heiko hat recht, es ist viel zu früh, um aufzustehen.

Bloß schlafen kann ich auch nicht mehr.

Heiko beginnt zu schnarchen. Er müsste seine Schlafposition ändern, dann würde das nachlassen, aber wecken will ich ihn deshalb nicht. Und an Schlaf ist nun erst recht nicht mehr zu denken, also stehle ich mich aus dem Bett und in die Küche. Ein strahlender Tag begrüßt mich durch mein Küchenfenster. Es müsste mal regnen, denke ich, die Natur braucht Wasser. Gleichzeitig freue ich mich aber, dass die Sonne scheint, denn das lockt mich nun mit einer Tasse Cappuccino in den Garten.

Ich werfe mir einen Bademantel über, nehme meine Tasse und ein Stück Brot, das von unserem gestrigen Abendessen noch aus dem Brotkorb lugt, und gehe barfuß die Treppe hinunter. Vielleicht ist das Gras im Garten ja noch taufrisch, darauf freue ich mich. Wie in meiner Kindheit. Das taufrische Gras zwischen den Zehen war immer der pure Sommer. So wie jetzt, Mitte August.

Gut gelaunt öffne ich die Haustür und verharre kurz, denn er hat mich schon gesehen: Petroschka winkt mir zu. Mit ihm habe ich nicht gerechnet. Nicht um diese Uhrzeit. Aber ja, egal. Ich winke zurück und gehe über den Weg langsam zu ihm. Er sitzt bei unseren beiden Bäumchen am Gartentisch und, das amüsiert mich, ebenfalls im Bademantel.

»Wir scheinen ein Sonntagsrendezvous zu haben«, ruft er mir zu. Im ersten Moment verstehe ich nicht, was er meint, dann fällt mir ein, dass wir genau vor einer Woche auch zusammensaßen. Allerdings im Nachtzeug. Da ist es diesmal ja direkt schon eine Steigerung.

»So früh? Guten Morgen, Herr Petroschka.«

»Sie sind ja auch so früh. Guten Morgen, Frau Klinger!« Er erhebt sich etwas und beugt galant den Kopf, was bei seiner gedrungenen Statur und den verstrubbelten, wenigen Haaren unfreiwillig komisch aussieht.

»Darf ich?«, frage ich und deute auf einen der freien Stühle.

»Ich bitte darum«, sagt er und reicht mir ein Sitzkissen.

Ich stelle meine Kaffeetasse ab und lege das Brotstück auf den blanken Tisch. Und klar, Petroschka hat einen Brotkorb vor sich stehen, den er mir jetzt herüberreicht. »Frische Croissants. Das schmeckt vielleicht besser …«

»Ganz sicher. Vielen Dank!«

Wir sehen uns an. Zwei so völlig unterschiedliche Menschen, und trotzdem gibt es da ein Band. Schlecht zu erklären.

»Geht es Ihnen besser als letzte Woche?«

Ich muss kurz darüber nachdenken, was letzte Woche überhaupt war. Es entwickelt sich im Moment alles so rasend schnell, dass ich kaum mehr weiß, was vorgestern war. Geschweige denn vor einer Woche.

»Was war denn?«

»Sie fühlten sich … nun, Sie sagten, Sie fühlten sich schwanger. Als ob irgendetwas auf Sie zukäme … oder sich verändern würde …«

Wie recht ich hatte. Offensichtlich ist mein Körper so eine Art Vordenker und weiß die Dinge eher als ich selbst.

»O ja, Herr Petroschka, in dieser Woche hat sich einiges getan.«

Bloß, was kann ich ihm erzählen?

»Sie müssen es mir nicht erzählen.« Er nimmt seine Brille ab und reibt die dicken Gläser am Gürtel seines Bademantels sauber.

»Es ist auch schwierig«, sage ich, »denn es geht um die junge Dame, die derzeit bei mir wohnt, Niki. Sie haben sie ja bereits kennengelernt.«

»Ja, ich weiß. Und gestern Morgen haben andere Hände Klavier gespielt als Ihre. Aber das war auch sehr interessant. Aufregend. Emotional. War das die junge Dame?«

»Nein, das war ihr Halbbruder.«

Und bevor ich mich versehe, bin ich schon in der Geschichte drin.

Als ich eine Stunde später wieder ins Schlafzimmer zurückkomme, schläft Heiko noch immer, und ich bin mir im Gespräch mit Petroschka über manches klar geworden. Vor allem ist eines ganz deutlich: Doris braucht Hilfe. Auch wenn von außen alles lösbar erscheint, so steckt sie doch sehr tief drin. Mit ihren Emotionen, ihrem Leben, ihren Selbstzweifeln. Sie muss Entscheidungen fällen – und das ist schwer, vor allem, wenn sie ihre Vergangenheit nun plötzlich in einem schwarzen Licht sieht. Oder, von Jörg manipuliert, sehen soll. Petroschka hat recht, alleine kann sie da nicht durch. Und ich bin zwar Freundin, aber keine Psychotherapeutin. Sie braucht jemanden, der die Sache professionell von außen sieht. Und nicht selbst emotional mit drinsteckt.

Und wer weiß, was dieses gestrige Gespräch mit Helena ergeben hat. Zu guter Letzt war sie doch bereit gewesen, Jörgs ehemalige Geliebte alleine zu treffen.

»Die hat davor mindestens genau so viel Angst wie du«, hatte ich ihr gesagt. »Gesteht euch das doch einfach ein, und dann sprecht euch aus. Da ist jede Dritte störend.« Und Heiko hat dem nicht nur zugestimmt, sondern es auch sofort zum Anlass genommen, mal wieder einen gemütlichen Abend zu zaubern.

»Jede Dritte ist störend, hast du gesagt. Und nachdem Niki heute im Hotel bei ihrer Mutter schläft …«

Während ich noch darüber nachdenke, kuschle ich mich zu Heiko unter die Decke und bin froh, dass ich mit Petroschka sprechen konnte. Irgendwie ist er ein echter Seelendoktor. Er ist einfach ein guter Mensch, denke ich noch, dann schlafe ich wieder ein.

Sonntag ist mein Tag, denke ich, als ich erneut aufwache. Der Platz neben mir ist leer, die Schlafzimmertür steht offen. Es duftet nach Frühstück. Ich schnuppere, recke und strecke mich und mache mich so richtig breit im Bett, schließe die Augen und nehme die Glücksgefühle wahr, die gerade durch meinen Körper strömen. Das habe ich nicht oft, deshalb muss ich diese Momente auskosten.

»Na, endlich aufgewacht?« Heiko steht in der Tür. »Husch, husch«, sagt er, »das Frühstück ist fertig.«

Das bringt mich zum Schmunzeln. »Husch, husch … damit hat meine Mutter gestern eine Maus aus dem Haus getrieben.«

»Na siehst du, und ich bitte meine Maus aufzustehen.«

»Du bist unschlagbar.«

Er lächelt und reicht mir den Bademantel, den ich über die anderen Kleidungsstücke auf meinem Schlafzimmerstuhl geworfen habe. Mehr Mobiliar findet zwischen Bett und Schrank keinen Platz.

»Soll ich den anziehen?«, frage ich süffisant.

Er zuckt die Achseln. »Mir gefällst du ohne besser. Und den Nachbarn von der gegenüberliegenden Häuserzeile sicherlich auch.«

Ich höre aus der Andeutung heraus, was er mir sagen will. »Bist du etwa prüde?«

»Ja, klar. Du sollst nicht begehren deines Nächsten Weib … was sollen die denn tun, wenn sie dich nackt sehen?«

Ich lache und schlüpfe in den Bademantel.

»Na gut, du bist ja auch angezogen.«

»Was schamlos übertrieben ist«, er sieht an seinen eng anliegenden Boxershorts hinunter und klopft auf seine Brust. »Oder meinst du das hier? Neandertalers Naturpullover?«

»Du übertreibst!« Ich fahre mit gespreizten Fingern langsam durch seine dunklen Brusthaare. »Ist doch niedlich, wie sie sich strecken und dann wieder einrollen.«

»Gleich streckt sich was ganz anderes, wenn du nicht aufhörst. Dabei wartet doch das Frühstück!«

Ich gebe ihm einen leichten Klaps auf seinen Slip und geh an ihm vorbei in die Küche. Es duftet verlockend, und das lenkt meinen Blick sofort auf meine kleine gusseiserne Bratpfanne, die auf dem Küchentisch steht, und auf das darin brutzelnde goldgelbe Rührei. Das Wasser läuft mir im Mund zusammen. »Mit ganz vielen Zwiebeln?«

»Genau wie du es magst!«

»Dann war es das, was so gut gerochen hat. Habe ich mir doch gleich gedacht.«

»Schlaumeier!«

»Schlaumeierin!«

»Auch das noch!«

Wir lächeln uns zu und setzen uns. Cappuccino, aufgebackene Brötchen, Butter, Käse, Honig und Marmelade, alles da.

»Du bist perfekt«, lobe ich und greife nach dem Besteck.

»Na, wenn ich schon mal wieder hier sein darf, muss ich dir ja meine Unersetzlichkeit beweisen.«

»In jeder Hinsicht …« Ich zwinkere ihm zu.

»Ganz genau!«

Es ist Mittagszeit, als Doris anruft. Ich warte eigentlich schon die ganze Zeit auf diesen Anruf, zwei Mal habe ich schon zum Smartphone gegriffen und es dann wieder weggelegt, weil ich ihr nicht vorgreifen wollte.

»Jetzt erzähl«, begrüße ich sie ungeduldig.

»Hallo, Katja«, sagt sie langsam. »Hast du gewusst, dass Helena eine ausgebildete Gastronomiefachfrau ist?«

»Ich? Nein. Woher denn?«

»Na ja, gestern. Oder Niki hat ja vielleicht …«

»Wir haben überhaupt nicht über ihre Mutter gesprochen.« Ich überlege kurz. »Auch gestern hier am Tisch nicht. Ach ja, ist sie das?«

»Ja, ist sie, und sie arbeitet in Kiel bei Nehrmanns. Die haben einen Michelin-Stern. Stell dir vor!«

»Von irgendwas muss sie ja leben. Und als Alleinerziehende sowieso.«

»Tja, sie ist nett.«

»Aha?«

»Sie hat mir das erklärt. Und mir ist klar geworden, dass diese Sache ihr Leben mehr versaut hat als meins. Sie musste damit klarkommen, dass sie … so hat sie es gestern gesagt … sexuelles Vergnügen war. Dass alle Zukunftspläne, die sie sich gemacht hat, auf Sand gebaut waren.«

»Hat sie sich die Zukunftspläne alleine ausgemalt – oder hat ihr Jörg das erzählt?«

»Er war ja selten da, sagt sie. Und sie war eben total verliebt. Sie hat sich das ausgemalt.«

»Vor allem, als sie schwanger wurde?«

»Trotz Pille, sagt sie. Minipille damals. Die musste punktgenau genommen werden. Wie auch immer, als sie Jörg von ihrer Schwangerschaft erzählte, erwartungsvoll, sagt sie, hat er ihr den wahren Sachverhalt erklärt. Und ihr die Pistole auf die Brust gesetzt. Er bezahle die Abtreibung und noch Schmerzensgeld dazu.«

»Schmerzensgeld für die verletzte Psyche«, werfe ich ein.

»Das sah er natürlich nicht so. Schweigegeld würde ich sagen.«

»Aber sie wollte das Kind.«

»Ja, und da setzte er einen Vertrag auf, zunächst bis zum achtzehnten Lebensjahr und dann je nach Studium oder Lehre. Gesetzlich vorgeschrieben ist es ja wohl bis zum Ende der Ausbildung eines unehelichen Kindes.«

»War er großzügig?«

»Sie sagt: angemessen. Das richtet sich ja danach, was eine Frau vor der Geburt verdient hat. Und mit Kind noch verdienen kann.«

»Weißt du, wie viel?«

»Tausend Euro.«

Ich habe keine Ahnung, was ein Kind so kostet, deshalb kann ich das nicht beurteilen. »Na ja, wenn sie dadurch kein Einkommen mehr hat, Miete, Versicherungen, die Kosten für das Kind … ist das gut oder schlecht?«

»Sie sagt, sie ist klargekommen. Ich habe das mal zusammengerechnet, das waren insgesamt exakt 216 000 Euro.«

Ah, denke ich, im Betrieb kann sie nicht rechnen, aber da schon … aber ich verkneif mir eine Bemerkung.

»Unsere Kinder waren teurer«, erklärt sie. »Alles zusammengenommen. Kinder sind teuer! Das geht ja schon mit den Kosten für den Kindergarten los, später Bus oder Bahn in die Schule, Mittagessen in der Schule, Musikunterricht, Sport, Nachhilfe, dann wachsen sie ständig, und alles muss neu angeschafft werden, vor allem, wenn sie klein sind. Erst Babymöbel, dann Kleinkindmöbel, dann Jugendzimmer. Außerdem Kleidung, Schuhe, Kinderwagen, Buggy, Autositz, Dreirad, Fahrrad, Schlittschuhe, Inliner, Skier … Babysitter braucht man auch, und dann kommt das Studium, Studiengebühren, eine Studentenbude, Lehrmaterial, ein Auto – es nimmt kein Ende. Urlaub habe ich nicht mal eingerechnet.«

Es entsteht eine Pause.

»Und am Schluss zahlen die Kinder, die ihr mit viel Geld großgezogen habt, die Renten von uns, den Kinderlosen, die das alles gespart haben. Und stattdessen Aktien oder Wohnungen haben«, überlege ich. »Eigentlich ist es ungerecht.«

»Wem sagst du das.«

»Ja, na gut«, ich verziehe das Gesicht, aber das kann sie ja nicht sehen, »vielleicht kann ich ja was spenden.«

Doris muss lachen. »Ans Kinderhilfswerk, ja, das wäre eine Sache. Oder an die SOS-Kinderdörfer.«

»Du lachst. Ich meine es ernst. Irgendeinen Ausgleich muss man ja schaffen.«

Wieder ist es still.

»Und was ist jetzt?«, will ich wissen. »Trifft sie sich auch mit Jörg?«

»Sie wollte das erst mit mir besprechen.«

»Und was sagst du?«

Ich höre nichts. Nicht einmal ihren Atem. Von wo aus telefoniert sie denn?

»Sie ist hübsch!«, sagt sie schließlich.

Ich glaube, mich verhört zu haben.

»Sie ist hübsch …«, wiederhole ich langsam ihre Worte. »Heißt das, du willst sie nicht mit Jörg … heißt das, Doris, heißt das, du bist eifersüchtig?«

»Ich weiß auch nicht«, sie hört sich verzagt an, »wenn ich das nur wüsste, Katja, seit Tagen toben völlig unterschiedliche Gefühle in meiner Brust. Mal empfinde ich so, dann wieder ganz anders. Mal will ich alles retten, dann wieder alles aufgeben. Mal will ich völlig neu anfangen, dann wieder zurück in mein altes Leben. Es ist so widersinnig, ich kenne mich selbst nicht mehr.«

Petroschkas Worte fallen mir ein. Sie braucht Hilfe. Und zwar nicht von einer Freundin, sondern von einem Profi.

»Wo bist du gerade?«

»Zu Hause. Im Wohnzimmer. Jörg sitzt mit Jonas und Amelie draußen am Gartentisch. Amelie hat gekocht, und wie ich es von hier aus sehen kann, unterhalten sie sich.«

»Willst du da nicht dazu?«

»Ich weiß nicht. Ich glaube, wenn ich mich dazusetze, versiegen die Gespräche.« Sie zögert. »Das ist … weißt du, als Kind habe ich das mal erlebt, an einem Sportwochenende. Ich war von einer anderen Schule, damals noch Grundschule, und wurde zu einer Clique ins Zimmer gelegt. Als ich nach dem Training wieder hinkam, lag mein Rucksack mit meinen Klamotten vor der geschlossenen Zimmertür auf dem Flur. So fühle ich mich gerade.«

»Oje. Vielleicht solltest du ihnen genau das sagen?«

»Vielleicht tut es den dreien aber gut, sich einfach mal auszusprechen? Das hat ja auch Seltenheitswert.«

»Wollen wir uns irgendwo treffen?«, schlage ich vor und werfe einen Blick auf die Uhr. Drei. Heiko ist in den Wald gefahren, Vorbereitungen für seine Coaching-Männergruppe heute Abend an seiner einsamen Blockhütte.

»Vielleicht sollten wir mal ins Café schauen?«, fragt sie zögerlich.

Wieso denn das? Dann geht mir auf, was sie meint.

»Wer ist denn dort? Vroni und Rico?«

»Nein, Vroni hat heute keine Zeit. Niki und Helena.«

»Wie bitte?«

»Na, Niki kennt das Business, Helena ist vom Fach, sie hat es mir angeboten. Und ich dachte, das geht gut.«

Jetzt staune ich wirklich. Doris … ich kann sie im Moment einfach nicht einschätzen.

»Aber treffen ist gut«, sagt sie gleich darauf. »Wobei … Café ist schlecht, da denken die dann, ich will kontrollieren.«

»Magst du vielleicht zu mir kommen?«

»Nein …«, sie zögert, »ich möchte wo ganz anders hin.«

»Und wohin?«

»Fährst du mit mir in den Weinberg? So, dass uns von unseren Jungen niemand sieht? Ich möchte durch die Reben streifen, Seele baumeln lassen, in mich hineinfühlen. Findest du das blöd?«

Finde ich das blöd? Ich überlege kurz. Nein, gar nicht.

»Gute Idee! Nimm feste Schuhe mit. Die Hänge sind steil. Und weißt du was? Ich nehme einen Rucksack mit … Vesper und eine Flasche Wein. Und ich weiß auch schon, wo wir …« Weiter komme ich nicht.

»Super! Ich freu mich! Holst du mich ab?«

»Halbe Stunde?«

»Mach schnell!« Damit hat sie schon aufgelegt. Ihre Stimme klang ganz anders, fällt mir auf. Wach, vorfreudig.

Die ganze Fahrt über erzählt mir Doris von Helena. Zwischendurch schau ich hinüber, aber irgendwie scheint diese Frau sie beeindruckt zu haben. »Sie hat alles alleine gemeistert. Niki und ihren Job, sie war ja selbst noch in der Ausbildung, also ehrlich, ich hätte nicht tauschen mögen.«

»Dann war es letzten Endes doch gut, dass Niki die Initiative ergriffen hat?«

»Zumindest hat sie einen stillen See aufgewühlt. Einen sehr stillen.« Sie wirft mir einen Blick zu. »Ich meine den bei uns zu Hause. Niki hat etwas in Bewegung gebracht. Was daraus wird, weiß ich noch nicht. Aber jedenfalls besser, als die nächsten zwanzig Jahre einen unbefriedigenden Trott zu leben!«

»Aber immerhin hast du dich mit dem Café durchgesetzt!«

»Ja, und seitdem nichts als Stress zu Hause. Hemden nicht gebügelt, Rasen nicht gemäht, Staub überall, kein Sex.«

»Wir sind zu jung für keinen Sex.«

»Ja, aber wenn er gefordert wird, vergeht dir der Sex.«

Ich nicke. Allerdings kann ich nicht wirklich mitreden, denn ich war immer frei, aber ich kann es mir vorstellen. In diese Situation möchte ich nie kommen.

»Lass uns einen schönen Nachmittag machen, nur die Reben, die Natur, den Himmel, die Wolken und wir.«

Doris nickt und legt ihre Hand auf meinen Oberschenkel.

»Ich bin ja so froh, dass ich dich hab!«

»Und ich bin froh, dass ich dich hab!«

Am Weingut angekommen, fahre ich extra nicht durch das große Tor zu unseren Winzern hinein, sondern parke hundert Meter weiter direkt an der Straße. Inkognito. Von hier aus müssen wir zwar noch an der langen Grundstücksmauer entlanglaufen, bis sie einen Weg in die Weinberge freigibt, aber dafür gelangen wir völlig ungesehen zwischen die Spaliere, die sich die Hänge hinaufziehen. Ich habe den Rucksack geschultert und weiß auch schon, wo wir uns die Pause gönnen werden – ganz oben bei dem kleinen Winzerhäuschen, das so malerisch über den Hängen zu schweben scheint.

»Auf geht's«, treibt Doris mich an.

»Aber ja«, entgegne ich und freue mich, dass sie so vor Unternehmungslust sprüht. Das ist meine alte Doris. Eine verzagte Doris ist irgendwie nicht sie.

Wir gehen schwungvoll um die Steinmauer herum und geraten in eine Menschenansammlung, die von der anderen Seite nicht zu sehen war. Noch nicht einmal zu hören, denn alle lauschen einer einzigen Person, die vor ihnen steht: Robby. Und im gleichen Moment erkennt er uns.

»Wie schön«, sagt er, »da kommen nun auch zwei Helferinnen aus der Stadt. Darf ich vorstellen: Katja und Doris aus Stuttgart!«

Doris und ich werfen uns einen kurzen Blick zu. Helferinnen? Für was?

»Ist ja toll«, sagt eine junge Frau neben uns im Overall. »Dann müsst ihr euch noch eine Traubenschere und Körbe holen, die sind da vorn.« Sie zeigt in eine ungefähre Richtung.

»Was ist los?«, fragt mich Doris leise.

»Ich glaube, wir sind in die Weinlese geraten.«

»Jetzt schon? Ich denke, so was ist im September?«

Dachte ich auch. Und verstehe es nicht ganz.

»Wir müssen fragen«, gebe ich ebenfalls leise zurück, denn um uns herum herrscht erkennbar Aufbruchsstimmung.

»Die sind gut drauf.« Doris grinst. Scheint ansteckend zu sein, denke ich und beginne, mich durch die vielen Leute zu Robby vorzukämpfen, bleibe aber stehen, als ich erkenne, dass er auf uns zukommt. Doris, in meinem Schlepptau, zischt mir ins Ohr. »Er sieht aus wie Leonardo DiCaprio. Findest du nicht?«

Nein, finde ich nicht. »Er sieht besser aus«, sage ich und meine es auch so. Männlicher. Erwachsener. Selbstbewusster, vor allem, wie er sich nun den Weg zu uns bahnt. Alle treten zur Seite, lassen ihn durch. »Na, ihr beiden«, sagt er, als er bei uns angelangt ist. »Das ist ja eine Überraschung. Woher habt ihr gewusst …« Dann liest er in unseren Gesichtern, und ein Grinsen stellt sich ein. »Also reiner Zufall. Ihr wolltet einfach mal so ungesehen durch die Weinberge schlendern«, seine Augen blitzen. »Daraus wird heute nichts. Wir haben über fünfzig Helfer hier. Die werden gleich ausströmen.«

»Aber was tun die Mitte August?«, will ich wissen. »Welche Weinernte …«

»Lese«, unterbricht er mich. »Weinlese. Gleich mal merken als angehende Weinexpertin.«

Wie dumm von mir. Natürlich weiß ich das! »Klar, Weinlese. Aber August?«

»Ziemlich einfach. Die ersten Trauben haben nach dem heißen Sommer den gewünschten Reifegrad erreicht«, erklärt er uns. »Ausschlaggebend dafür sind Zucker, Säure, pH-Wert und andere Parameter. Es gibt eben sehr früh reifende Rebsorten, neben den spät und sehr spät reifenden Sorten. Und jetzt sind die Trauben für den Federweißen reif. Und auch die Trauben für den Sektgrundwein, denn noch sind ihre Oechslegrade nicht zu hoch, und deshalb haben sie diese gewisse prickelnde Säure.«

»Das ist ja prickelnd«, wiederholt Doris, und Robby sieht ihr geradewegs in die Augen: »Ja, findest du?«

Sie sagt nichts darauf, sondern stupst mich an. »Ja, auf, dann holen wir Werkzeug. Worauf müssen wir denn achten?«

»Tapfer!« Er nickt beifällig. »Ich stelle euch Fritzi zur Seite, das ist die dort vorn im neonfarbenen T-Shirt. Sie kennt sich aus und kann alles genau erklären. Wir sehen uns dann später wieder.«

Es ist mühsam. Das merke ich ziemlich bald. Nicht nur, dass man genau aufpassen muss, welche Rebe man abschneidet, sondern auch das schräge Stehen am Hang, das Bücken und Aufrichten, Weitergehen und Tragen des immer schwerer werdenden Weinkorbes. Wie kann man überhaupt einen Wein trinken, ohne das zu wissen, frage ich nach zwei Stunden erzürnt in die Welt und ärgere mich in Gedanken über jeden einzelnen Weintrinker ohne Ahnung, letztlich also auch über mich selbst. Aber es tut mir gut, das stelle ich ebenso fest. Der direkte Umgang mit den Trauben spricht mich an. Und in den blühenden Blumengassen unter den Rebzeilen sehe ich überall Pflanzen, die ich nicht kenne, also frage ich Fritzi in einer kurzen Pause: »Was blüht und wächst da eigentlich? Klee erkenne ich, Lavendel und Ringelblumen … aber sonst?«

»Also«, sie bückt sich zu einigen Pflanzen hinunter. »Schau, Dill, Spitzwegerich und Thymian. Sie alle locken Insekten an wie die Florfliege, Laufspinnen oder verschiedene Käfer, und die wiederum halten die Schädlinge in Schach.« Sie richtet sich wieder auf. »Das ist das Bioprinzip. Und außerdem bringen beispielsweise Klee oder Luzerne auch dem Boden Vorteile, nämlich den Wachstumsförderer Stickstoff in die Erde. Und sie fördern den Humusaufbau, der wiederum als Wasserspeicher wichtig ist.«

Doris, die an der gegenüberliegenden Rebenzeile arbeitet, hält sich den Rücken. »Nicht zu glauben«, sagt sie, »was man alles wissen muss. Und wissen kann …« Und an mich gerichtet meint sie: »Ich sag ja schon immer, die Natur hilft sich selbst, wenn man sie lässt!«

Fritzi nickt. »Völlig richtig. Aber wer lässt sie schon, wenn es um Kommerz und Erfolg geht?«

»Aber vielleicht reicht der Bioertrag eben nicht für alle aus?«, werfe ich ein.

»Weltweit?« Fritzi wischt sich über die Stirn. »Weltweit mag ich gar nicht darüber nachdenken, sonst werde ich depressiv. Weltweit verwüsten wir unsere eigene Lebensgrundlage. Und leider nicht nur unsere eigene. Wir reißen alles mit in den Abgrund, Tiere, Pflanzen, alles, was irgendwie Leben in sich hat.«

»Und schneller, als man denkt«, fügt Doris hinzu und schattet ihre Augen ab, um Fritzi besser ins Gesicht sehen zu können. »Wie alt bist du eigentlich?«, fragt sie.

»Sechsundzwanzig.«

Doris nickt. »Meine Kinder sind siebzehn und achtzehn. Was wird sie erwarten?«

»Vielleicht ist unsere Generation besser als eure? Zumindest lebt sie nachhaltiger.«

»Wenn sie weniger gierig ist, könnte es vielleicht klappen.« Ich bücke mich nach meinem Korb und der Traubenzange. »Dann lasst uns weitermachen. Wir haben erst die Hälfte.«

Als wir oben an den letzten Stöcken angekommen sind, werde ich belohnt. Ein Zitronenfalter setzt sich auf meine Trauben. Ich sehe das als gutes Omen und mag mich gar nicht bewegen, um ihn nicht zu verscheuchen.

»Schau«, sage ich zu Doris. »Alles wird gut.«

»Wieso?«

»Der Zitronenfalter ist doch meine Idee zum neuen Etikett. Und siehst du? Da sitzt er.«

Auch Fritzi ist stehen geblieben und betrachtet ihn. »Wo Schmetterlinge sind, ist die Welt in Ordnung«, sagt sie. »Schmetterlinge sind ein gutes Zeichen. Und sie lassen sich nicht täuschen.«

»Ich freu mich darüber!« Ich ziehe mein Smartphone aus der Hosentasche und fotografiere ihn, wie er so selbstverständlich auf den Trauben sitzt, die Flügel ausgebreitet, als würde er die letzten Sonnenstrahlen einfangen wollen. Ein schönes Bild.

»Und? Wie geht es euch?« Wie aus dem Nichts steht Robby vor uns.

»Oh, wir haben etliche Körbe abgeliefert«, sagt Doris schnell.

»Und viel gelernt«, füge ich hinzu. »Dank Fritzi!«

Fritzi streicht ihre roten Lockenhaare zurück. »Halb so wild. Aber fleißig waren wir wirklich!«

Robby deutet mit dem Daumen den Hang hoch zum Querweg. »Gleich kommt Sebastian mit dem Traktor und holt die letzten Körbe ab, dann gibt es für alle ein Vesperessen, oben beim Winzerhäuschen. Angelina hat was gerichtet, zusammen mit unseren Eltern. Und wenn ich es richtig gesehen habe, nicht für fünfzig, sondern mindestens für hundert Helfer.« Er zieht eine Augenbraue hoch, bückt sich zu Doris' Korb und hievt ihn sich auf die Schulter. »Wirklich fleißig!«

Ich sehe ihm nach, wie er damit den Hang hinaufgeht.

»Wieso deinen und nicht meinen?«, will ich von Doris wissen.

»Weil bei dir ja der Schmetterling sitzt«, sagt sie. »Und der darf nicht verscheucht werden.«

Robby hat nicht zu viel versprochen. Auf dem Platz vor dem Winzerhäuschen, das auch direkt aus der Nähe wie ein kleines Hexenhäuschen am Abgrund klebt, sind unzählige Biertische und Bänke aufgestellt. Als Doris und ich oben eintreffen, sind die meisten Bänke schon besetzt. »Sieht aus wie ein Volksfest«, stellt Doris fest und sieht sich um. »Fehlt nur noch die Blasmusik.«

»Kommt bestimmt noch«, sage ich, denn sie hat recht. Die Stimmung ist ausgelassen, und an einem langen Tisch stehen Männer und Frauen, jung und alt, geduldig in einer Schlange, scherzen miteinander und sind offensichtlich bester Laune. Beim genaueren Hinsehen erschließt sich mir der Grund: Dort befindet sich die von Robby beschriebene Quelle allen Frohsinns, das Büfett mit reichhaltigem Vesper und natürlich den Getränken.

Doris zupft mich an meinem T-Shirt: »Schau, Angelina winkt uns zu, wir sollen kommen!« Offensichtlich hat sie für uns beide Newcomer einen Platz freigehalten. »Ist ja nett«, sage ich und winke zurück.

»Ist das nicht herrlich?«, sagt Doris, während wir uns durch die enge Reihe der Bierbänke zu Angelina hinschlängeln. Mir gefällt es auch, aber noch besser gefällt mir, wie Doris aufblüht. Sie lacht mir zu. »Das ist Leben. Arbeiten und genießen, das gehört einfach zusammen. So muss es sein!«

Ich nicke und folge ihr, denn inzwischen hat sie die Führung übernommen. Ganz in der Nähe des Winzerhäuschens steht der letzte der vielen Tische, und dort bleiben wir stehen.

»Ihr habt wirklich Platz für uns?«, fragt Doris.

Und Angelina macht eine große Geste. »Extra für euch. Außerdem müsst ihr ein paar wichtige Leute kennenlernen. Ich meine, außer uns.« Sie grinst schelmisch und deutet neben sich. »Da könnt ihr euch noch reinquetschen, ihr seid ja schlank!«

»Nicht mehr lang«, prognostiziere ich, denn in der Mitte des Tisches liegt ein langes, auf umgedrehten Weizenbiergläsern abgelegtes Brett, das vor deftigen Speisen nur so überquillt.

»Angelina hat für uns vorgesorgt!« Die rundliche Frau, neben die ich mich gerade setze, macht eine ausschweifende Handbewegung.

»Wahnsinn!« Ich schüttle überwältigt den Kopf und stelle mich vor.

»Angenehm«, erwidert sie. »Ich bin die Hortense.«

»Ortsvorsteherin, um genau zu sein«, ergänzt Angelina. »Also die wichtigste Frau weit und breit!«

»Übertreib nicht«, wehrt sie ab, lächelt aber geschmeichelt.

»Und das ist meine Mutter, Mama Pauline!«

»Oh!«, sagt Doris zu Pauline, die genau zwischen uns sitzt. »Das habe ich schon mitgekriegt, Sie sind unersetzlich!«

»Ha!« Pauline, schätzungsweise Mitte sechzig und allem Anschein nach von zupackendem Wesen, lacht herzlich. »Das sagen meine Kinder auch immer, wenn sie hungrig sind. Sobald sie satt sind, haben sie es wieder vergessen!« Die freien Plätze uns gegenüber, so klärt sie uns auf, sind für Robby, Sebastian und dessen Mutter Ilse reserviert.

»Sebastian holt noch seine Mutter. Seinem Vater geht es gerade nicht so gut, also konnte sie nicht mithelfen.«

»Und um das Maß vollzumachen«, höre ich eine tiefe Stimme auf der anderen Seite des Tisches, »wir sind Robbys Eltern!« Ich muss mich etwas vorbeugen, um die beiden zu sehen, und winke ihnen einen kurzen Gruß zu.

»Also«, erklärt Angelina, »wir sind zwar noch nicht vollzählig, aber wir können trotzdem schon anfangen, bitte greift zu.«

Hortense lässt sich das nicht zweimal sagen und packt ihr Vesperbrettchen voll. Ich lasse meinen Blick schweifen. Nichts für Vegetarier, und für Veganer schon gar nicht. Schinkenwurst, Schwartenmagen, Presskopf, Landjäger, Schwarzwälder Räucherschinken, Hinterschinken, offensichtlich hausgemachte Sülze und Leberwurst in mehreren Varianten. Auch Käse sehe ich, sowohl Schnittkäse als auch Weichkäse. Romadur, würde ich sagen, und wegen der großen Löcher nehme ich mal an, dass es Allgäuer Emmentaler ist. Unter dem Brett steht eine Schüssel mit Käse-Wurst-Salat, eine weitere mit Gewürzgurken und eine mit einer Art Hüttenkäse.

Pauline sieht meinen Blick und zieht die Schüssel hervor. »Kennst du den?« Ich bin mir nicht sicher. Also rate ich: »Sieht ein bisschen aus wie der bayerische Obatzda.«

»Fast!« Sie lacht. »Das ist Luckeleskäs, den musst du probieren. Hüttenkäse mit Zwiebeln und Gewürzen. Du hast schon recht, er ähnelt dem Obatzda. Aber ist natürlich viel besser!«

Komisch, den kenne ich aus meiner Jugend überhaupt nicht. Luckeleskäs. Den werde ich natürlich sofort probieren, zumal gerade der Brotkorb mit knusprig frischem Bauernbrot und einigen Laugenbrezeln herumgereicht wird. Während ich mich bediene, kommt mir unvermittelt Heiko in den Sinn. Schade, dass er das nicht erlebt, das hätte ihm sicher auch Spaß gemacht.

»Fehlt da nicht noch was?« Die tiefe Stimme von Robbys Vater dröhnt über den Tisch.

»Nicht mehr lang, wenn mir mal jemand hilft«, kommt die Antwort. Ich dreh mich um. Robby steht in der offenen Eingangstüre des Winzerhäuschens, die Hände in die Hüften gestemmt. »Wollen alle Bier?«

»Und ob!«, gibt sein Vater zurück. »Wir haben alle Durst!«

»Er hat dort sein Geheimfass deponiert«, flüstert Angelina bedeutungsvoll, »dann müssen wir uns nicht anstellen«, sie rollt die Augen und nickt mit dem Kopf Richtung Büfett auf der anderen Seite der Tische.

»Okay«, erklärt Doris. »Ich helfe. Wo sind die Gläser?«

»Das ist nett.« Pauline nickt ihr zu. »Die Gläser sind drinnen.«

Doris fährt sich kurz mit den gespreizten Fingern durch die Haare, sodass sie wie Igelstacheln in alle Richtungen abstehen, zieht ihr rotes T-Shirt zurecht und steht auf. Wenn sie ihren Lippenstift dabeihätte, würde sie den jetzt auch noch schnell benutzen, denke ich belustigt und schau ihr nach. Ob das was mit Robby zu tun hat? Gefällt er ihr? Verstehen könnte ich es.

»Und wie kommt es, dass Sie heute mitgeholfen haben?«, lenkt mich Hortense ab. »Extra deswegen aus Stuttgart angereist?«

»Oh«, ich versuche, mich ihr etwas mehr zuzuwenden, was aber nicht geht, weil ich zwischen ihr und Pauline ziemlich eingequetscht bin, »nein, ganz ehrlich, wir haben das gar nicht gewusst. Wir sind mehr oder weniger zufällig hier hineingeraten.«

»Oh, Sie Arme. Und jetzt bedauern Sie es?«

»Nein, jetzt sind wir beide ganz glücklich darüber.« Das stimmt wirklich. Ich habe mich selten so frei im Kopf gefühlt wie vorhin in den Weinreben. Die Pflanzen, die Sonne, das Licht, dazu die Bewegung und die sinnvolle Arbeit, alles zusammen hat mir richtig gutgetan.

»Und in welcher Verbindung stehen Sie zu … na, zu dem Weingut?«

Holla, da ist sie aber ganz schön neugierig, die Hortense, denke ich und beschließe, die Wahrheit zu sagen. »Ich bin für den Brand unserer drei jungen Winzer zuständig. Beispielsweise für die Etiketten des kommenden Weines.«

»Ach ja, spannend. Und wie werden die aussehen?«

Nun bin ich mir nicht mehr sicher. Was ist, wenn sie zu einer anderen Winzerfamilie gehört und meine Idee klauen will?

Aber Angelina hat zugehört. »Katja hatte eine tolle Idee. Die 3 S I N N E«, buchstabiert sie, »also, die drei Sinne haben wir ja schon. Die hat sie auch entworfen, es ist unser Markenzeichen, auch unten, ganz groß auf dem Tor.«

»Klar!«, macht Hortense, als sei es eine Beleidigung, auf so etwas hingewiesen zu werden.

»Und nun, hört mal alle zu«, fordert Angelina die Runde auf, »unser jetziges Etikett mit der hellen 3 und den hellen Großbuchstaben S I N N E auf hellgrauem Grund, das kennt ihr ja alle. Und Katja hat nun die Idee, für das neue Etikett einfach einen hellgelben Zitronenfalter darüberzusetzen.«

»Saß ja vorhin einer auf den Trauben in deinem Korb«, schaltet sich Robby ein, der gerade mit vier randvollen Maßkrügen an den Tisch tritt.

Hortense sieht mich an. »Ein Glücksbringer, so ein Schmetterling!« Sie nimmt Robby einen der Bierseidel ab. »Ja, ein hellgelber Zitronenfalter auf grauem Grund – das kann ich mir gut vorstellen. Das sieht sicher toll aus.«

Die drei restlichen Krüge verteilt Robby an Pauline und seine Eltern und kehrt wieder um. Hortense sieht auf den verlockenden Schaum ihres Bieres, hält sich aber zurück. Fällt ihr sicher schwer, denke ich und verkneife mir ein Grinsen. Sie löst sich von dem Anblick und wendet sich mir wieder zu.

»Und wie heißt der Jahrgang? Ich meine, hier werden ja verschiedene Weinsorten angeboten. Ein Name für alle?«

»Ja«, bestätige ich. »Ich dachte, da der Schmetterling nur in der intakten Natur vorkommt, müsste der Titel *Der Unbestechliche* heißen. Und darunter dann die Sorte, also ob Grauburgunder, Weißburgunder, Silvaner, Riesling, Gewürztraminer, Trollinger, Spätlese – oder was auch immer.«

»Und im nächsten Jahr für alle Etikette eine neue Idee?«

»So dachte ich mir das. Jeder Jahrgang bekommt sein eigenes Symbol. Und seinen eigenen Namen.«

»Dann sind Sie hier für die nächsten zwanzig Jahre beschäftigt.«

Alle am Tisch lachen, aber Angelina pocht auf eine Bewertung.

»Lasst hören«, sagt sie. »Könnt ihr euch das vorstellen?«

»Warten wir auf Sebastian und Ilse, sonst ist das doch nicht fair«, sagt Robbys Mutter, die mir, wenn ich es mir richtig gemerkt habe, mit Heidi vorgestellt wurde.

Robby kommt erneut an den Tisch und stellt vier weitere Bierseidel ab. »Das geht ja flott«, lobt Angelina.

»Na, mit einem Profi am Bierfass …«, sagt er und richtet sich auf. »Da kommen sie schon, ich höre einen Motor. Also, das Bier für Sebastian steht schon da, und Ilse trinkt lieber einen Weißwein – normalerweise.« Er dreht sich wieder um. »Dann erlöse ich Doris mal von ihrer schweren Arbeit.«

»Und danach können wir endlich anstoßen«, dröhnt sein Vater.

»Klaus!«, mahnt seine Mutter, und alle lachen. Es scheint das normale Geplänkel zu sein, denke ich. Alles alte Freunde, die alle Marotten der anderen kennen … wobei, alte Freunde? Hatten die Jungen nicht erzählt, dass ihre Winzereltern früher eher gegeneinander als miteinander gearbeitet hatten? Und heute helfen sie alle einander? Auch schön, denke ich, es gibt doch noch Hoffnung für diese Welt.

Gerade kommt Sebastian in Sicht, auf einem Quad, als Sozia seine Mutter. Er parkt neben dem Winzerhäuschen und will seiner Mutter die Hand reichen, aber da ist sie schon abgestiegen und kommt auf uns zu. Im Gehen nimmt sie den Helm ab und schüttelt ihre schulterlangen blonden Haare. Ein richtig sportlicher Typ, finde ich, in Jeans, Sneakers und einer karierten Bluse. Falls sie schon sechzig ist, sieht sie noch verdammt jung aus. Wie traurig, bei so einer Verfassung einen pflegebedürftigen Mann zu haben, jetzt könnten die beiden doch noch das Leben genießen – und dann so etwas. Ich denke an Mutti, aber nur kurz, denn Ilse setzt sich mir gegenüber hin, grüßt ringsum und nimmt mich in den Blick: »Aha, und Sie sind nun also die Wunderfrau!«

»Die was?«, frage ich.

»Können wir das nachher klären?«, dröhnt Klaus von der Seite und hebt seinen Bierkrug. »Also jetzt, marsch, marsch, auch die Helferlein aus der Küche!« Er sieht Doris entgegen, die schnell auf ihren Platz schlüpft, und Robby, der ein Glas Wein vor Ilse abstellt.

»Ihr habt doch nicht etwa mit dem Anstoßen auf uns gewartet?«, staunt Ilse und hebt ihr Glas. »Das gab es ja noch nie!«

»Ja, eben!«, murrt Klaus. »Lauter neue, unsinnige Sitten. Der Schaum ist schon fast weg! Dann also: zum Wohl, Prost!«

Doris wirft mir einen verschmitzten Blick zu, und wir prosten uns zu. Und dann ist längere Zeit nichts mehr zu hören, denn nun greift jeder zu. Und ich hätte es kaum für möglich gehalten, wie schnell sich die gerade noch voll beladene Brotzeitplatte leert. Mir hat es der Käse-Wurst-Salat angetan und vor allem der Obatzda, dessen schwäbischen Namen ich mir doch unbedingt merken wollte. Er schmeckt mir so gut, dass ich ihn auch selbst machen will. Da frage ich nachher Pauline nach dem Rezept.

Ein wohliges Gefühl überkommt mich. Eingezwängt zwischen Hortense, die sich beim Essen und Trinken recht zackig bewegt und ordentlich herumfuhrwerkt, und Pauline, die mit Angelina gerade ein leidenschaftliches Gespräch über Spinnen im Haus führt, schau ich in den Himmel und sehe den dahinziehenden Schönwetterwolken nach. Ist es nicht ein Traum, so etwas mitzumachen? Es erinnert mich an die Hochzeit einer Kollegin auf Sylt vor einigen Jahren: Dort war mitten in den Dünen eine lange Tafel mit weißem Tischtuch und Kronleuchtern aufgebaut worden, und das war damals wirklich das absolute Highlight. Smoking und Abendkleid und dabei barfuß im Sand. Es war ein rauschendes Fest. Und ich schwamm irgendwann im Meer und hatte einen tollen Typen an meiner Seite, der auch im Champagnerrausch war. Ich erinnere mich an den besten Sex aller Zeiten. Oben der Nachthimmel, in der Ferne die hellen Flammen der Kerzen und um uns herum das Meer, die kommenden und gehenden Wellen, vor und zurück, ganz im Einklang mit uns, und den salzigen Geschmack auf den Lippen. Jetzt scheint es mir, als ob es Lichtjahre zurückläge, dabei … Patrick. Lange hatte es nicht gehalten, aber lange genug, um ihn kennenzulernen. Und das war's dann.

»Stimmt's, Katja?« Sebastians Stimme holt mich in die Gegenwart zurück.

Ich löse mich von dem Anblick der treibenden Wolken und meinen Erinnerungen und konzentrier mich auf ihn.

»Du warst in einer großen Agentur in Hamburg, stimmt's? Viele erfolgreiche Projekte«, er grinst spitzbübisch, »übrigens leicht im Internet nachzulesen.«

»Wirklich?« Das überrascht mich. Klar hatten meine Projekte damals auf der Agenda meiner Agentur gestanden, denn das war ja auch eine schlagkräftige Werbung. Aber jetzt, wo ich schon über ein Jahr ausgeschieden war? Es stimmt wohl – das Internet vergisst nichts.

»Und Doris«, fährt er fort, »führt ein erfolgreiches Café in Stuttgart. Vintage, sehr angesagt.« Die Augen am Tisch wandern von mir zu ihr. »Und vielleicht …«

Angelinas Blick lässt ihn verstummen. Ich weiß, was er sagen wollte … vielleicht haben wir gemeinsam etwas Großes vor. Gut, dass Angelina ihn daran gehindert hat.

»Und vielleicht lade ich euch alle mal in mein Café ein«, beendet Doris seinen Satz für ihn. Sie sieht mich an. »Das heißt, bestimmt tun wir das, gell, Katja? Denn Katja ist nicht nur eine begnadete Marketingfrau, sie ist auch eine begnadete Rechnerin, und deshalb hat sie ein Auge auf meine Buchhaltung!«

»Die kann gar nicht so schlecht sein, dass diese Einladung

nicht stehen würde«, entgegne ich und ernte ausgelassenen Beifall. Gleichzeitig frage ich mich, ob ich vor lauter Träumerei etwas verpasst habe?

»Noch eine Runde?«, höre ich Klaus' Bass.

»Wer steht schon gern auf einem Bein?« Mir gegenüber hält Ilse ihr leeres Schnapsglas hoch. Und, oh, jetzt sehe ich es auch: Vor meinem leer gegessenen Vesperbrett steht ein gefülltes Schnapsglas. Direkt neben meinem leeren Bierkrug. Ich habe mich wirklich weggeträumt. Was ist denn das für ein Bier, dass wir alle so in Fahrt kommen? Und wie wollen wir heute noch nach Hause kommen?

Angelina geht mit einer unetikettierten Flasche herum. Hinter mir bleibt sie stehen. »Magst du ihn nicht? Ist unser eigener Obschtler.«

»Ein was?«

»Ein Schnäpsle, ein Obstler.« Sie betont es hochdeutsch, und schon haben meine Tischnachbarn alle wieder Spaß.

»Doch, schmeckt sehr gut, aber ich muss ja noch fahren.«

»I wo!« Hortense neben mir winkt ab. »Ich habe Gästezimmer im Ort. Jetzt seid ihr schon mal hier, jetzt bleibt ihr auch hier! Nichts kann wichtiger sein. Also: Proscht!« Sie nimmt ihr frisch nachgeschenktes Schnapsglas und hält es hoch. »Liebe Leut, so jung kommet mer niemals mehr zsamme!«

»Da hat sie recht«, bemerkt Sebastian und lächelt mir zu. »Ich denke, die Würfel sind gefallen!«

Was meint er wohl damit? Unsere Nacht im Gästezimmer oder unseren Einzug in die Winzerstube? Vielleicht sieht Doris noch klarer? Aber die prostet gerade Ilse zu, und alles an ihr zeugt von purer Glückseligkeit.

»Gut.« Ich hebe mein Schnapsglas und mache mit. Was soll's. Man lebt nur einmal, und früher war ich auch nicht so vorsichtig. Wenn wir hier übernachten, dann übernachten wir hier. Ohne Necessaire, fragt meine innere Stimme, ohne Abschminkzeug, Nachtcreme, Tagescreme und Wimperntusche? Nicht mal Haarbürste, geschweige denn Schlafanzug?

Ich ignoriere meine innere Stimme und bestell noch ein Schnäpsle, um mit den anderen gleichzuziehen. Ein Blick in die Runde zeigt, dass sich die meisten von ihren Bänken erhoben haben, überall stehen kleine Grüppchen, viele sind in Bewegung. Also stehe ich auch auf. »Ich mische mich mal ein bisschen unters Volk«, sage ich. »Jawoll!«, tönt Klaus. »Das ist Dorfjugend, und außerdem sind es Freunde und Bekannte, viele von ihnen leben längst woanders und kommen nur wegen der Lese ins Dorf zurück. So ist es bei jeder Weinlese.«

»Wie viele Lesen kommen denn noch?«, will ich wissen.

»Na, das zieht sich gewöhnlich über mehrere Monate hin«, klärt er mich auf. »Heute war die Frühlese, aber es gibt ja auch die mittel und spät reifenden Rebsorten. Die Hauptlese ist meist Mitte September, hängt natürlich vom Wetter ab. Spät reifende Sorten wie der Riesling werden bis in die zweite Oktoberhälfte, manchmal noch Anfang November eingebracht.« Er wischt mit einer Handbewegung über die ganze Umgebung hinweg. »Aber dann sitzen wir nicht mehr im T-Shirt draußen!«

»Das glaube ich gern«, bestätige ich.

»Ja, deshalb ist das hier so ein richtiges Sommerfest. Und heute stimmt auch noch das Wetter. Was will man mehr.«

Was will man mehr. Ich weiß auch nicht, warum ich auf solche Aussprüche in letzter Zeit so sentimental reagiere. Hat es mit meinem Alter zu tun? Mit meiner Situation? Mach ich was falsch? Ich denke an Petroschka. Er ist ein rundum zufriedener, ausgeglichener Mensch. Ich habe in letzter Zeit unerklärbare Stimmungsschwankungen. Oder ist es schon das Klimakterium? Komm ich in die Wechseljahre?

Ich lächle Klaus zu. »Ja, was will man mehr!«

»Ich misch mich auch gleich unters Volk«, erklärt Ilse. »Das muss man genießen. Solche Tage wie heute sind selten.«

Ich hätte mich gern zu ihr gesellt, aber ich weiß nicht, was ich mit ihr reden soll. Kranker Mann, demente Mutter? Das ist heute Abend nicht mein Thema.

Fritzi sieht mich und winkt mir zu. »Komm rüber, Katja, ich muss dir ein paar Freunde vorstellen.«

Ich drehe mich kurz nach Doris um, aber sie ist im Gespräch mit Hortense. Hoffentlich entlockt die ihr nicht sämtliche Pläne, denke ich, denn so ein Schnäpschen kann schon mal Zungen lösen und Emotionen auslösen.

Fritzi zieht mich an der Hand in einen Kreis junger Leute. Wie sie das tut, so familiär, ohne Berührungsängste, finde ich grandios. »Okay, das ist sie also«, stellt sie mich vor, »Katja. Hat sich heute wacker geschlagen. Für eine Städterin und Marketingfrau echt sensationell. Und ihre Freundin Doris auch!«

»Na, jetzt mach mal halblang«, wehre ich ab. »Mit fünfundvierzig gehört man ja noch nicht zum alten Eisen.«

Sie lachen. »Aber eine Weinlese ist schon was anderes als Spazierengehen«, sagt eine, und ein junger Kerl fragt: »Oder bist du nebenher auch noch Fitnesstrainerin? Himalaja und so?«

»Ich habe regelmäßig Sex, das hält auch jung«, rutscht es mir heraus, und in dem Moment, als ich es sage, ist mir klar: Das kann nur an diesem Obschtler liegen, weiß der Teufel, wie stark das Zeug ist.

Alle lachen. »Siehst du«, meint eine langhaarige Schönheit zu ihrem blässlichen Nebenmann, »das sage ich doch auch immer. Also stell dich nicht so an!« Das fröhliche Gejohle ist groß, das Eis gebrochen. Ich bin mittendrin, höre ihre Geschichten und werde wegen meines Berufes ausgequetscht. Hamburg. Großstadt. Wie toll! Oder eher Berlin? Ist vielleicht lebendiger, jünger! Da gibt es doch sicher auch tolle Agenturen. Oder andere Berufe, die irgendwie hip sind. Sie sind auf der Suche, wird mir klar. Ganz genau so wie ich damals nach dem Abi. Wo will ich hin, was kann ich werden, was macht mir Spaß, was kann ich überhaupt? Nach einer Weile schaue ich mich um. Es hat sich geleert. Unser Tisch ist nur noch spärlich besetzt, und auch Doris kann ich nirgends sehen.

Ist sie etwa schon gegangen?

Aber nein, das hätte sie mir gesagt.

Oder hat sie mich einfach nirgendwo gesehen? Schließlich war ich ziemlich umringt. Das macht mich etwas nervös, und ich verabschiede mich von meiner Runde. »Außerdem ist gleich neun«, sagt einer, »dann wird sowieso abgeräumt!«

»Wer räumt denn ab?«, will ich wissen.

»Wir alle …«, sagt er mit einer solchen Selbstverständlichkeit, dass ich innerlich einfach nur den Kopf schüttle. Die Menschen hier gefallen mir. Einer für alle, alle für einen … es scheint, als habe das hier wirklich noch Gewicht.

Aber wo ist Doris? Ich mache mich auf die Suche. In den Grüppchen, die zusammenstehen, ist sie nicht. Nur an unserem Tisch sitzen noch paar Leute zusammen und unterhalten sich, die Eltern von Angelina, Sebastian und Robby. Worüber sie wohl sprechen? Über ihre früheren Kämpfe und wie unsinnig das doch war? Es hätte mich interessiert, aber sicher ist dieser Austausch nicht für meine Ohren bestimmt, also gehe ich an ihnen vorbei zum Winzerhäuschen. An der offenen Eingangstür bleibe ich kurz stehen und klopfe an den Holzrahmen, man weiß ja nie. »Komm herein!« Sebastian und Angelina sind gerade dabei, die Bierkrüge in Gläserkisten zu ordnen. Sie blicken beide auf, und ich frage nicht nach Doris, sondern ob ich helfen kann. »Gern«, bestätigen sie wie aus einem Mund, und ich reiche ihnen nach und nach die Bierkrüge, die auf der kleinen Küchenanrichte stehen. Schließlich sind die Kisten gefüllt.

Ich schaue mich um und sage spontan: »Ist das schön hier!« Ja, wirklich. Da hat jemand aus einem Winzerhäuschen ein Schmuckstück gemacht, auf kleinstem Raum, mit goldfarbenen Vorhängen und einem kleinen Esstisch vor dem Fenster, dessen

Tischdecke in warmen Farben genau zu dem Überwurf auf der Bettcouch passt. Auf der Couch kleine Sofakissen und überall kleine Lampen, Kerzenleuchter und kunstvolle Mitbringsel aus fernen Ländern. Selbst die kleine Küche ist in den warmen Farben gehalten und passt perfekt ins Bild. Ein Liebesnest par excellence, denke ich. Von außen hatte ich es schon gesehen, auch mal flüchtig durch die Fenster geschaut, aber so heimelig habe ich es mir trotzdem nicht vorgestellt.

»Das ist wirklich ganz besonders schön«, sage ich zu Angelina und Sebastian, denn mir wird bewusst, dass ich gaffend mitten im Raum stehe.

»Es hat eine Geschichte«, meint Sebastian.

»Es hat viele Geschichten«, verbessert Angelina ihn.

»Und jeden Tag gibt's eine mehr«, grinst Sebastian.

Ich will gerade nachfragen, da sehe ich durch das Fenster Doris. Sie steht auf dem schmalen Holzbalkon, der das Häuschen umgibt, und unterhält sich mit jemandem, den ich von hier aus nicht sehen kann. Angelina folgt meinem Blick. »Ihr beide wart heute eine echte Hilfe«, sagt sie. »Und alle fanden euch toll.«

»Na, na«, wiegle ich ab. »Wir haben ja nichts anderes getan als die anderen auch. Aber ihr habt hier eine sehr nette Gemeinschaft …«

»Na ja«, Sebastian zieht kurz die Stirn hoch, »die musste auch erst wachsen. Aber jetzt passt es.«

Angelina nimmt eine Gläserkiste auf, um sie hinauszutragen.

»Wo trägst du das hin?«, frage ich sie.

»Nachher holen wir den Traktor mit dem Anhänger, da wird alles gestapelt. Ist kein Akt.«

»Die vielen Bänke, Tische, das restliche Essen, die Platten und Getränke – das ist doch ein Akt!«, widerspreche ich.

»Wir haben viele Helfer.«

»Dann helfe ich auch.«

»Musst du nicht. Wir richten nur schon mal alles ein bisschen zusammen, dann geht es nachher schneller. Und du siehst ja, einige sitzen noch, und manche denken überhaupt nicht ans Gehen«, sie schnalzt leicht mit der Zunge. »Da gehören wir meist dazu.«

Ich bin unentschlossen. Wäre es nun Zeit, sich zu verabschieden? Eigentlich will ich nicht gehen.

»Und du?«, fragt sie, als ob sie Gedanken lesen könnte, »ich möchte doch mal hoffen, dass du dableibst? Schon wegen des Alkohols – zwei Bier, zwei Schnäpse ...«

Ich drehe mich noch einmal zum Fenster um. Doris sehe ich nicht mehr.

»Ich weiß nicht«, sage ich dann, »ich kläre das mal ab.«

Ich gehe hinaus und an der Hauswand entlang auf den schmalen Balkon. Wer Höhenangst hat, sollte das besser bleiben lassen, denke ich, zumal der Boden aus alten, unregelmäßigen Holzdielen besteht, was zwar malerisch, aber auch etwas gefährlich aussieht.

»Doris«, rufe ich leise. Ist sie überhaupt noch da? Ich biege um die Hausecke und sehe sie, kurz zögere ich. Offensichtlich hat sie mich überhaupt nicht gehört. Sie steht mit dem Rücken zur Aussicht, lehnt mit der Hüfte an dem niedrigen Balkongeländer und gestikuliert mit beiden Händen. Ihr gegenüber, an die warmen Schindeln der Hauswand gelehnt, Robby, der herzlich lacht. Ich weiß nicht, was sie da erzählt, aber beide haben ganz offensichtlich ihren Spaß. Robby bemerkt mich als Erster und winkt mir zu. »Na, Party over?«

»Nee. Ich wollte nur mal nachfragen, was Sache ist ...«

»Ja«, sagt sie gedehnt, »weiß ich auch nicht.«

»Aber ich«, erklärt Robby. »Fahren werdet ihr beide nicht mehr, Hortense hat Gästezimmer ...«

»Ich weiß«, erwidere ich sofort, »sie hat sie uns schon angeboten.«

»Na also. Bei der wichtigsten Frau im ganzen Umkreis, da darf man sowieso nicht Nein sagen.« Er lächelt mir zu. »Also keine Aufregung. Wollen wir uns noch einmal zu den anderen setzen?«, fragt er Doris.

Ich sehe Doris an, dass sie nicht will. Aber sie nickt.

»Dann trinken wir an unserem Tisch noch einen Wein«, schlägt er vor, »schließlich sind wir Weinbauern und keine Bierbrauer.« Er stößt sich von der Hauswand ab. »Und meine Eltern wird es auch freuen, wir sehen uns sowieso kaum.«

Montag, 16. August

Alles fühlt sich anders an als gewöhnlich. Mein Kopf dröhnt, die Bettdecke ist schwer, und ein Lichtstrahl blendet mich. Ich zögere das Aufwachen noch etwas hinaus, denn ich habe keine Lust aufzuwachen. Wenn ich aufwache, muss ich irgendetwas tun, deshalb ziehe ich die Decke etwas höher, um die Augen gegen das Licht abzuschirmen. Vielleicht kann ich ja noch etwas schlafen. Aber da spüre ich schon, wie meine Gedanken zu arbeiten beginnen. Wie spät ist es? Wann bin ich ins Bett – und wie überhaupt? Ich versuche zu mir zu kommen. Ich sollte mal meditieren lernen. Ich sollte so vieles tun. Meditieren, mehr Sport, Vegetarierin werden. Das bin ich mir schuldig. Und meiner Tierliebe auch. Ich tu's aber trotzdem nicht. Und schon sehe ich wieder die gestrige Vesperplatte vor meinen Augen und die Schnäpse, die ich einfach nicht gewöhnt bin. Ich bin Weintrinkerin. Welche Ironie, da mache ich bei einer Weinlese mit und habe nachher einen Bierrausch.

Doris kommt mir in den Sinn. Wo ist eigentlich Doris abgeblieben? Ich liege auf der Seite und taste mit der flachen Hand hinter mich, denn vor mir liegt sie nicht, da ist nur die Bettkante. Ist sie gestern überhaupt mitgekommen? Ich kann mich nicht erinnern. Alkohol tötet Gehirnzellen. Bei mir scheint es alle erwischt zu haben.

Also entschließe ich mich endlich doch dazu, zumindest ein Auge zu öffnen. Als Erstes sehe ich den wuchtigen Bauernschrank. An den kann ich mich nun überhaupt nicht erinnern. Aber immerhin weiß ich jetzt, wo ich bin, in einem der Gästezimmer der Frau Ortsvorsteherin. Wie hieß sie noch gleich? Irgendeine Pflanze. Und Doris? Ich drehe mich um.

Doch, da liegt sie. Die Decke um sich geschlungen, als ob es tiefster Winter sei, sieht sie aus wie ein großes S. Nur ein schwarzer Haarschopf schaut noch heraus, das Gesicht hat sie vollständig ins Kissen vergraben. Bekommt sie noch Luft? Offensichtlich liegt sie noch im Tiefschlaf. Ich betrachte sie eine Weile und spüre eine warme Welle der Zuneigung in mir aufsteigen. Es ist einfach so schön, eine richtige Freundin zu haben.

Ich greife vorsichtig zu meinem Handy. 10:32 Uhr. Spinnt das Ding? Nein. Es ist tatsächlich so spät. Wieder schau ich zu Doris. Soll ich sie wecken? Es ist Montag, ganz normaler Arbeitstag. Was ist mit dem Café? Der Schreck macht mich vollends wach.

Ich muss telefonieren. Heiko, ich rufe ihn an, falls er schon im Büro ist. Nein, Rico. Das macht mehr Sinn. Der muss ja auf alle Fälle dort sein.

Ich versuche, ohne Geräusch aus dem Bett zu schlüpfen, und stelle fest, dass ich immerhin meinen Slip und mein T-Shirt anbehalten habe. Im kleinen Badezimmer setze ich mich auf den Toilettendeckel und wähle Ricos Nummer.

Er ist sofort dran und klingt ausgesprochen fröhlich.

»Hi, Katja«, tönt er, »was verschafft mir die Ehre?«

»Guten Morgen, Rico … ist viel los, kommt ihr klar?«

»Alles im Griff«, sagt er entspannt.

»Und du bist ganz allein im Café«, sage ich überrascht.

»Wieso denn allein? Niki und Helena schmeißen den Laden mit mir. Wie ausgemacht.«

»Wie ausgemacht?«

Es ist kurz still. »Katja, bist du schon wach? Geht es dir gut?«

»Ja …« Mehr fällt mir gerade nicht ein. Jetzt verstehe ich gar nichts mehr.

»Also, Katja, genießt euren freien Tag dort im Weinberg, ich muss wieder arbeiten. Gruß an Doris.«

Damit legt er auf, und ich sitze sprachlos auf der Toilette. Niki und Helena? Die beiden schmeißen den Laden? Gruß an Doris? Am liebsten hätte ich Doris gleich geweckt. Aber ich werde jetzt erst mal duschen, auch wenn ich nichts Frisches zum Anziehen dabeihabe. Dann sehen wir weiter.

Zehn Minuten später stehe ich wieder in unserem Schlafzimmer. Doris hat sich noch immer nicht gerührt. Fast beängstigend, finde ich. Aber ich möchte sie nicht wecken, egal wie, wenn der Laden läuft, dann ist es ja gut. Ich schlüpfe leise in Jeans und Sneakers, nehme mein Smartphone und schleiche aus dem Zimmer. Eine breite Holztreppe führt in das Erdgeschoss, und ich hoffe auf einen Kaffee. Für ein Frühstück ist es wahrscheinlich schon zu spät, aber ein Himmelreich für einen Kaffee und ein großes Glas Wasser!

Die Treppe endet in einem weiträumigen Flur, links und rechts stehen Türen offen. Ich bleibe kurz stehen, dann folge ich meiner Nase. Von links kommt eindeutig Kaffeeduft. Es ist ein heller Raum mit fünf Esstischen, einem kleinen Büfett an der Wand und einem einzigen gedeckten Tisch in der Mitte des Raumes. Für zwei Personen. Alle anderen Tische sind bereits abgeräumt. Ich betrachte das ziemlich geplünderte Büfett, an dem sich erkennen lässt, dass es außer Doris und mir noch andere Gäste gibt.

»Na, ausgeschlafen?«, sagt eine Stimme hinter mir, und ich drehe mich um. Schlagartig fällt mir auch ihr Name wieder ein. Hortense.

»Ja, danke, guten Morgen.«

»Wir haben ein bisschen was für ein spätes Frühstück stehen lassen. Marie ist noch in der Küche, also gäbe es auch noch Eierspeisen, wenn dir danach ist.«

»Danke, mir ist vor allem nach einem Kaffee …«

»… und einem Aspirin?« Sie lacht. »Ja, unsere Feste sind legendär, da muss man reinwachsen.«

»Das glaube ich auch!«

»Setz dich doch. Ich mach dir jetzt erst mal einen starken Kaffee.« Sie blickt schnell zur Tür. »Kommt Doris auch?«

»Sie schläft noch.«

Hortense lacht wieder. »Das glaube ich gern. Sie war ja noch später dran als du!«

Ich bin ganz froh, dass Doris noch nicht da ist. Eigentlich mag ich jetzt keine Gesellschaft, sondern möchte mich still mit einem Kaffee an meinen Tisch setzen. Alleine. Und Eierspeisen mag ich auch nicht, da schüttelt es mich, wenn ich nur dran denke.

Hortense fegt herum wie das blühende Leben. In ihrem geblümten Sommerkleid sieht sie geradezu provozierend ausgeschlafen aus. Wie kann das sein? Sie war doch auch die ganze Zeit dabei? Sie stellt mir einen Brotkorb auf den Tisch und einen Teller mit Butter, einem Klacks Frischkäse und einer Miniporzellanschüssel mit Marmelade. Erdbeermarmelade.

»Lass doch, das kann ich doch wirklich selbst machen«, erkläre ich, allerdings ziemlich energielos und auch ohne Erfolg. Sie lächelt, zwirbelt kurz eine ihrer roten Locken auf, dann bringt sie zwei Tassen Kaffee an den Tisch. »Darf ich?« Und schon sitzt sie vor mir.

»Da gab es gestern ein Gerücht«, beginnt sie und sieht mir direkt in die Augen.

»Ein Gerücht?« Ich nehme einen Schluck aus meiner Tasse und stelle fest, dass ich Milch und Zucker brauche. Er ist sehr schwarz. Und sehr bitter. Hortense scheint es meinem Gesicht anzusehen.

»Milch?« Sie steht wieder auf und kommt mit einer Milchkanne und einer Zuckerdose wieder.

Ein Gerücht? Ich habe keine Ahnung, wovon sie spricht.

»Ja, Klaus zwitscherte mir so etwas ins Ohr«, sie spitzt kurz die Lippen und lacht erneut, »wobei man das bei Klaus ja nicht gerade Zwitschern nennen kann …«

»Morgen … habt ihr auch einen Kaffee für mich?«

Unsere Köpfe drehen sich um. Doris betritt die Bühne, genau so empfinde ich das. Es ist eine Szene wie aus einem Theaterstück. Rotkäppchen und der Wolf oder so was. Verstrubbelt und ganz sicher auch ungeduscht steuert sie schnurstracks auf uns zu.

»Entschuldige«, sagt sie zu mir, »ich hatte keine Zeit für Duschen oder sonst einen Firlefanz, ich muss es dir gleich sagen: Wir machen das!«

»Wir machen das?« Heute Morgen bin ich offenbar schwer von Begriff. »Was machen wir?«

»Die Stube!«, erklärt sie, und mit einem leichten Anflug von Gereiztheit, weil ich nicht sofort kapiere: »Die Winzerstube! Egal wie, wir machen das!«

»Also doch kein Gerücht?« Hortense wirft mir einen leicht triumphierenden Blick zu.

»Da weißt du mehr als ich!«, erwidere ich.

»Hm«, summt Hortense und steht auf. »Setz dich, Doris, ich hol dir einen Kaffee!«

»Danke!« Sie nimmt den Stuhl neben mir und strahlt mich aus völlig verschlafenen Augen an. »Das ist klare Sache! Hier ist die Energie, die guten Schwingungen, alles, was man für so einen Neustart braucht!«

»Energie, Schwingungen …« Ich mustere sie misstrauisch. »Wo hast du das denn her?«

»Das brauch ich nicht herzuhaben, das spüre ich. Das hat sich mir gestern vermittelt. Die gemeinsame Arbeit, der Wein, das

Miteinander … Katja, wo gibt es das denn noch? In Stuttgart jedenfalls nicht!«

»Apropos Miteinander, ich habe heute Morgen Rico angerufen, weil ich beim Blick auf die Uhr total erschrocken bin … und er sagte …«

»Ich weiß, das habe ich gestern Abend noch geregelt. Die kriegen das schon hin. Aber ich sag dir was, Katja, unsere Zukunft liegt hier!« Sie schlägt mir auf die Schulter.

»Also, dein Feuereifer in Ehren, aber sollten wir da nicht noch genau drüber nachdenken?« Ich spüre, wie ich wach werde. Das geht mir nun doch zu schnell!

»Also, meine Damen«, Hortense serviert Doris den Kaffee und schiebt ihr ungefragt das kleine Milchkännchen und die Zuckerdose zu, »ich sag euch jetzt mal was. So etwas wie die Winzerstube fehlt im Dorf. Wir haben Winzer, aber nirgends eine gemütliche Winzerstube. Ein Hotel, ja, aber das Restaurant ist ungemütlich, da geht kein Einheimischer hin. Und die Winzerstube bei den Kochs, die hat Tradition, sie ist Legende! Vor allem bei Großvater Karl war dort immer die Hölle los, es war der Treffpunkt für alle.« Sie schweigt und sieht uns bedeutungsvoll an, bevor sie fortfährt: »Wenn ihr das in eure Hände nehmen würdet, kann ich mir die eine oder andere Unterstützung vorstellen.«

»Aber warum gerade wir?«, frage ich. »Da gäbe es doch zig andere, die das auch könnten. Hier aus dem Ort, aus der Gemeinde, aus Lauffen … das ist ja auch nicht weit weg … Einheimische, keine Städter!«

»Puh!« Sie macht eine wegwerfende Handbewegung. »Dann hätten sie es längst gemacht! Und sowieso sind die, die es könnten, längst weg. Zu Städtern geworden!« Sie schnaubt verächtlich. »Nein, ihr seid auf die Idee gekommen, und ihr seid ja auch schon drin gewesen, wie ich gehört habe. Du bist vom Fach – und du kannst mit Zahlen und bist auch noch eine PR-Frau, was will man mehr?« Ihr Blick fliegt zwischen Doris und mir hin und her.

»Also: Ich mach das. So oder so!«, sagt Doris entschieden. Für mich hört sich das an wie eine Drohung – auch ohne mich? Aber diese Frage will ich ihr vor Hortense nicht stellen. Und auch nicht, was aus dem Café werden soll. Und was mit ihren Kindern ist – und mit Jörg. War sie nicht gerade noch wegen Helena eifersüchtig? Und was ist mit der 23 000-Euro-Steuernachzahlung, wo soll das Geld für die Winzerstube herkommen?

Fragen über Fragen, mir schwirrt der Kopf.

»Ich muss was essen«, sage ich, obwohl sich mein Magen gerade zusammenkrampft.

»Wir hätten noch eine Kraftbrühe auf dem Ofen«, schlägt Hortense vor. »Mit Flädle. Gut nach einer durchzechten Nacht.«

»Super«, sage ich und hoffe, dass sie aufsteht und uns kurz alleine lässt.

Aber sie ruft: »Marie, kommst du mal?«

Und damit ist klar, dass sie uns keine Chance für ein Gespräch unter uns gibt.

»Übrigens«, sagt sie, »ganz im Vertrauen. Die Alten wären auch nicht abgeneigt, etwas beizusteuern …«

Sie wartet auf unsere Reaktion.

»Die Alten?«, frage ich wieder leicht begriffsstutzig.

»Die Eltern. Ilse findet sogar, diese Aussicht auf ein neues Winzerstübchen könne ihrem Mann wieder Auftrieb geben. Und Robbys Eltern sind sowieso dabei. Die tun alles für ihren Filius.«

Oje, denke ich. Jetzt setzt sie die Daumenschrauben an.

»Und mit Angelinas Mutter hättet ihr eine perfekte Mitarbeiterin, sie ist der Garant für ein gutes, schwäbisches Vesper und für echte Spezialitäten, da führt kein Weg dran vorbei!«

Das erschlägt mich.

Ich werfe einen Blick auf Doris, aber sie nickt bei jedem Wort und ist voll und ganz einverstanden. »Ja,« sagt sie, »so etwas Ähnliches hat mir Robby gestern auch schon angedeutet.«

Und alleine, wie sie diesen Namen ausspricht, lässt mir keinen Zweifel:

Sie ist verliebt!

Auf der Heimfahrt versuche ich, die Dinge irgendwie klarzukriegen.

»Denke noch mal in Ruhe drüber nach, überstürze nichts. Doris, dich hat der Tag gestern berauscht, vielleicht auch der Alkohol und möglicherweise auch das freundliche Gespräch mit Robby, aber das sind Momentaufnahmen. Ein Leben dort ist anders.«

»Ich dachte, du bist so begeistert?«, sagt sie und wirft mir von der Seite einen provokanten Blick zu.

»Doris, ich will mich nicht mir dir streiten, ich will einfach nur, dass wir uns da in kein Abenteuer hineinstürzen, das wir nachher bereuen. Wir müssen das gründlich durchdenken und vor allem auch rechnen. Es muss einfach Hand und Fuß haben.«

»Aber du hast Hortense doch vorhin gehört – die Gemeinde würde uns quasi unterstützen und die Eltern auch. Das hört sich doch gut an!«

»Ja«, gebe ich zu, »bloß, immer wenn man von irgendwem unterstützt wird, muss man auch nach deren Pfeife tanzen. Dann ist es mit der Unabhängigkeit vorbei. Es hat alles ein Für und ein Wider.«

»Jetzt bist du aber arg kritisch.«

»Nein, ich denke nur nach. Und voraus.«

Sie sieht eine Weile aus ihrem Fenster hinaus auf die vorbeiziehende Gegend. »Weißt du«, sagt sie dann, »es ist einfach ein besonderer Ort. Auf mich wirkt das magisch.«

»Ja, das ist so.«

»Aber vielleicht hast du recht. Wir werden das ganz genau

überlegen. Am besten am Konferenztisch und alles aufschreiben.«

Jetzt bin ich diejenige, die einen skeptischen Blick hinüberwirft. »Willst du mich auf den Arm nehmen?«

Sie muss lachen. »So leicht bist du nun auch wieder nicht.«

Ich atme auf, denn wenn ich etwas nicht leiden kann, dann sind es Spannungen.

»Also alles wieder gut?«, will ich wissen.

»Es war nie schlecht.« Sie legt ihre Hand auf meinen Arm.

Im Café läuft alles einwandfrei. Niki trägt gerade zwei große Salatteller an einen Tisch zu zwei jungen Frauen, und Helena steht hinter dem Tresen, als ob sie nie woanders gewesen wäre. Sie winkt uns zu und kommt dann gelassen um die Theke herum. »So, hallo, Wachablösung?«, fragt sie. »Hatten Sie es schön?«

»Ja, total«, sage ich und will kurz von unserer Weinlese erzählen, aber da kommt Niki zurück und bleibt bei uns stehen. »Hi«, sagt sie kurz und fährt direkt fort. »Wir sollten unsere Speisekarte umstellen«, erklärt sie Doris. »Das sind heute schon die vierten Gäste, die nach vegan gefragt haben.«

»Wir haben doch was drauf«, rechtfertigt sich Doris.

»Ja, Salate und einen Gemüseteller. Da gibt es in der Zwischenzeit aber viel ausgefuchstere Gerichte. Ich habe das gestern Abend extra ausprobiert und war mit Mutti in einem rein veganen Restaurant.«

»Stimmt«, meint Helena. »Das Essen dort schmeckte sehr gut, raffiniert zubereitet.«

»Okay, du kannst dir ja mal was überlegen, aber bitte mit Rico. Am besten gehst du mit ihm vegan essen, er muss die Rezepte schließlich zusammenstellen und auch kochen.«

»Wir haben schon drüber gesprochen. Er findet das gut.«

Doris nickt. Aber ihr Gesichtsausdruck verrät mir, was sie denkt: Das interessiert mich bald sowieso nicht mehr. Ich stupse sie an. »Ja, ja, schon gut«, sagt sie. »Es wird alles seinen Weg gehen. Aus einem gemütlichen Café wird ein modernes Etwas, die stundenlang Tee trinkenden Mütter werden durch junge Businessfrauen ersetzt, die Kasse klingelt, und alle sind froh.«

Es ist kurz still.

»Stimmt was nicht?«, will Niki wissen.

»Nein, alles in bester Ordnung. Ihr macht das völlig richtig. Ich habe nur einen schlechten Tag!« Und damit lässt sie uns stehen.

Helena blickt ihr nach, wie sie in die Küche geht. »Liegt es an mir?«, fragt sie dann.

»Aber nein, ganz bestimmt nicht. Sie haben uns ja gerettet. Gestern Abend und heute Morgen gleich auch noch!«

»Na ja, ich will mich nicht dazwischendrängen … und auch in keiner Weise stören.«

»Das tun Sie ganz bestimmt nicht«, sage ich und wiege den Kopf. »Für Doris sind manche Dinge im Moment nicht leicht. Sie muss erst mal mit sich selbst ins Reine kommen.«

»Ja!« Helenas Mund nimmt einen wehmütigen, sehr weichen Ausdruck an, mit einem angedeuteten Lächeln in den Mundwinkeln. »Das kenne ich. Mit sich selbst ins Reine zu kommen ist mitunter die schwierigste Aufgabe.«

In diesem Satz liegen einiger Schmerz und viel Lebenserfahrung. Und ich sehe es wie sie.

»Soll ich gehen?«, fragt Helena.

»Um Gottes willen, nein«, entfährt es mir. Sie scheint mir im Moment wie ein rettender Anker. »Ich schau mal nach Doris.« Ein Gedanke hält mich zurück: »Würden Sie noch weiter hierbleiben, wenn es Doris nicht gut geht? Ich sollte endlich mal wieder ins Büro.«

»Sehr gern!« Sie lächelt. »Es macht mir Spaß. Richtig Spaß!«

Erstaunlich. »Sind Sie durch uns nicht ins eiskalte Wasser geworfen worden?«

Sie lächelt. »Überhaupt nicht. Im Prinzip sind Gasthäuser, Cafés und Restaurants ja überall gleich. Die Kassen funktionieren vielleicht nicht immer nach demselben System, aber die Besteckschubladen würde ich überall blind finden.«

»Ja«, stimme ich zu. »Genau wie in einem Haushalt.«

»Und außerdem«, sie senkt die Stimme, »was gibt es Schöneres als mit der eigenen Tochter zusammenzuarbeiten, vor allem, wenn man sieht, wie sie dabei aufblüht? Wir hatten schwierige Zeiten, sie hat sich völlig abgekapselt. Ich dachte, das ist noch die Pubertät – aber jetzt weiß ich natürlich, warum. Es war ihre Jörg-Entdeckung. Umso mehr genieße ich jetzt diese intensive Mutter-Tochter-Zeit ...«

Ich drehe mich nach Niki um, die neue Gäste in Empfang nimmt und an einen freien Tisch führt. »Ja, das macht sie wirklich gut. Das ist mir vom ersten Tag an aufgefallen, sie ist mit Feuereifer dabei.«

»Ja, sie hat ihre Leidenschaft zur Gastronomie entdeckt.«

Oder zu Rico.

Was ist bloß los, frage ich mich spontan. Ist ein Liebeshormon unterwegs, flattert wie mein zitronenfarbiger Schmetterling von Blüte zu Blüte?

»Ich schau jetzt mal nach Doris«, sage ich und will gerade in die Küche gehen, da kommt Doris mir entgegen.

»Sie sind doch Profi«, sagt sie zu Helena. »Waren Sie schon mal bei einer Restauranteröffnung dabei?«

»Natürlich. Und schon bei mehr als einem Niedergang.«

»Nein, ich meine, waren Sie schon mal daran beteiligt, ein Restaurant aufzumachen ... also von Anfang an. Planung, Einrichtung, Küche, Ausstattung, Organisation und Kommunikation ... der ganze Kram?«

Was soll denn das jetzt, denke ich und spüre, wie mein Gesicht versteinert.

»Nein«, Helena schüttelt den Kopf, »in den Häusern, in denen ich war, konnte man das nicht selbst planen. Da gab es entsprechende Fachleute.«

»Ach ja«, sagt Doris, »verstehe.« Und nach kurzem Nachdenken: »Darf ich mir vielleicht heute noch eine Auszeit nehmen?«, fragt sie. »Es zieht mich nach Hause. Oder ist das unverschämt?«

»Überhaupt nicht«, lächelt Helena. »Ich mach das gern.«

Doris haucht mir einen Kuss auf die Wange. »Du hörst von mir.«

»Ich gehe kurz mit raus.«

Vor der Türe nehme ich sie in den Arm. »Mach am besten mal einen langen Spaziergang. Und Doris, was hast du denn mit Helena eigentlich ausgemacht? Sie muss ja auch für ihre Arbeit bezahlt werden.«

»Sie will nichts, hat sie gesagt. Sie ist froh, wenn sie was tun kann.«

Das kann eigentlich keine Arbeitsbasis sein, aber ich sage nichts dazu.

»Gut. Melde dich einfach, wenn dir danach ist.«

Sie hebt kurz die Hand. »Mach ich!«

Ich blicke ihr nach und gehe wieder zurück ins Café. Niki fragt mich hilflos: »Hab ich was falsch gemacht? Bin ich vielleicht zu forsch, wie meine Mum meint?«

»Also ich für meinen Teil finde es super, wie du den Laden in Schwung bringst. Aber es ist eben ihr Baby. Vielleicht gehen Doris die Veränderungen nur zu schnell.«

»Das ist das, was ich dir sagen wollte«, meint Helena zu ihrer Tochter, »du hast viel Elan, neue Ideen, und möchtest das hier umsetzen, aber es ist immer noch Doris' Café und nicht deines.« Sie lächelt mich entschuldigend an. »Was hat sie mit dieser Restauranteröffnung gemeint? Ob ich schon mal dabei gewesen sei?«

»Ach«, ich winke ab. »Ich habe keine Ahnung, was da gerade in ihr vorgegangen ist.«

Helena schenkt mir einen kurzen, forschenden Blick, dann wendet sie sich ab, und auch ich denke, dass ich mich am besten in mein Büro verziehe, aber Niki legt schnell ihre Hand auf meinen Unterarm. »Katja«, sagt sie leise, »da wäre noch was.«

»Ja, was denn?«, frage ich sie, und Helena, die gerade wieder hinter den Tresen gehen wollte, bleibt stehen. »Amelie hat mich vorhin angerufen. Gestern saßen sie und Jonas mit Jörg zusammen. Und haben sich wohl so richtig ausgesprochen. Ganz gegen seine Gewohnheit ist er wohl nicht davongerannt, als es schwierig wurde, sondern hat sich alles angehört. Und auch, dass sie sehr gern viel früher von ihrer Halbschwester erfahren hätten.«

»Und was hat er darauf geantwortet?«

»Dass ein uneheliches Kind vor dem Gesetz genau wie ein eheliches gilt, das heißt, es ist genauso erbberechtigt.«

»Das ist seine ganze Sorge?«, regt sich Helena spontan auf. »Diese Sorge können wir ihm mit einem entsprechenden Vertrag sofort nehmen. Von ihm wollen wir nichts!«

»Nein!«, halte ich dagegen. »Das tun Sie nicht! Niki ist mit allen Rechten seine Tochter! Aber was hat Amelie denn dazu gesagt?«

»Dass Jonas und ihr das Erbe wurscht sei. Sie würden sowieso mal ihr eigenes Geld verdienen.« Das gefällt mir und bringt mich zum Schmunzeln.

»Und du?«, frage ich Niki, »was sagst du dazu?«

»Für mich ist das hirnrissig!«, echauffiert sich Niki. »Es geht um achtzehn Jahre Versteckspiel, und er denkt ans Erben, anstatt das mit seinen Kindern aufzuarbeiten.« Sie sieht ihre Mutter stirnrunzelnd an. »Wie hast du dich denn in so einen Typen verlieben können?«

Helena zuckt die Achseln. »Manches wird einem erst später klar. Das ist mit der Liebe genau wie mit allem anderen auch. Hinterher ist man immer schlauer.«

»Dürften wir bezahlen?« Eine Stimme schreckt uns auf, vom Tisch direkt am Eingang. Niki geht an die Kasse, und Helena sieht mich nachdenklich an.

»Er scheint nur noch dem Geld hinterherzurennen. Damals dachte ich, er sei ein großzügiger Romantiker. Heute zeigt sich ein egoistischer Kleingeist.«

Ich sage zunächst nichts darauf. Dann schwäche ich ab. »Ich kenne ihn zu wenig. Und immerhin hat sich Doris ja auch in ihn verliebt, irgendwas muss er haben.«

»Ja, er sieht gut aus. Heute auch noch, wie mir Niki gesagt hat. Aber gutes Aussehen … wenn das alles ist?«

»Zumindest blendet es«, erwidere ich. »Das geht doch allen so.« Ich denke an Heiko. Er sieht auch gut aus, aber hat unter dem schönen Schein Gott sei Dank noch mehr zu bieten. »Und Menschen verändern sich«, spinne ich den Faden weiter. »Vielleicht war er früher … aber nein«, unterbreche ich mich selbst, »wenn er früher anders gewesen wäre, hätte er von Anfang an mit offenen Karten gespielt. Ihnen gegenüber und … übrigens«, meine Gedanken spielen heute wirklich Karussell, »wer von uns beiden ist denn die Ältere? Ich bin fünfundvierzig!«

Sie sieht mich erstaunt an. »Ich bin dreiundvierzig!«

»Gut, dann biete ich, als Ältere, Ihnen jetzt das Du an.«

Sie lächelt. »Einfach so? Ohne darauf anzustoßen?«

»Ich kann höchstens mit Mineralwasser anstoßen. Oder Kamillentee.«

»Gut, dann eben so.« Sie macht einen Schritt auf mich zu, umfasst meine Arme und drückt mir rechts und links einen Wangenkuss auf. »Ich heiße Helena.«

»Und ich Katja.«

In meinem Büro hole ich mir eine Flasche Wasser und setze mich an meinen PC. Es ist unglaublich still um mich herum, das wird mir plötzlich bewusst. Kein einziges Geräusch dringt zu mir hoch, weder von der Straße unter meinem Fenster noch vom Café. Es ist so leise, dass ich sogar den Kühlschrank in der kleinen Küche brummen höre. Perfekt, um in mich hineinzuhorchen, denke ich, schenke mir ein Glas Wasser ein und trete ans Fenster. Genau gegenüber sehe ich auf die Fassade des Hotels und sogar in einzelne Zimmer hinein, wie mir gerade zum ersten Mal bewusst wird. Genauso sind dann auch wir auf dem Präsentierteller, vor allem, wenn bei uns Licht brennt. Neben dem Hotel ziehen sich lückenlos Häuser an der Straße entlang bis hinauf zur viel befahrenen Querstraße, vereinzelt sehe ich Bäume, aber sonst kein Grün. Wahrscheinlich traut sich nicht einmal Unkraut hier zu wachsen, denke ich und schau zum Himmel. Viel Spielraum lässt einem eine Stadt nicht. Auch vom Himmel sehe ich nur einen Ausschnitt, und der ist grau. Heute ist Grau in Grau angesagt, in jeder Hinsicht also das vollkommene Kontrastprogramm zum gestrigen strahlenden Tag.

Ich seufze. Was will ich denn iüberhaupt? Will ich mein schönes Büro aufgeben, meine gemütliche Wohnung mit den mir lieb gewonnenen Nachbarn? Auch wenn sie mitunter etwas schrullig sind? In ein Dorf ziehen, Wohnung neu, Büro neu … alles wieder neu … und Mutti in Stuttgart? Heiko?

Nein, ich wende mich vom Fenster ab. Das will ich nicht. Zeitlich begrenzt, ja. Bis alles läuft, bis Doris alles im Griff hat. Aber ganz und gar, mit Haut und Haaren? Ich fahre den PC hoch. Jetzt mache ich mich endlich an meine Agenturaufgaben, an den Entwurf für das Schmetterlingsetikett, und dann aktualisiere ich die Winzer-Homepage, gestalte die neuen Flyer und organisiere die ersten Presseauftritte.

»Katja«, sage ich laut. »Heute packst du mal endlich wieder deine eigenen Sachen an. Und nur deine!«

Wie immer, wenn ich mit mir und meinen Gedanken alleine bin, komme ich schnell voran. So schnell, dass ich bis zum Abend bis auf die Pressetermine alles erledigt habe. Und die kann ich erst nach Absprache mit meinen Winzern bestimmen. Also schreibe ich eine Mail an Angelina, Sebastian und Robby und hänge alle Vorschläge und Entwürfe als Anhang dran. Außerdem bedanke ich mich noch einmal für den ganz besonderen Tag. Auch im Namen von Doris. Dann fahre ich den PC runter, lege Heiko eine kleine Liebesnotiz mit Herz auf seinen Bürostuhl und schließe unser Büro ab. Unten im Café arbeiten Helena und Niki noch immer zusammen. Inzwischen ist es fast sieben Uhr, und das Abendgeschäft ist angelaufen. Einige Tische sind bereits besetzt.

»Das kann's jetzt aber auch nicht sein!« Ich gehe zu Helena hinter den Tresen, die gerade eine Weinschorle mixt. »Du bist doch nicht zum Arbeiten hierhergekommen.« Ich kann nur den Kopf schütteln. »Hat sich Doris denn nicht gemeldet?«

»Bei mir nicht«, sagt Helena. »Das macht aber nichts. Ich nehme mal an, es ist schlicht ein Ausnahmetag.«

»Na, das will ich hoffen!« Ich ziehe mein Handy aus der Hosentasche, aber auch da ist keine Nachricht von Doris. »Also gut«, ich stecke es wieder ein, »dann übernehme ich jetzt. Und ihr beide, du und Niki, startet in den Feierabend. Ich rufe Vroni an, das kriegen wir schon hin.«

»Ach, lass doch!« Helena schenkt mir einen warmen Blick. »Wir hatten vorhin eine sehr nette Pause mit Rico in der Küche. Er hat uns von seiner Kindheit in Brasilien erzählt, das war wirklich sehr aufschlussreich. Und für mich«, sie lächelt, fast verlegen, scheint mir, »auch irgendwie besonders. Und nicht nur als Zuhörerin, sondern auch als Mutter. Verstehst du? Sie haben mich ins Gespräch einbezogen. Ihre Ansichten, ihre Geschichten mit mir geteilt.« Sie schüttelt leicht den Kopf. »Das ist vielleicht schwer zu verstehen, aber nach so viel Ablehnung in den letzten Monaten war das Balsam für meine Seele. Deshalb ist die Zeit hier«, sie macht eine kleine Handbewegung, »wie ein Geschenk. Also geh nur. Und schick mir keine Vroni. Wir schaffen das heute schon, wir drei.« Sie legt ihre Hand auf meine. »Morgen sehen wir dann weiter!«

»Ja«, sage ich, »gut.« Insgeheim denke ich aber, dass es so nicht weitergeht. Doris kann doch nicht einfach abhauen und den Laden laufen lassen? Außerdem sieht ihr das überhaupt nicht ähnlich.

»Mach dir einen schönen Abend«, verabschiedet Helena sich.

Niki, die gerade mit einem Käse-Wurst-Salat aus der Küche kommt, winkt mir zu. Ich bleibe noch kurz stehen, um auch ihre Meinung zu hören, aber sie sagt nur: »Wenn wir Doris damit nicht auf den Schlips treten, aber sie hat ja gesagt, dass wir uns kümmern sollen … dann probieren wir morgen zwei neue vegane Gerichte aus. Ich schreibe sie mal probeweise auf die Tafel.«

»Welche Tafel denn?«

»Haben wir gestern gekauft. Eine große Schiefertafel für die wechselnden Tagesgerichte. Aktuelle Angebote, verstehst du? Das ist klasse, das mögen die Gäste. Willst du die Tafel mal sehen? Steht in der Küche.«

»Super«, sage ich. »Tolle Idee! Leg den Beleg für die Tafel in die Kasse und nimm dir bitte den entsprechenden Betrag raus.«

»Nee, Mutti sagt, das ist ein Willkommensgeschenk. Statt Blumen.« Sie lacht, winkt mir kurz zu und rauscht ab in die Küche. »Teufelsmädchen«, sage ich zu Helena. Und sie lacht. »Ja, ich bin auch stolz auf sie!«

Ich fahre mit gemischten Gefühlen zu Mutti, bin froh, dass dort alles in Ordnung ist, gehe noch für uns beide einkaufen und sehne mich dann nach einer heißen Dusche. Der Himmel hat sich zugezogen, und es ist, obwohl noch nicht einmal neun Uhr, dämmrig. Manche Autos fahren mit Licht, und einige Passanten haben sich Regenschirme unter die Arme geklemmt. Ich schleiche im Stau dahin und frage mich, was den überhaupt verursacht? Auf dieser Strecke gibt es keine Baustelle, und die Ampeln schalten zügig um, es muss an der Unwetterstimmung liegen. Die Menschen ducken sich schon, bevor es überhaupt losgeht. Vorauseilende Angst. Aber vielleicht ist ja gerade das menschlich, sinniere ich weiter. Vorauseilender Gehorsam ist doch auch so etwas – um nicht in Ungnade zu fallen, um gut dazustehen, vielleicht auch, um auf sich aufmerksam zu machen. Und vorauseilende Angst? Vor einem Unwetter, vor einem Arztbesuch, vor einer Prüfung. Aber vielleicht ist das auch gut so. Vielleicht haben unsere Vorfahren nur so überlebt? Mit Vorausschau? Die Höhle verbarrikadieren, falls ein Bär hereinschauen will? Vielleicht liegt es in unseren Genen und ist so eine Art Überlebensstrategie?

Ich habe jedenfalls keinen Regenschirm im Auto, stelle ich gerade fest. Im Kofferraum zwar immer Kleidungsstücke für alle Eventualitäten, Bergschuhe, Sandalen, Bikini und Handtuch, aber keine Regenjacke. Wenig vorausschauend. Also muss ich aufrüsten. Der Gedanke beschert mir mit einem Schlag gute Laune. Ich falle also aus dem Raster – aus dem Vorausschau-Raster. »Kleine Individualistin«, flüstere ich mir zu, während ich vor der Wohnung nach einem Parkplatz Ausschau halte und ihn tatsächlich auf Anhieb in einer kleinen Nebenstraße finde.

Ich greife hinüber nach dem Korb mit meinen Einkäufen, der auf dem Beifahrersitz steht, und steige eben aus meinem Wagen, als die Fahrertür durch eine starke Windböe förmlich aufgerissen wird und ich gerade noch die Packung Chips, die oben auf meinen Einkäufen liegt, festhalten kann, sonst wäre sie davongeflogen. Donnerwetter, denke ich, drücke die Wagentüre gegen den Widerstand zu, schließe ab und lass mich vom kräftigen Rückenwind die kleine Straße hinaufschieben. Die Baumkrone der Kastanie, auf die ich zulaufe, wird schon heftig geschüttelt, dann lässt der Sturmwind plötzlich nach. Ich sehe nach oben zum Himmel, und in diesem Moment öffnen sich die

Schleusen, und es schüttet wie aus Kübeln. In kürzester Zeit bin ich klatschnass und gehe nicht mehr, sondern renne, den Korb an mich gepresst, die kleine Straße hoch und meine Straße entlang bis zur Gartenpforte. Dort verschnaufe ich kurz. Und dann donnert es, als hätte direkt neben mir ein Blitz eingeschlagen, so nah und unmittelbar, dass mir der Schreck durch alle Glieder fährt. Über mir ein schwarzer Himmel mit schwarzen Wolken, aus dem schwere Regentropfen auf mich niederprasseln. Ich flüchte zum Hauseingang und bleibe unter dem Dachvorsprung stehen, wische mir die Haare aus dem Gesicht und sehe ein paar Sekunden hinaus in den Garten zu den beiden Bäumchen, die sich im Sturm biegen. Hoffentlich brechen sie nicht, denke ich, während ich in meiner Tasche nach dem Haustürschlüssel suche. Ein Blitz, zackig und über den ganzen Himmel hinweg, taucht kurz alles in grelles Licht und lässt die Umgebung umso dunkler zurück. Ich habe genug gesehen, ich will nur noch rein. Hoffentlich hat das Haus einen guten Blitzableiter, denke ich, während ich mit zittrigen Fingern aufschließe.

Noch bevor ich an der Treppe in den ersten Stock bin, geht die Tür neben mir auf.

»Gott sei Dank sind Sie da.« Petroschkas Kopf lugt heraus, der Körper bleibt im Dunkeln seines Flurs unsichtbar. »Ich habe mir schon Sorgen gemacht! Auch weil Sie heute Nacht nicht da waren. Alles in Ordnung?«

»Ja«, sage ich, »danke. Alles in Ordnung.« Und weil er so komisch dasteht: »Und bei Ihnen?«

Er sagt etwas, aber es geht in einem erneuten Donner unter. Ich bleibe stehen. »Was?«, frage ich.

»Ach, ich habe einfach Angst vor Gewittern. Vielleicht war ich als Kind zu oft alleine.«

Es ist mir zwar nicht danach, aber so stehen lassen kann ich ihn auch nicht. »Kommen Sie mit hoch«, sage ich nur knapp. »Bitte!«

»Wirklich?« Seine Zähne schlagen aufeinander, ich höre es, ganz schwach. Er zittert. Er hat Panik. Ich strecke die Hand nach ihm aus. »Gar keine Frage!«

»Ich muss mir was anziehen«, sagt er und zieht den Kopf zurück.

»Ich warte«, sage ich und spüre, wie die triefende Nässe meiner Kleidung in mich hineinkriecht. Jetzt, wo ich nicht mehr in Bewegung bin, fange ich an zu frieren. Gleich schlagen meine Zähne auch aufeinander, ich sehne mich schon jetzt nach einer heißen Dusche.

Kurz darauf steht Petroschka vor mir, in seinem gestreiften Bademantel, den ich schon kenne. »Wenn es Sie nicht stört«, sagt er schüchtern.

»Mich stört heute nichts«, sage ich, »außer dem Gewitter!«

Er lächelt schwach und geht dann hinter mir her die Treppenstufen hinauf. Auf der Hälfte geht das Flurlicht aus. »Die Zeitschaltuhr«, sagt Petroschka hinter mir und bleibt wie angewurzelt stehen.

»Augenblick!« Ich taste mich an der Wand nach oben und schalte es neben meiner Wohnungstüre wieder an. Kaum brennt es, geht es auch schon wieder aus, und ein unglaublicher Knall fährt durch das Haus und lässt die Wände erzittern.

Petroschka entfährt ein Schrei. »Es hat eingeschlagen!«

Das Licht geht wie von Geisterhand wieder an. Petroschka kauert stocksteif und leichenblass auf seiner Stufe und stützt sich an der Wand ab.

Ich stelle meinen Korb ab, schließe meine Tür auf, mache Licht in meinem Flur und gehe dann zu ihm hinunter. Er rührt sich nicht.

»Kommen Sie.« Ich nehme ihn am Arm und führe ihn wie einen Blinden hinauf. Komischerweise hilft mir das selbst auch.

»Danke«, sagt er schlicht, als wir in meinem Wohnzimmer sind. Ich dirigiere ihn zu meiner Couch und reiche ihm eine

Kuscheldecke, während er sich langsam auf das Polster sinken lässt.

»Ich ziehe mir nur schnell etwas Trockenes an«, sage ich und deute auf mein T-Shirt, das wie eine zweite Haut an mir klebt.

Er nickt nur. »Kommen Sie schnell wieder«, sagt er. Wie er da so sitzt, sieht er aus wie ein zu schnell gealtertes, dickliches Kind. Er tut mir leid, und ich beschließe, mir auch nur meinen kuscheligen und warmen Bademantel anzuziehen, dazu ein Handtuch um die nassen Haare. Auf dem Rückweg von meinem Schlafzimmer schnappe ich mir eine Flasche Rotwein und zwei Gläser.

Petroschka sitzt unverändert da. In sich hineingekauert. Er wirkt wie traumatisiert. Komisch. So ein kräftiger Mann? Ich stelle die Gläser hin und entkorke die Flasche.

»Danke«, sagt er, ohne aufzublicken.

Draußen donnert es noch immer, und hin und wieder erhellt ein Blitz den Raum, aber die Schläge werden leiser, das Gewitter scheint weiterzuziehen. Ich schenke uns ein, ihm mehr als mir, denn eigentlich mag ich gerade gar keinen Wein.

»Herr Petroschka«, ich reiche ihm das Glas, »das haben wir überstanden.«

Er blickt auf. »Aber es hat doch eingeschlagen«, sagt er fragend.

»Offensichtlich hat der Blitzableiter gehalten«, beruhige ich ihn, »oder aber es war nebenan.«

»Sie müssen entschuldigen«, er kriecht irgendwie aus sich heraus, wird größer und sitzt etwas später in seiner vollen Statur auf dem Sofa, »es ist … ich kann nicht dagegen an.«

»Hat das einen Grund?«, frage ich.

Einen Moment lang erinnert er mich an meine Mutter, wenn sie in sich selbst versinkt. Es ist, als würde er in sich hineinhorchen. Ich beobachte ihn und fühle mich gleichzeitig schlecht, weil ich ihn beobachte.

»Ja«, sagt er schließlich und nimmt seine Brille ab, »wie vieles im Leben geht das auf die Kindheit zurück. Auf eine Strafe. Ich war klein, vielleicht sechs? Oder noch kleiner? Jedenfalls hat mich mein Vater in den Keller gesteckt, weil ich meine Suppenschüssel umgekippt habe und die Suppe über meine Kleider hinab auf den Teppich lief. Das weiß ich noch genau. Da unten war es kalt. Und stockdunkel. Und als das Gewitter kam«, er schaudert, »wurde alles um mich herum mit jedem Blitz lebendig. Überall tanzten schauderhafte Gestalten. Dämonen, die nach mir griffen.« Er stockt. »Meine Mutter hat mich irgendwann ohnmächtig wieder nach oben in die Wohnung getragen.«

Es ist kurz still, dann stehe ich auf, setze mich neben ihn und fasse nach seiner Hand. »Menschen sind grausam«, sage ich.

»Wem sagen Sie das.«

Wieder ist es still, wir rühren uns nicht.

»Kann ich was tun?«, frage ich schließlich.

Er tastet nach seiner Brille und setzt sie wieder auf. »Würden Sie das?«

»Aber ja!«

»Würden Sie«, seine Augen, stark vergrößert, suchen meine, »würden Sie das Lied von Johannes Brahms noch mal für mich spielen? *Guten Abend, gut Nacht*? Das haben Sie ganz am Anfang schon getan, als Sie hier eingezogen sind.«

»Ja«, sage ich und stehe auf. »Ja, ich erinnere mich. Sie kamen mit einer Flasche Rotwein hoch und haben geklingelt.«

»Ihre Klavierstücke, die Sie gespielt haben, haben mich magisch angezogen. Und da dachte ich, vielleicht würden Sie das für mich tun …«

»Es ist ein schönes Lied.« Ich klappe den Klavierdeckel auf, rücke meinen Schemel zurecht und sehe mich nach ihm um.

»Ja, es ist ein tröstliches Lied.«

Er sinkt in die Polster zurück, einen seligen Ausdruck im

Gesicht. So wenig, denke ich, so wenig kann einen Menschen glücklich machen, ihn von seinen schweren Gedanken befreien. Ich beginne zu spielen und spüre, wie mir das Lied ebenfalls guttut. In Gedanken singe ich es bis zum Ende mit: »… schlaf nun selig und süß, schau im Traum 's Paradies …«, und weil es so schön ist, spiele ich es noch einmal und improvisiere dann einfach weiter. Meine Finger finden neue Klänge, neue Melodien, sie entwickeln ein Eigenleben. Nach einer Weile bekomme ich das Gefühl, mir selbst zuzuhören und überhaupt nicht ich zu sein, als spiele mir jemand anderes etwas vor, da reißt mich ein lang gezogener Klingelton aus meiner Stimmung. Ich lasse die Hände sinken und drehe mich um. Ein Handy? Nein, auch Petroschka richtet sich fragend auf. Wir sehen uns an.

»Die Tür?«, fragt er, da klingelt es wieder. Fordernd, finde ich, oder hilfesuchend. Ich stehe auf, drücke auf den Haustüröffner und mache die Wohnungstür auf. Wer da hereinstürmt, ist schneller, als ich reagieren kann. Jörg!

»Wo ist sie?«, herrscht er mich an, kaum dass er den Fuß über meine Schwelle gesetzt hat.

»Wer?«, frage ich.

»Wer?«, äfft er mich nach, dann bemerkt er Petroschka auf der Couch. Der versucht gerade, seinen Bademantel in Form zu bringen.

»Ah«, sagt er mit Blick auf mich. »Komme ich ungelegen?«

Ich stehe da und muss kurz überlegen.

»Du kommst, wie du kommst«, sage ich dann. »Erklär mir, worum es geht.«

»Doris ist nicht daheim. Kein Pieps, wo sie ist. Gestern Nacht schon nicht!« Er steht in Trenchcoat und mit nassen Haaren vor mir und sieht mit zusammengezogenen Brauen auf mich hinunter. »Und da du die Verursacherin des ganzen Übels bist, dachte ich mir …«

»Jetzt halt mal«, unterbreche ich ihn energisch, »wieso bin

ich die Verursacherin des ganzen Übels? Das bist du doch wohl selbst?«

Er lacht schnaubend.

»Na, ich bitte dich! Seitdem du wieder hier bist, ist doch Doris völlig verändert, sie ist eine ganz andere Frau! Da steckst doch du dahinter!«

»Ich? So ein Unsinn! Doris ist eine eigenständige Frau!«

»Sie verehrt dich und deine Unabhängigkeit! Ständig höre ich das!«

Ich trete einen Schritt zurück. »Jörg, da bin ich jetzt aber eher in Sorge. Wir haben uns zuletzt im Café gesehen, das war heute gegen Mittag. Da sagte sie, sie wolle heimgehen!«

»Klar!« Er grinst zynisch. »Und gestern Nacht? Wollte sie da auch schon heimgehen?«

»Ich glaube, ich gehe jetzt besser …« Hinter mir höre ich Petroschkas Stimme.

»Nein«, bestimme ich entschieden und drehe mich nach ihm um, »ganz sicher nicht! Sie sind mein Gast … und Jörg«, ich mach eine Pause, um mich zu besinnen, »ist der Ehemann meiner Freundin Doris. Er macht sich offenbar Sorgen um sie.«

»Es ist spät. Elf Uhr vorbei«, erklärt Petroschka in seiner besonnenen Art und richtet sich an Jörg. »Es war ein schweres Unwetter. Könnte Ihrer Frau etwas passiert sein?«

Jörg steht unentschlossen mitten im Raum. Um seine Füße bildet sich eine kleine Pfütze. Ich kreuze meine Arme vor meiner Brust, was mich daran erinnert, dass auch ich nur einen Bademantel trage. Wahrscheinlich ein schräges Bild, Petroschka und ich, beide in Bademänteln. »Willst du dich nicht setzen?« Ich deute auf den Sessel am Couchtisch.

Er zögert.

»Gib mir doch mal deinen Mantel«, setze ich hinzu. »Mit Vorwürfen kommen wir jetzt auch nicht weiter. Wir müssen überlegen, wo Doris sein könnte. Bei mir ist sie jedenfalls nicht.«

Und plötzlich schießt es mir heiß durch die Adern, und ich ärgere mich, Jörg zum Sitzen eingeladen zu haben.

»Es ist eine so verfahrene Situation, dass es kaum eine Steigerung gibt!«, wettert Jörg, zieht seinen Mantel aus, wirft ihn über die Lehne des Sessels und lässt sich in das Leder hineinfallen. »Und wer sind Sie?«, fragt er Petroschka und zieht die Flasche Rotwein zu sich rüber. »Na, für eine angehende Weinkennerin beweist du reichlich wenig Geschmack!«

»Lass das bitte!«

»Was soll ich lassen?« Er sieht mich stirnrunzelnd an.

»Dieses Gehabe.«

»Gehabe?«

»Tu doch nicht so. Diese Arroganz. Das hast du doch gar nicht nötig!«

Er geht nicht darauf ein, sondern nimmt Petroschka ins Visier, der sich unter seinem Blick durchs schüttere Haar streicht. »Und? Seid ihr ein Liebespaar?«

»Wer will das wissen?«, fragt Petroschka zurück.

»Einer, der sich mit Liebe auskennt«, sage ich betont ironisch.

»Womit wir auf Doris zurückkommen«, entgegnet Jörg. »Also, wo könnte sie sein?«

»Womit wir auf Doris, Helena und Niki kommen.«

Er schüttelt den Kopf. »O nein. Mit den beiden habe ich nichts zu tun.«

»Du könntest sie kennenlernen.«

»Mir hat der Auftritt der sogenannten Tochter schon gereicht. Da brauch ich die Mutter nicht auch noch!«

Ich stehe auf, hole ein drittes Weinglas und stelle es vor ihn hin. »Entspann dich!« Dann schenke ich ihm ein.

Er sieht mir argwöhnisch zu. »Das ändert nichts«, sagt er.

»Doris ist doch Ihre beste Freundin?«, fragt Petroschka. »Und Niki wohnt doch bei Ihnen hier?«

»Sie übernachtet aktuell im Hotel.« Ich setze mich wieder.

»Bei ihrer Mutter. Die ist vorgestern angereist, um den Vater ihrer Tochter kennenzulernen.« Ich deute mit dem Daumen auf Jörg.

»So ein Quatsch!« Jörg funkelt mich an. »Sie kennt mich natürlich schon. Was redest du denn?!«

»Ein kurzes Intermezzo vor neunzehn Jahren, das kann man nicht wirklich kennen nennen.«

»Für mehr besteht auch kein Bedarf!« Er greift nach seinem Trenchcoat. »Ich seh schon …«

»Wieso wollen Sie die Mutter Ihrer Tochter denn nicht sehen?«, fragt Petroschka völlig ruhig und beugt sich etwas vor.

»Warum?«, herrscht Jörg ihn an. »Weil sie mich nichts angeht!«

»Aber wenn man doch ein gemeinsames Kind hat?«

»Pah!« Jörg schlägt mit drei Fingern auf die Tischplatte. »Sie hat mich reingelegt! So sieht's aus!«

»Sie hat was?« Nun werde ich hellhörig. Was sagt er da? »Was? Sie hat die Pille genommen, die Minipille! Das war ein Unfall, das war damals bei der Minipille kein Einzelfall!«

Er lacht höhnisch. »Sie wollte das Kind! Sonst hätte sie doch meinem Angebot zugestimmt, es abtreiben zu lassen.«

»Deinem Angebot?« Ich muss mich beherrschen, um nicht aufzuspringen. »Für wen hältst du dich eigentlich? Für den lieben Gott, der über Leben und Tod entscheidet? Sie hat sich für das Leben des Kindes entschieden!«

»Nein, sie wollte das Kind, um mich zu erpressen!« Seine Stimme wird laut, und sein schönes Männergesicht verzieht sich zu einer Fratze. »Das weiß doch jeder Mann. Frauen kriegen von den Männern, die sie einfangen wollen, Kinder. Ist das so neu für dich?«

Ich muss Luft holen, und auch an Petroschkas Gesichtsausdruck sehe ich seine Entgeisterung.

»Wie bitte?«, frage ich scharf.

»Klar! War doch so! Und ich musste ihr dann erst mal klarmachen, dass ich nicht die Absicht habe, den Dummen zu spielen!«

»Du warst verheiratet«, erinnere ich ihn und bemühe mich, meine Stimme ganz sachlich klingen zu lassen, »deine Frau war im neunten Monat schwanger! Das hattest du deiner Geliebten verschwiegen! So sieht's aus!«

»Wie auch immer!« Er lehnt sich zurück. »Sie hat jedenfalls versucht, mir den Balg anzuhängen!« Er funkelt mich an. »Das hat sie dir natürlich anders erzählt, nachdem sie ihre Tochter scheinheilig vorausgeschickt hat. Und danach taucht sie selbst hier auf. Genauso scheinheilig. Was will sie überhaupt? Noch mehr Kohle?«

Ich reiße mich zusammen. »Eine Frau kann einen Mann mit einer Schwangerschaft gar nicht hereinlegen, denn wenn sie ein Kind bekommt, legt sie sich erst mal selbst rein.«

»Was soll denn das jetzt?«

»Stimmt!« Petroschka schaltet sich ein. »Die Frauen haben, egal ob verheiratet oder nicht, die Verantwortung für das Kind. Achtzehn Jahre lang. Oder länger. Ob das Kind nun gesund oder behindert ist, arm oder reich aufwächst, wenn die Männer keine Lust haben, sind sie weg. Die Frau steht alleine da, badet aus, was der Mann ihr eingebrockt hat. Davon hab ich als Sozialarbeiter genug Beispiele erlebt.«

»Das nenne ich mal eine Verdrehung der Tatsachen!«

Petroschka lächelt milde. »Wenn es eine Verdrehung der Tatsachen ist, dann haben Sie die Mutter entlastet und für das Kind gesorgt?«

»Ja, habe ich. Und zwar mit tausend Euro monatlich mehr als genug!«

»Sie haben sich freigekauft!«

Ich halte die Luft an. Wie wird er reagieren?

»Freigekauft? Sie sind gut! Ich habe teuer bezahlt! Für einen

Sprung! Das muss man sich mal vorstellen. Im Ganzen 216 000 Euro! Dafür hätte ich ein ganzes Puff kaufen können!«

»Aber kein Kind. Und was ich höre, ist nur, dass Sie bezahlt haben. Und die Verantwortung? Die haben Sie abgegeben!« Petroschka sieht mich an. »Habe ich das richtig interpretiert? Er hat die Verantwortung für das Leben, das er gezeugt hat, einfach an die Mutter abgeschoben?« Er schüttelt den Kopf. »Ich nenne das verantwortungslos.«

»Und ich muss mir das nicht länger anhören!«

Wir beachten ihn gar nicht. »Ja«, erkläre ich Petroschka in sanftem Ton.

»Und die Tochter durfte nie erfahren, wer ihr Vater ist, das war die Bedingung für den monatlichen Unterhalt, den er übrigens von Rechts wegen sowieso hätte bezahlen müssen.« Petroschka stimmt mir schweigend zu. »Dann hat die Tochter zufällig in der Kommode ihrer Mutter, sorgfältig unter Wäsche versteckt, einen Brief von Jörg gefunden«, fahre ich fort, noch immer an Petroschka gerichtet, »ein ziemlich aktuelles Schreiben, darin kündigte er an, dass er die Zahlungen demnächst einstellen werde.«

»Mit Recht!«, fährt Jörg dazwischen.

»Jörgs Adresse stand auf dem Briefkopf. Daraufhin fing die Tochter, Niki, an zu recherchieren und machte seine Familie ausfindig. Und das Café. Sie ließ sich von Doris einstellen, die nichts ahnte. Sie wollte ihren leiblichen Vater unter allen Umständen kennenlernen.«

Jörg verdreht die Augen. »Das war doch wohl der Plan der Alten!«

Ich beachte ihn noch immer nicht, sondern kläre Petroschka weiter auf, der mir zuhörend ein Stück entgegengerutscht ist. »Ihrer Mutter erzählte Niki, sie sei bei einer Freundin, stattdessen arbeitete sie in Doris' Café als Aushilfe mit. Und dann war sie bei der Arbeit so fit und schnell, dass sie den Laden wirklich in Schwung brachte.« Ich wende mich Jörg wieder zu. »Eine tolle junge Frau. Du solltest sie kennenlernen!«

Jörg greift nach seinem Glas und nimmt einen großen Schluck. »Und Sie sollten aufpassen«, sagt er zu Petroschka, der beim Zuhören auf die Sofakante gerutscht ist, »Ihr Bademantel klafft auf! Sonst fällt noch was raus!«

Petroschka schließt die Beine, zerrt den dicken Stoff zusammen und rutscht zur Sofalehne zurück. »Wenn es Sie stört«, sagt er dazu, dann ist es eine Weile still. Ich glaube sogar meinen alten Wecker aus dem Schlafzimmer ticken zu hören.

»Der Sturm hat nachgelassen«, bemerkt Petroschka. Stimmt. Die pfeifenden Geräusche rund ums Haus sind weg. Es ist wirklich totenstill.

»Na dann.« Jörg richtet sich auf.

»Der Sturm!« Ich fahre hoch. »Wenn Doris mit dem Wagen unterwegs war und in dieses Unwetter geraten ist?«

»Wo soll sie unterwegs gewesen sein?«, fragt Jörg misstrauisch.

Ich zucke mit den Schultern. Aber am wahrscheinlichsten ist, dass sie zum Weingut gefahren ist. Ganz bestimmt hat es sie dort hingezogen. Nicht nur, weil es ein besonderer Ort ist, wie sie sagt, sondern weil dort auch ein besonderer Mann ist. Ich muss ihn anrufen.

»Hast du sie schon angerufen?«, will ich von Jörg wissen.

»Mehrfach!«

»Und?«

»Das Handy ist aus!« Er runzelt die Stirn. »Oder hat keinen Akku mehr. Das passiert ihr öfters.«

»Ich hole meins.« Ich stehe auf. Und während ich meine Handtasche suche, die ich schließlich auf dem Korb mit den noch nicht ausgepackten Lebensmitteln finde, höre ich Jörg fragen: »Und Sie sind Sozialarbeiter? Und mit Katja liiert?«

»Wir siezen uns.«

»Ja, aber dann …«

»Ich bin ihr Vermieter.«

»Als Sozialarbeiter?«

Das Erstaunen in Jörgs Gesicht kann ich mir ungefähr vorstellen. Direkt schade, dass ich ihn hier von der Küche aus nur hören, nicht sehen kann.

»Das Schicksal geht oft seltsame Wege!«

Es ist kurz ruhig.

»Ja, das will ich meinen …« Jörgs Stimme hört sich anders an als vorhin. Der aggressive Ton ist weg. Und mein Handy ist auch weg. In der Tasche ist es jedenfalls nicht. Wo zum Teufel ist es? Aus meiner Tasche gerutscht? Im Auto? Auf der Straße? Hab ich's im Büro liegen lassen? Oder nein, ich muss mal kurz meinen Weg zurückverfolgen … bei Mutti. Dort war ich zuletzt. Und habe ein Foto von ihr gemacht, wie sie in ihrem Massagesessel sitzt, mit diesem Mäusefänger auf ihrem Schoß.

Schau, wie lieb er ist, mein Purzel.

Ja, süß, Mutti. Ich mach ein Foto. Das druck ich dir aus!

Da freu ich mich!

Mist!!

Ich ärgere mich über mich selbst. Wo habe ich sonst noch Robbys Telefonnummer gespeichert? In meinem Tablet. Und wo ist das? Im Büro!

Es macht mich schier wahnsinnig!

»Ich finde mein Handy nicht«, fluche ich und gehe ins Wohnzimmer zurück.

»Das kenne ich auch…«, Jörg sieht hoch. »Jeder dritte Satz meiner lieben Frau beginnt so.«

»Habt ihr euch überhaupt noch was Liebes zu sagen?«, frage ich aufgebracht, weniger wegen ihm als wegen mir selbst.

»Was soll das heißen?«

»Ach, nichts. Ich ärgere mich gerade über mich selbst! Offensichtlich habe ich mein Handy bei meiner Mutter vergessen. Dann kann ich Doris nicht anrufen.«

»Das ist das kleinste Problem.« Jörg greift in die Manteltasche seines Trenchcoats. »Dann ruf ich sie noch einmal an.«

Sie wird nicht drangehen, wenn sie deine Nummer sieht, denke ich.

»Kann ich was tun?« Petroschka nimmt seine Brille ab und putzt die dicken Gläser behutsam mit dem Ende seines Bademantelgürtels. Diese Geste kenne ich schon, und sie beruhigt mich irgendwie.

»Eher Jörg.« Der lauscht gerade in sein Handy, schüttelt dann aber den Kopf.

»Schreib ihr eine Nachricht«, schlage ich vor und setze mich wieder in meinen Sessel. »Sag ihr, dass du sie suchst. Und dass du bei mir bist. Und dass wir uns Sorgen um sie machen.«

»So viel?«, fragt er.

»Ja. Sonst gib es mir. Ich mach das schnell.«

Er schüttelt den Kopf. Wenn er sein Handy nicht aus der Hand gibt, dann hat er etwas zu verbergen, denke ich, sage aber nichts dazu. In diesem Moment klingelt es. Ein scheppernder Ton. Ich springe auf und gehe dem Geräusch nach. Es kommt vom Klavier. Ach, Katja, dumme Kuh, da liegt es. Warum nicht gleich?

Triumphierend halte ich es hoch, dann sehe ich nach. Heiko hat angerufen. Den rufe ich am besten aus der Küche an, aber schon zu spät, er nimmt den Anruf nicht an.

Dafür schnappe ich mir die Packung Chips, die oben auf den Einkäufen liegt, und reiße sie auf dem Weg zum Tisch auf.

»Muss das sein?«, stöhnt Jörg, aber Petroschka lächelt mir zu. Ich schütte alle Kartoffelchips in eine Porzellanschüssel und stelle sie auf den Tisch. »Damit der Rotwein nicht so trocken ist«, sage ich zu Jörg, der unfreiwillig grinsen muss, während er tippt.

Na also, geht doch, denke ich und gehe in die Küche zurück. Jetzt werde ich mal meine Winzer anrufen. Aus dem Wohnzimmer höre ich Jörg fragen: »Und was machen Sie so … als Sozialarbeiter?«

»Ich kann Ihnen was über Frauenhäuser erzählen, über alleinerziehende Mütter beispielsweise. Die keinen Weg mehr für sich sehen. Oder aber über die Stuttgarter Tafel, die immer zu wenig Geld hat, weil es immer mehr Menschen gibt, die zu wenig Geld haben …«

Zuerst rufe ich Doris an. Ihr Handy ist ausgeschaltet. Dann Robby.

»Ja?« Er klingt atemlos.

Und ich habe mir nicht überlegt, wie ich die Frage überhaupt formulieren will.

»Robby, sorry, wenn ich so spät noch störe. Wir sind auf der Suche nach Doris. Und wegen des Unwetters in Sorge … ist sie vielleicht bei dir aufgetaucht?«

»Ja«, erwidert er völlig arglos, »sie war heute Nachmittag hier, wir haben uns noch einmal in Ruhe die alte oder neue Winzerstube angeschaut. Du sagst, ihr seid in Sorge?«

»Ja, wegen des Unwetters«, ich spüre mein Herz hämmern, »wann ist sie denn losgefahren?«

»Na, warte mal«, er scheint auf die Uhr zu sehen, »vor … na ja, rechtzeitig. So gegen acht. Sie hatte noch was vor.«

Sie hatte noch was vor? Was könnte das gewesen sein, frage ich mich. »Hat sie gesagt, was?«

»Nein, hat sie nicht.« Es ist einen Moment still am anderen Ende. »Vielleicht ist sie schon zu Hause? Es ist ja auch schon spät.«

»Ja«, sage ich. »Es ist schon spät. Das ist es ja … aber danke.«

»Wenn irgendwas ist, ruf mich an.«

»Mach ich.«

Nachdenklich gehe ich ins Wohnzimmer. Die Schüssel mit den Chips ist schon fast leer, die Flasche Wein auch. Jörg und Petroschka sitzen sich einander gegenüber, offensichtlich in ein gedankenschweres Gespräch vertieft. Ich gehe wieder in die Küche zurück. Doris ist also nicht über Nacht geblieben, das hatte ich nämlich befürchtet. Ein schnelles Techtelmechtel mit langwierigen Folgen. Sofort habe ich Helena vor Augen, aber aus dem Alter ist Doris raus. Zumindest mal biologisch gesehen. Aber selbst ohne solche Folgen, Folgen hätte es trotzdem. Vor allem für unsere Planung. Sollte es denn eine geben. Ich schicke Niki eine Nachricht. »Seid ihr noch im Café? Alles gut?«

Die Antwort kommt prompt: »War klasse, fröhliche Leute, alles gut gelaufen, Kasse gemacht. Seit einer Stunde im Hotel. Und bei dir? Alles gut?«

»Super gemacht!«, schreibe ich. Lob ist wichtig. »War Doris noch da?«

»Nein. Ist was?«

»Nein, alles gut. Gute Nacht.«

In Gedanken an Doris gehe ich ins Wohnzimmer zurück.

Die beiden Männer schauen nicht einmal hoch. Also öffne ich meine Naschschublade und überprüfe, was sich noch darin befindet. Eine weitere Tüte Chips, Grissinis und Erdnusslocken. Ich hole die Schüssel vom Tisch, fülle sie auf, stelle sie hin, dann entkorke ich eine weitere Flasche Wein, aber die Unruhe fällt nicht von mir ab.

Was ist, wenn Doris tatsächlich was passiert ist? Ein Unwetter wirft ja auch mal leicht Bäume auf die Straße, das hört man immer wieder. Oder vielleicht ist sie von der Straße abgekommen und in einen Graben gerutscht? Sie fährt nicht besonders gern Auto. Beruhige dich, sage ich mir jetzt, genehmige dir besser noch einen Schluck und hör mal, was sich die Herren so Gewichtiges zu erzählen haben. Vielleicht adoptiert ja Jörg gerade seine eigene Tochter. Petroschka würde ich so eine Überredungskunst zutrauen.

Ich setze mich dazu und beuge mich etwas vor, um das Gespräch besser verfolgen zu können.

»Und du meinst, der Pellegrino schafft das noch?«

»Sie waren schon besser. Aber der ständige Trainerwechsel nützt dann auch nichts, wie Hertha BSC zeigt.«

»Und Kohle alleine bringt es auch nicht, wie man an Paris Saint Germain sieht, Scheichs hin oder her …« Sie lachen beide. Offensichtlich sind sie sich einig. Fußball also. Ich lehne mich zurück. Und sie duzen sich. Das ging ja schnell.

»Soll ich euch statt Wein nicht besser ein Bier hinstellen? Ist doch passender zu einem Fußballabend …«, spöttele ich.

Sie blicken mich beide an.

»Ja, wenn du hast …«, sagt Jörg.

Dienstag, 17. August

Ich habe eine unruhige Nacht hinter mir. Kurz nach Mitternacht kam eine Nachricht: »Liebe Katja, sehe deine Anrufe, sorry, ich muss meinen eigenen Weg finden. Alles gut. Nichts passiert. Doris.«

Ich weiß nicht, was sie Jörg geschrieben hat, oder ob sie sich überhaupt bei ihm gemeldet hat. Als er gegangen ist, jedenfalls noch nicht, ich hab ihn extra deswegen noch einmal gefragt.

»Ab wann ruft man bei einer vermissten Person die Polizei?«, hatte er Petroschka an der Türschwelle gefragt.

»Wollte deine Frau überhaupt heimkommen?«, war Petroschkas Gegenfrage.

Jörg zuckte die Achseln. »Die Frau, das unbekannte Wesen.«

Ich stand hinter ihnen und musste trotz allem lachen. »Weil sich Männer immer und überall in die Karten schauen lassen!«

»Nein, wozu auch«, sagte Jörg und drehte sich zu mir um. »Jedenfalls war es ein guter Abend, danke.«

Petroschka nickte mir ebenfalls zu. »Vor allem, wenn man bedenkt, wie er angefangen hat …«

Einträchtig sind die beiden dann die Treppe hinuntergegangen, Petroschka im ausgebeulten, gestreiften Bademantel, Jörg im eleganten Burberry-Trenchcoat. Ungleicher könnten sie nicht sein. Aber Fußball scheint alle zu einen, selbst bei Fragen über Frauen.

Ich schüttle die Gedanken ab und blicke auf die Uhr. Neun Uhr vorbei, ich habe länger geschlafen als gedacht. Vielleicht, weil ich so oft munter war und mich herumgewälzt habe. Mein Smartphone zeigt nur eine neue Nachricht, und die ist von Niki. »Guten Morgen, Katja, heute zeige ich meiner Mutter mal Stuttgart. Wollen wir heute Abend vielleicht zusammen essen? Meine Mutter würde dich gern einladen.«

Heute Abend. Das ist noch so weit weg. Keine Ahnung, wo ich heute Abend bin, wie sich alles entwickelt. Meine Gedanken kehren zu Doris zurück. Es ist ganz gut, dass heute Ruhetag ist, dann kehrt vielleicht wirklich etwas Ruhe ein. Soll ich sie anrufen? Nein, sie sagt, sie sucht ihren eigenen Weg, allein. Das ist deutlich.

Ich denke darüber nach, aber es tut mir nicht gut. Was ist mit ihr? Ich muss meiner besten Freundin doch helfen können. Ich stehe auf, um mir meinen Morgen-Cappuccino zu machen, dann kommt mir ein Gedanke, und ich eile ins Bad an das kleine, hohe Fenster, von dem aus ich in unseren Garten blicken kann, wenn ich auf den Toilettendeckel steige. Gott sei Dank, die beiden Bäumchen stehen noch. Else und Judith haben den Sturm überstanden. Wenigstens eine gute Nachricht. Ich steige wieder herunter und schau in den Spiegel. »Guten Morgen, liebe Katja, du siehst ziemlich grau aus. Freudlos. Hoffnungslos. Ratlos.«

Ja, das trifft es am besten, ich bin ratlos.

»Kümmre dich einfach mal um dich selbst«, sage ich meinem Spiegelbild. Aber da Doris und ich durch das Café und nun vielleicht auch durch das Projekt Winzerstube miteinander verbunden sind, ist das gar nicht so einfach. Ich schneide eine Grimasse und gehe in die Küche zurück. Mit der Cappuccinotasse in der Hand bleibe ich am Fenster stehen. Die Luft ist wie rein gewaschen, alle Konturen erscheinen mir klarer als sonst, und selbst die weit entfernten Hügel, die ich von hier aus über die Häuserdächer hinweg sehen kann, sind deutlich näher gerückt. In diesem Licht kann ich sogar einzelne Häuser erkennen, sie stechen wie kleine, strahlende Tupfer hervor. Ich verharre eine Weile und betrachte dieses seltene Bild. Und als würde diese Klarheit in der Atmosphäre auch das Durcheinander in meinem Kopf aufräumen, spüre ich, wie meine Zuversicht zurückkommt. Nur wegen eines besonderen Lichts am Morgen? Aber egal, was es ausgelöst hat, ich fühle mich besser.

Als ich nach einer Weile wieder nach meinem Smartphone greife, ist eine neue Nachricht eingegangen. Diesmal von Jörg. Von Jörg? Haben wir gestern unsere Nummern ausgetauscht? Ich kann mich gar nicht erinnern. »Ich wollte dir nur sagen, dass dein seltsamer Vogel Petroschka gar nicht so schräg ist, wie er anfangs wirkt. Er bewegt etwas in mir.«

»Ach«, schreibe ich zurück, »das freut mich. Was bewegt er denn?«

»Ich denke noch drüber nach.«

Soll ich ihn nach Doris fragen, wenn wir nun schon Kontakt haben? Nein, denke ich, nein! Finger weg! Lass sie!

Ich gehe unter die Dusche und überdenke, während ich mir die Haare schamponiere, meinen heutigen Plan. Was liegt an? Auf alle Fälle Büro. Dienstag ist dafür perfekt, keine Störung, einfach nur zügiges Abarbeiten. Dann meine Mutter – halt, was haben wir für ein Datum? Übermorgen kommen Isabell und die Kinder zurück. Ich atme auf, dann bemerke ich, dass sich das Zeug auf meinem Kopf seltsam schmierig anfühlt. Habe ich eine dicke Kurpackung genommen statt Shampoo? Quatsch, es ist die weiße Flasche, wie immer. Die Kurpackung ist in einer Dose. Ich betrachte meine Hände unter dem Wasserstrahl, selbst die sind schmierig. Die Flasche – ich nehme sie vom Duschrand und dreh sie. Dann dämmert es mir. Meine stark fettende Körpermilch steht ebenfalls auf meinem Badezimmerregal. Und ebenfalls in einer weißen Flasche. Habe ich mich in meiner heutigen Gedankenverlorenheit etwa vergriffen?

Ich stelle die Brause ab, greife nach einem Badetuch, reibe mir die Augen trocken und trete vor den Spiegel. Ja, klar, mein Kopf sieht aus wie ein unvollendeter Gipsabdruck. Das darf nicht wahr sein. Wie krieg ich das jetzt wieder runter?

»O Katja«, sage ich laut, und dann muss ich lachen. Das ist ja auch zu blöd. Trotz allem werde ich jetzt ein Selfie machen und es Doris schicken. Dann kann sie mal sehen, was sie gerade bei mir auslöst – totale Idiotie!

Zwei Stunden später fahre ich bei meiner Mutter vor. Es ist Mittagszeit, und ich habe vor, uns etwas Leckeres zu kochen, schließlich habe ich gestern gut eingekauft – und zwar nicht nur für Mutti, sondern auch einige Leckereien für Purzel, damit er die Mäuse in Ruhe lässt. Und außerdem kann ich ihr mein Gipskopffoto zeigen, das bringt sie sicher zum Lachen. Mich im Nachhinein auch, wobei diese Aktion einen kleinen Nebeneffekt hat, mein Haar hat sich selten so schön weich angefühlt wie jetzt. Das muss noch an der restlichen Körpermilch liegen, die meine Spezialmischung aus Shampoo und fettlösendem Spülmittel nicht ganz beseitigen konnte.

Ich parke am Randstein vor unserem Haus und freue mich beim Aussteigen über meine gute Laune und auf die Sommerpasta mit Mozzarella und kleinen, schmackhaften Tomaten, die ich gleich für uns zubereiten werde.

Wie immer klingele ich unser verabredetes Zeichen, dann gehe ich hinein. Schon im Flur höre ich Stimmen, die ich nicht zuordnen kann. Ist die Pflegerin noch da? Nein, falsche Zeit. Und kein Pflegedienstauto vor der Tür. Besuch? Ohne Wagen? Wer könnte das sein?

Fernseher, denke ich. Das ist zwar ungewöhnlich für meine Mutter, im Wohnzimmer sieht sie nie fern, sondern immer nur oben in ihrem Schlafzimmer. Ich biege im Flur zum Wohnzimmer ab und bleibe an der Tür wie angewurzelt stehen. Zuerst sehe ich die Flasche Champagner mitten auf dem Tisch, dann mir gegenüber meine Mutter und mit dem Rücken zu mir jemand in einem dunkelblauen Jackett und mit grauen, kragenlangen Haaren. Mutti und dieser Jemand beugen sich über etwas, das zwischen ihnen auf dem Tisch liegt, und haben mich nicht kommen hören.

»Huch«, meine Mutter stößt einen spitzen Schrei aus und starrt mich an. »Katja«, sagt sie dann. »Hast du mich erschreckt!«

»Das wollte ich nicht, ich habe geklingelt!«

Ihr Gegenüber dreht sich nach mir um.

»Das ist aber eine Überraschung«, sage ich erfreut und gehe auf die beiden Damen zu. »Harriet!«

Sie lächelt mir zu. »Wir haben Sie gar nicht kommen hören«, sagt sie, fast entschuldigend.

»Ich habe geklingelt, wie immer«, rechtfertige ich mich, sehe dann aber, dass es gar nicht nötig ist.

Mutti lächelt verschmitzt. »Das ist also mein geheimnisvoller Liebhaber«, sagt sie und deutet auf Harriet.

Die lacht. »Ja, Ihre Mutter hat mir das schon gebeichtet.«

»Ja, wirklich!« Ich gehe auf Harriet zu und reiche ihr die Hand, dann gebe ich meiner Mutter ein Begrüßungsküsschen. »Wieso hast du mir das denn nicht verraten?«

»Es war schön, ein Geheimnis zu haben!« Nun grinst sie wenig damenhaft breit über das Gesicht. »Das machte mich wichtig!«

»Du bist doch auch sonst wichtig!« Ich kann nur den Kopf schütteln.

»Wollen Sie sich zu uns setzen?« Harriet deutet auf die Flasche. »Es ist genug für uns drei da.«

»Dom Pérignon …« Ich nicke anerkennend. »Das ist ein wirklich nobles Tröpfchen!«

»Ich habe beschlossen, den heiligen Weinkeller meines Mannes etwas zu plündern«, sagt sie und zwinkert mir zu. Ohne ihren unsäglichen Hugo ist sie völlig anders drauf, stelle ich fest, gelöst und richtig fröhlich.

Meine Mutter zeigt auf die Vitrine an der Zimmerwand. »Nimm dir ein gutes Glas. Eines von meinen. Die von Isabell taugen nichts.«

Na ja, denke ich, Isabell hatte bisher auch andere Sorgen, als sich Champagnergläser für Hunderte von Euro zu kaufen, aber ich sage nichts dazu. Während ich mich setze, deutet Harriet auf die Flasche. »Bitte bedienen Sie sich selbst. Sie dürfte noch gut kalt sein.«

»Ich könnte einen Eiskühler holen«, sage ich schnell, wobei ich mir nicht sicher bin, ob Mutti überhaupt einen hat. Sie winkt auch direkt ab, also schenke ich mir einen Schluck ein, und wir prosten uns zu.

Harriet, der geheimnisvolle Champagnergast, denke ich dabei, da soll mal einer drauf kommen. Nie im Leben hätte ich das gedacht. Was genau ich vermutet habe, weiß ich aber auch nicht mehr. Wahrscheinlich gar nichts.

»Und was macht ihr?«

Harriet kichert mädchenhaft und schiebt mir ein aufgeschlagenes Buch zu. »Wir schauen uns alte Fotoalben an. Ich war damals mit so etwas recht fleißig!« Sie deutet auf ein kleines Schwarz-Weiß-Foto. »Schauen Sie mal, Ihre Mutter und ich im Tennisdress!«

Ich beuge mich darüber, um es besser sehen zu können.

»Das sah ja stark aus«, stelle ich fest. »Das könnte man heute locker als hippes Sommerkleid tragen.« Ich werfe Harriet einen anerkennenden Blick zu. »Sehr schick!«

Sie tragen beide dasselbe, ein weißes Tenniskleid, ärmellos, hoher Rundkragen, oberschenkelkurz mit zwei breiten Gürtelschlaufen etwa über dem Hüftknochen. Es sieht tatsächlich stark aus.

»Und welche Farbe hatten die Gürtel?«

»Eddas Gürtel war rot-schwarz gestreift, meiner grün-schwarz«, Harriet tippt auf ein weiteres Foto, »wir hatten oft das gleiche Outfit.«

»Waren wir denn da schon auf der Welt?«, will ich von meiner Mutter wissen. Sie rechnet nach, aber ich sehe, dass sie damit überfordert ist.

»Warte mal«, Harriet legt ihre Hand auf die meiner Mutter. »Schau, da steht das Datum, 1968.« Sie blickt auf. »Da waren wir beide noch jung, vierundzwanzig. Da haben wir das Leben noch in vollen Zügen genossen, stimmt's, Edda?«

»Und wie!«

»In der APO-Szene wart ihr nicht«, frage ich, eher als Witz gedacht, aber Harriet schüttelt sofort den Kopf. »Mit den Steinewerfern hatten wir nichts gemeinsam. Obwohl«, wieder blickt sie Edda an, »der Spruch von dem Muff unter den Talaren hat uns schon gefallen, stimmt's?«

Und meine Mutter geht sofort drauf ein: »Unter den Talaren – Muff von tausend Jahren«, doziert sie mit erhobenem Zeigefinger.

»Das war die Rektoratsübergabe an der Uni Hamburg«, erinnert sich Harriet. »Zwei Studenten hatten das Banner vor den Professoren aufgespannt. Da war der Teufel los«, sie lächelt versunken und nimmt einen Schluck aus ihrem Glas, »ich weiß das so genau, weil mein Vater ja auch Professor war. Allerdings hier in Stuttgart!«

»Haben Sie studiert?«, will ich wissen.

»Ja, klar«, antwortet sie. »Als Tochter eines Professors. Geschichte und Philosophie. Brotlose Kunst, wie meine Mutter zu sagen pflegte.« Wieder lacht sie.

»Na, Brot hast du ja jetzt reichlich«, wirft meine Mutter ein.

»Champagner auch«, ergänzt Harriet. »Aber keinen eigenen Beruf. Das war der Fehler!«

Dem kann ich nur zustimmen. »Die Frau in der Abhängigkeitsfalle.«

»Vor allem, wenn sie auch noch zwei gewiefte Brüder hat, die das Erbe an sich reißen.«

»Aha?«

Harriet nickt. »Jaja! Alle um mich herum waren schlauer. Und bis ich aus meinen Mädchenträumereien aufgewacht bin, war's zu spät!« Sie winkt ab. »Aber ich habe mir trotzdem einiges zur Seite gelegt. Auch ohne Beruf.«

Nun legt meine Mutter ihre Hand solidarisch auf Harriets Arm. »Ich hatte auch keinen Beruf. Und mit Konstantin Glück.«

»Ja, dabei solltest doch du damals Hugo nehmen.«

»Das wollte mein Vater«, bestätigt meine Mutter. »Ich nicht. Konstantin hatte halt außer seinem Studium nichts – und Hugo war der Society-Liebling, der reiche Bohemien.«

Der reiche Geizhals, denke ich.

»Ach, Edda!« Die beiden Frauen schauen sich in die Augen und stoßen an. »Wie heißt das Zeug? Strychnin?«

Ich glaube, ich höre nicht recht. Harriet muss meinen ungläubigen Blick bemerkt haben. »Es war nur ein Witz«, sagt sie und stellt ihr Glas wieder ab.

»Okay, da wir gerade beim Gift sind«, versuche ich scherzhaft darauf einzugehen, »soll ich uns was zu essen machen? Ich habe an ein Sommerpasta-Gericht gedacht, Spaghetti mit Mozzarella und kleinen Tomaten. Lust?«

Beide sehen mich freudig an. »Draußen in der Laube?«, schlägt meine Mutter vor und zu Harriet gewandt: »Die hat nämlich Konstantin gebaut. Ein paar Mal wollte das Dach schon davonfliegen, aber …«

»… seine Baukunst war besser, als du befürchtet hast?«, führt

Harriet den Satz zu Ende, und beide lachen. Alte Freundinnen, denke ich, großes Einverständnis. Schön, dass sie wieder zusammengefunden haben.

Ich muss nachher mal fragen, wie das gekommen ist. Aber ich kann es mir auch so denken … im Café, als mich Harriet gesehen hat. Möglicherweise gab das den Impuls.

Rattengift, denke ich, während ich in die Küche gehe. Denkt sie echt darüber nach?

Von der Küche gehe ich mal schnell in den Garten, um nach Sturmschäden Ausschau zu halten, kann aber nichts entdecken. Und sehr zu meinem Erstaunen hat sogar das Bastdach der Laube gehalten, abgesehen von ein paar Matten, die halb herunterhängen. Möglicherweise hat das Haus dem Sturm die Kraft genommen. Selbst der alte Nussbaum steht noch, nur einige Zweige liegen herum, aber die Äste sind alle noch dran, auch der ganz dicke Arm, an dem noch die Schaukel aus unseren Kindertagen hängt. Ich bin wirklich froh darüber.

Eine gute halbe Stunde später sitzen wir am Tisch, und allem Anschein nach ist meine Sommerpasta gut gelungen, denn Mutti und Harriet langen mit kräftigem Appetit zu. Und mir schmeckt es auch. Der Blick auf mein Smartphone lässt mich allerdings hochfahren. »Hoppla, gleich drei? Da muss ich aber los!«

»Tatsächlich!« Harriet sieht auf ihre goldene Armbanduhr. »Ich auch. Ginge vielleicht noch ein Kaffee? Danach werde ich mir ein Taxi rufen.«

»Aber ja. Gern«, stimme ich zu. »Oder lieber einen Espresso?«

»Du weißt, wie man den Kaffee machen muss?«, fragt meine Mutter, und ich nicke gottergeben. »Ja, weiß ich!« Harriet bietet ihre Hilfe an, aber die brauch ich nicht. Im Gegenteil, ich kann ihr helfen: »Sie brauchen kein Taxi zu rufen, ich habe meinen Wagen da und kann Sie gern irgendwo absetzen.«

»Ach nein, ich habe einen so netten Taxifahrer, der wäre enttäuscht.«

Wahrscheinlich bekommt er immer ein gutes Trinkgeld, denke ich. Harriet und Hugo sind wirklich grundverschieden.

»Ach, übrigens, Mutti, übermorgen kommt Isabell zurück«, fällt mir ein. »Dann ist hier wieder Leben im Haus.«

»Isabell?« Sie mustert mich kurz stirnrunzelnd, und ich befürchte schon, sie könnte sich an ihre Schwiegertochter nicht mehr erinnern, aber da sagt sie zu Harriet: »Das ist gut, dann lernst du mal meinen kleinen Boris kennen.«

»Deinen kleinen Boris?« Nun scheint auch Harriet verwirrt zu sein.

»Ich kenne nur den großen Boris.«

»Nein«, beharrt meine Mutter. »Er ist noch klein!« Und um es zu verdeutlichen, hebt sie die Hand etwa auf Tischhöhe. »So klein!« Sie sieht mich fragend an. »Oder etwas größer?«

Etwas viel größer, denke ich und blinzle Harriet zu. Sicher hat sie längst verstanden, dass es sich bei dem kleinen Boris um Isabells Sohn Ludwig dreht.

»Na, Edda, da bin ich aber mal gespannt!«

»Ja, das darfst du auch sein«, erklärt sie, »er ist ein lieber Junge, mein Boris.«

Im Café angekommen, gehe ich tatsächlich erst mal hinein anstatt direkt in mein Büro. Ich bin gespannt, wie es Helena, Niki und Rico hinterlassen haben, aber es ist alles picobello. Auf den Tischen stehen sogar winzige Blumensträuße in kleinen Glasvasen. Ich sehe sie mir genauer an … weiße Gänseblümchen und blaue Vergissmeinnicht, wie herzig. Sie haben alle noch genügend Wasser, deshalb drehe ich mich um, um wieder zu gehen – und erschrecke. In der Tür steht jemand, ein großer Mann, den ich nicht kenne.

»Wir haben Ruhetag«, sage ich schnell. »Tut mir leid!«

Er nickt, kommt herein und schließt die Tür hinter sich.

Ein komisches Gefühl beschleicht mich. Wer ist er? Was will er? Und der nächste Gedanke: Ich bin hier ganz alleine, kein Mensch in ganzen Haus.

»Was kann ich ...«, fange ich an und spüre, wie meine Stimme sich verändert. Höher. Und zugleich hektischer.

»Keine Sorge.« Er kommt näher. Sein Gesicht kommt mir bekannt vor. Wo habe ich ihn schon gesehen? Noch sind einige Tische zwischen uns, und ich schwanke zwischen Angriff und Flucht. Oder erst mal abwarten. »Wir kennen uns«, sagt er. »Vielleicht nicht mit Namen, aber vom Sehen.«

»Aha?« Ich bleibe stehen. Etwa fünfzig, schätze ich ihn, leger gekleidet, Leinenhose und lockeres Hemd. Dunkle, nach hinten gekämmte Haare, ein schmales Gesicht. Ich kann mich nicht erinnern. »Linus Richter.« Er streckt seinen Arm aus, in Richtung Fenster. »Mir gehört das Hotel dort drüben.«

»Ach so.« Ich bin völlig perplex.

»Ja«, bekräftigt er und kommt näher. »Können wir uns setzen?«

»Ja, aber ...«

»Ich weiß, heute ist Ruhetag. Ich brauche weder Kaffee noch Kuchen, einfach eine Auskunft.«

»Ja?« Ich kann mir nicht vorstellen, was er will. Sicherlich etwas Ungutes. Zu viele lärmende Gäste, falsch parkende Autos? Keine Ahnung!

»Ja, bitte«, sage ich und setze mich an den nächstbesten Tisch, und er setzt sich mir gegenüber.

»Katja Klinger«, stelle ich mich vor.

»Ich weiß!«

»Da haben Sie mir was voraus!« Langsam finde ich wieder zu mir.

Er lächelt. »Ich habe mich informiert.«

»Und warum?«

Jetzt, aus der Nähe, wirkt er nicht unangenehm. Ein kräftiger Mann mit breiten Schultern und deshalb irgendwie einschüchternd, wie er mir da so gegenübersitzt, aber definitiv nicht gefährlich. Sein Gesichtsausdruck ist offen, und sein Blick sucht meinen.

»Ich denke schon längere Zeit darüber nach, aber habe es nie angefasst. Jetzt erschien mir der Zeitpunkt günstig, ich habe Sie hineingehen sehen.«

»Und wofür ist der Zeitpunkt günstig?«, frage ich und zeige zum Tresen. »Die Kasse ist leer.«

Er muss lachen. »Guter Witz. Nein, um Ihnen ein Angebot zu machen.«

»Ein Angebot?« Jetzt hat er meine ganze Aufmerksamkeit. »Weshalb ein Angebot?«

»Na, sehen Sie«, er macht eine allumfassende Geste, »mein Hotel und dieses Café liegen so ziemlich am Ende der Straße und sich genau gegenüber. Meine Gäste kommen gern zu Ihnen rüber, höre ich immer wieder, da liegt es doch nahe, dass ich mir etwas überlege.«

»Eine Übernahme?«

»Keine feindliche Übernahme«, er schmunzelt. »Aber ein freundliches Angebot.«

Ich überlege. Vielleicht kommt das ja gerade im rechten Moment?

»Ich bin aber nicht die Pächterin«, sage ich. »Das ist meine Freundin.«

»Ist mir bekannt. Aber Ihre Freundin hat ja auch ein eher ...«, er lächelt, »oder besser gesagt, ein weniger kaufmännisches Talent.«

»Dafür ein menschliches«, verteidige ich sie, »und gestalterisches, wie man hier sieht. Und wenn Ihre Gäste gern zu uns kommen, spricht das ja für sich.«

»Ja, das tut es«, stimmt er zu. »Deshalb sitze ich ja hier.«

Es ist kurz still, und er dreht die kleine Vase mit den Blumen in der Hand.

»Warum genau«, will ich dann wissen, »warum genau sitzen Sie jetzt hier?«

»Nun«, er sieht sich um, als würde er überlegen. Ich weiß aber genau, dass er nicht überlegen muss, er hat längst einen Plan.

»Ich könnte Ihre Freundin von allen finanziellen Sorgen befreien, indem ich das Café pachte.«

»Sie wollen das pachten? Wieso denn das? Damit wäre meine Freundin Ihre Angestellte!«

Er zuckt die Schultern. »Das wäre doch sorgloser als jetzt …«

»Sie hat keine Sorgen!«

»So? Denken Sie?« Er streckt den kleinen Satz so lang, dass ich hellhörig werde.

»Warum sollte sie ihr Café abgeben? Und dann angestellt? Sie könnten sie feuern!«

»Warum sollte ich das tun? Die Leute mögen sie, sie mögen diese Atmosphäre, deshalb kommen sie ja.«

Mir fällt Niki mit ihren Änderungsvorschlägen ein, dem jungen Gemüse, wie Hugo es abschätzig nannte.

»Trotzdem! Wer weiß, was kommt. Als Angestellte könnten Sie sie jederzeit entlassen.«

Er schüttelt langsam den Kopf. »Wir könnten das vertraglich festlegen.«

»Es ist ihr Baby. Doris hat das hier aufgebaut!«

»Es bliebe genau so erhalten …«

Verrückt, denke ich. Was passiert hier gerade?

»Und unser Vermieter? Hugo? Der müsste dem ja auch zustimmen.«

»Hugo? Der ist nur am Geld interessiert, nicht an Menschen. Er ist Immobilienprofi, kein Samariter. Hire and fire, das ist seine Devise!«

Wie wahr, denke ich. Und – fragen kann ich ja mal: »Nur mal

so theoretisch, an welche Ablösesumme haben Sie denn gedacht?«

»Dreiundzwanzigtausend Euro«, sagt er völlig gelassen. »Oder sagen wir: fünfundzwanzigtausend?«

Ich erstarre. Und ja, obwohl sein Ton so völlig relaxed klang, stimmt das mit seinen Gesichtszügen nicht mehr überein. Die haben plötzlich etwas Lauerndes, finde ich. Wie ein Krokodil mit einem wachenden und einem schlafenden Auge. Das schlafende zur Beruhigung der arglosen Beute und das wache zum erbarmungslosen Zuschnappen.

»Dreiundzwanzigtausend Euro also«, wiederhole ich schließlich, »wie kommen Sie gerade auf diese Summe?«

»Ich kenne die Zahlen.«

»Woher?«

»Ich kenne die Zahlen, das muss genügen.«

»Das ist unseriös!« Am liebsten hätte ich ihn direkt rausgeschmissen. Wo hat er die Zahlen her?

»O nein«, sagt er. »Das ist Geschäft. Sie sind ja auch nicht ohne Weiteres bei Ihrer Agentur in Hamburg erfolgreich geworden. Erfolg hat nur, wer die Schritte vorausdenkt. Also sitzen wir beide hier an diesem Tisch und denken die Schritte voraus: Um ihre Steuerschuld zu bezahlen, braucht ihre Freundin einen Kredit. Bloß, wenn keine nennenswerten Einnahmen kommen – wie lange wird es dauern, bis sie ihre Kredite nicht mehr bedienen kann? Bis ihre Bank den Geldhahn zudreht?«

»Lassen Sie das meine Sorge sein!«

»O ja, Sie sind die Geldgeberin. Und Sie haben die Mittel. Aber wie lange belügt sich eine Frau wie Sie selbst? Irgendwann müssen Sie sich selbst eingestehen, dass Ihr Geld ständig abnimmt, anstatt sich zu vermehren.«

Ich sage nichts mehr. Leider hat er recht.

Er steht auf. »Entschuldigen Sie mein Hereinplatzen. Die Gelegenheit war günstig.« Er greift in die Hosentasche und schiebt mir eine Visitenkarte zu. »Meine private Mobilnummer habe ich auf der Rückseite vermerkt. Denken Sie darüber nach. Beraten Sie sich mit Ihrer Freundin. Vielleicht stehen die Sterne ja auf Veränderung, wer weiß.«

Er reicht mir die Hand über den Tisch, die ich unwillig nehme, und geht zur Tür. Nachdem er die sorgfältig hinter sich geschlossen hat, bleibe ich eine Weile reglos sitzen. Woher weiß er das alles? Welches Spiel spielt er? Und weshalb und woher kennt er unsere Steuerschulden? Das Finanzamt? Kann ich mir nicht vorstellen. Der Steuerberater? Schon eher … aber so oder so, es ist beunruhigend. Andererseits muss ich zugeben, dass er irgendwie recht hat. Das Hotel dort drüben mit dem feinen Restaurant und hier die charmante Variante, dass das passt, liegt ja auf der Hand.

Trotzdem! Was hat er alles recherchiert? Ich fühle mich noch immer wie in Schockstarre.

Schließlich ziehe ich mein Smartphone heraus. Halb fünf. Die Zeit rast. Die Essenseinladung heute Abend fällt mir ein. Niki und Helena. Sollen die doch das Café übernehmen, und wir beide, Doris und ich, eröffnen die Winzerstube.

Ich sitze seit gut einer halben Stunde in meinem Büro und versuche, mich in die aktuellen Zahlen einzuarbeiten, aber ich ertappe mich immer wieder dabei, wie meine Gedanken abdriften. Mal sind sie bei Doris – was macht sie, wo ist sie? Dann wieder bei Linus Richter, dessen Visitenkarte vor mir auf dem Schreibtisch liegt. Schließlich landen sie bei Isabell. Sie muss sich ja jetzt wohl schon auf ihren Heimflug vorbereiten, geht dort alles klar? Ich habe lange nichts von ihr gehört. Ich schau auf die Uhr. Koh Phangan ist fünf Stunden voraus. Also schon elf, fast Mitternacht. Versuchsweise schreibe ich eine Nachricht: »Hi, ihr Urlauber, alles klar? Alle gesund und munter? Klappt der Rückflug, soll ich euch abholen – und wenn ja, wann?«

»Alles paletti«, kommt es sogleich zurück. »Wir bringen eine kleine Überraschung mit.«

Eine kleine Überraschung? Ein halb verhungerter Strandhund?

»Ja, und was?«, schreibe ich zurück.

»Wird nicht verraten, sonst wäre es ja keine Überraschung ☺.«

Na, gut, denke ich. Kann nichts Großes sein.

»Und was erwartet uns? Wie geht es Schwiegermami?«

»Sie ist gut drauf … und freut sich auf den kleinen Boris.«

Erneut ein Smiley und dann: »Der ist inzwischen etwas gewachsen… und ja, wäre toll, wenn du uns abholst. Landung voraussichtlich 15:30.«

Na, das ist ja zivil. »Gut, stehe 16 Uhr mit dem Wagen Kurzparkplatz Ankunft draußen.«

»Super!! Danke!« Es folgen noch drei rote Herzchen, dann bin ich mit mir und meinen Überlegungen wieder allein. Helena und Niki? Heute Abend essen? Ich habe keine Lust. Viel größere Lust habe ich, Doris aufzuspüren und mit ihr über Linus Richters Auftritt von gerade eben zu reden. Ich schicke ihr eine Nachricht. »Unser Nachbar vom Hotel gegenüber hat sich gemeldet, er möchte dein Café übernehmen.« Mehr schreibe ich nicht, ich denke, diese Nachricht ist wie ein Weckruf und lässt sie auf alle Fälle reagieren.

Und tatsächlich, es dauert nicht lange, da kommt eine Antwort, kurz und bündig: »Wer?«

»Linus Richter.«

Dann nichts mehr. Lange halte ich es nicht aus.

»Sollten wir nicht darüber reden?«

»Vielleicht ist es ein Zeichen …«

Ein Zeichen? Wird sie auf ihre alten Tage esoterisch?

»Wollen wir reden?«

Wieder dauert es eine Weile. »Sorry, Katja, heute nicht. Heute ist mein Tag. Wir sehen uns morgen im Café.«

Na, denke ich, das ist doch schon mal was. »Einverstanden«, schreibe ich und lege das Smartphone weg. Minuten später habe ich es schon wieder in der Hand. Was ist eigentlich mit Heiko?

»Hi, Schatzi«, schreibe ich, »wo steckst du denn?«

Erst mal keine Antwort, aber es lässt mir keine Ruhe, und während ich unseren Bankauszügen Belege zuordne, schau ich immer wieder nach, ob er sich schon gemeldet hat. Schließlich drehe ich es um. Du bist ja direkt schon süchtig!, sage ich mir. Jetzt lass mal die Finger vom Smartphone weg, sag das Essen heut Abend ab und mach einen großen Spaziergang. Nur mit dir allein, das könnte dir ja auch mal guttun.

Und so mache ich es auch. Ich sage Helena Bescheid, fahre meinen Computer runter, stecke mein Handy ein und schließe das Büro ab. Wo war ich schon ewig nicht mehr? Der Blaustrümpflerweg fällt mir ein. Los geht's am Marienplatz, und von dort aus geht der Weg über die schönsten Aussichtspunkte, die Stuttgart zu bieten hat. Raus aus der Stadt und trotzdem in der Stadt, das ist genau richtig. Und ich freu mich auf die historische Seilbahn und die alte Zahnradbahn, die Teil des Weges sind. Wann habe ich das zum letzten Mal gemacht? Ich kann mich kaum erinnern. Ewig!! Jedenfalls sind das einige Kilometer Fußmarsch, und das wird mir guttun. Mal wieder alle Glieder bewegen, den Kreislauf in Schwung bringen, die Gedanken reinigen, gute Luft atmen. Das Wetter ist auch danach, nicht zu heiß, die Sicht ist klar, und feste Schuhe habe ich sowieso immer im Auto. Die Vorfreude packt mich, und ich beschließe, heute kein einziges Mal mehr und wirklich kein einziges Mal mehr auf mein Smartphone zu schauen.

Mittwoch, 18. August

Doris ist tatsächlich da. Irgendwie hatte ich stark daran gezweifelt, ob sie wirklich erscheinen würde. Sie sieht sogar erholt aus, als wäre die Anspannung der letzten Tage total von ihr abgefallen.

»So, hallo«, begrüßt sie mich völlig entspannt. »Alles gut?«

»Ja, alles gut«, wiederhole ich und verrate nicht, dass dies für mich die blödeste Begrüßung aller Zeiten ist. »Bei dir auch?«

Sie nickt lächelnd, nimmt mich in die Arme und drückt mir rechts und links einen Wangenkuss auf. Aha, die alte Doris kehrt zurück.

»Rat mal, wo ich war?«, fragt sie und sieht mir lächelnd ins Gesicht.

Tja, wenn ich das wüsste. Ich zucke mit den Achseln.

»In dem kleinen Winzerhäuschen, hoch oben über den Reben. Ilse hat mir den Schlüssel gegeben.«

»Wirklich?« Ich staune. »Das ist ja grandios. Mir gefällt das auch, das hübsche Häuschen.«

»Ja, ich habe ihr bei unserem Winzerfest gesagt, dass ich mal einen Tag ganz für mich alleine bräuchte, das konnte sie gut verstehen.«

»Und ganz alleine?«

»Ja, für mich ganz alleine, sag ich doch.« Sie löst sich von mir. »Sie hat mir ein Vesper gerichtet, eine Flasche Wein eingepackt, und dann bin ich da hochspaziert.« Sie überlegt. »Und ich glaube tatsächlich, dass es außer ihr niemand wusste.«

Also auch Robby nicht, denke ich.

»Auch über Nacht?«

Sie schüttelt den Kopf. »Ich war schon zu Hause, bevor Jörg nachts heimkam. Hab allerdings in unserem Gästezimmer geschlafen und bin frühmorgens aufgebrochen. Ich wollte den Tag für mich haben. Den ganzen.«

Tja, das ist dir gelungen.

»Und was war das mit diesem Typen?« Sie macht eine Kopfbewegung zum Fenster hin.

»Das erzähle ich dir gleich.« Ich sehe mich um, es ist früh, das Café ist noch leer, Rico und Vroni noch nicht da. »Wollen wir einen Kaffee trinken?«, frage ich.

Doris zeigt zum Tresen. »Frische Croissants sind da, ich habe allerdings keine Frühstücksreservierungen, mal sehen, ob sich die Menge auszahlt – wenn keiner kommt. Und der Kuchen ist im Ofen, alles paletti. Hier am Fenster oder in der Küche, wo magst du?«

»Am Fenster«, sage ich. Dort, wo ich gestern mit Linus Richter auch gesessen habe.

Einige Minuten später haben wir aufgetischt und sitzen uns gegenüber. Ich erzähle ihr kurz, wie sich das gestern mit Richter zugetragen hat. Ihr Gesichtsausdruck wird kritisch. »Warum wendet er sich denn an dich, wenn er doch genau weiß, dass ich die Pächterin bin?«

»Das habe ich mich auch gefragt.«

Sie schaut einmal rundum. »Weißt du«, sagt sie dann, »das gibt mir das sichere Gefühl, dass wir hier nicht auf Sand gebaut haben, dass dies hier alles gut ankommt. Wieso sollte er sonst Interesse haben?«

»Da hast du recht!«

Doris sinniert vor sich hin, dann hebt sie den Kopf. »Ich wollte dir das sowieso sagen.«

Ich bekomme ein mulmiges Gefühl. Was meint sie? Trennung?

»Ich habe da gestern lange und intensiv drüber nachgedacht …«, sie stockt, und ich blicke sie an. »Weißt du«, beginnt sie von Neuem, »vielleicht war das alles gar nicht so schlecht, ich meine, was passiert ist. Die ganze Geschichte mit Niki.«

Doris hebt den Blick. »Das hat mich gezwungen, mal wirklich über mich und meine Ehe nachzudenken.« Sie zieht ihren Cappuccino zu sich und rührt vorsichtig den Schaum um. »Du weißt ja, ich war unzufrieden, fühlte mich eingeengt, das Haus wie ein Käfig und Jörg ein ständig nörgelnder Ehemann.«

Ich nicke.

Sie nimmt einen Schluck und denkt nach. »Ich habe dir ja immer nur kurze Brocken hingeworfen. Also, seine Hemden sind nicht gebügelt, er beklagt sich über zu wenig Sex, er würde mich erpressen, wenn er meine Steuerschulden zahlen würde ... und so weiter, ich habe Jörg die Schuld gegeben, er ist der Böse.«

Ich nicke. Ja, das hat sie, stimmt.

»Aber eigentlich bin ich gestern draufgekommen, dass es natürlich auch an mir lag. Ich bin unzufrieden. Aber eben auch mit mir. Vielleicht wäre ich das auch, wenn es Jörg gar nicht gäbe.«

Sie greift nachdenklich nach einem der Croissants im Brotkorb. »Verstehst du? Als Helena auftauchte, dachte ich plötzlich an all das Schöne, das wir hatten. Die Zeit mit den Kindern, als sie noch klein waren, unsere Reisen, unsere Feste im Garten. Es war also nicht nur schlecht ... aber vielleicht«, sie sieht mich an, »habe ich mir das auch massiv eingeredet, um diese schleichende Entzweiung besser ertragen zu können. Weißt du, was ich meine?« Ich nicke wieder. »Mir ist gestern aufgegangen, dass ich ja nur so aufbegehre, so um mich schlage, weil ich ihn damals eben maßlos geliebt habe. Nie hätte ich mir vorstellen können, dass er eine Geliebte hat und die dann auch noch schwängert – das war total außerhalb meiner Vorstellungskraft. Als Niki die Wahrheit ans Licht brachte, fühlte ich mich einfach ... verraten!« Sie holt tief Luft. »Nachträglich verraten, verstehst du? Es hat eigentlich gar nichts mit der Gegenwart zu tun. Dass er jetzt eine erwachsene Tochter mehr hat, ja, mein Gott, das dürfte auf dieser Welt keine einmalige Situation sein ... aber dieser Vertrauensbruch, meine bedingungslose Liebe von damals und ...«, sie blickt mich an, »rede ich verworren? Weißt du, was ich sagen will?«

»Ich bin ganz bei dir«, beruhige ich sie.

»Wie war er denn, als er bei dir aufkreuzte?« Sie reißt das Croissant entzwei und steckt sich ein kleines Stückchen in den Mund.

»Zunächst dachte ich, typisch Jörg. Platzhirsch. Aber dann hat er erstaunlich schnell sein Visier hochgeklappt. Vor allem hat er, glaube ich, zum ersten Mal begriffen, dass nicht Helena die Schuldige ist, sondern dass er Mist gebaut hat.«

»Wie meinst du das?«

»Nun, er war davon überzeugt, dass Helena ihn reingelegt hat … weil alle Frauen, die Männer heiraten wollen, einfach ein Kind bekommen. Ein typischer Erpressungsversuch bindungswütiger Frauen – oder solcher mit Torschlusspanik. Das war seine Überzeugung.«

Doris starrt mich an. »So ein Unsinn!«

»Tja, keine Ahnung, aus welchem Stammtischgeschwätz er seine Weisheiten zieht.«

»Erpressen! Einen Mann mit einem Kind. So etwas hat noch nie funktioniert. Es ist doch umgekehrt – eine Liebelei, gemeinsame Nacht, und die Frau bleibt auf dem Kind sitzen.«

»Wie man an Helenas Beispiel sieht.«

Doris nickt energisch. »Ganz genau!«

»Und gestern, welches Fazit hast du denn nun gezogen?« Da bin ich wirklich gespannt.

»Zunächst habe ich gedacht, es sei vielleicht eine Midlife-Crisis, dass ich unbedingt wegwill, dass ich unbedingt etwas Neues anfangen will. Ein zweites, eigenverantwortliches Leben.«

Ich muss lachen. Vielleicht etwas bitter, wie es in meinen eigenen Ohren klingt. »Also, Doris, da können wir uns die Hand geben. Gestern, auf meinem stundenlangen Spaziergang, war ich ja auch mit mir alleine, so wie du im Winzerhäuschen. Und ich habe mich auch ernsthaft gefragt, ob ich vielleicht in einer Midlife-Crisis stecke, ob ich überhaupt noch die bin, die ich jeden Morgen im Spiegel sehe. Und genauso wie du habe ich mich gefragt, was ich eigentlich will und was mein Ziel ist.«

Doris ist kurz still. »Und?«, fragt sie dann. »Zu welchem Ergebnis bist du gekommen?«

»Dass es da zwei Dinge gibt. Ich möchte Stuttgart nicht verlassen, schon wegen meiner Mutter nicht. Aber auch wegen meines Umfelds nicht. Ich fühle mich wohl in meinem Haus, und Petroschka ist ein guter Geist, das hat sich wieder ganz deutlich im Gespräch mit Jörg gezeigt.«

»Ja?«

»Ja. Jörg wurde richtig … wie soll ich sagen … handzahm. Er hat mir gestern Morgen sogar eine Nachricht geschickt.« Ich ziehe mein Smartphone her und öffne sie. »Hier. Lies.«

Doris liest laut vor: »Ich wollte dir nur sagen, dass dein seltsamer Vogel Petroschka gar nicht so schräg ist, wie er anfangs wirkt. Er bewegt etwas in mir.«

Sie blickt mich an. »Hm. Das sind für Jörg tatsächlich ungewohnte Äußerungen.«

»Vielleicht hat er sich eben auch eine Schutzmauer aufgebaut – genau wie du?«

»Darüber habe ich auch gerade nachgedacht.«

Wir sehen beide eine Zeit lang aus dem Fenster auf das Hotel gegenüber, beobachten einen dicken BMW, der vorfährt, und die Gäste, die offensichtlich einchecken wollen. Ein Pärchen mittleren Alters, fröhlich, erwartungsvoll. Sie küsst ihn, und sie gehen eng umschlungen hinein. Ich löse mich von dem Anblick.

»Möchtest du das Projekt Winzerstube aufgeben?«, stelle ich die Frage aller Fragen.

»Nein«, antwortet sie bestimmt. »Im Gegensatz zu dir möchte ich hier ganz gern weg. Vielleicht kommt das Angebot ja genau zur rechten Zeit«, sie deutet mit dem Daumen zum Fenster, »da muss ich drüber nachdenken. Vielleicht gibt es auch eine andere Lösung … aber was mich wirklich aufbaut, ist die Chance, etwas völlig Neues, Eigenes aufzubauen, ganz von vorn. Ich war mit Robby noch einmal in den Räumen, und es fasziniert mich. Vielleicht möchte ich die Winzerstube ja auch nur zum Laufen bringen und in ein, zwei Jahren zurückkehren, verstehst du, was ich meine? Aus Nichts etwas machen. Dort, wo jedes Jahr aus Nichts etwas wächst, aus alten Rebstöcken neues Leben sprießt, Trauben, die wir später als Wein genießen – das finde ich faszinierend. Ansteckend. Ich will ein Teil vom Ganzen sein.«

Ich lehne mich zurück. Ja, denke ich, bravo! Ihre Position ist klar.

»Und ich denke mir«, Doris greift über den Tisch nach meiner Hand, »wenn wir das zumindest am Anfang gemeinsam stemmen könnten, dann wären wir ein unschlagbares Team.« Sie drückt meine Finger. »Ich spüre so viel Energie wie schon lange nicht mehr!«

»Und deine Kinder?«

»Papperlapapp! Jonas ist mit Anfang des Semesters sowieso weg, und Amelie«, sie dreht den Kopf weg und muss lachen, »Amelies Adonis kommt heute, das hatte ich ganz vergessen. Ihr Mailänder Freund. Sie ist völlig aus dem Häuschen, turnte schon in aller Herrgottsfrühe herum, um alles zu richten – vor allem natürlich sich selbst.« Doris lacht. »Sie erinnert mich wirklich an mich selbst. Als ich Jörg kennenlernte, war ich genauso drauf«, sie zieht eine Augenbraue hoch, »na ja, time flies. Aber das Band zwischen Jörg und mir ist trotzdem stärker, als ich die letzten Jahre geglaubt habe.«

»Ja!« Ich drücke ihre Hand nun auch und lass sie dann los. »Ich kann dich gut verstehen. So viele Jahre schweißen zusammen. Aber was wäre mit Jörg, wenn du ausziehst?«

»Wäre das nicht auch eine Chance für unsere Beziehung? Mal lockerlassen? Sich vielleicht neu entdecken?«

»Es könnte aber auch in die andere Richtung laufen …«

»Ja, das ist die Gefahr, das sehe ich sehr wohl. Und ob Jörg bei so einem Plan überhaupt mitmacht, weiß ich auch nicht. Aber dass etwas passieren muss, wissen wir beide.« Sie mustert mich. »Und was ist mit Heiko und dir?«

»An ihn habe ich auch gerade gedacht«, gebe ich zu. »Und gestern bei meinem Spaziergang habe ich ebenfalls drüber nachgedacht – und ja, kürzlich haben wir sogar drüber gesprochen.«

»Worüber?«

»Ob es nach einem Jahr nicht mehr werden sollte als eine lockere Dann-und-wann-Beziehung.«

»Aha?« Doris hebt die Augenbrauen. »Läuten bald die Hochzeitsglocken?«

»Du spinnst!«, ich muss lachen, »nein, aber immerhin wäre er auch ein Grund, dass ich zumindest ein Standbein hier in Stuttgart habe.«

»Gut. Ein Standbein. Das hört sich doch schon mal gut an.« Doris streift den Ärmel ihrer weißen Bluse zurück und sieht auf ihre Uhr. »Der Kuchen muss raus, sonst qualmt es gleich … und unsere gestrige Auszeit war gut. Ich finde, wir sind gut!«

»Zumindest lässt sich was draus machen.« Ich stehe auf und räume unser Geschirr zusammen, Doris greift nach dem Brotkorb. »Ich bin gespannt, in welche Richtung.« Sie wirft mir einen Blick zu. »Jedenfalls wissen wir jetzt, wo wir stehen. Das ist doch schon mal viel wert!«

Ich gebe ihr recht. Ja, da haben die Einsiedlerstunden doch tatsächlich etwas bewegt.

Oben in meinem Büro bleibe ich vor meinem Schreibtisch stehen. Ja, genau, da habe ich gestern kapituliert. Macht nichts, heute habe ich den richtigen Elan für die vielen Belege, die noch zugeordnet werden müssen, heute passt es. Ich gehe summend in die kleine Küche und sprudle eine Flasche Wasser. Viel trinken für den Teint, sage ich mir, streiche beim Zurückgehen noch kurz über Heikos leere Bürostuhllehne und genieße meine positiven Gedanken. Dieser Tag heute passt. Er fühlt sich gut an.

Ich fahre gerade den Computer hoch, als mein Handy klingelt. Unbekannter Anrufer, das mag ich schon mal gar nicht, aber vielleicht ist es ein Auftrag? Schließlich spricht sich mein Engagement für die Winzer ja auch herum, und meine Agentur-Homepage, so finde ich, ist auch gelungen. Jetzt muss ich sie nur mit Leben füllen, dann wird sie auch bekannter.

»Klinger«, melde ich mich und bin dann doch überrascht, als ich »Und hier ist Harriet, guten Morgen, Katja, ich hoffe, ich störe Sie nicht?« am anderen Ende höre.

»Harriet«, antworte ich schnell. »Sie stören überhaupt nicht. Kann ich etwas für Sie tun?«

»Also, ich möchte mich erst mal entschuldigen, ich habe Edda nach Ihrer Nummer gefragt, aber sie hat sie ja nur in ihrem Telefon gespeichert und meinte, wenn ich auf die 1 drücke, müsste das bei mir auch klappen.«

Wir müssen beide lachen, obwohl mir diese Nachricht auch ein bisschen wehtut. »Also«, fährt Harriet fort, »bin ich ins Internet und auf Ihrer Homepage gelandet. Toll, was Sie alles auf die Beine stellen. Alle Achtung!«

»Ja, zumindest mehr als die kleine Serviertochter …«

»Jaja, ich weiß«, unterbricht sie mich, »so hat Hugo Sie mal genannt. Vergessen Sie das.«

»Hab ich schon.«

»Er war nicht immer so überheblich, so schroff. Ich weiß nicht, es ist mit dem Alter gekommen. Er wird nicht damit fertig!«

»Wie heißt es so schön: Alter ist nichts für Feiglinge?«

Sie seufzt kurz. »Wem sagen Sie das.« Ich höre nichts mehr und frage mich gerade, ob sie noch dran ist, doch da fährt sie fort. »Der eigentliche Grund meines Anrufes liegt woanders. Ihre Mutter hat mir erzählt, dass Sie ihr einen Ausflug vorgeschlagen haben. Und ich wollte höflich fragen, ob ich da mitkommen dürfte, oder ob es ein reiner Mutter-Tochter-Ausflug werden soll?«

Eigentlich sollte es das, denke ich, muss aber auch zugeben, dass ich den angekündigten Ausflug bereits wieder aus den Augen verloren habe.

»Nein, nein«, beteure ich. »Das ist eine ganz glänzende Idee.« Da es am anderen Ende der Leitung ruhig bleibt, frage ich nach. »Wohin wollten Sie denn mit uns? An den schönen Bodensee?«

»Ach«, Harriet hört sich erleichtert an. »Das freut mich aber, wenn ich mitdarf. Ich werde mich auch erkenntlich zeigen!«

»Auf keinen Fall. Das mache ich gern. Und haben Sie schon ein Ziel?«, frage ich noch einmal. »Oder wollen Sie das mit Mutti noch absprechen?«

»Der Bodensee, haben wir uns gedacht, ist jetzt, mitten im August, zu voll. Lauter Touristen. Wir würden lieber irgendwo Gemütliches hin, in eine schöne Gegend, ein bisschen spazieren und dann irgendwo einen guten Wein trinken.«

Sofort habe ich ein Bild vor Augen. Ja, natürlich, ich entführe die beiden Damen zum Weingut.

»Ich wüsste da was«, sage ich, »Fahrtzeit eine knappe Stunde, Weinberge, traumhafte Gegend am Neckar, und den Wein kann ich auch empfehlen.« Nur die Winzerstube gibt es noch nicht, denke ich, da müsste ich dann eben improvisieren.

»Wann hätten Sie denn gedacht?« Ich überdenke schon mal kurz meine Pläne der nächsten Tage.

»Ja, das ist so ein bisschen das Problem an der Geschichte«, höre ich Harriet, »und außerdem ist es unverschämt. Aber … na ja …«

»Ja?«, ermuntere ich sie.

»Hugo ist heute den ganzen Tag unterwegs, sein junger Geschäftsführer will ihm in Frankfurt ein neues Projekt zeigen. Sie übernachten auch dort. Da ist die Gelegenheit günstig, sein eigenes Süppchen zu kochen.« Ihr Ton schwankt zwischen Verlegenheit und Geniestreich.

»Also heute?«, das kommt mir jetzt zu plötzlich, ich hatte ganz andere Dinge vor.

»Ja, wir dachten so am Nachmittag?«, sagt sie und lenkt sofort ein. »Aber natürlich nur, wenn das für Sie passt … ich weiß ja, es ist ein Überfall. Aber ich möchte Ihnen das wirklich vergüten … das wäre ja auch Arbeitszeit für Sie.«

»Arbeitszeit? Wenn ich mit zwei liebenswürdigen Damen unterwegs bin? Nein, nein, nie und nimmer, das ist pure Freude!« So, jetzt habe ich mich endgültig in diese Geschichte hineingeredet. Ich schaue auf die Uhr. Na ja, Nachmittag, denke ich, wenn wir hier um drei losfahren … dann könnte ich mein Büro bis dahin in den Griff bekommen.

»Also gut«, sage ich, »das ist eine tolle Idee! Wo soll ich Sie abholen?«

»Gar nicht. Ich fahre mit dem Taxi zu Edda und sorge dafür, dass sie sich zünftig anzieht, denn wir gehen doch in die Natur, stimmt's?«

»Und ob! Mutti hat eine neue Jeans, die sie noch nie getragen hat. Das würde doch zu dem Anlass passen.«

»Eine Jeans? Wirklich? Ja, klar!« Ich höre an ihrer Stimme, wie sie sich freut. »Sie machen mir eine ganz, ganz große Freude, Sie ahnen ja kaum, wie sehr«, höre ich sie sagen. »Wann sollen wir denn gerichtet sein?«

»Ich hole sie um drei Uhr zu Hause ab … bei Mutti. Passt das?«

»Wunderbar! Ihre Mama wird juchzen. Und ich tu es schon jetzt! Danke, danke, danke!«

Als ich auflege, muss ich den Kopf über mich selbst schütteln. »Also ein großer Neinsager warst du noch nie und wirst du wohl auch nicht mehr werden«, sage ich zu mir und will gerade runter zu Doris, um ihr die Neuigkeit zu berichten, als mir Heiko genau in der Tür entgegenkommt.

»Na«, sagt er, »du Traumfrau meiner Träume, willst du schon wieder weg?«

Ich schüttle den Kopf. »Nein, nur schnell zu Doris. Aber wenn du jetzt da bist, hast du gerade Zeit?«

»Für dich und einen Morgenkuss immer!«

»Dann muss ich dir was erzählen.«

Punkt drei Uhr fahren wir los. Harriet und meine Mutter sitzen beide giggelnd im Fond meines kleinen, schnittigen Audi und ich vorne wie ein Chauffeur. Fehlt nur noch die Mütze, denke ich, und die Glasscheibe mit Schiebefenster. Aber es belustigt mich auch. Sie wollten nebeneinandersitzen, weil sie dann besser kommunizieren können, hat mir Harriet erklärt. Und klar, nebeneinander geht ein Gespräch allemal besser als zwischen Vordersitz und Rückbank.

Ich höre ihnen zu und habe wirklich den Eindruck, auf den Rücksitzen zwei Teenager zu haben. Sie kichern und schwatzen und haben so viel Spaß, dass es direkt ansteckend ist. »Oh, schau mal«, höre ich ein ums andere Mal. Und es ist egal, ob es ein Ortsname ist, über den sie sich ewig amüsieren können, oder eine Frau in zu engen Hosen, oder ein großes Lastschiff auf dem Neckar. Alles findet Aufmerksamkeit und wird kommentiert. »Hast du das gesehen?«, fragen sie dann auch mich, erwarten aber keine Antwort, weil sie in ihren Entdeckungen schon wieder weiter sind.

Das ist gut, denn da kann ich abschalten und meinen eigenen Gedanken nachhängen. Doris hat Sebastians Mutter angerufen und ihr die Situation erklärt, und Ilse war sofort mit einem Nachmittag im Winzerhäuschen einverstanden. Zugleich beschrieb sie Doris, wo wir mitten im Weinberg eine kleine Parkbucht finden, damit die Damen den Querweg entlang bequem zum Winzerhäuschen spazieren können. »Sie richtet euch was und sagt Sebastian Bescheid. Der bringt es hoch und schließt für euch auf. Du musst also nichts mitnehmen. Nichts zum Essen und nichts zum Trinken, meine ich.«

»Oh«, sagte ich, »das ist mir aber peinlich!«

»Braucht dir nicht. Die sind so!«, meinte Doris.

Und nun fahre ich also mit meiner Mutter und ihrer Freundin in das kuschelige, hübsche Winzerhäuschen. Das freut nun auch mich ganz besonders. Und wenn ich es recht bedenke, hätte ich für mich selbst niemals nach dem Schlüssel gefragt. Also fügt sich alles wunderbar.

Oben im Weinberg kommt mir Sebastian mit dem Quad entgegen, als ich den Wagen in der Einbuchtung, die mir Doris beschrieben hatte, parke.

»Das trifft sich ja wunderbar«, sagt Sebastian und bleibt mit seiner Maschine auf dem ausgefahrenen Feldweg stehen, um uns zu begrüßen. Harriet und meine Mutter steigen aus, dann schreitet Mutti schnurstracks auf Sebastian zu und reicht ihm die Hand.

»Ah, Sie sind also der junge Mann, der meiner Tochter den Kopf verdreht?«, sagt sie schelmisch lächelnd.

»Nein, Mutti«, stelle ich das sofort richtig, »du meinst Heiko. Dies hier ist Sebastian, er ist einer der drei Winzer, die ich mit meiner Agentur betreue.«

»Ach?« Sie sieht mich erstaunt an. »Und warum nicht er?«

Sebastian muss lachen und zwinkert mir zu. »Das frage ich mich auch.«

Ich befürchte, gleich jungmädchenhaft rot zu werden, und will das Thema wechseln, aber meine Mutter lässt nicht locker. »Wie alt sind Sie denn, junger Mann?«

»Gerade dreißig geworden.«

»Was für ein schönes Alter«, sinniert sie. »Und was ist das für ein Gerät, mit dem Sie da gekommen sind? Ein neumodischer Traktor?«

»Eher ein vierrädriges Motorrad«, klärt er sie auf. »Das ist hier am Berg ganz praktisch. Nennt sich Quad.«

Mutti fährt mit der flachen Hand über den lang gezogenen Sattel. »Das sieht sehr interessant aus, das Gerät!« Sie wendet sich an Harriet, die ihr gefolgt ist. »Findest du nicht auch?«

Harriet nickt und reicht Sebastian die Hand. »Ja«, sagt sie, »es erinnert an ein Raupenfahrzeug. Sehr stabil jedenfalls.«

»Kann man damit auch zu zweit fahren?«, fragt meine Mutter keck und blinzelt Harriet zu.

»O nein«, gehe ich dazwischen, aber Sebastian hebt kurz die Hand.

»Würden Sie das gern?«

»Na, allemal«, stimmt meine Mutter entschieden zu.

»Aha, ja gut, da schau ich mal, ob ich einen zweiten Helm dabeihabe.« Er öffnet seinen Heckkoffer und zieht einen weißen Jethelm heraus. »Der gehört meiner Mutter. Der dürfte Ihnen auch passen.«

Ich schüttle nur den Kopf, aber meine Mutter sieht mich triumphierend an. »Dein junger Mann macht mir Spaß«, sagt sie.

»Und Sie trauen sich das wirklich?«, fragt Sebastian noch einmal.

»Wir sind zwar alt, aber oho!«, erklärt meine Mutter, und wie sie dort so schlank in ihrer Jeans, der grünen Trachtenjacke und den festen Wanderschuhen steht, macht sie tatsächlich einen sehr fitten Eindruck.

»Na dann«, Sebastian hält den Helm hoch. »Welche der Damen möchte zuerst?«

Ich schüttle hinter den Rücken der beiden vehement den Kopf. »Das muss nicht sein!«, formuliere ich lautlos. Aber er lacht mir nur zu. »Das Abenteuer Weinberg beginnt. Also, wer macht den Anfang?«

»Ich stehe schon hier«, erklärt meine Mutter sofort und dreht sich zu Harriet um. »Das ist dir doch recht?«

Und Harriet flüstert mir zu: »Das war schon immer so!«

Ich muss lachen. Das gibt es ja gar nicht, denke ich und zücke mein Smartphone, um ein paar Fotos zu machen. Und tatsächlich, meine Mutter lässt sich von Sebastian den Helm auf ihre schön frisierten, weißen Haare setzen, klettert auf die Sitzbank und hält sich an Sebastians Hüfte fest wie eine Rockerbraut.

»Huiiii«, ruft sie, als er den Motor anlässt und langsam mit ihr davonfährt. »Das kann ruhig schneller gehen, junger Mann«, höre ich sie noch vor der nächsten Biegung rufen, dann sehe ich nur noch eine Staubwolke von den beiden.

»Hast du da noch Töne?«, frage ich Harriet und schüttle den Kopf.

»Sie war immer die Draufgängerin von uns beiden«, meint sie nur. »Da passte sie gut zu Konstantin, der suchte auch immer das Abenteuer.«

»Mein Vater?« Das erstaunt mich dann doch. Meiner Ansicht nach war mein Vater eher ruhig und bedächtig. Jedenfalls wäre er ohne meine Mutter, die stets alles im Griff hatte, alles organisierte und am Laufen hielt, völlig aufgeschmissen gewesen. Für meine Begriffe war er überhaupt nicht alltagstauglich. Abenteurer? Hab ich da was verpasst?

»Abenteurer?«, frage ich ungläubig. »Als sie jung waren?«

Sie überlegt, und ich betrachte sie dabei. Im Gegensatz zu meiner Mutter trägt sie ihr Haar noch hellbraun getönt und ist auch etwas molliger, was sich aber gut verteilt und vor allem ihr Gesicht straff und gesund aussehen lässt. Dass die beiden Frauen in ihrer Jugend sehr hübsch waren, daran gibt es keinen Zweifel.

»Na ja. In diesem Sinne haben Konstantin und Hugo auch gut zusammengepasst«, über Harriets Gesicht legt sich kurz ein ironischer Ausdruck, »wie sagt man heute so schön: Sie haben nichts anbrennen lassen.«

»Ja, so sagt man das«, bestätige ich. »Und übrigens hat mir meine Mutter so etwas Ähnliches vor gut einem Jahr auch schon mal erzählt. Sie waren damals sehr enge Freunde, hat sie gesagt. Ich war mir in dem Augenblick nicht sicher, ob es zu dem passt, was Hugo in den Raum gestellt hat, dass wir Kinder nämlich nicht unbedingt die richtigen Väter hätten.« Ich warte kurz auf ihre Reaktion, als keine kommt, fahre ich fort: »Also Ihre Kinder meinen Vater und umgekehrt. Oder wie Hugo es damals so schön formuliert hat: Konstantin konnte nur Töchter und ich nur Söhne.«

»Ach«, Harriet legt kurz die Stirn in Falten, »dieses blöde Geschwätz, Altmännergeschwätz. Damit macht er sich wichtig. Er hatte bei Edda überhaupt keine Chance, auch wenn er das gern gehabt hätte.«

»Und Muttis Vater hätte es auch gern gehabt ...«, füge ich hinzu.

»Ja, als Schwiegersohn. Aber bei Eddas Vater ging es nicht um den Menschen Hugo, sondern nur um seinen finanziellen und gesellschaftlichen Background.«

»Und bei Ihnen?«, frage ich und hätte die Frage gern direkt wieder zurückgenommen, aber Harriet sieht mir absolut gefasst ins Gesicht: »Ich habe mich ganz einfach in ihn verliebt. Er sah im Tennisdress so toll aus!« Sie muss lachen. »Ja, wirklich. Ich glaube, ich habe mich in den Jungen im Tennisdress verliebt und nicht in den Mann, der er wirklich war.«

»Die berühmte rosarote Brille.«

Sie nickt lächelnd. »Ja, das Bild, das man sich von einem Menschen macht. Das hält ewig. Bei mir bis nach der Hochzeit ...«

Wir drehen uns beide um, denn von hinten hören wir ein Motorengeräusch. Tatsächlich, da kommen sie wieder. Von vorn sehe ich nur Sebastian und die Arme meiner Mutter, die ihn fest umschlungen halten. Hoffentlich ist ihm das nicht lästig, denke ich, aber er lacht, als sie ankommen. »Eine richtige Höllenbraut, deine Mutter«, sagt er zu mir. »Von hinten höre ich immer nur: schneller, schneller!«

»Madonna!«, sage ich und erfreue mich am strahlenden Gesicht meiner Mutter.

»Das war schön«, frohlockt sie beglückt. »Tausendmal schöner als Karussell fahren!«

Sebastian hilft ihr galant vom Quad herunter, nimmt ihr sachte den Helm ab und sieht dann Harriet fragend an. »Auch eine Rundfahrt gefällig?«

Harriet verneint lächelnd. »Ich stehe lieber mit beiden Beinen auf dem Boden.«

»Und du?«

»Lieb gemeint, aber nein, danke. Ich nehme jetzt meine beiden Damen und starte unseren schönen Spaziergang durch die Weinreben bis zum Winzerhäusle.«

»Okay, alles gerichtet!« Er nickt mir verschwörerisch zu und setzt seinen Helm wieder auf. »Sehen wir uns dann noch unten? Im Weingut? Würde mich freuen!« Meine Mutter beobachtet jede seiner Bewegungen genau. »Ein gut aussehender junger Mann«, begeistert sie sich. Sebastian hat es gehört und grinst. »Aber schlaf nicht gleich wieder mit ihm«, sagt sie zu mir.

Beide Frauen sind tief beglückt, als wir drei Stunden später ins Auto steigen. Was Sebastian im Winzerhäuschen an Köstlichkeiten aufgefahren hat, war so vielfältig und liebevoll von Ilse zusammengestellt worden, dass ihr Harriet noch unbedingt einen großen Blumenstrauß als Dankeschön kaufen will. Ich habe, so gut es ging, unser benutztes Geschirr gespült, alles aufgeräumt und die Essensreste in ihren Behältern zurück in die Kiste gestellt, die Sebastian später mit seinem Quad holen wird. Abschließen muss er ja auch noch. Und ja, ich stimme Harriet zu, dieses Schlemmermahl verdient wirklich einen sehr üppigen Blumenstrauß. Während sich meine Mutter und Harriet hinten im Wagen einrichten, google ich mal schnell und habe auch sofort mehrere Blumengeschäfte in Lauffen gefunden.

»Also gut«, sage ich nach hinten, »festhalten, meine Damen, wir starten!«

Eine halbe Stunde später biegen wir in den Hof des Weinguts ein. Sebastian hatte mir auf meine Frage nach der Adresse seiner Eltern nur ein Wort zurückgeschrieben: »Weingut«

»Oh«, sagt meine Mutter vom Hintersitz. »Das ist ja ein kleines Rittergut!«

Wie sie auf diese Idee kommt, weiß ich nicht, aber Harriet greift es sofort auf: »Fehlen nur die Pferde!«

»Und die Rüstungen«, erkläre ich, weil Sebastian im kurzärmeligen T-Shirt auf uns zukommt.

»Ah, da kommt ja der Edelmann!«, flüstert meine Mutter Harriet zu und öffnet ihre Wagentür. Was macht sie jetzt wieder, denke ich und steige schnell aus. »Keine unsittlichen Angebote mehr, gell, Mama«, sage ich leise zu ihr und biete ihr als Ausstiegshilfe meine Hand an. »Das kann ich alleine«, wehrt sie ab, greift dann aber doch nach meiner Hand. Harriet steigt inzwischen auf der anderen Seite aus dem Wagen und nimmt den üppig gebundenen Rosenstrauß vom Beifahrersitz.

»Das hat Ihre Frau Mutter fantastisch gemacht«, sagt sie und streckt ihn Sebastian entgegen. »Wir wollten uns ganz, ganz herzlich bedanken!«

»Das können Sie ihr selbst sagen, sie steht gerade in unserer Gerümpel-Weinstube und versucht, sich zurechtzufinden.«

»In wo?«, fragt Harriet, aber Sebastian grinst nur. »Mir einfach folgen, dann sehen Sie schon.«

Und Ilse ist nicht alleine, das erkenne ich schon beim Hereinkommen, alle anderen sind auch da: Robby mit seinen Eltern Heidi und Klaus und Angelina mit ihrer Mutter Pauline.

»Oh, das trifft sich ja gut«, sagt Pauline bei meinem Anblick sofort. »Wir machen hier gerade Vergangenheitsbewältigung.«

»Was?«, frage ich nach, besinne mich aber und stelle zunächst mal meine Mutter und Harriet vor.

»Ach, das ist ja nett!« Ilse tritt vor. »Ich wusste ja, dass Sebastian Gäste erwartet, aber das ist ja nun eine besondere Ehre. Katjas Mutter und deren Freundin!«

»Die Freude ist ganz auf unserer Seite«, erklärt Harriet förmlich, während sie auf Ilse zugeht. »Wir haben die Zeit in Ihrem reizenden Winzerhäuschen so sehr genossen, dass wir Ihnen auch eine Freude machen wollten.« Sie wickelt den Strauß aus und hält ihn Ilse hin, die sichtbar zögert, ihn anzunehmen. »So groß!«, sagt sie. »So schön!« Und dann: »Aber das wäre doch nicht nötig gewesen.«

»Dann gib ihn mir«, sagt Heidi schnell, »zuletzt habe ich so wunderbare Rosen …«, ein Blick trifft ihren Mann, »na ja, vor Urzeiten bekommen!«

»Wozu auch«, brummt der, »die wachsen doch vor dem Haus!«

Alle lachen, und Ilse hält den Strauß wie etwas ganz Kostbares in den Händen. »Wunderschön«, sagt sie. »Schaut mal die Farben!«

»Welche Farben denn«, brummt Klaus, »hier drin sieht man doch gar nichts!«

Aber Ilse lässt sich nicht beirren. »Na, außen hellrosa und innen … champagner?« Sie sieht Harriet fragend an.

Die nickt. »Ja, es ist meine Lieblingsfarbe. Da dachte ich, es könnte vielleicht passen.«

Ich erkenne Ilses Rührung, und dann dämmert mir, dass es für sie noch mehr sein muss als für die anderen Frauen. Vielleicht erinnern diese Rosen sie an etwas, das lange zurückliegt – an irgendein Ereignis mit ihrem damals noch gesunden Mann.

»So!« Pauline klatscht in die Hände. »Und? Habt ihr irgendwas gesehen, was ihr noch brauchen könntet?«

»Quasi alles«, erklärt Klaus mit seiner lauten Stimme. »Gell, Mutti?«

Heidi zieht die Stirn kraus. »Nenn mich nicht Mutti!«

Woraufhin meine Mutter zu mir blickt. »Was soll ich?«, will sie wissen.

»Alles gut.« Ich stelle mich ein paar Schritte näher an ihre Seite.

»Das ist doch alles Gerümpel!« Klaus winkt ab. »Am besten holt man den großen Schaufelbagger und kippt alles weg!«

»Aber nein!« Ilse sieht hinter ihren Rosen hervor. »Da sind noch Kleinode. Ein Kinderkaufladen von damals, schöne Bauernstühle, man muss da schon genau hinsehen!«

»Da hinten das große Fass!« Pauline schmunzelt in der Erinnerung. »Darin haben wir uns als Kinder doch immer versteckt, wisst ihr noch?«

»Solche schönen Kindheitserinnerungen habe ich auch«, sagt Harriet und will weitersprechen, verstummt aber, weil wir sie alle anstarren. Da sie dem schlagartig grell einfallenden Licht durch das offene Tor im Weg steht, wirkt sie plötzlich wie eine Erscheinung. Eine schwarze Silhouette, auf deren Rücken sich die Sonnenstrahlen teilen und, wie auf den heiligen Schutzbildern vergangener Maler, rechts und links an ihr vorbei gleißend hell in die Mitte des Raumes fallen. Millionen von Staubkörnchen werden sichtbar und tanzen darin. Es ist ein wunderschönes Bild. Auch Mutti fällt es auf: »Harriet, du siehst aus wie eine Heilige!«

Die dreht sich um. »Wieso?« Aber da ist der Zauber schon vorbei, eine Wolke hat sich vor die Sonne geschoben, der ganze Raum verdunkelt sich wieder.

»Das war gerade mystisch!«, sagt Pauline. »Würde zumindest meine Tochter sagen.«

»Blödsinn!«, widerspricht Angelina sofort. »Das war eine besondere Sonnenkonstellation!«

»Ich meine ja auch deine Schwester. Lydia. Ich habe ja immerhin zwei Töchter!«

»Ach ja!!«

»Was war denn?«, möchte Harriet wissen.

»Sie haben gerade den guten Geist hier hereingetragen«, sagt Ilse und nickt. »Wenn noch jemand unsicher war, ich glaube, jetzt ist es klar. Mein Schwiegervater hat sich gerade gezeigt, ein Fingerzeig für uns. Wir gehen es an!«

»Was?« Mutti schaut sich leicht verwirrt um. »Wo gehen wir hin?«

»Alles gut«, beruhige ich sie und nehme sie leicht am Arm.

»Also!« Klaus richtet sich auf. »Du willst doch jetzt nicht wegen so einem Heiligenkram alles übers Knie brechen! Ich meine, das kostet richtig Geld hier, von alleine geht da nichts! Und wer soll dann kommen? Kartenspieler und olle Stammtischschwätzer ab achtzig! Die braucht kein Mensch!«

»Du bist auch schon siebzig«, fährt Heidi ihrem Mann über den Mund.

»Aber noch keine achtzig!«

»Langsam, langsam!« Sebastian tritt in die Mitte. »Es geht ja erst mal um eine Idee. Um die Idee von Katja und ihrer Freundin Doris, die in Stuttgart ein Café haben. Die bringen also das nötige Know-how mit und haben vorgeschlagen, die Winzerstube neu zu beleben!« Er weist auf mich. »Da steht sie, ihr könnt sie ja fragen.«

»Wir finden das gut!« Angelina tritt vor. »Und Hortense hat uns ihre finanzielle Unterstützung angeboten!«

»Hortense! Papperlapapp!«, ereifert sich Klaus. »Weibergewäsch! Die will dann ihr Leben lang Freibier, Champagner und sonst was! Nix da. Und wenn eine Kommune mitfinanziert, bist du ausgeliefert!«

»Mag ja sein. Aber Geld wird es kosten!« Pauline macht eine Handbewegung. »Und mag auch sein, dass es viel Gerümpel ist.

Aber nicht nur. Man muss das eben aussortieren. Und wenn alle anpacken, geht das ja auch.«

»Apropos anpacken, wo ist denn dein Mann?« Klaus hält sich seine Hand wie einen Schirm vor die Augen und sieht sich übertrieben um. »Ich kann ihn nicht erspähen!«

»Er arbeitet. Es ist Mittwoch! Da kann nicht jeder grad davonrennen!«

Robby hält beide Hände hoch. »Ihr sollt euch einfach mal umschauen, mehr nicht. Vorn auf dem Tresen, von Angelina freigeräumt und abgewischt, liegen alte Schwarz-Weiß-Fotos. So, wie es damals ausgehen hat. Einfach mal sacken lassen!«

Ich möchte mir die Fotos auch ansehen, also nehme ich Mutti am Arm, um vorzugehen, aber Klaus kommt auf mich zu. »Und wie habt ihr euch das gedacht? Ich meine, wenn ihr das hier bewirtschaften wollt … Pacht? Oder …«

»So weit sind wir noch nicht«, falle ich ihm ins Wort. »Die Frage für alle ist ja, ob wir das überhaupt wollen. Und völlig richtig ist auch die Frage, ob wir, Doris und ich, also Außenstehende, das anpacken sollen, oder ob ihr das lieber selbst macht.«

»Selbst?« Klaus zieht die dichten Augenbrauen zusammen. »Als ob ich in meinem Leben nicht schon genug gearbeitet hätte. Nein, nein. Wenn ihr das macht, setze ich mich hin und lass mich bedienen. So sieht's aus!«

Ich nicke.

Harriet geht an mir vorbei zum Tresen und sieht sich mit den anderen die Fotos an, während sich Mutti mehr für die dunklen Ecken des Raumes interessiert.

»Das ist doch eine Scheune«, überlegt sie. »Oder nicht?« Ich muss ihr recht geben. Im Moment wirkt es wie eine Scheune, allerdings ohne die schöne, luftige Höhe einer Scheune. Der Eindruck hängt wohl eher mit dem dunklen, vollgestellten Teil des großen Raumes zusammen.

»Und was wollen wir hier?«, fragt sie mich.

Ja, was wollen wir hier? Diese Frage bewegt mich, seitdem ich das erste Mal darüber nachgedacht habe.

Robby tritt an meine Seite und stellt sich meiner Mutter vor. »Ich bin Robby, der dritte Winzer im Bunde.«

»Ach ja?«, sie mustert ihn, »im Bunde? Konstantin war auch in einer Burschenschaft. Wenn sie es ganz wichtig gehabt haben, haben sie so ein Band getragen. Gestreift. Und das passende Käppi!« Sie mustert ihn. »Das tragen sie aber nicht!«

»Es ist ja jetzt auch nicht wichtig«, sage ich schnell, und Robby bestätigt charmant: »Im Moment sind nur Sie wichtig, und es ist schön, dass Sie heute hier sind.« Er verbeugt sich leicht vor ihr.

»Ja?« Mutti strafft sich und spitzt die Lippen. Dann wirft sie mir einen Blick zu. »Und wer ist er?«

Ich merke, dass alles ein bisschen viel für sie wird. Wir sollten uns verabschieden. Ich werfe Robby einen Blick zu, und er versteht sofort. Ich schau mich nach Harriet um, sie steht am Tresen und ist mit Ilse im Gespräch. Ja, denke ich, das passt. Zwei körperlich und geistig fitte Frauen, die mit ihren Männern ihr Päckchen zu tragen haben. Kann ich sie stören? Oder soll ich Mutti noch eine Weile ablenken? Aber nein, ich spüre, dass sie neben mir ungeduldig wird. Ich will sie nicht überfordern. »Mutti, wir gehen gleich. Ich hol nur noch schnell Harriet.« Sie nickt zustimmend. »Und dann fahren wir heim.«

»Ja.« Ihr Blick geht ins Leere, und ich ahne schon, dass ihre Talfahrt wieder beginnt. »Ja, das ist gut. Die Kinder warten sicherlich schon.«

Donnerstag, 19. August

Ich freue mich schon beim Aufstehen. Heute kommen Isabell und die Kids zurück, und alles wird wieder normal. Ich trage nicht mehr ständig dieses schlechte Gewissen wegen Mutti mit mir herum, dass ich mich zu wenig kümmere, zu selten da bin, dass etwas passieren könnte und überhaupt – sondern ich weiß schon jetzt, dass die Lebhaftigkeit von Ludwig und Lara die beste Medizin für sie ist. Was für ein Glück, dass wir das damals so beschlossen haben und Isabell tatsächlich bei Mutti eingezogen ist!

Ich bin schon um sieben Uhr wach, trinke meinen Morgen-Cappuccino in der Küche im Stehen und richte mir nebenbei ein Honigbrötchen für den Garten. Mit meinem zweiten Cappuccino gehe ich hinaus. Was für ein Tag, was für ein Gefühl. Und mein Frühstücksplatz bei den Bäumchen ist frei. Ich atme auf.

Herrlich!

Ich bin direkt im Überschwang der Gefühle, stelle ich fest, auch weil gestern alles gut gelaufen ist. Mutti hatte zwar die Hochphase verlassen, aber das machte nichts. Sie war rundherum zufrieden und glücklich, und Harriet ist später noch bei ihr zu Hause geblieben, um ihr bei allem zu helfen, wie sie sagte. Oh, so eine alte Freundschaft, wie wertvoll sie doch ist, denke ich und nicke meinen beiden Bäumchen zu.

»Schön, Else und Judith, wenn ihr euch lieb habt!«

Und Doris und ich, das ist doch ähnlich. Wie gut so ein Gefühl der Verbundenheit tut, der bedingungslosen Freundschaft!

Ich atme tief durch. Das wird mein Tag, das spüre ich.

Um 16 Uhr stehe ich, wie abgemacht, mit meinem Wagen am Flughafen nahe der Ankunft und warte. Kurzzeit-Parkzone.

Lange kann ich da nicht stehen, sonst wird es teuer. Vorher war ich noch bei Mutti und habe ihr geholfen, sich hübsch zu machen. Sie bestand auf ihrem besten Kostüm, Chanel, das sie nur zu besonderen Anlässen trägt, wie sie mir ein ums andere Mal versicherte. Ja, stimmt, ich weiß, dass dieses Kostüm mit einem Hochzeitstag in Paris zu tun hatte. Papa hatte es ihr damals in der Chanel-Boutique auf den Champs-Élysées mit allen passenden Accessoires geschenkt, und sie war außer sich vor Glück gewesen. Wenn ich nachrechne, Papa ist seit sechs Jahren tot, dann muss dieses Kostüm so um die fünfzehn Jahre alt sein. Und sieht noch immer toll aus. Und vor allem: Es passt ihr noch.

Ich werde etwas hektisch, schau abwechselnd auf die Digitalanzeige meiner Autouhr und dann wieder auf die Schiebetür des Flughafens, die sich zwar ständig öffnet, aber immer die falschen Leute ausspuckt. Schließlich halte ich es nicht mehr aus und steige aus dem Wagen. Das hilft zwar auch nicht, beruhigt aber meine Nerven. Wo bleiben sie denn? Schon zwanzig nach vier. Ganz bestimmt ist mal wieder ein Gepäckstück nicht angekommen. Aber das könnten sie mir doch zumindest schreiben, dann drehe ich noch eine Runde um den Flughafen. Ich taste nach meinem Smartphone. Im Auto. Auf der Ablage. Ich beuge mich hinein, und als ich wieder auftauche, steht ein Mann vor mir. Erst fährt mir der Schreck durch die Glieder, dann erkenne ich ihn. »Boris«, stammle ich, »was machst denn du hier?«

»Urlaub«, sagt er und umarmt mich. Ein mehrstimmiges Freudengeheul um mich herum bringt mich dazu, mich aus seiner Umarmung zu befreien. »Du?« Ich kann es noch immer nicht glauben, und außerdem sieht er nicht aus wie Boris, sondern wie ein braun gebrannter Irgendwer mit Pferdeschwanz.

»Ich habe dir doch gesagt, dass ich eine Überraschung mitbringe«, sagt meine Schwägerin in meinem Rücken, und ich drehe mich nach ihr um. »Aber doch nicht so eine große!« Ich fühle mich völlig neben mir. »Ja, und ihr?«, frage ich Lara und

Ludwig, deren Kindergesichter mich von unten so erwartungsvoll anstrahlen, dass ich in die Hocke gehe. »Was sagt denn ihr dazu?«

»Papa!« Lara klatscht mir auf den Oberschenkel. »Papa hat tolle Sandburgen mit uns gebaut. Und einen Haifisch haben wir auch gesehen!«

»Einen Delfin«, berichtigt ihr großer Bruder.

»Nein!«, beharrt sie wütend. »Es war ein Haifisch!«

»Es war ein Fisch«, sage ich und betrachte die braun gebrannte Lara mit ihren hellblonden Locken, die gerade ihren Bruder anfunkelt. »Es war ein Haifisch! Das hast du selbst gesagt!«

»Aber doch nur aus Spaß!«

Ich richte mich auf und schüttle den Kopf. »Isabell, du Geheimniskrämerin!« Sie zwinkert mir zu, und ich stelle fest, dass auch sie gut aussieht. Ihre moosgrünen Augen stechen aus ihrem sonnengebräunten Gesicht heraus und betrachten mich vergnügt.

»Da ist er wieder!«, sagt sie.

»Für lang?«, frage ich und kassiere von Boris einen Ellenbogenstüber. »Freust du dich etwa nicht?«

»Doch, sehr«, sage ich schnell, sehe aber auch sofort sämtliche Probleme vor mir, die er im vergangenen Jahr verursacht hat. »Ich dachte nur, du seist auf Koh Phangan gut aufgehoben.« Als ich sein Gesicht sehe, korrigiere ich mich. »Zufrieden. Glücklich!«

»Alles gut!« Er winkt ab. »Ich bin da, und den Rest erkläre ich dir später!«

Ich stimme zu, denn gerade jetzt fällt mir die Parkzeit wieder ein. Der Blick zu den Koffern auf dem Gepäckwagen lässt mich allerdings zweifeln. »Wie soll das gehen?«, frage ich.

»Wie schon«, sagt Boris, »ich auf dem Fahrersitz, schließlich habe ich das meiste Volumen, ihr seid alle dünn, also werfen wir das Gepäck irgendwie rein, und ihr quetscht euch dazwischen. Ist doch ganz easy!«

Ist doch ganz easy, wiederhole ich auf der Fahrt. Typisch mein Bruder. Wenn uns irgendwo eine Streife anhält, sind wir fällig. Aber dann würde er sich wahrscheinlich auf mich rausreden, und so, wie ich ihn kenne, würde er es auch noch schaffen. Und der Strafzettel ginge an meine Adresse.

Vor unserem Elternhaus legt er mit überhöhter Geschwindigkeit eine Vollbremsung hin. Wenn er jetzt auch noch die Felgen am Randstein ruiniert, denke ich, dann gehe ich ihm von hinten an die Gurgel, aber das passiert nicht. Dafür schmerzt mein Knie barbarisch, das die ganze Fahrt über angewinkelt zwischen seiner Ledertasche und Ludwigs Kinderkoffer eingeklemmt war. Langsam schälen wir uns alle aus dem Auto, nur Boris läuft bereits, frei von allen weiteren Gedanken um uns, auf die Haustüre zu.

»Halt!«, rufe ich ihm nach. »Ein bisschen Anstand kann dann doch wohl sein!«

»Wieso? Was hast du?«

Er klingelt. Und es kommt, wie es kommen muss, Mutti öffnet und hat ihren Zuckerbuben, den Kronprinzen, den einmaligen Boris-Sohn im Arm. Und der sieht sich triumphierend nach uns um. »Alles in Butter«, ruft er. »Kommt ihr?«

»Mein Gott«, haucht Mutti ein ums andere Mal.

»Und dein Gepäck?«, rufe ich.

»Ist nicht schwer«, gibt er zurück und verschwindet mit Mutti im Haus.

»Das ist nicht sein Ernst!«, sage ich zu Isabell.

Die lacht. »Der ist genau so, wie er immer war!«

»Hast du dich etwa wieder in ihn verliebt?« Es klingt kratzbürstiger, als es sollte.

»Burgfriede«, sagt sie nur und deutet auf die Kinder, die gerade dabei sind, ihre Koffer aus dem Auto zu zerren. »Die sind jedenfalls sehr glücklich!«

»Und Mutti auch«, stelle ich fest. »Das bedeutet, dass wir anderen ab jetzt nichts mehr wert sind.«

»Er geht ja wieder!«, beruhigt mich Isabell leise und zuckt mit den Achseln.

»Ach, wirklich?« Insgeheim atme ich auf, denn ich befürchtete schon, nun auch noch einen arbeitslosen Bruder unterstützen zu müssen. »Und was macht er hier?«

»Urlaub. In Thailand ist es gerade brütend heiß, und die Projekte laufen erst wieder an, wenn es kühler wird. Zur Hauptsaison, also Richtung Dezember.«

»Dezember? Das heißt dann wohl, dass er Weihnachten nicht hier sein wird?«

»Das kannst du ihn gern fragen.«

»Was wird er antworten?«

»Dass es für Mutti, wenn sie wirklich so gaga ist, wie du behauptest, egal ist. Dann stellen wir im September eben einen Weihnachtsbaum auf und singen Weihnachtslieder, dazu Bescherung und Weihnachtsbraten, *Dinner for One* in der Mediathek, und dann ist die Welt für sie doch in Ordnung.«

»Und draußen lassen wir es schneien?«

»Den Schneemann kriegt sie auch. Aus Styropor.«

Ich sage nichts mehr. Ich weiß auch nicht, warum der Tag so gut begonnen hat. Habe ich überhaupt kein Feeling mehr, keine Vorahnung, kein Bauchgefühl, kein nichts?

Ach komm, sage ich mir, als ich mit dem Rest der Familie und voll beladen mit allem Gepäck zur Haustüre gehe, dein Bruder ist da. Ist doch toll, freu dich. Du liebst ihn doch, er ist doch dein großer Bruder.

Ja, alles gut. Aber sein Gepäck habe ich auf dem Rücksitz stehen lassen.

Mutti verhaspelt sich, so schnell spricht sie, aber nun ist mir ihr Zustand schon so vertraut, dass ich mir nicht sicher bin: Hat sie in dem braun gebrannten Mann mit Pferdeschwanz und Camouflage-Schlabberhose wirklich ihren akkurat gekleideten

Kurzhaarbuben wiedererkannt, oder rätselt sie noch? Zumal Boris ganz schön zugenommen hat. Jedenfalls warte ich die ganze Zeit drauf, dass sie mich in einem stillen Moment fragen wird: »Katja, wer ist der Mann?« Aber da sie es nicht tut, auch nicht, als wir beide ihren geliebten Kaffee von Hand aufbrühen, denke ich, dass sie den neuen Boris auf irgendeine Art mit dem Boris aus ihrer Erinnerung zusammengebracht hat.

Die Kinder sind jedenfalls total aufgedreht und zeigen ihrem Vater »ihren« Garten, die alte Schaukel am Nussbaum, das Kinderhaus hinter den Brombeerbüschen und den Platz, an dem sie die toten Mäuschen beerdigen, die Purzel manchmal bringt.

»Hat er denn euren Umbau schon gesehen?«, frage ich Isabell.

»Nein, noch keine Zeit gehabt«, winkt sie ab.

»Und wo schläft er?«

»Oben in seinem Jugendzimmer.«

Ich werfe ihr einen skeptischen Blick zu.

»Brauchst gar nicht so zu gucken, zwischen uns läuft nichts mehr. Das Feuer ist erloschen.«

»Poetisch!«

»Gut, ich könnte auch sagen: Ich hab keinen Bock mehr!«

»Gut!«, ich hebe abwehrend die Hände. »Geht mich ja auch nichts an. Jedenfalls ist er jetzt wieder da, und jetzt warten wir mal ab, was kommt.«

Während ich in der Laube sitze und Boris zuschaue, wie er mit den Kindern herumtollt, frage ich mich, warum ich eigentlich so garstig bin? Gönne ich ihm sein Familienglück nicht? Oder trau ich ihm nicht mehr? Keine Ahnung. Wie so oft schaffe ich es nicht, mir selbst auf die Spur zu kommen. Mutti kommt aus der Küche getänzelt und hält etwas in ihrer zur Faust geballten Hand, die sie weit von sich wegstreckt. Was hat sie?, frage ich mich und denke, dass es schon seltsam ist. In einem Kostüm benimmt sie sich stets völlig anders als in Hosen. Viel damenhafter, manchmal sogar affektiert. Aus welcher Ecke des Gehirns das wohl kommt?

Sie läuft schnurstracks auf mich zu.

»Was hast du da?«, frage ich sie und deute auf ihre Faust. Sie bleibt vor mir stehen und öffnet die Finger einzeln, Finger für Finger. Heraus kommt ein kleiner Elefant, niedlich aus Messing gearbeitet, den Kopf hochgereckt, das Maul offen, den Rüssel trompetend erhoben. »Das ist mein Glückselefant«, freut sie sich. »Den hat mir Boris geschenkt, der passt immer auf mich auf!«

»Sehr schön«, sage ich. »Auf den musst du gut achtgeben!«

Sie nickt und schließt ihre Finger genau wieder so, wie sie sie geöffnet hat, einzeln. Finger für Finger. Dann setzt sie sich mir gegenüber hin und sieht mich reglos an.

»Und? Mutti, was denkst du?«

»Nichts.«

»Du überlegst doch was – was überlegst du denn?«

»Welcher denn nun der Boris ist – der kleine oder der große?«

Mich zieht es zu Doris. Und da heute Donnerstag ist, sitzt wahrscheinlich auch Heiko in seinem Büro. Mit meinen Gefühlen muss ich einfach irgendwohin. Boris, wieder daheim. Was wird das werden?

Ich fahre zwei Mal unsere Sackgasse auf und ab und werde tierisch ungeduldig. Nirgends ein Parkplatz. Ich erwäge schon, vor dem Café mal kurz in zweiter Reihe stehen zu bleiben, da kommt Linus Richter aus dem Hoteleingang, sieht mich und winkt mir kurz zu. Ist das Zufall?, frage ich mich, lass aber das Fenster herunter, als er die Straße überquert.

»Moin«, sagt er. »Ich wollte Ihnen nur meinen Parkplatz anbieten – unten in der Hotelgarage. Ich habe einen Termin außerhalb und komme heute nicht mehr.«

»Ach ja?« Ich muss einen so verwunderten Gesichtsausdruck haben, dass er auflacht.

»Nachbarschaftshilfe«, sagt er kurz. »Fahren Sie dort die Einfahrt runter, ich komme gleich nach.« Damit dreht er sich um und geht ins Hotel zurück. Tatsächlich habe ich mir noch nie Gedanken darüber gemacht, wo denn die Autos der ganzen Hotelgäste abbleiben. Aber gut, ich fahre ein Stück zurück und steure dann die Einfahrt an. Tiefgaragen sind mir unheimlich. Vielleicht, weil in jedem dritten Krimi etwas Gruseliges in einer Tiefgarage passiert. Entführung, Vergewaltigung, Mord. Das scheint sich irgendwo in meinem Hirn festgesetzt zu haben. Diese Tiefgarage ist allerdings vergleichsweise klein und sieht mit den hellen Farben eher freundlich aus. Ich streiche meine düsteren Gedanken und bleibe einfach abwartend in der Mitte stehen. Es dauert keine fünf Minuten, dann ist er da, kommt aus einer kleinen Seitentür gesprungen, jungdynamisch wie einst Obama aus dem Flugzeug, winkt mit dem Autoschlüssel in meine Richtung und klickt einen Sportwagen auf. Dann macht er aber doch noch einen kleinen Schlenker an meinem Seitenfenster vorbei. »Haben Sie es sich durch den Kopf gehen lassen?«, will er wissen.

»Ja, habe ich«, sage ich. »Ich bin aber noch zu keinem Ergebnis gekommen.«

Er nickt nur. Wenig später sitzt er in seinem Auto und fährt an mir vorbei zur Ausfahrt. Ich blicke ihm nach und parke dann ein. Während ich die Einfahrt wieder hochgehe und dann die Straße zum Café überquere, beschließe ich, Doris nur kurz Hallo zu sagen und gleich hoch zu Heiko zu gehen. Gähnende Leere begrüßt mich, nur ein Tisch ist besetzt. Komisch, sieben Uhr, das ist doch eigentlich immer die Hauptzeit, ab sechs füllt sich der Laden normalerweise. Doris steht mit einem Glas in der Hand am Fenster und sieht hinaus. Bei meinem Eintreten wendet sie sich vom Fenster ab und kommt mir entgegen.

»Ich wollte eigentlich nur schnell zu Heiko hochschauen und dir dann die News erzählen«, sage ich.

»Die News?« Sie legt den Kopf schräg.

»Tja«, sage ich, »es hat sich einiges ereignet.«

»Ähm«, macht sie, was ich als Zustimmung interpretiere.

»Dann komme ich gleich wieder … hast du denn ein bisschen Zeit?«

Sie macht eine kleine Kopfbewegung über den Raum hinweg. »Sieht fast so aus.«

Was ist denn mit ihr los?, frage ich mich, während ich hinaus und die Treppen hoch zu unseren Büros gehe. Die gemeinsame Tür ist abgeschlossen, also habe ich Heiko verpasst. Schade. Ich gehe hinein und sehe einen handgeschriebenen Zettel auf meinem Schreibtisch. »Hab Sehnsucht nach dir. Wo treibst du dich bloß immer rum?«

So schön, denke ich, eine kleine Liebeserklärung! Ich fotografier ihn und schicke ihn als Nachricht an Heiko zurück. »Jetzt beispielsweise im Büro. Und du?«

Er ruft direkt an. »Bevor ich mir die Fingerkuppen wund schreibe … hallo, mein Goldschatz, ich richte gerade eine kleine Brotzeit und gedachte, die Damen in meine Blockhütte einzuladen.«

»Heute?«, frage ich. »Jetzt?«

»Wie gesagt, nur eine Idee.«

Gestern Ausflug, denke ich, heute Ausflug, das wird mir ein bisschen viel. Er deutet mein Zögern richtig. »Keine Lust?«

»Lust schon. Aber ich komme nicht mehr so richtig hinterher, hier bleibt alles liegen.« Ich werfe einen Blick auf die vielen Belege und Aktenordner, die auf meinem Schreibtisch liegen. »Hier wartet alles auf mich.«

»Ich auch!«

Ich muss lachen. »Ja, ich muss sowieso mit euch reden. Mit Doris auch. Es ist etwas Unglaubliches passiert.«

»Wollt ihr nicht doch kommen?«

»Ich weiß nicht.« Ich lasse meinen Blick noch einmal über meinen Schreibtisch wandern.

»Das Gute an deiner Arbeit ist doch, dass du sie morgen auch noch machen kannst«, höre ich Heiko sagen.

»Das ist perfekt, Heiko, das sage ich mir jeden Tag.«

Ich höre ihn lachen. »Frag doch Doris. Sie sagte mir vorhin, sie hätte keine Reservierungen. Keine einzige.«

»Stimmt! Ich wundere mich auch. Der Laden ist leer.«

»Kann ja mal sein …«, sagt er.

Mir kommt es trotzdem komisch vor. Vielleicht bin ich auch verwöhnt, weil das Café in letzter Zeit so gebrummt hat?

»Ich gehe mal runter zu ihr. Ich melde mich.«

Doris steht hinter dem Tresen und ordnet den Besteckkasten. Die zwei Frauen sitzen noch am Tisch, teilen sich einen Flammkuchen und eine Flasche Mineralwasser und sind in ein Gespräch vertieft. Es erinnert mich kurz an frühere Zeiten, an das Wohlfühlcafé ohne substanzielle Einnahmen. Mit Niki wurde das Café in kürzester Zeit in eine andere Liga geschoben, ihre vielen Ideen, Networking und Anwerbestrategien haben die Kasse klingeln lassen. Niki und Helena, mir fällt auf, dass ich mich überhaupt nicht mehr um sie gekümmert habe. Seitdem ich unser gemeinsames Abendessen abgesagt habe, habe ich nichts mehr von ihnen gehört – wann war das? Dienstag. Erst Dienstag. Vorgestern. Kommt mir schon wie eine Ewigkeit vor.

Ich gehe um den Tresen herum und lege meinen Arm um Doris' Schulter, spüre aber eine leichte Abwehrreaktion. »Was ist?«

»Machst du mit dem da drüben gemeinsame Sache?«

»Was?« Ich verstehe erst nicht, dann aber doch. »Ach, der Richter! Wie kommst du denn auf diese Idee?«

»Na, ich habe euch vorhin gemeinsam gesehen. Es wirkte so … vertraut.«

»Vertraut?«

»Ja, und immerhin bist du ja in seine Parkgarage gefahren. Das gab es noch nie.«

»Ja, aber … Doris!« Ich schüttle den Kopf. »Ich mach mit dem doch keine gemeinsame Sache, das ist Bullshit! Er hat mich wohl hin- und herfahren sehen und mir dann seinen Parkplatz angeboten, weil ich keine Lücke gefunden habe.«

Sie sieht mich kurz an und runzelt die Stirn. »Ich weiß nicht, der Laden ist leer, ich sehe dich mit dem da draußen … du würdest mich doch nie hintergehen?«

Ich trete einen Schritt zurück. »Also ehrlich, Doris, das könntest du dir vorstellen? Mal ganz sachlich. Den Laden kann ich nicht leer zaubern, das ist halt mal so, Rückfall in alte Zeiten, da war er auch oft ziemlich leer – und abgesehen davon könnte ich, selbst wenn ich wollte, hier nichts tun, denn die Pächterin bist du.«

»Aber Hugo ist ein alter Kamerad deines Vaters. Und seit Neuestem gehst du auch mit seiner Frau aus. Da sind die Connections enger als bei mir.«

»Also …«, mir fällt im Moment nichts dazu ein, »ist dir sonst noch eine Laus über die Leber gelaufen?«

»Na ja«, sie wirft mir einen schrägen Blick zu und greift nach ihrem Wasserglas, »dieser Adonis! Diese neue Liebe von Amelie, Alessandro. Das ist für mich so ein Loverboy, so ein Typ, ich weiß nicht. Er macht mir Angst.«

Ach ja, denke ich, der ist ja gestern angekommen. »Was meinst du damit?« Ich deute auf ihr Glas. »Bekomme ich auch bitte ein Wasser?«

Doris sieht mich mit einer Mischung aus Spott und Traurigkeit an. »Früher haben wir noch Wein getrunken.«

»Früher haben wir die Nächte durchgetanzt!«

»Und durchgeliebt!« Sie hält kurz inne, und plötzlich liegt sie mir in den Armen. »Ach, Katja! Entweder spielt gerade mein

Hirn verrückt oder die ganze Welt.« Sie sieht mir aus nächster Nähe direkt in die Augen. »Was meinst du?«

»Ich könnte dich jetzt küssen!«

Sie drückt ihre Lippen auf meine. »Ja«, sagt sie, während sie sich wieder löst. »Das wäre vielleicht einfacher. Frauen verstehen einander, sind gleich gepolt.«

»Ja«, bestätige ich und denke, so ein Schniedel ist aber auch nicht schlecht. Zumindest ab und zu. »Was ist nun mit diesem … Alessandro? Was macht dir da Angst?«

»Ein Schönling. So ein Modeltyp. Das passt aber nicht zu Amelie. Sie ist nicht der Typ Frau, der zu diesem Strahlemann passt.«

»Und was denkst du?«

Doris greift nach einer Mineralwasserflasche und schenkt mir ein Glas ein. »Sie will nach Italien zurück. Nach Mailand. Zu ihm.« Sie sieht mich an. »Ich krieg Bauchschmerzen, wenn ich nur dran denke.«

»Und ausreden kannst du ihr das nicht?«

»Sie ist so verliebt, Katja …«, sie schüttelt den Kopf, »ich glaube, sie würde ihm auf allen vieren hinterherkriechen.«

»Ach du je!« Ich trinke mein Glas in einem Zug fast leer. »Wir brauchen Heiko«, sage ich, als ich es absetze.

»Heiko?«

»Er hat uns eingeladen. In seine Blockhütte, du weißt schon, die Hütte mitten im Wald, wo er immer seine Treffen mit seinen Klienten abhält, die Psychorunde oder wie auch immer du das nennen magst.«

»Jetzt?«, fragt sie skeptisch.

»Ja, gleich. Er wartet nur auf eine Antwort, richtet eine Brotzeit, zündet ein Lagerfeuer an und dachte, es würde uns guttun. Uns dreien.«

»Ja, stimmt! Das würde es.« Sie nickt, sieht sich aber gleich darauf um. »Und hier?«

»Wer ist denn da? Vroni?«

»Ja. Sitzt bei Rico in der Küche. Beide arbeitslos.«

»Okay, lass mal sehen.« Ich gehe voraus und sehe mich nach ihr um. »Kommst du?«

Rico und Vroni sitzen wie zwei Trauerklöße an dem kleinen Küchentisch. Ich begrüße sie betont munter und bleib dann vor ihrem Tisch stehen. »Was ist denn los?«

Rico starrt nach unten, und Vroni verdreht etwas den Hals, um mich direkt anzusehen. »Wir haben beide Liebeskummer, das schweißt zusammen.«

»Liebeskummer, ach je«, stöhne ich und ziehe einen Stuhl herbei, während Doris an der Tür stehen bleibt. »Was ist denn passiert?«

»Meine Freundin liebäugelt mit einer anderen«, sagt Vroni düster, und da Rico nur mit den Schultern zuckt, spricht Vroni für ihn: »Und sein Sonnenschein will zurück nach Kiel.«

Doris und ich werfen uns einen Blick zu.

»Niki?«

»Jaaa, Niki!«, sagt er, ohne sich sonst zu regen.

»Woher weißt du das?«, will Doris wissen und stößt sich nun doch vom Türrahmen ab.

»Die beiden haben mich vorgestern zum Essen eingeladen. Und da haben sie nachgedacht. Über die Situation hier, über Kiel, über alles. Und Niki geht mit ihrer Mutter zurück nach Kiel. Ich glaube, sie sind schon dabei zu packen.«

»Nein!« Das kommt von Doris. »Das haben die einfach so beschlossen? Ohne mich?«

»Ja, warum nicht?« Nun hebt Rico doch den Kopf. »Was sollen sie auch hier? Niki will in der Nähe ihrer Mutter bleiben, sie sagt, das sei ihr einfach ein Bedürfnis. Sie wird in Kiel studieren. Ernährungswissenschaften. Bietet sich ja an.«

»Weißt du, in welchem Hotel sie wohnen?«

»Ja, klar, im Maritim.«

Doris sieht mich an. »Auf!«, sagt sie. »Da müssen wir was tun! Sag Heiko, wir verlegen das Lagerfeuer ins Maritim!«

So energiegeladen habe ich sie schon lange nicht mehr gesehen – und vor allem so von einer Sekunde auf die andere.

»Schaut ihr auf den Laden?«, fragt Doris die beiden.

Vroni streicht sich eine Haarsträhne aus den Augen. »Klar.«

»Und was wollt ihr im Maritim?« Rico runzelt die Stirn.

Darüber bin ich mir auch noch nicht so im Klaren, aber ich stehe auf.

»Es wird uns schon was einfallen«, sage ich und gehe Doris hinterher. Was stachelt sie jetzt an?

»Fährst du schon mal den Wagen vor?«, fragt sie mich, und auf meinen ironischen Blick hin sagt sie nur: »Meinen hat Amelie. Um ihrem Alessandro-Schnucki die City zu zeigen. Shoppen beim Breuninger, Champagner in der Calwer Straße und so …«

»Sie ist doch erst siebzehn …«

»Ja, aber Jonas fährt. Familienausflug, sozusagen.«

Ich weiß nicht so richtig, was ich von all dem halten soll. Und bin meine eigenen Neuigkeiten noch gar nicht losgeworden. Auf dem Weg in die Tiefgarage rufe ich Heiko an und versuche ihm die letzte Stunde kurz und knapp zu erklären. »Das heißt also, ihr kommt nicht?«

»Bist du denn schon dort?«

»Nein, noch nicht.« Kurze Pause. »Ich soll jetzt aber nicht etwa ins Hotel kommen? Wüsste nicht, wozu.«

»Ich weiß es ja selbst nicht. Ich glaube, Doris wird gerade von einem Impuls getrieben. Mehr kann ich dazu auch nicht sagen.«

»Ich fahre in den Wald. Falls ihr noch kommen wollt, kommt.«

Ich habe ein dumpfes Bauchgefühl, als ich den Wagen aus der Garage fahre und Doris einsteigt. »Was machen wir denn jetzt genau, wenn wir im Hotel sind?«

»Sie vom Abreisen abhalten«, sagt Doris wie aus der Pistole geschossen. »Hast du das nicht gemerkt?«

»Was?«

»Wie die Atmosphäre ist, wenn Niki da ist? Wie fröhlich? Und alles läuft wie geschmiert. Ich bin die alte Großmutter mit ihrem Kuchen, und sie ist die junge Fee, die alles zum Laufen bringt, so sieht's aus. Der Laden ist tot ohne sie!«

»Ach Quatsch!« Ich fädle mich in den Verkehr ein. »Doris!«, ich lege ihr meine Hand auf den Arm, »denk doch mal nach. Das Café ist vorher auch gelaufen – und zwar genau so, wie du das wolltest! Sie hat alles verändert, du hast sie deswegen selbst mal angegriffen, weil nichts mehr so ist, wie es war!«

»Ja, aber«, sie sieht mich an. »Es war besser! Ich musste mir das nur eingestehen. Sie hat es einfach besser gemacht. Sie hat den Laden mit Leben erfüllt, ich weiß überhaupt nicht wie, aber sie war es doch, die all die jungen Leute hergezaubert hat. Hast du heute einen von denen gesehen? Nein. Die beiden müden Tanten, die schon früher mit ihrem Mineralwasser und ihrem Flammkuchen dasaßen und stundenlang über die Ungerechtigkeiten dieser Welt jammerten, ohne selbst den Arsch hochzukriegen!«

»Wow!«, sage ich ehrlich erschrocken. So einen Ausbruch habe ich noch nie erlebt.

»Also gib Gas, damit wir noch rechtzeitig kommen!«, kommandiert sie.

»Aber Rico«, überlege ich, »also saß er vorgestern bei dieser Einladung dabei. Ich habe abgesagt. Hatte schlicht keine Lust, hab an diesem Abend den Blaustrümpflerweg vorgezogen.«

»Und ich war im Winzerhäuschen und habe über die Welt nachgebrütet.« Sie sieht auf meinen Tacho. »Geht's nicht schneller?«

»Weißt du nicht, wie viel Blitzen in Stuttgart stehen? Mehr, als Schrottteile im Weltall herumfliegen.«

»Die Abkassier-Metropole!«

»So sieht's aus!«

»Apropos Winzerhäuschen«, Doris sieht auf ihre Armbanduhr, »wie war es denn gestern mit deiner Mutter und Harriet?«

»Das wollte ich dir eigentlich alles in Ruhe erzählen. Und auch die Überraschung, die meine Schwägerin aus Thailand mitgebracht hat.«

»Einen kleinen Affen?«

Ich muss lachen – nein, kein fröhliches Lachen, eigentlich ist es eher ein bissiges Lachen, das spüre ich selbst. »So ähnlich.«

Vor dem Maritim lassen wir den Wagen stehen. »Für eincheckende Gäste«, steht auf einem Schild. Das passt, erklärt mir Doris und eilt voraus. An der Rezeption fragt sie nach Klingenstein.

Ja, die Damen seien noch da, hätten aber ihren Aufenthalt verkürzt, Abreise morgen früh. Doris holt tief Luft. »Und wo sind Sie jetzt?«

Die Rezeptionistin schaut sich nach ihrem Kollegen um. »Hast du nicht vorhin mit einer Frau Klingenstein gesprochen?«

»Ja, sie haben einen Tisch in unserem Restaurant reserviert.« Er wirft einen Blick auf die Wanduhr. »Dort dürften sie jetzt sein.«

»Und wie kommen wir dorthin?«

»Das Bistro Reuchlin liegt dort.« Er zeigt grob die Richtung, und Doris wirft mir einen Siegerblick zu. »Sehr gut! Wir kriegen sie noch!«

»Sollte ich nicht den Wagen wegfahren?«, frage ich, während wir mit großen Schritten in Richtung Restaurant eilen.

»Wozu?«

»Na ja, einchecken und so … wir blockieren doch …«

»Papperlapapp! Notfall!«

Sie läuft mir voraus auf den Eingang des Bistros zu und bleibt vor den großen, mit Sprossen aufwendig gestalteten Glastüren kurz stehen, um Luft zu holen. »Edel!« Dann reißt sie eine der Türen auf und stürmt hinein. Mein erster Eindruck ist: hübsch, eine Bar, einige Tische, einige Stufen hinunter weitere Tische, aber Helena sehe ich nicht. Doris ist schon weiter. Sie schreitet mit suchendem Blick durch den Raum, an den Stufen bleibt sie ruckartig stehen. Ich wäre fast gegen sie geprallt.

»Na so was!«, entfährt es ihr. Ich folge ihrem Blick und sehe sie – und auch sie haben uns entdeckt. Durch Doris geht ein leichtes Zucken, und ich denke, jetzt dreht sie direkt wieder um. Aber nein, sie reißt sich zusammen und geht auf den Tisch in der Ecke des Raumes zu. »Komme ich zu spät?«, fragt sie süffisant, und ich bewundere sie in diesem Moment. Ich weiß nicht, wie ich gehandelt hätte.

Jörg steht auf und zieht einen Stuhl zurück. »Nein, gerade rechtzeitig, Liebling«, sagt er. »Und für dich«, er sieht zu mir, »lassen wir ein weiteres Gedeck kommen.«

»Schön, dass du doch noch kommst!« Auch Helena steht auf. »Ich hab schon befürchtet, du wärst sauer!«

»Ich?«, fragt Doris völlig verdattert, und ich halte die Luft an.

»Ja, nun, weil ich keine Antwort gekriegt habe.«

»Klasse!« Niki strahlt übers ganze Gesicht. »Und auch noch beide! Super! Wir haben gerade erst die Vorspeisen bestellt!« Sie grinst. »Und dann – Kässpätzle! So was kriegt man im Norden nicht!«

Ich befürchte, dass wir wie die Idioten dastehen. Oder zumindest wie die Ölgötzen. Regungslos und mit dümmlichem Gesichtsausdruck.

Doris räuspert sich, »ja, hm, dann …«, und nimmt den angebotenen Stuhl an. Jörg will gerade einen Stuhl für mich vom leeren Nachbartisch herübertragen, da steht der Kellner parat. »Ah, guten Abend. Fünf Personen statt vier? Wollen Sie vielleicht den etwas größeren Tisch dort drüben nehmen? Dann decke ich schnell um.«

Doris steht wieder auf, und Jörg nickt. »Gute Idee! Ja, wir ziehen um, was meint ihr?«

Und im darauffolgenden Tohuwabohu raune ich Doris zu. »Hast du da was verpasst?«

»Die verarschen mich!«

»Es war für vier Personen eingedeckt!«

Das gibt ihr zu denken. Mir auch. Meine Doris. Mal wieder verpeilt. Wahrscheinlich seit Tagen keine Mails gelesen. Oder aus Versehen gelöscht. Oder das Smartphone verlegt. Oder ohne Saft.

Als wir endlich alle sitzen, Doris und ich bestellt haben und nun auch jeder ein Glas hat, nimmt Helena ihres hoch. »Es freut mich unglaublich, dass wir das doch noch hinbekommen haben. Dass du dich gemeldet hast, Jörg, und dass ihr alle zu unserem Abschiedsessen gekommen seid.«

Dass du dich gemeldet hast, Jörg … Ich weiß genau, dass diese Worte jetzt in Doris nachklingen. Jörg lächelt Helena zu und wendet sich an mich. »Das hat mit deinem Petroschka zu tun. Er hat es geschafft, dass ich mir albern vorkam und Helena angerufen habe. Und sie hatte die Idee dieses gemeinsamen Essens. Friede sozusagen.«

Doris sieht von einem zum anderen. »Ja«, sagt sie schließlich, »erstaunlich. Aber sicherlich die beste Lösung!«

»Nun ja«, Jörg grinst. »Niki hatte ich ja schon kennengelernt, da dachte ich, es wäre feige, die Gelegenheit verstreichen zu lassen. Aber trotzdem warst du mutiger als ich«, er hebt sein Glas in Richtung Helena, »ich hätte den Vorstoß nicht gewagt.«

»Es war für mich auch nicht leicht«, sagt sie. »Aber ich dachte, nun bin ich schon mal hier, und vielleicht können wir ja alle mit der Vergangenheit Frieden schließen.« Sie legt ihre Hand auf Nikis Hand. »Es ist neunzehn Jahre her. Und Niki hat eure Kinder kennengelernt, die drei mögen sich. Und ich mag euch beide«, sie schenkt uns einen warmen Blick aus ihren strahlend blauen Augen, »dann wäre es doch absurd, wenn wir nicht alle gemeinsam an einem Tisch sitzen könnten.«

»Ja«, Doris mustert kurz die Tischplatte, »das wäre es.« Dann sieht sie auf. »Aber warum wollt ihr zurück nach Kiel? So schnell?«

»Nun«, Helena drückt die Hand ihrer Tochter und nimmt sie dann weg, »ich arbeite dort, wir haben unsere Wohnung dort, wir leben dort.«

»Ja, aber«, Doris wirft mir einen Einverständnisblick zu, »jetzt muss ich mit der Sprache raus. Es brodelt schon lange in mir.«

Jörg rutscht kurz beunruhigt auf seinem Stuhl, und ich weiß auch gerade nicht, welches Einverständnis sie da fordert.

»Also«, beginnt sie. »Niki ist in unser Leben geschneit. Und hat für Panik und Unruhe gesorgt, aber eigentlich«, sie lächelt, »hat sie auch etwas bewegt.« Doris spricht Niki über den Tisch hinweg direkt an. »Dass du etwas bewegt hast, ist mir heute so richtig klar geworden. Der Wirbelwind fehlte, dieses Energiebündel, das den Laden schmeißt wie ein Profi, das für Fröhlichkeit und Aufbruch sorgt.« Doris hält inne. »Niki«, sagt sie eindringlich, »Rico sitzt wie ein Trauerkloß am Tisch. Keine brasilianische Musik mehr, kein Hüftschwingen. Die jungen Leute, die du angezogen hast, fehlen. Es war heute den ganzen Tag über einfach nur trostlos.« Sie überlegt wieder. »Das hat mir endlich die Augen geöffnet. Ich dachte, Niki passt einfach perfekt in das Café. Und Helena, du auch. Ihr beide seid da so glücklich gewesen, eine solche Einheit«, sie sieht Jörg an, »ich wünschte, ich könnte so etwas mit meinen Kindern auch erreichen.« Sie stockt wieder. »Eine verschworene Einheit. Ja. Das trifft es.«

»Wir mussten durch dick und dünn, das schweißt zusammen«, meint Helena nur.

»Ja«, bestätigt Doris und nickt ihrem Mann zu. »Und unsere Kinder mussten nie kämpfen. Sie hatten immer alles. Und jede Bitte wurde ihnen erfüllt. Sie sind das Haben gewöhnt, nicht das Erkämpfen.«

Jörg legt den Kopf etwas schräg und seinen Arm um Doris' Schulter. »Wir haben wunderbare Kinder«, höre ich ihn leise sagen.

»Ja«, bestätigt Doris, »wunderbare, sehr verwöhnte Kinder.«

Sie wendet sich wieder Niki zu. »Ihr beide«, ihr Blick geht zu Helena, »im Café, Hand in Hand, das hat mir gezeigt, wie es sein könnte.«

Helena hebt abwehrend die Hand. »O nein. Niki hat sich in den letzten Monaten total von mir entfernt. Ich wusste nicht warum und war unendlich glücklich, dass sie mich wieder akzeptiert hat.«

»Ich habe einen Plan ausgeheckt«, entgegnet Niki. »Nachdem ich diesen Brief entdeckt hatte, dachte ich, dass meine Mutter an dieser Situation schuld sei. Ich dachte, sie hätte mir meinen Vater vorenthalten!« Sie holt tief Luft. »Sorry! Auch ich musste erst mit eigenen Augen sehen, wie es tatsächlich war.« Sie blinzelt zu Jörg herüber. »Sorry auch für meinen Auftritt. Das war sicherlich … na ja, unangemessen! Unter aller Kanone!«

»Da sind wir schon zu zweit. Ich habe auch etwas … na ja, überreagiert. Ebenfalls sorry!« Jörg zieht die Speisekarte zu sich rüber. »Wir haben ja erst die Vorspeisen bestellt. Sollten wir nicht auch die Hauptgänge … solange die Küche noch offen ist?« Er dreht sich nach dem Kellner um, der gerade mit den ersten Vorspeisentellern an den Tisch kommt.

»Keine Sorge, die Küche schließt erst um 22 Uhr 30. Sie können sich gern Zeit lassen.«

»Na, das ist ja mal ein Wort!« Jörg greift nach der Weinkarte. »Dann brauchen wir nur noch einen guten Wein. Für ausreichend Gesprächsstoff dürfte ja gesorgt sein.« Er grinst in die Runde. »Und übrigens, Helena, deine Einladung in Ehren, aber die Wiedergutmachung ist nun meine Sache. Und darüber brauchen wir auch gar nicht zu diskutieren, sonst traue ich mich nicht, meinen Lieblingswein zu bestellen.« Dann holt er tief Luft. »Ich hätte nie gedacht, dass dies jemals passieren könnte, aber ich muss wirklich sagen – ich glaube, dass die Geschichte auf den Tisch kam, tut uns allen gut.« Er hebt sein Glas. »Auf unser Kennenlernen. Und was daraus wird.«

Ich halte mich zurück. Schon deshalb, weil ich es als fast surreal empfinde. Jörg, der schwierige Jörg, plötzlich so einsichtig? Geht das mit rechten Dingen zu? Außerdem brennt mir meine eigene Neuigkeit unter den Nägeln: Boris. Nach der Vorspeise gehe ich mal kurz raus, um Heiko am Telefon die Situation zu schildern und den Lagerfeuerabend endgültig abzusagen.

»Jörg friedlich mit allen zusammen?«, sagt er nur. »Erstaunlich, ja.«

Und während ich an den Tisch zurückkehre, denke ich, wenn Heiko einen Türschlüssel von mir hätte, dann könnte er jetzt zu mir nach Hause. Vielleicht sollte ich mal darüber nachdenken. Der kurze Meinungsaustausch mit ihm hat mir gutgetan, ich fühle mich entspannter. Auch die anderen in der Runde sind gelöst, sie lachen viel, und das Gespräch geht ganz natürlich von einem Thema zum anderen, bis Doris plötzlich eine Frage stellt: »Helena, könntest du dir vorstellen, das Café zusammen mit Niki zu übernehmen? Quasi als Unter-Pächterin, falls es so etwas überhaupt gibt?«

Alle starren sie an. Ich auch.

Jörg ist der Erste, der reagiert: »Perfekt! Dann bist du wieder voll daheim?«

»Nein, dann starten Katja und ich das Projekt Winzerstube.«

»Was?« Jörg zieht die Stirn kraus. »Was für ein Projekt?«

Oje, denke ich, nun ist der gemütliche Abend passé, das kann so frontal nicht gut ausgehen.

»Na«, sagt Doris, »das Weingut bei Lauffen, für das Katja das Marketing macht, hat eine alte Winzerstube. Die wartet darauf, wiedererweckt zu werden. Von null auf hundert, das ist eine echte Ansage!«

Jörg lässt sie nicht aus den Augen. »Lauffen? Die Ansage ist doch eher, dass du dorthin ziehen willst? Denn wie soll das sonst gehen?«

Doris zuckt mit den Schultern. »Kommt drauf an.«

»Worauf?«, fragt Jörg gefährlich leise, und ich befürchte schon, er könnte einen seiner cholerischen Anfälle kriegen.

»Was mit dem Café passiert«, fährt Doris völlig ungerührt fort. »Aber bevor ich das dem Schnösel von gegenüber in den Rachen werfe, mache ich einen Wollladen draus.« Damit schaut sie mich an.

»Ich habe damit nichts zu tun!«, erkläre ich spontan.

»Womit?«, will Jörg wissen, »mit dem Schnösel oder mit der Winzerstube?«

»Also«, mischt sich Helena ein. »Die Frage war ja an uns beide gerichtet … an Niki und mich.« Sie beugt sich etwas vor. »War das ernst gemeint?«

»Natürlich!«, sagt Doris eindringlich. »Seit Tagen quäle ich mich mit hundert Fragen herum, und heute Morgen war es plötzlich glasklar – das ist die Lösung!«

»Die Lösung für was? Für eine Scheidung?« Jörg schiebt seinen Teller von sich. »Sitze ich deshalb hier, um mir einen solchen Unsinn anzuhören?«

»Es ist doch nur eine Idee«, beschwichtigt Niki. »Mehr ist es doch nicht!«

Mir gefällt die Idee.

»Also du willst allen Ernstes in diesem Kaff, irgendwo in Hintertupfingen, eine Weinstube eröffnen? Und jeden Tag hin- und herfahren? Oder wie stellst du dir das vor?« Jörg hat sich mit verschränkten Armen zurückgelehnt und sieht Doris von der Seite an.

»Ich dachte, ich möchte etwas Eigenes aufbauen. Einmal in meinem Leben selbst etwas machen. Auf die Beine stellen. Das musst du doch verstehen können.«

»Also Selbstverwirklichung«, sagt er mit einem Anflug von Ironie in der Stimme. »Andere Frauen machen das mit Basteln, Töpfern oder irgendwelchen Yogakursen. Esoterik-Schnickschnack.«

»Nein«, widerspricht Doris ernst, »das ist es eben gerade nicht. Ich war seit unserer Hochzeit dein Anhängsel. Du hast dich mit deinem Beruf selbst verwirklicht, hast alles erreicht, was du dir gewünscht hast. Ich bin nebenhergelaufen, habe dir den Rücken freigehalten und unsere Kinder erzogen. Aber immer mit deinem Geld, das hast du mir ja zwischendurch auch immer mal wieder unter die Nase gerieben … Und auch das Café, Kaution, die Anfangsmieten, die Küche, das warst ja du!«

»Ach«, unterbricht er sie. »Hat das Café für die Selbstverwirklichung nicht gereicht? Wie viel Selbstverwirklichung muss es denn jetzt noch sein?«

»Du verstehst mich nicht!«

»Ich verstehe sehr wohl. Jetzt also Neuanfang? Wo soll das Geld dafür herkommen? Willst du einen Kredit aufnehmen? Mit welcher Sicherheit?«

»Ja, siehst du«, sagt Doris, »das ist es ja gerade. Du denkst, ich kann selbst nichts erreichen. Du denkst, ich hänge immer an deinem finanziellen Rockzipfel. Aber den möchte ich loslassen. Endgültig!«

»Du konntest noch nie mit Geld umgehen. Hast von Betriebswirtschaft keine Ahnung. Bankgeschäfte, Einnahmen, Ausgaben, Steuern … komm, erzähl mir doch nichts!«

»Das kann man alles lernen«, mische ich mich jetzt doch ein. »Schmettere doch nicht gleich alles ab, unterstütze sie doch lieber in ihren Plänen.«

»Hab ich ja wohl – bisher!«

»Und weiter?«, pikse ich ihn.

»Und weiter sitze ich abends in einem leeren Haus. Das tu ich ja jetzt schon lange genug. Meinst du, das ist schön?«

»Na ja«, relativiert Doris. »Jahrelang bin ich abends und nachts alleine zu Hause gesessen, ständige Meetings, viele in anderen Städten, du warst immer auf Achse! Und wenn du nicht beruflich unterwegs warst, hast du stundenlang Golf gespielt! Vor zehn Uhr warst du doch nie zu Hause!«

»Du hattest die Kinder!«

»Ich hätte auch gern einen Partner gehabt. Abends mal am Kamin mit einem Glas Rotwein.« Sie fasst ihn leicht am Arm. »Den Rotwein hast du immer woanders getrunken. Ich war dir nie wichtig.«

Helena räuspert sich. »Ich weiß nicht, wäre es nicht besser, wenn wir euch alleine ließen?«

Doris blickt auf. »Ja, wir sollten das vielleicht alleine klären, Jörg und ich. Aber so oder so, die Frage steht. Niki kann hier in Stuttgart auch studieren. Und so, wie sie das Café in Schwung gebracht hat, kann es euch auch gut ernähren, oder, Katja?«

Ich schau auf. Als Erstes fallen mir die Steuerschulden von 23 000 Euro ein. Der zweite Gedanke ist, dass das Café bisher nicht berauschend viel abgeworfen hat. Der dritte Gedanke allerdings geht in die Zukunft. »Ja, es stimmt, Niki hat eine Nase für das Café. Und für die Themen der Zeit. Wie man an ihrer Initiative für veganes Essen sieht. Und Helena, du bist Profi. Ich traue euch das zu.«

Jörg schnaubt. »Steht das Café denn überhaupt schuldenfrei da?«

Keine von uns sagt etwas. Auch Helena sieht mich gespannt an. In Gottes Namen, denke ich und sage: »Ja!!« Wenn uns nichts einfällt, dann muss ich eben ein paar Aktien verkaufen. Das wollte ich zwar nicht, aber bevor ich hier klein beigebe …

»Klar!«, ergänzt Doris. Ich werfe ihr einen kurzen Blick zu. Sie wird nicht mal rot.

»Ist das so?«, zweifelt Jörg.

»Nun«, Helena scheint noch einem Gedanken nachzuhängen, bevor sie spricht. »Nun,« wiederholt sie, »das ist natürlich ein verlockendes Angebot und würde uns beiden sicher Freude machen. Allerdings habe ich in Kiel eine gute Position. Ich muss das also ganz genau überdenken. Das würde ja auch heißen: Meine Stellung aufgeben, Kiel aufgeben, meinen Freundeskreis, unsere Wohnung. Da hängt ja einiges dran.«

Wie bei mir, denke ich. Ich habe das alles auch aufgegeben: gute Position, Hamburg, meinen Freundeskreis, meine Wohnung. Das gleiche Spiel. Ob ich das an Helenas Stelle tun würde? Eher nicht.

»Und deine Eltern?«, frage ich.

»Die wohnen in Lübeck, aber die sind beide noch fit, das wäre kein Problem.«

Genau das habe ich auch mal gedacht, ist noch gar nicht allzu lange her.

»Dann hat das ja alles noch Zeit«, erklärt Jörg und hebt sein Glas. »Nichts überstürzen. Schon gar nicht deine Weingutpläne«, damit wirft er Doris einen kritischen Blick zu.

Doris reagiert nicht darauf, sondern greift ebenfalls nach ihrem Weinglas. Und ich weiß nicht, was ich denken soll. Was wäre denn nun das Beste für uns alle?

Als wir schließlich aufbrechen und Doris mich noch zu meinem Wagen vor dem Hoteleingang begleitet, während Jörg seinen aus der Tiefgarage holt, sage ich: »Eigentlich hat Jörg es doch erstaunlich gut aufgenommen. Anfangs habe ich wirklich befürchtet, dass er jetzt durch die Decke geht.«

Sie klaubt einen Zettel unter meinem Scheibenwischer hervor, auf dem rot angestrichen steht, dass dies kein Dauerparkplatz sei, zerknüllt ihn und steckt ihn sich in die Jackentasche. »Vorsicht«, sagt sie, »Jörg ist ein Chamäleon. Das habe ich über die Jahre auch erst einmal begreifen müssen. Wenn er zu freundlich wird, führt er etwas im Schilde.«

»Denkst du?«, frage ich.

»Er ist mein Mann!«

Freitag, 20. August

Ich bin mit meiner Neuigkeit, dass Boris wieder da ist, ins Bett gegangen und stehe damit auch wieder auf. Mit niemandem konnte ich bisher darüber reden. Und auch nicht über den Nachmittag mit Mutti und Harriet im Weinberg und anschließend in der Winzerstube. Aber es brennt mir unter den Nägeln.

Und damit es mir nicht wieder so wie gestern geht, da ich mit meinen eigenen Angelegenheiten einfach nicht zu Wort gekommen bin, schreibe ich Doris schon um 8 Uhr, noch im Bett liegend und noch vor meinem ersten Cappuccino, eine Nachricht: »Liebe Doris, ich habe auch ein paar News, die ich gern mit dir besprechen würde.«

»Ich auch. Alessandro stolziert hier herum, als würde er sein Erbe besichtigen!« Oje, denke ich. Alessandro. Den gibt's ja auch noch. Und die verliebte Amelie.

»Wie rede ich meiner Tochter diesen Typen aus?«, schreibt Doris weiter.

»Gar nicht!«, schreibe ich zurück. »Denk an uns zurück! Je mehr unsere Eltern dagegen waren, umso mehr waren wir dafür. Schon aus reinem Trotz.«

»Und was mach ich dann?«

»Was macht er um diese Uhrzeit überhaupt schon?«

»Hat sich einen Espresso gemacht, geht in Shorts barfuß durch den Garten, hat sich einen zweiten Espresso gemacht, Amelie auch einen und zurück ins Bett.«

»Hört sich doch eigentlich nett an.«

»Ich weiß nicht. Ich mag seinen Gesichtsausdruck nicht.«

»Wie ist der?«

»So … siegessicher. Arrogant. Ich weiß nicht. Mir macht der Kerl Angst!«

Hm, überlege ich. »Und Amelie will mit ihm nach Mailand zurück?«

»Das macht mir ja gerade die Angst!«

»Was sagt denn Jonas zu Alessandro?«

»Er schläft noch. Aber gute Idee ...«

Schon wieder eine Baustelle, denke ich, lege das Smartphone weg, greife aber sofort wieder danach.

»Liebste Schwägerin, wie läuft es bei euch? Alles gut?«, schreibe ich die nächste Nachricht an Isabell.

»Perfekt«, schreibt sie sofort zurück. »Ich mache gerade Frühstück für uns alle. Edda glücklich, Kinder glücklich, ich auch – Boris schläft noch, Lara geht ihn gerade wecken.«

Der große Bruder macht Urlaub. Sicherlich auf unsere Kosten. Nein, weise ich mich zurecht, das ist ja gar nicht gesagt. Er verdient ja jetzt, baut Häuser auf Koh Phangan. Aber so ganz traue ich dem Braten noch nicht.

»Super«, schreibe ich mit mehreren lustigen Emojis zurück, »dann ringsum liebe Grüße.«

Ich bekomme einen Kussmund zurück.

Kussmund! Dann jetzt also Heiko.

»Schätzchen, guten Morgen. Tut mir leid wegen gestern. Können wir heute das Lagerfeuer an deiner Blockhütte nachholen?«

»Guten Morgen. Seit wann wird eine Eule zur Lerche?«

Na ja, ich schau auf die Uhr. So früh ist es nun auch nicht mehr.

»Hab von dir geträumt.« Stimmt zwar nicht, macht sich aber gut.

»Was Schönes?«

»Seeehr sexy!!«

»Schade!« Er schiebt ein langes »seeeuuufz« nach. Und dann klingelt das Telefon. »Leibhaftig bist du mir lieber«, sagt er.

»Du mir auch. Und am liebsten hätte ich dich jetzt hier, neben mir, im Bett.«

Diesmal lese ich den Seufzer nicht, sondern höre ihn. »Und am schlimmsten ist«, sagt er, »dass wir unser gestriges Tête-à-Tête nicht nachholen können, weil ich heute meinen Kurs im Wald habe. Fünf Männer, die das spüren wollen – die Nacht, den Wald, die Eiche, das Lagerfeuer, die Gespräche. Männer, die sich trauen, in dieser Umgebung ihr innerstes Ich herauszulassen.«

»Ja, ich weiß«, sage ich, denn ich habe sein nächtliches Coaching schon einmal heimlich beobachtet. »Jemand dabei, den ich kenne?«

»Datenschutz!«

»Vielleicht Jörg?«

Er muss lachen. »Nein, bislang nicht.«

»Kommst du?«, frage ich ihn so spontan, dass ich mich selbst damit überrasche.

»Was? Jetzt?«

»Ja, jetzt!«

»Da musst du aber anders mit mir reden, als über Jörg und die Therapiegruppe!«

Um halb zehn Uhr biege ich in die Sackgasse zum Café ein. Es ist eine Erleichterung, mal wieder einfach, ohne schlechtes Gewissen gegenüber Mutti, zur Arbeit fahren zu können. Dafür könnte ich meine Schwägerin auf der Stelle küssen. Und da ich keinen Schlenker zu Mutti machen muss, kann ich auch mal wieder mit dem Fahrrad fahren, auch das eine Erleichterung, ich brauche keinen Parkplatz und tu was für die Umwelt. Und für meinen Kreislauf. Das alles zusammen beschert mir gute Laune. Nun habe ich sogar Zeit, mit Doris einen zweiten Kaffee zu trinken und mal nachzuhorchen, ob sie noch immer hinter ihrem Angebot an Helena steht – oder ob das nur ein Spontangedanke aus ihrem Frust heraus war.

Ich stelle mein Fahrrad hinten im Hof ab und geh die Treppenstufen rauf. Aha, der Kuchen steht schon da. Sieht aus wie

Blaubeerkuchen. Heidelbeeren. Sofort habe ich Kindheitserinnerungen. Die »Heidelbeerplotzer«, die meine Mutter immer gemacht hat, wenn wir im Schwarzwald Heidelbeeren gesammelt haben. Mmmmhh. Mir läuft direkt das Wasser im Mund zusammen. Muttis Rezept war einfach. Der Pfannkuchenteig wurde zur Hälfte mit den Beeren vermischt und mit einer Kelle voller Butter in der Pfanne ausgebraten. Wobei das Wenden immer schwierig war. Aber dann hat sie die eine Schicht im Backofen warm gehalten und vier weitere gebacken. Jede wurde mit Zucker bestreut, zum Schluss wurden alle fünf Schichten aufeinandergelegt und schließlich wie ein Kuchen aufgeschnitten. Das wäre ja auch mal ein »Extra« auf der Tageskarte, denke ich.

Fröhlich öffne ich die Tür zum Café. Doris scheint in der Küche zu sein, es ist alles leer. Ich gehe zielstrebig zur Küchentür, stoße sie auf – und tatsächlich: Sie sitzt mit Heiko am Küchentisch, und beide blinzeln mir vergnügt zu.

»Schau an«, sage ich.

»Schau an«, entgegnet Heiko, »ich dachte, aus dem gestrigen Lagerfeuer machen wir einfach ein heutiges Frühstück!« Er zeigt auf die Croissants auf dem Tisch. »Da ist eines für dich dabei.«

»Gute Idee.« Ich küsse ihn kurz zur Begrüßung auf die Stirn und Doris auf die Wange. »Super! Dann mach ich mir nur schnell einen Kaffee.«

Ich freue mich wirklich. Endlich mal wieder wir drei, wie ganz am Anfang, da hatten wir oft Zeit füreinander, saßen mit einem Gläschen zu dritt an einem der Tische, wenn gerade nicht viel los war. Irgendwie hat sich das verloren. Man wundert sich manchmal, wieso eigentlich …

Mit meinem Kaffee kehre ich zurück und bekomme gerade noch die letzten Gesprächsfetzen mit. Doris erzählt vom gestrigen Abend.

»Oi, oi, oi«, macht Heiko. »Da ging ja richtig was ab. Und was ist nun mit diesen dreiundzwanzigtausend Euro?«, fragt er.

Also hat Doris auch das erzählt. Da ist sie ja gerade schonungslos offen.

Ich setze mich und greife nach einem der Croissants. Sie fühlen sich wunderbar frisch an, gerade noch warm. »Die richtige Idee dazu fehlt uns noch. Im Notfall verkaufe ich einen Teil meiner Aktien.«

»Einen Teil?« Heiko sieht mich mit hochgezogener Augenbraue an.

»Ja«, bestätige ich. »Eigentlich ungern. Eine Aktie steht gerade hoch im Kurs, und ich denke, dass sie noch weiter steigt.«

»Du bist eine gute Partie!«

Ich muss lachen. »Quatschkopf!«

»Doris hat mir vom Angebot des Nachbarn erzählt. Er würde das als Ablöse bezahlen.«

»Viel zu wenig«, winke ich ab. »Schau mal die Küche, die Einrichtung, die Deko, alleine der Tresen.«

»Einrichtung und Deko waren zwar nicht teuer«, entgegnet Doris, »da habe ich vieles auf Flohmärkten und auf eBay zusammengesucht, aber es hat halt viel Mühe gekostet.«

»Na, das brauchen wir ja keinem unter die Nase zu reiben«, erkläre ich, und Heiko ergänzt: »Zeit ist Geld.«

Er beißt in sein Croissant. »Also noch mal kurz aufbacken ist das Geheimnis«, er nickt Doris beifällig zu, »superknusprig!«

Sie lächelt. »Alter Hausfrauentrick!«

Er grinst. »Vielleicht auch ein alter Bäckertrick!« Dann wird er wieder ernst. »Also, eine gute Ablöse würde euch jedenfalls finanziell auf feste Beine stellen.«

»Ja«, sagt Doris, »wobei ich Jörg seinen Einsatz fairerhalber zurückzahlen müsste.«

»Aber Unter-Pächter? Das hast du doch Helena gestern vorgeschlagen. Sie steigt ein, zahlt dir zwar eine Pacht, und du gibst sie weiter an Hugo, aber die Steuerschuld bleibt bestehen.«

»Ja«, nickt Doris. »Vielleicht auch keine so glänzende Idee!«

»Ich mag sowieso nicht, dass ihr geht!« Heiko verzieht das Gesicht. »Jetzt haben wir uns das hier aufgebaut, sind alle zusammen, und dann wollt ihr abhauen!«

»Ich nicht«, sage ich sofort. »Ich helfe nur. Zeitlich begrenzt. Und die Buchhaltung mache ich sowieso von meinem Büro aus.«

»Und ich bringe die Winzerstube in Schwung, und wenn es gut läuft, komme ich zurück.« Doris zwinkert Heiko zu. »Auszeit! Ein Jahr. Vielleicht zwei.«

Heiko beißt erneut herzhaft in sein Croissant. »Na, davon bin ich noch nicht überzeugt.«

»Aber«, ich nehme meine Kaffeetasse wie ein Sektglas hoch und schlage mit dem Kaffeelöffel gegen das Porzellan, »jetzt bin ich auch mal dran. Einen Augenblick Aufmerksamkeit, bitte!«

Beide sehen mich neugierig an. Und ich erzähle ihnen von der Überraschung gestern am Flughafen.

»Was ist denn daran so schlimm, wenn dein Bruder zurückkommt?«, will Heiko wissen.

»Also«, sage ich, »weiß ich, ob er in Thailand wirklich arbeitet? Isabell hat mir gesagt, mit drei Euro kommt man da gut über die Runden. Mehr kostet ein einfaches Essen nicht. Ein Essen! Pro Mahlzeit. Unvorstellbar!«

»Und was denkst du?« Doris sieht mich groß an.

»Ich denke, dass er sich jetzt, da es so schön umgebaut ist, wie eine Laus im Schafsfell in unserem Elternhaus einnisten will.«

»Du meinst den Wolf im Schafspelz …«

»Nein, die Laus. Blutsauger. Schmarotzer.«

»Willst du es nicht erst mal abwarten?«

»Das schlechte Gefühl habe ich jetzt schon, worauf soll ich warten?«

Heiko lehnt sich zurück. »Frauen und ihre Gefühle!«

»Haha«, sage ich. »Gerade du willst Männern doch Bauchgefühle beibringen. Auf sich hören … und jetzt ist es plötzlich falsch?«

»Sachte, sachte«, Doris hebt die Hand, »also, Fakt ist, er ist wieder da. Warum eigentlich?«

»In Thailand ist es um diese Jahreszeit zu heiß. Sagt er.«

»Na ja«, Heiko zuckt die Schultern, »das kann ich verstehen. Und wann will er wieder zurück?«

»Das habe ich ihn auch gefragt. Rückflugticket hat er keines. Aber er behauptet, wenn es kühler wird, Richtung Oktober. Dann ziehen die Geschäfte wieder an, sagt er, Weihnachten sei die Hauptreisezeit für diese Inseln, also die Hochzeit. Deshalb kann er an Weihnachten auch nicht bei uns sein.«

»Klingt doch logisch«, findet Heiko.

»Würde es sich für mich auch, wenn es nicht mein Bruder wäre. Und wenn ich nicht mitgekriegt hätte, wie er sich in den letzten Jahren verändert hat.«

»Das heißt?«, fragt Doris.

»Das heißt: Ich glaube ihm kein Wort!«

»Schwere Zeiten …«, resümiert Heiko.

Da fällt Doris ein: »Und übrigens, ich habe dir noch gar nichts von meiner Tochter und ihrem neuen Gigolo erzählt.«

Heiko hebt abwehrend die Hände. »Ist es nicht ein bisschen viel für einen gewöhnlichen Freitagmorgen?«

Ein einvernehmlicher Blick zwischen Doris und mir bringt uns beide zum Lachen.

»Männer!«, sagt Doris, und bevor Heiko antworten kann, lauschen wir zur Küchentür hin, denn im Café fällt die Eingangstür mit einem sanften Ton zu. Doris wirft schnell einen Blick auf die Wanduhr. »Ah, Rico. Früher als sonst … ob Niki ihn über unser gestriges Gespräch informiert hat?«

»Denkbar, wenn er jetzt schon auftaucht«, vermute ich.

»Und Schmetterlinge im Bauch beflügeln auch.« Doris lächelt.

»Was meinst du,« frag ich schnell, bevor Rico hereinkommt. »Ist nur er verliebt … oder beide?«

»Er ganz bestimmt. Bei Niki … bin ich mir nicht so sicher.«

Wir schauen alle drei auf die Küchentür, aber nachdem sie geschlossen bleibt, steht Doris langsam auf. Ein zartes »Hallo?« macht uns alle aufmerksam.

»Ich schau mal nach.« Doris geht hinaus, und wir hören sie gedämpft jemanden begrüßen, kurze Zeit später geht die Türe wieder auf. »Gut, dann kommen Sie doch herein.«

Gespannt schauen wir beide dem Gast entgegen.

Harriet steht in der Tür. »Guten Morgen«, grüßt sie und bleibt, formvollendet in einem moosgrünen Kostüm mit heller Bluse gekleidet, abwartend stehen. »Ich wollte nicht stören!«

»Sie stören überhaupt nicht!« Heiko steht direkt auf, um ihr seinen Platz anzubieten. »Bitte. Oder wollten Sie lieber draußen …«

Doris winkt ab: »Nein, das wollte sie ausdrücklich nicht. Es geht nicht ums Essen, sondern um ein Gespräch.« Sie wirft mir einen Blick zu. »Mit uns.«

Heiko bleibt stehen. »Dann störe ich in dem Fall?«

»Sei nicht albern!« Doris winkt ab. »Hol dir einen Stuhl, und alles ist gut.«

»Vielleicht ist es ein schlechter Zeitpunkt«, fragt Harriet, ohne sich vom Türrahmen wegzubewegen.

»Nein!« Doris macht eine einladende Handbewegung zum Tisch hin. »Zeit wäre allerdings, dass unser Koch erscheint. Aber dann können wir ja immer noch raus ins Café …«

Harriet nickt, nimmt Heikos Angebot an, setzt sich auf seinen Stuhl und sieht von einem zum anderen. An mir bleibt ihr Blick hängen, und ich weiß wirklich nicht, was kommt.

»Wir hatten einen wunderschönen Tag, liebe Katja, ich möchte mich noch einmal sehr herzlich dafür bei Ihnen bedanken. Ich dachte an einen großen Blumenstrauß, so wie für Sebastians Mama, aber dann kam mir eine andere Idee.« Nun schaut sie auch Doris und Heiko an, die an einer Ecke des Tisches mit ihren Stühlen zusammengerückt sind.

»Ich möchte nicht aufdringlich sein«, fährt sie fort, »wirklich nicht, aber ich hatte da gestern eine Idee. Die hat mich den ganzen Tag verfolgt. Dann habe ich sie ernst genommen und darüber nachgedacht. Und heute Morgen habe ich einen Entschluss gefasst.«

Da sie weiter nichts mehr sagt, sind auch wir still und warten ab, was kommt. »Wenn Ihnen das übergriffig erscheint, dann bremsen Sie mich bitte.« Wieder Stille. Braucht sie vielleicht eine Ermunterung? In diesem Moment fliegt die Tür auf, und Rico stürmt herein.

»Oh!«, sagt er, als er uns sieht. »Konferenz?«

»So ähnlich«, sagt Doris.

»Störe ich?«

Wir schauen uns an, denn wir wissen es ja selbst nicht. Harriet macht eine unschlüssige Handbewegung, einmal mit gespreizten Fingern durch die Luft.

»Könntest du dir einen Kaffee machen?«, fragt Doris. »Und, Harriet, für Sie auch einen?«

Als sie nickt, atmen alle auf.

»Milch und Zucker?«, fragt Rico, und bevor er wieder hinausgeht, dreht er sich noch einmal um. »Guten Morgen, übrigens.«

Dann richten sich alle Augen wieder auf Harriet.

»Ja, wie gesagt«, beginnt sie, und da sie bedächtig spricht, ist es quälend langsam. »Ich bin von einer Idee verfolgt worden, seitdem ich diese alte Winzerstube gesehen habe. Obwohl, man kann ja nicht wirklich Winzerstube sagen, das war sie einmal, jetzt ist sie ein großer Abstellraum für alles Mögliche, aber der Geist ist noch zu spüren. Dieser Raum hat etwas, man fühlt sich wohl darin.« Sie sieht uns an. »Das hat man nicht oft.« Da sie wieder schweigt und sich offenbar sammelt, nicken wir ihr alle bestätigend zu, ohne etwas zu sagen.

»Nun … es ist, wie gesagt, ja nur eine Idee und kann auch wieder verworfen werden. Also …«, sie holt tief Atem, »ich bin heute Morgen nach reiflicher Überlegung zu dem Schluss gekommen, dass ich Sie sponsern könnte. Mich also sozusagen in das Projekt Winzerstube einkaufen.« Sie sieht uns an, und mein erster Gedanke ist: Steckt da Hugo dahinter, der alte Immobilienfuchs?

»Und das ist Ihr eigener Gedanke? Sie alleine wollen das machen?«, frage ich spontan. Harriet versteht sofort. »Es mag ja sein, dass ich in Hugos Begleitung zurückhaltend erscheine. Das hat auch seinen Grund. Aber ich bin eine selbstständig denkende und agierende Frau. Und ich verfüge über mein eigenes Kapital. Und ich wäre Ihre Verbündete, wenn Sie möchten.« Es ist so still, dass wir draußen die Kaffeemaschine mahlen hören.

Dann sagt Heiko: »Na bitte. Hier habt ihr die Lösung.« Ich denke sofort an das, was ich Doris bei unserer gemeinsamen Heimfahrt nach der Übernachtung bei Hortense gesagt hatte. Alle hatten ihre Unterstützung angeboten, die Ortsvorsteherin sogar vorneweg. Achtung, hatte ich gesagt, Abhängigkeit. Wenn jemand für dich bezahlt, musst du nach seiner Pfeife tanzen. Wäre dies bei Harriet anders? Und: Pächter bei Hugo mit dem Café und Pächter bei Harriet mit der Winzerstube?

»Ja«, sage ich, denn mir fällt auf, dass wir unhöflich lange schweigen. »Das ist eine Ansage«, sage ich und suche Doris' Blick. Wie ist ihre Meinung?

»Ja«, sagt sie. »Aber dafür gäbe es doch bestimmt Bedingungen?«

Harriet zuckt die Schultern. »Ich habe gar keine Lust auf Bedingungen. Ich würde Ihnen eine gewisse Summe zur Verfügung stellen und mir ein Glas Weißwein auf Lebenszeiten in Ihrer Winzerstube erkaufen …«, sie lacht und kommt in Fahrt. »Ich dachte, wir können über alles reden. Soweit ich verstanden habe, war die Winzerstube ja Ihre Idee und nicht die von den drei jungen Winzern. Die hätten wohl auch keine Zeit dazu. Und jemand anderes kam bisher offensichtlich nicht auf den Gedanken.« Harriet zieht kurz ihre Kostümjacke in Form. »Ich finde, es ist ein tolles Projekt. Ein lohnenswertes Projekt. Etwas, das Spaß macht.« Nun lächelt sie entspannt in die Runde. »Und – mir würde es auch Spaß machen. Was soll ich denn sonst Sinnvolles mit meinem Geld tun? Unsere Kinder sind versorgt, Hilfsorganisationen unterstütze ich sowieso, Tiere auch, aber das ist alles anonym. Ich möchte einmal in meinem Leben sehen, dass mit meiner Unterstützung, meinem Geld, etwas wächst. Und das wäre diese Weinstube!«

»Sie stellen eine gewisse Summe zur Verfügung?«, frage ich nach. »Als Kredit? Oder als Beteiligte?«

»Oh, nein, nein.« Harriet schüttelt den Kopf. »Habe ich mich so schlecht ausgedrückt? Nein, ich habe volles Vertrauen in Sie beide. Ich würde Ihnen eine zweckgebundene Summe zur Verfügung stellen, sagen wir hundertausend Euro. Und damit könnten Sie loslegen. Ich möchte das nur begleiten. Als Zuschauerin und später als Gast, der zwischendurch sein Gläschen Wein in der Winzerstube trinkt. Mit Edda natürlich.«

Wir schauen uns ungläubig an.

»Hunderttausend?«, fragt schließlich Heiko, »einfach so?«

Harriet nickt.

»Sie ist ja noch eine bessere Partie als du«, scherzt er und zwinkert dann Harriet zu. »Nicht ernst gemeint. Insiderwitz.«

Harriet lächelt höflich.

»Hunderttausend Euro sind viel Geld…«, hake ich nach. Meint sie das wirklich ernst?

»Relativ gesehen«, erwidert Harriet. »Eine meiner Freundinnen sponsert die Pferde einer sehr erfolgreichen deutschen Dressurreiterin. Die sind international unterwegs. Dagegen sind hunderttausend Euro ein Klacks.« Sie überlegt. »Und sie reitet ja selbst nicht einmal. Aber sie ist dabei, ist ein Rädchen im großen

Ganzen. Ich bin neunundsiebzig Jahre alt. Und ich möchte noch etwas Sinnvolles tun.«

Die Tür fliegt auf, und Rico kommt mit zwei Tassen Kaffee herein. »Habe ich was verpasst?«

Doris nimmt ihm die Tasse Kaffee für Harriet ab. »Ja, kann man so sagen. Der Weihnachtsmann war gerade da«, verkündet sie. »Genauer gesagt die Weihnachtsfrau. Und das Mitte August!«

Nachdem Harriet wieder gegangen ist, sich mehrfach bedankt und versichert hat, dass sie sich keineswegs aufdrängen will, bleiben wir wie erschlagen sitzen.

»Unfassbar!« Ich sehe die anderen an. »Vielleicht ist es ja ein Traum!«

»Ein Traum wäre«, mischt sich Rico vom Herd aus ein, wo er Vorbereitungen fürs Mittagessen trifft, »wenn Niki bleiben würde.«

Doris dreht sich nach ihm um. »Gibt es Neuigkeiten?«

»Da seid ihr doch besser informiert als ich«, sagt er über einen scheppernden Topf hinweg.

»Wir haben Helena und Niki ein Angebot gemacht«, klärt Doris ihn auf. »Ganz in deinem Sinne, denke ich mal.«

»Ja, sage ich doch.« Rico schärft ein Messer und sieht über seine Schulter zu uns. »Mit Niki mache ich aus diesem Laden eine Goldgrube. Sie hat die richtige Art für gute Connections, sie macht den Laden voll … und wir kreieren zusammen eine moderne Küche und abends wechselnde Cocktails.«

»Sie will aber studieren«, dämpfe ich seine Euphorie.

»Ja«, sagt er selbstbewusst. »Da fehlt dann nur noch jemand im Service. Den Rest schaukeln wir.«

»Aha?« Doris runzelt kurz die Stirn. »Bin ich schon raus?«

»Willst du nicht selbst raus?« Jetzt legt er das Messer weg und sieht mit verschränkten Armen zu uns. »So richtig redet hier ja keiner mit mir. Aber ich bin ja schließlich auch betroffen!«

»Stimmt«, gebe ich ihm recht. »Also, auf welchem Stand der Dinge bist du?«

»Dass ihr da bei den Winzern eine Weinstube gefunden habt, die ihr beide wiedereröffnen wollt. Und dass du gestern Helena das Angebot gemacht hast, mit Niki hier einzusteigen.«

»Ja, richtig«, sagt Doris. »Und mehr gibt es im Moment auch nicht. Von Helena habe ich noch nichts gehört.«

»Ich schon«, sagt Rico. »Die beiden sind heute Morgen abgereist. Helena will mit ihrem Chef sprechen. Sie hat eine Idee, sagt Niki, aber sie will nicht über ungelegte Eier reden.«

»Tja, das wäre mir auch lieber.« Heiko hebt beide Hände. »Sie hat eine Idee? Ich sag's ja immer. Kreativzentrum Café. Hier geht es ab wie in einer Agentur – ständig was Neues!«

»Das muss an der guten Küche liegen!« Rico grinst. »Und jetzt raus aus meiner Küche. Ich muss arbeiten, sonst kriegen die zahlreichen Gäste heute Mittag nur Brotsuppe!«

»Welche zahlreichen Gäste?« Heiko legt den Kopf schräg.

»Ja, eben ...«, sagt Rico, verkneift sich aber ganz offensichtlich den Rest des Satzes.

Aber es ist klar, dass die Küche für so eine Belagerung zu klein ist, und deshalb gehen wir hinaus ins Café. Am Tresen bleiben wir unentschlossen stehen.

»Der tut ja gerade so, als ob das Café in der Vor-Niki-Zeit eine Hungerbude gewesen wäre«, sagt Doris mit einem Anflug von Ärger.

»Mir ist ganz was anderes aufgefallen«, überlegt Heiko. »Mir ist aufgefallen, was er gesagt hat: Mit Niki mache ich aus dem Laden eine Goldgrube. Und da sie studieren will, fehlt nur noch jemand im Service.«

»Ja, das hat er gesagt«, bestätigt Doris ungeduldig. »Und?«

»In meinen Ohren hörte es sich so an, als ob er sich zutrauen würde, mit Niki das Café alleine zu übernehmen.«

Doris lacht. »Rico? Der tanzt doch durchs Leben! Mal ist er pünktlich, mal nicht, zwischendurch hat er mich ganz sitzen lassen, wenn da Katja nicht eingesprungen wäre, wäre es die Katastrophe geworden … also … Rico und das Café übernehmen? Das gäbe ein Desaster! Der hat ja von Betriebswirtschaft noch weniger Ahnung als ich.«

»Was schier unmöglich ist«, spöttle ich.

»Haha!«, fährt sie mich an.

»Mal mit der Ruhe!« Heiko lehnt sich an den Tresen. »Mal angenommen, Niki hätte das drauf … dann wäre die Idee doch gar nicht so dumm.«

»Und wie soll das aussehen?«, will Doris wissen.

»Du vermietest es unter und behältst den Daumen drauf.«

»Und wenn ich mir diesen Daumen verbrenne?«

»Aaaaalso«, fahre ich dazwischen, »lasst uns mal über das reden, was uns eigentlich bewegt. Was ja fast unheimlich ist. Lasst uns über die hunderttausend Euro reden.«

Keiner von uns sagt etwas.

»Es ist surreal«, findet Heiko.

»Ja. Total unwirklich!«, stimmt Doris ihm zu.

»Aber sie meint es ernst!«, sage ich. »Ich denke, wir können tatsächlich mit diesem Geld rechnen.«

»Da müsst ihr sie aber auf irgendeine Weise absichern«, gibt Heiko zu bedenken. »Geld ist schnell weg.«

Doris nickt. »Meint ihr, wir können es auch … für unsere Steuerschuld verwenden?«

Ich zuckte die Achseln. »Sagte sie nicht zweckgebunden? Das bezieht sich ja wohl ausschließlich auf die Winzerstube … oder?«

Heiko stimmt mir zu. »Es scheint so, als ob euch diese blöde Steuerschuld bleibt.« Er deutet mit dem Daumen zum Fenster. »Woher weiß der dort drüben eigentlich die genaue Summe?«

»Das haben wir uns auch gefragt.« Nachdenklich sehen wir uns an.

»Ich mutmaße, besondere Beziehung zu unserem Steuerberater«, sage ich.

»Verschwiegenheitspflicht!«, meint Heiko sofort.

»Unter Freunden, mal versehentlich fallen gelassen …?« Ich zucke die Achseln.

»Du kannst doch gut mit ihm«, sagt Doris. »Finde du es doch raus!«

»Langsam wirst du zur Zicke!«, sage ich.

Doris muss lachen. »Aber nur langsam.«

Ich stupse sie. »Also gut!« Ich schau ebenfalls zum Fenster. »Lass mal überlegen. Es muss doch gemeinsame Schnittstellen geben. Beruflich? Privat? Sport?«

»Frag den Steuerberater«, schlägt Heiko vor.

»Na … der wird mir das gerade verraten!«

Die Eingangstür wird vorsichtig aufgeschoben, und ein älteres Pärchen schaut herein, mustert zunächst den Raum und dann uns, wie wir so am Tresen stehen. »Entschuldigen Sie«, fragt er, »ist schon geöffnet?«

»Aber ja!« Doris geht sofort auf die beiden zu, und Heiko und ich tauschen einen Blick. »Sollen wir uns noch setzen?«, fragt er und zeigt zu einem Tisch am Fenster.

»Theaterköpfe?« Ich muss lachen. »Ja, aber anscheinend sieht es von außen einfach zu leer aus.«

Es sind immerhin zwei Paare, die miteinander hereinkommen und sich an einen der Vierertische setzen, und nach und nach kommen weitere Mittagsgäste.

»Wirklich nicht gerade pulsierend«, meint Heiko.

»Na ja, aber wenn wir ehrlich sind, war es doch früher ganz genauso«, sage ich. »Rico war doch deshalb oft zu spät dran, weil es ja auch nichts gab, was ihn zur Eile getrieben hätte.«

»Ja«, stimmt mir Heiko zu, »nach dem Wirbel der letzten Zeit hätte man das fast vergessen können.«

»Du meinst: nach dem Wirbelwind.«

»Na«, Heiko schnalzt leicht mit der Zunge, »das muss man ja auch zugeben, das ist sie wirklich!«

»Hat sie dir den Kopf verdreht?«

Heiko lacht. »Erstens könnte sie meine Tochter sein, und zweitens stehe ich nur auf sexy Frauen in meinem Alter. Und ganz besonders auf solche mit einem Hang zur Theatralik!«

»Ich? Theatralik?!«

»Wer sagt denn, dass ich von dir rede?«

Sein lautes »Autsch« lässt einige Gäste herüberschauen. Heiko reibt sein Schienbein unterm Tisch. »Und auf brutale Frauen stehe ich auch!«

Während mein Computer hochfährt, mache ich mir Gedanken über Linus Richter. »Moin«, hatte er gesagt. Ein Norddeutscher. Na ja, das sagt ja noch nichts über ihn aus. Und sonst? Werdegang? Wieso gehört ihm das Hotel? Linus Richter. Aha, das Internet hat etwas vorzuweisen. »Aus einer Hoteldynastie. Ein Grandhotel in Hamburg, altehrwürdig, schon vom Großvater gebaut. Vom Vater übernommen, ein zweites Hotel kam in Hamburg hinzu. Zwei Söhne, eine Tochter, weitere Hotels in Berlin und Stuttgart.«

Na ja, denke ich, so toll ist das Hotel da drüben nun auch wieder nicht. Zumindest kein Grandhotel. Wahrscheinlich ist er das schwarze Schaf der Familie. Ich google weiter. Okay, sie haben für ihr Restaurant sechzehn Gault & Millau-Punkte erhalten. Das ist viel, denke ich. Vielleicht sollten wir auch mal rüber essen gehen. Freundschaftliche Nachbarschaft. Aber das verwerfe ich gleich wieder. Freundschaftliche Nachbarschaft, die die Höhe deiner Steuerschuld kennt und dir das Café abluchsen will? Also gut, weiter.

Es kommen einige völlig irrelevante Einträge, dann lese ich: »Clubmeisterschaft Golf-Club Solitude.« Wieso öffnet sich diese Seite? Ich sehe drei Gruppen A, B und C, außerdem Ergebnislisten Brutto und Netto und verstehe kein Wort, aber irgendwas muss es mit seinem Namen zu tun haben, sonst wäre die Seite nicht angezeigt worden. Ich entscheide mich nun erst mal für die Brutto-Ergebnisliste und scrolle eine lange Liste dieser Clubmeisterschaft nach unten, und weil ich seinen Namen nicht gefunden habe, wieder zurück. Offensichtlich habe ich ihn überlesen, also langsamer. Da bleibe ich bei Platz 7 an einem anderen Namen hängen: Ralf Klasser. Mein Adrenalinspiegel steigt. Ralf Klasser! Unser Steuerberater. Jetzt mal ganz langsam! Noch mal von vorn. Meine Ungeduld steigt, aber ich zwinge mich, Name für Name zu lesen. Und – nicht zu fassen! Platz 12. Die sind also gemeinsam in einem Golfclub. Und laufen wahrscheinlich stundenlang nebeneinander her. Und tauschen sich über alles Mögliche aus. Sagt man nicht, die besten Geschäfte würden beim Golfen gemacht? Oder gilt das nur für Amerika? Ich kenn mich nicht aus.

Und da fällt mir plötzlich ein, was Doris gestern Abend zu Jörg gesagt hat. Und wenn du nicht beruflich unterwegs warst, hast du stundenlang Golf gespielt! Jörg spielt ebenfalls Golf. Könnte es sein … ich bekomme eine Gänsehaut. Teils vor Erregung, teils vor Angst. Bevor ich mich weiter in diesen Gedanken hineinsteigere, gehe ich die Liste ein weiteres Mal durch. Nein, definitiv kein Jörg Fischer. Ich habe mich geirrt. Erleichtert lehne ich mich in meinen Bürostuhl zurück. Aber nein, schießt mir durch den Kopf. Der muss dieses Turnier ja gar nicht mitgespielt haben. Es reicht ja, wenn er Mitglied ist. Ich google den Club, da kann ich mich in Nachrichten/Anlage/Club/Turniere/Golfsport einlesen, bekomme aber keine Auskunft über Mitglieder. Wie erfahre ich das jetzt?

Ganz einfach, denke ich. Ich frage Doris. Die wird ja wohl

wissen, in welchem Club ihr Allerliebster Mitglied ist. Ich schicke ihr eine Nachricht, das erscheint mir im Moment am effektivsten.

»Wo schon«, kommt auch gleich zurück, »da natürlich, wo es angemessen teuer und deshalb elitär ist – Solitude.«

Ich rutsche in meinen Sessel hinein. Kann ich das glauben? Alle drei im selben Club?

Die Verbindungstür zu Heiko ist zu. Das bedeutet, er hat noch immer einen Klienten dort sitzen. Oder Mandant? Oder Patient? Was ist eigentlich der richtige Ausdruck bei einem Coaching? Keine Ahnung. Schon wieder keine Ahnung. Ein bisschen viel keine Ahnung für die kurze Zeit.

Ich schicke ihm eine Nachricht.

»Mir brennt was unter den Nägeln.«

In dem Moment, da ich es abschicke, weiß ich, dass er mir eine Nagelpilzcreme empfehlen wird. Nach dieser Formulierung sicher, und wenn er es nicht täte, wäre er nicht mehr Heiko.

Und folgerichtig kommt auch gleich ein entsprechender Link. Aber kurz danach steht er selbst in der Tür. »Was gibt's?«

»Bist du alleine?«, frage ich.

»Gerade gegangen.« Er macht eine Kopfbewegung über seine Schulter nach hinten. »So viele Tempotaschentücher habe ich bei einem Mann noch nie gebraucht. Mach mal deine Fenster auf, damit wir frische Luft in die Bude kriegen, kleiner Durchzug gegen die feuchtwarme Rührseligkeit.«

»Lieber nicht, sonst fliegen mir die Belege weg.«

»Ach je!«, stöhnt er und bleibt in der Tür stehen. »Also?«

»Drei Männer in einem Golfclub, was sagt dir das?«

»Nichts. Mir sagen nur drei Männer in einem Boot etwas.«

Das sagt mir wiederum nichts, deshalb gehe ich nicht darauf ein.

»Linus Richter, Jörg Fischer und unser Steuerberater Ralf Klasser … alle in ein und demselben Golfclub!«

»Oha! Spürnase!« Er lacht, kommt und reißt mich zur Umarmung förmlich vom Stuhl. »Das nenne ich mal genial! Frau Klinger, Sie haben einen Orden verdient!«

»Tja!« Ich flüstere in sein Ohr. »Das würde aber auch bedeuten, dass möglicherweise überhaupt Jörg hinter allem steckt. Vielleicht hat er ja seinen Kumpel Linus mit genau diesem Angebot losgeschickt: Bring mir meine Frau zurück, übernimm das Café, und die dreiundzwanzigtausend Euro bekommst du von mir als Zuschuss? Win-win für jeden von beiden.«

Heiko nickt. »Geiler Plan. Doris sieht sich als gescheitert und ist wieder das Hausmütterchen, das er sich wünscht.«

»Nee!« Ich sehe ihm in die Augen. »Im 21. Jahrhundert? Glaubst du das?«

»Viele wünschen sich so eine Frau, die nur für sie da ist. Genau wie ihre Mütter. Verlässlich den ganzen Tag zu Hause, aufgeschürfte Knie pflastern, Hemden bügeln, adrett das Abendessen servieren … Schau die Werbefilme nach dem Krieg an, die Fünfzigerjahre. Wenn der Mann abgekämpft vom Tageswerk zurückkommt, stellt sie ihm nach müheloser Hausarbeit die Pantoffeln hin, die Kinder sind schon gebadet im Bett, das Weib gehört ihm.«

»Aber Jörg ist doch ein fortschrittlicher Typ!«

»Solange ihm nichts abgeht, wahrscheinlich schon. Aber diese neue Doris passt ihm überhaupt nicht.«

»Echt, Heiko«, wir schauen uns in die Augen. »Und jetzt? Wie sage ich es ihr?«

»Tja!« Er überlegt. »Oder wir treiben erst mal unseren Nachbarn in die Enge, bevor wir wilde Anschuldigungen erheben.«

»Wir?«

»Vorzugsweise du!«

Das sind Aufgaben, die mir überhaupt nicht passen. Und auch nicht liegen. Oder sie passen mir nicht, weil sie mir nicht liegen.

Ich sitze in meinem Büro und feile an einem Plan. Einfach rübergehen und knallhart die Fakten auf den Tisch legen? Gegen direkte Anklage sind die meisten Menschen allergisch, da kommt sofort Gegenwehr. Ein Gläschen Rotwein mit ihm trinken, ihn mit halben Zusagen zulullen und dann scheinheilig hintenherum fragen? Nein, das liegt mir nicht. Ich könnte aber auch ganz einfach unseren Steuerberater fragen, woher der Richter die Summe von 23 000 Euro kennt. Apropos, woher kennt eigentlich Doris diesen Mann?

Ich schreibe ihr eine Nachricht und bekomme die Antwort, die mir eigentlich vorher schon klar war: Hat mir Jörg empfohlen. Also war Jörg sowieso schon immer informiert. Über Doris' Belegschludrigkeit, über die nicht stattgefundenen Jahresabschlüsse und schließlich über die Steuerschuld. Vielleicht hätte ein anderer Steuerberater noch etwas tun können ... Aber Klasser wollte gar nicht. Denn er kannte ja Jörgs Absicht ... einfach mal abwarten. Irgendwann wird Doris die finanzielle Puste ausgehen, dann ist das Kapitel Café gestrichen. Wobei Niki und Helena alles auf den Kopf stellten, dann aber doch ganz gut in seinen Plan passten: Als Doris bei dem Abendessen verkündete, dass Helena und Niki das Café übernehmen sollten, musste ihm das wie ein Himmelsgeschenk vorgekommen sein – die perfekte Lösung.

Nur dann die Winzerstube. Und Doris' erklärter Wille, diese Winzerstube aufzubauen, koste es, was es wolle.

Ich lehne mich in meinem Sessel zurück. Macht es überhaupt noch Sinn, sich darüber aufzuregen? Die Sache ist doch gelaufen. Mit Harriets Geld können wir ihnen doch einfach ihr mieses Spiel durchkreuzen, ohne es ihnen um die Ohren zu hauen. Aber nein, denke ich sofort, das wäre feige.

Also, Katja Klinger, raff dich auf!

Ich gehe schnurstracks zum Ausgang mit dem festen Willen, jetzt über die Straße zu gehen und Linus Richter alles an den

Kopf zu werfen. So, Punkt, fertig. Und seinen blöden Parkplatz kann er auch behalten!

Aber dann stoße ich an der Haustreppe fast mit Doris zusammen, die den Heidelbeerkuchen holt. »Der scheint eine magische Anziehungskraft zu haben, dieser Kuchen.«

Und wie sie mich so vergnügt anblinzelt, finde ich Heikos Plan blöd. Natürlich muss Doris sofort in alles eingeweiht werden. Und nicht nur das, wir müssen da zu zweit rüber.

»Hast du gerade mal zwei Minuten Zeit?«, frage ich.

Sie sieht mir an, dass es irgendwas Ernstes ist. »Ja«, erwidert sie zögernd, »ich habe gerade vier Gäste drin sitzen, die auf Kuchen und Kaffee warten. Dann komm ich.«

Ich gehe ins Haus zurück und setze mich so lange auf eine der Stufen in unserem Treppenhaus. Ich möchte nicht, dass Richter mich womöglich durch sein Bürofenster sieht. Es dauert eine Weile, länger als vermutet, dann steht Doris da und setzt sich, etwas verwundert, zu mir auf die Treppe.

»Wieso sitzt du denn da?«

»Weil ich gerade auf dem Weg zu dem dort drüben bin«, ich deute mit dem Kopf in Richtung Hotel.

»Brauchst du wieder einen Parkplatz?«, fragt sie übertrieben spöttisch.

Ich knuffe sie leicht. »Nein, diesmal geht es uns beide an.« Und dann schildere ich ihr, was ich herausgefunden habe und vermute. Sie wird blass. »Ich wollte den da drüben jetzt erst mal in die Enge treiben. Vielleicht sind meine Vermutungen ja auch falsch, dann hätte ich dich umsonst gegen deinen Mann aufgehetzt!«

Doris verzieht das Gesicht. »Wer sagt das?«

»Heiko.«

»Ah, mit ihm hast du schon darüber geredet?«

»Klar. Die Entdeckung brannte mir unter den Nägeln.«

Schon wieder dieser blöde Vergleich, denke ich, lasse es aber so stehen.

Doris nickt. »Und jetzt?«

»Jetzt gehe ich rüber und konfrontiere Linus Richter mit meinem Wissen.«

»Deinem detektivischen Wissen.« Doris klopft mir anerkennend auf den Schenkel. Sie schaut schnell zur Cafétür. »Warte mal, Rico und ich sind heute alleine. Da muss er eben mal selbst in den Service, ich komme mit!«

Sie verschwindet, ist aber sofort zurück.

»Auf in den Kampf«, trompetet sie und grinst. »Du wirst es kaum glauben, das macht mir jetzt richtig Spaß. Wir drehen den Spieß um!«

Obwohl wir direkte Nachbarn über die Straße sind, waren wir noch nie in dem Hotel, das fällt uns jetzt auf.

»Eigentlich ganz hübsch«, raunt mir Doris zu, während wir an der Rezeption stehen. Eine junge, dunkelhaarige Schönheit eilt herbei, entschuldigt sich fürs Warten und fragt nach unseren Wünschen. »Linus Richter«, und als sie nachfragt, sagt Doris ganz nonchalant: »Privat. Wir sind die beiden Kolleginnen von gegenüber.«

Sie nickt und greift nach dem Telefonhörer. Und gleich darauf schenkt sie uns ein gewinnendes Lächeln. »Bitte folgen Sie mir.«

Wir fahren mit dem Fahrstuhl in den ersten Stock, und der lange Gang überrascht uns mit ausgesucht schönen, modernen Bildern. Alles Originale, muss ich neidlos anerkennen. Alle signiert. Da hat der Herr Richter Geschmack und Stil bewiesen. Auch mit dem dunklen Parkettboden und dem sorgfältig montierten Lichtsystem. Schade, dass er so ein korrupter Mistkerl ist!

An der Tür am Ende des Flures bleibt unsere Anführerin stehen, klopft drei Mal kurz, nickt uns zu und eilt wieder zurück zur Rezeption.

»Herein!«

Das lassen wir uns nicht zweimal sagen, wir stehen schneller drin, als er es wohl erwartet hat, denn er knöpft sich gerade den Hosenbund zu. »Üppiges Mittagessen«, sagt er, leicht entschuldigend lächelnd.

Ich sage nichts darauf, und auch Doris verkneift sich einen Kommentar.

Wir haben nicht abgesprochen, wer anfängt, also verständigen wir uns kurz mit Augensprache. »Ja, bitte«, ermuntert uns Richter und weist auf vier moderne Sessel an einem kleinen Couchtisch. »Wollen wir uns nicht setzen?«

»Eigentlich ist es auch im Stehen zu sagen«, beginne ich und verschränke meine Arme.

»Ja?«, sagt er und steht ebenfalls auf.

»Drei Männer in einem elitären Golfclub, die sich schon lange kennen, gemeinsam golfen und auch Dinge besprechen, bei denen sie sich gegenseitig helfen könnten … sagt Ihnen das etwas?«

Seine Miene verdüstert sich, und er verschränkt ebenfalls die Arme. »Worauf wollen Sie hinaus?«

»Auf Jörg Fischer, Ralf Klasser und Sie. Und auf einen wunderbaren Plan, der Doris betrifft. Aber leider nicht funktioniert!«

»Keine Ahnung, wovon Sie sprechen.«

»Woher wussten Sie denn die genaue Summe meiner Steuerschuld?«, will Doris wissen.

Er zuckt die Schultern. »Wusste ich nicht. Ich hätte auch sechsundvierzigtausend sagen können.«

»Das hätte sich für eine Ablöse auch schon mal besser angehört«, erkläre ich.

Er mustert mich kurz. »Sie dürfen mir ruhig glauben, dass ich ernsthaft an dem Café interessiert bin. Es wäre eine perfekte Ergänzung zu meinem Hotel.«

Doris und ich nicken gleichzeitig.

»Aber nicht auf diese Art«, sage ich.

Ein Lächeln zieht über sein schmales Gesicht. Ja, tatsächlich, er lächelt. Sogar bis in die Augen. »Sie dürfen ganz sicher sein«, sagt er, »wenn ich eine feindliche Übernahme geplant hätte, dann hätte ich das anders angepackt.«

»Aha?«, Doris reckt sich. »Wie denn?«

»Dann hätte ich mich sicherlich nicht an Sie gewandt, sondern an den Besitzer, an Hugo.«

»Hugo?« Doris wirft mir einen Blick zu.

»Ist der denn auch in Ihrem Golfclub?«, frag ich ungläubig.

Er schüttelt langsam den Kopf. So langsam, dass sich keines seiner schwarzen, nach hinten gekämmten Haare bewegen kann.

»Was dann?«, fragt Doris.

Richter hebt die Schultern. »Ralf und Hugo sind in der gleichen Burschenschaft.«

»Netzwerk über Netzwerk über Netzwerk!« Nun schüttle *ich* den Kopf. Allerdings etwas heftiger. »Nicht zu fassen!«

»Ja, da sind wir Männer euch Frauen eben voraus. Wo bei euch die Stutenbissigkeit regiert, herrscht bei uns Kameradschaft!«

»Was für tolle Klischees!« Ich muss lachen. »Wir haben auch unser Netzwerk. Da wird sich der eine oder andere noch wundern.«

»Da bin ich gespannt!« Er lächelt wieder.

»Und außerdem«, Doris gibt ihm sein Lächeln zurück, »haben wir eine sagenhafte Detektivin im Haus!«

»Scheint so«, sagt er und schaut kurz auf seine Uhr. »Falls sonst noch was ist?«

»Ja«, sagt Doris. »Grüßen Sie meinen Mann schön, falls Sie ihn jetzt informieren. Wir sprechen heute Abend darüber!«

Damit geht sie mir voraus zur Tür. Dort drehe ich mich noch einmal kurz nach ihm um. Linus Richter sieht uns mit einem schwer zu deutenden Gesichtsausdruck nach.

»Donnerwetter!« Drüben im Café nimmt mich Doris in die Arme. »Das ist der Wahnsinn!«

»Was?«

»Wir haben heute Abend einen gemütlichen Familienabend vereinbart. Vroni kommt extra deswegen ins Café, damit ich gehen kann. Und Jörg ist ausdrücklich auch da. Wir wollen gemeinsam mit unseren Kindern und Alessandro, na ja, einen gemütlichen Abend machen. Familie.«

»Nun, wenn Linus direkt bei Jörg anruft, dürfte dieser gemütliche Familienabend schwierig werden.«

Sie geht um den Tresen und schenkt uns zwei Gläser Mineralwasser ein. »Aber wahrscheinlich wird er sich eine Reaktion verkneifen. Wenn er es nicht tut, bestätigt er ja diese Connection.«

Ich sehe ihr zu. »Seit wann gibt es bei dir eigentlich nur noch Mineralwasser zu trinken? In früheren Zeiten …«

»… waren wir auch noch jünger«, beendet sie meinen Satz. »Dieses Thema hatten wir schon!«

»Ja, gut, aber es ist kein Grund!«

»Du kannst ja mit Heiko noch was trinken, aber ich fahre gleich heim, muss den Abend noch vorbereiten … und ja, bevor du mich danach fragst: Amelie und Alessandro helfen mir dabei.«

»Vielleicht siehst du ja Gespenster, und er ist ganz nett.«

»Wer?«

»Na, der!«

Doris zögert. »Schon alleine, dass meine Tochter zurück nach Mailand will, macht ihn mir unsympathisch. Und ganz ehrlich, er sieht so gut aus, so typisch männliches Italienergesicht, dass mir angst und bange wird!«

»Um dich selbst?«

»Blöde Kuh!«

»Gut«, sage ich, »nehme ich an.«

Wir prosten uns mit unserem Mineralwasser zu, und dann gehe ich hoch zu Heiko, um ihm alles zu erzählen.

Doris heute Abend im Schoß ihrer Familie, also werde ich das auch tun. Später noch Heiko? Ich habe ihn danach gefragt, nachdem ich ihm alles erzählt hatte. Unsere Aktion fand er genial. »Schon schön, wenn die Burschen glauben, dass sie die Schlausten sind, und dann zurückrudern müssen!« Er klopfte mir sachte auf die Schultern. »Gut gemacht!« Aber eine gemeinsame Nacht? Liebend gern, nur hat er noch mehrere Gespräche und ist sich nicht sicher. Also schicke ich meiner Schwägerin eine entsprechende Nachricht und bekomme auch sofort eine zurück. »Ist ja witzig. Du kommst mir eine Minute zuvor. Boris hat Grillgut eingekauft, und wir wollen uns einen gemütlichen Abend gönnen. Ich wollte dich gerade einladen!«

»Was soll ich mitbringen?«, schreibe ich zurück.

»Maiskolben, Grillkäse, Brot ist da, Knoblauchbutter auch, Kartoffelsalat mache ich gerade, gemischten Salat auch – mehr gibt es nicht.«

»Mehr als ausreichend. Wann?«

»Früh, wegen Edda und den Kindern, um sechs?«

Das passt. Das passt sogar glänzend. Ich habe meine Mails gecheckt und eine entdeckt, die gerade erst heute Morgen gekommen ist: Ein Start-up-Unternehmen hat wegen eines Brands angefragt. Darüber freue ich mich ganz besonders, und vor allem habe ich nun auch noch genügend Zeit, um mir die ersten Gedanken über diese Firma zu machen. Dann fällt mir ein, dass ich ja mit dem Fahrrad da bin. Da unser Elternhaus am Hang liegt, ist das eine Ansage. Also muss ich rechtzeitig losfahren, um den Rest des Weges schieben zu können.

Kurz vor sechs komme ich an und lasse mich sofort mitreißen. Es ist eine glückliche Familie, zu der ich da stoße. Mutti sitzt in einem Regiestuhl vor dem Grill und gibt Anweisungen, die keiner befolgt, die Kinder decken in der Laube den Tisch, Isabell springt mal hin und mal her, und Boris kümmert sich um den Grill. Wie eine der schnulzigen TV-Serien, denke ich, alles eitel Sonnenschein, es fehlt bloß die böse Hexe. Und die bin wahrscheinlich ich.

Aber ich reiße mich von dem Gedanken los und frage, was zu tun ist.

»Die Rotweinflasche entkorken«, weist mich Boris an.

Ich nehme sie in die Hand. Ich habe zwar nichts mitgebracht, aber sie sind sowieso alle von mir. »Die kenne ich«, sage ich, während ich sie entkorke, »die ist gut!«

Boris nickt. »Ich habe nichts anderes erwartet. Reichst du mir mal die Maiskolben für die Kinder? Die sind ganz verrückt danach.«

Ja, ich auch. Maiskolben vom Grill mit zerlassener Kräuterbutter … einfach, aber genial. Mir läuft das Wasser im Mund zusammen, und ich freue mich ehrlich aufs Zusammensein. Mutti verlässt ihren Beobachtungsposten und geht zu den Kindern. »Kennt ihr den Bi-Ba-Butzemann?«, fragt sie, und Lara, die gerade Servietten verteilt, lässt sich sofort ablenken. Ludwig, ganz der große Bruder, nimmt ihr die Servietten aus der Hand und vollendet ihr Werk. »Bi-Ba-Butzemann?«, fragt er dann im Ton eines Philosophieprofessors, und Mutti springt auf. Oben Hände zusammen, unten die Beine breit und dann umgekehrt, wie ein Hampelmann an einer Schnur, und dazu singt sie: »Es tanzt ein Bi-Ba-Butzemann in unserem Haus herum. Er rüttelt sich, er schüttelt sich, er wirft sein Säckchen hinter sich, es tanzt ein Bi-Ba-Butzemann in unserm Haus herum!«

Ich weiß, dass sie das vor gut einem Jahr gelernt hat, aber ich hätte nicht gedacht, dass sie es noch weiß. Ihr zuzuschauen ist herrlich, und Lara tanzt sofort mit, denn die Bewegungen des Hampelmanns kennt sie. Und so tanzen die beiden im immer schneller werdenden Rhythmus. Schließlich lacht Mutti erschöpft auf, und Lara, die Dreijährige, tanzt um ihren Vater herum. »Papa! Mach auch mal!« Und so hüpft auch er albern herum und mit ihm die ganze Familie. Auch ich. So könnte es sein, denke ich, als ich mich mit Mutti Atem holend in die Laube setze. So stellt man sich ein intaktes Familienleben vor. Eine Ehe, eine schöne, fröhliche Gemeinschaft mit den Kindern. Und dabei ist doch alles ganz schön brüchig.

Ich streife den Gedanken ab. Heute will ich meinen Bruder mal nicht bewerten, sondern einfach erleben.

Wir verbringen einen wirklich schönen Abend. Boris ist ein guter Grillmeister, das muss man sagen, und jetzt sitzen wir gemütlich in der Laube, der Abend ist mild, es gibt kaum Schnaken, und wenn, so stechen sie offensichtlich nur Boris, Lara hat sich auf der Bank schon zusammengekugelt und ihren Kopf in den Schoß ihrer Mutter gelegt. Ob sie schläft oder nur döst, ist schwer auszumachen. Ludwig erzählt begeistert von Kho Phangan, von den Stränden, dem Sand, den Pflanzen und Tieren, und Mutti hört zu, ohne dem Gespräch zu folgen. Schließlich unterbricht Isabell den Redefluss ihres Sohnes und fragt mich, was denn bei mir gerade aktuell laufe. Ich deute auf Mutti. »Sie war dabei. Vorgestern in dem Weingut, für das ich das Marketing mache.«

»Ach ja, das hat sie erzählt!« Isabell nickt Mutti zu.

»Ja«, Muttis Geist kommt offensichtlich zurück, »es war sehr schön. Das Häuschen oben und dann diese Winzerstube, die keine ist.«

»Eine Winzerstube, die keine ist?« Isabell lacht. »Wie soll das gehen?«

Ich erkläre ihr kurz unsere Idee, die alte, zugemüllte Winzerstube wieder zum Leben zu erwecken.

»Oh, das hört sich ja spannend an!«, sagt sie. Und nun wird auch mein Bruder aufmerksam.

»Wo soll das sein?«

»Kurz hinter Lauffen am Neckar. Direkt bei den Weinbergen.«

»Schöne Gegend«, bestätigt er. »Und was wollt ihr da tun?«

Nun sehe ich mich doch veranlasst, es genauer zu erklären. Und je mehr ich erkläre, umso aufmerksamer wird Boris.

»Darf ich mir das mal anschauen?«, fragt er plötzlich.

»Du?«, frage ich gedehnt.

»Ja, ich. Vielleicht kann ich da ja was tun.«

Hätte ich nur nicht davon angefangen, ist mein erster Impuls. Aber dann denke ich, schließlich ist er ja Architekt. Warum also nicht?

»Es geht nur um einen Raum, der früher eine Winzerstube war und nun jahrelang als Abstellkammer für große und kleine Dinge gedient hat.«

»Kenn ich«, sagt Boris und deutet nach hinten, zu unserem Elternhaus. Das nötigt mir nun doch ein Lächeln ab, denn es stimmt, der Keller unseres Elternhauses ist auch bis zur Decke mit Gerümpel gefüllt. Ich nehme mal an, dass selbst meine ersten Skier noch da unten stehen.

»Wann willst du denn wieder fahren?«, will er wissen.

»Das muss ich noch mit Doris besprechen.«

»Kann ich da mit?« Er darf auf keinen Fall etwas von den 100 000 Euro erfahren, denke ich. Aber genau darum wird es doch bei unserer nächsten Fahrt zu unseren Weinbauern gehen. Wir werden Nägel mit Köpfen machen. Ist es dann gut, wenn mein Bruder mit den großen Lauschern daneben steht?

»Sicher«, sage ich und denke, vielleicht beim zweiten Mal.

Nachts mit dem Fahrrad durch Stuttgart zu fahren ist auf der einen Seite schön, auf der anderen anstrengend. Nach dem langen Tag hatte ich eigentlich keine Lust mehr auf körperliche Anstrengung und war fast versucht, mir ein Taxi zu rufen. Aber dann hat eben doch der Ehrgeiz gesiegt, sich nicht hängen zu lassen. Das tut dir gut, wurde mein innerer Schweinehund besiegt, und als ich dann endlich zu Hause angekommen bin, habe ich mich auch dementsprechend gefühlt: Als Sieger über mich selbst. Richtig gut.

Die beiden Gestalten bei Kerzenlicht im Garten hätte ich auch ohne Kerzenlicht erkannt. Petroschka und Heiko. Nicht zu fassen! Sie drehen sich nach mir um, als ich die Gartentüre öffne und mein Fahrrad hindurchschiebe.

»Hoi«, sage ich beim Näherkommen. »Es ist schon spät. Macht ihr die Nacht zum Tage?«

Petroschka dreht sich zu mir um, und beim Näherkommen sehe ich, dass er eine Decke über den Beinen liegen hat. »Mit ihrem Freund kann man so wunderbar philosophieren. Das kann man schließlich nicht mit jedem Menschen.«

»Ja, beispielsweise darüber, warum man auf Frauen immer warten muss«, sagt Heiko, und beide Männer lachen.

»Aber jetzt ist sie ja da«, sagt Petroschka und macht Anstalten aufzustehen.

»Kann ich helfen?«, fragt Heiko.

»Nein, nein, alte Knochen brauchen nur etwas länger, alles gut!«

Heiko steht ebenfalls auf und greift nach den beiden Gläsern und der Flasche, die auf dem kleinen Gartentisch stehen. »Die trage ich rein. Und vielen Dank dafür.«

»Der Dank ist ganz auf meiner Seite.« Petroschka bläst die Kerze aus. »Eine mondlose Nacht ist immer etwas Besonderes. Eine Nacht voller Geheimnisse. Die kann man teilen oder für sich behalten.«

Typisch Petroschka, denke ich. Spricht er nun über die Geheimnisse der Nacht oder über die Geheimnisse, die Heiko und er gerade miteinander geteilt haben? Die würden mich natürlich auch interessieren.

»Geheimnisse muss man stets für sich behalten«, sagt Heiko jetzt, und wieder frage ich mich, ob er Gedanken lesen kann. »Wären es denn sonst noch Geheimnisse?«

Während die beiden Männer philosophierend in Richtung Haus gehen, entziehe ich mich weiteren Überlegungen: »Ich stelle schon mal mein Fahrrad weg – und bei der Gelegenheit, lieber Herr Petroschka, ein Licht im hinteren Teil des Gartens wäre auch nicht schlecht. Man sieht nämlich nichts.«

»Oh, diese profanen Gedanken einer Frau«, höre ich Heiko stöhnen und Petroschka lachen. »Das Gute ist, dass sie das morgen Früh bei Tageslicht schon wieder vergessen hat.«

Na warte, denke ich. Wenn du dich da mal nicht täuschst.

Samstag, 21. August

Selbst wenn wir keinen Sex haben, ist es einfach schön, Heiko neben mir zu wissen. Ich rieche ihn gern, und ich höre ihn atmen, das gibt mir ein Gefühl von Geborgenheit. So bleibe ich noch eine Weile still neben ihm liegen, nachdem ich aufgewacht bin. Wie spät wird es sein? Durch die heruntergezogenen Rollos dringt kaum Licht. Also genieße ich noch ein wenig den Augenblick, das Zusammensein. Und denke ernsthaft über einen Haustürschlüssel für ihn nach. Es muss ja nicht sein, dass er jedes Mal, wenn er mich überraschen will, im Garten warten muss.

Aber was wird werden, wenn Doris und ich in der Winzerstube wirklich anpacken? Für den Anfang werden wir uns sicher in irgendeiner möblierten Wohnung einmieten. Das bedeutet auch: intensive Arbeitsstunden und weg von zu Hause. Verändert sich Heikos und mein Verhältnis dann zum lockeren Wir-sehen-uns-mal? Aber – ist es im Moment etwas anderes? Wir sind ja auch nur sporadisch zusammen. Eine richtige Beziehung ist das nicht, das brauche ich mir nicht einzureden. Also braucht er auch keinen Schlüssel, und ich brauche mir keine weiteren Gedanken zu machen.

Als ob er gespürt hätte, dass es hier um ihn geht, dreht er sich nach mir um und legt seinen Arm auf meine Hüfte. Schön ist es doch, denke ich und kuschle mich in seine Arme.

Eine gefühlte Stunde später wachen wir gemeinsam auf. Heiko rekelt sich, richtet sich auf und sieht mich an. »Schön, dass du da bist«, sagt er.

Eigentlich ist ja eher er da, nämlich bei mir, denke ich, sage es aber nicht. »Ja, das finde ich auch.«

Er lässt sich sinken und vergräbt seine Nase zwischen meinen Brüsten. »Hm«, brummt er, »das ist der beste Platz überhaupt! Hier bleibe ich.« Ich streichle ihm über den Kopf, fahre in seine dichten Haare hinein und lasse die einzelnen Strähnen durch meine gespreizten Finger gleiten. »Haben wir noch Zeit für einen Cappuccino im Bett?«, fragt er, und ich zucke die Achseln.

»Die nehmen wir uns einfach. Ich habe noch nicht auf die Uhr geschaut.«

»Du riechst so gut. Nach Katja, nach Bettschwere, nach schönen Träumen. Ganz verheißungsvoll, warm und aufregend zugleich.«

Ist das schön, denke ich. Ein wirklich schöner Moment. Ein Mensch, der dich annimmt, wie du bist, der dir ein gutes Gefühl gibt. »Wir könnten einfach bis heute Abend im Bett bleiben«, schlage ich vor. »Wir lassen das Rollo unten und bewegen uns nur mal kurz zur Küche und dann wieder zurück.«

»Schöner Gedanke.« Er hebt den Kopf. »Sollte uns jetzt einfallen, dass wir heute ganz viel zu tun haben … machen wir das dann morgen? Ein ganzer Tag für uns alleine, egal, was kommt?«

»Egal, wie das Wetter ist, wir bleiben im Bett?«

»Wir sperren alles aus. Die Sonne, Petroschka und wer da sonst noch so kommen mag …«

Ich kuschle mich an ihn. »Ganz bestimmt?«

»Ganz bestimmt! Und Treffpunkt heute Abend gegen acht, sag ich mal, passt das?«

»Perfekt! Und wer von uns beiden kauft dafür ein?« Ich überlege kurz, was heute alles auf dem Plan steht: hören, wie es gestern Doris im Kreise der Familie ergangen ist – und ganz bestimmt Rücksprache mit Harriet. Und dann Abfahrt zum Weingut, quasi Vollversammlung. Und falls es heute nicht klappt, dann … nein, morgen nicht. Morgen ist unser Tag.

»Wenn du mir das zutraust, dann gehe ich heute Nachmittag mal kurz bei der Markthalle vorbei«, schlägt Heiko vor.

»Klar traue ich dir das zu«, sage ich. »Bisher kamen die tollsten Leckereien ja aus deinem Korb.«

»Vorfreude!« Er umarmt mich. »Aber dafür machst du jetzt den Cappuccino.«

Es ist später Vormittag, als wir uns endlich trennen. Ich radle ins Café und finde, dass sich der Sommer heute von seiner schönsten Seite zeigt. Es ist zwar sehr warm, aber ein leichter Wind streicht durch den Stuttgarter Kessel und fühlt sich auf dem Fahrrad einfach wunderbar an. Eine Sommerbrise, die mich streichelt, freu ich mich und könnte vor lauter Überschwang singen. Selbst die Autofahrer sind heute entspannter, ich komme überall gut durch, keine einzige brenzlige Situation. Allen scheint der sonnige Samstag gutzutun.

Am Café angekommen, stelle ich mein Fahrrad in den Hinterhof und verkneife es mir, zum Hotel zu schauen. Immerhin weiß ich jetzt, wo sein Büro liegt. Oben links. Und dass er von dort aus bequem in unser Café hineinschauen kann. Also auch sieht, ob was los ist oder nicht. Der gute Herr Richter, denke ich, während ich kurz unseren heutigen Kuchen mustere. Noch einmal Blaubeerkuchen. Kein Wunder, nachdem der gestrige so gut angenommen wurde.

Doris begrüßt mich mit einem Glas Sekt in der Hand.

»Hoppla, meine Liebe«, sage ich, »so früh schon? Und mal kein Wasser?«

»Wir haben uns das verdient, würde ich sagen!« Sie lächelt

verschmitzt. »Ich habe dich kommen sehen, und Achtung, Hokuspokus«, und sie nimmt ein zweites Glas vom Tresen. »Lass uns auf unsere Zukunft anstoßen, mir ist gerade danach!«

»Du sollst den Morgen nie vor dem Abend loben«, zitiere ich meine Mutter, aber Doris lacht nur. »Papperlapapp! Zum Wohl!«

Ich nehme einen Schluck und sehe mich um. 11 Uhr, ein Pärchen frühstückt gemütlich an einem Ecktisch am Fenster. »Hoffentlich sieht er uns, unser Nachbar«, sage ich. »So ein morgendlicher Freudenrausch muss ihm zu denken geben.«

Doris lacht und geht um den Tresen herum. »Kannst du dir vorstellen«, sagt sie, stellt ihr Glas ab und beugt sich etwas über den Tresen zu mir herüber.

»Perfekte Bar eigentlich«, stelle ich fest. »Ist nicht nur zum Arbeiten praktisch!« Dann greife ich ihren Faden wieder auf: »Was kann ich mir vorstellen?«

»Kannst du dir vorstellen, dass sich Jörg gestern mit keiner Silbe zu unserer Entdeckung geäußert hat? Als wäre nichts passiert?«

»Hast du es denn angesprochen?«

»Nein. Aber ich bin absolut sicher, dass Richter ihn informiert hat. Ganz bestimmt sogar!«

»Interessant. Aber dann wollte er den gemütlichen Abend vielleicht nicht vermiesen … wie war es überhaupt?«

Doris nimmt einen Schluck und runzelt die Stirn. »Tja, superharmonisch. Kaum zu glauben, eigentlich. Aber alle waren gut drauf, sogar ich …« Sie zwinkert mir zu.

»Und der kleine Italiener?«

Sie holt tief Luft. »Na ja, Jonas meinte, er sei ganz nett, ich sei voreingenommen.« Sie zögert. »Aber weißt du, wenn ich höre, dass Amelie nun plötzlich in Mailand Mode studieren will und Alessandro dort durch seinen Model-Job tolle Connections hat, wie er sagt, da bekomme ich doch ein bisschen Herzrasen.«

»Das Mutterherz, das nicht loslassen kann, oder doch mehr?«

Eine leichte Falte zeigt sich über ihrer Nasenwurzel. »Du meinst, eine Mutter, die nicht loslassen kann? Egal, welcher Kerl daherkommt? Wie eine alte Glucke?«

»Sag du's mir …«. Da sie nichts erwidert, frage ich weiter: »Was hält denn Jörg von ihm? Sonst sind es doch immer die Väter, die ihre Töchter nicht hergeben können.«

»Jörg schon. Der ist da eher praktisch veranlagt – irgendwann sollen sie ja auf eigenen Beinen stehen.«

»Na ja, aber siebzehn ist eben noch sehr jung«, stimme ich ihren Bedenken zu.

»Ja. Aber sie fühlt sich schon sehr erwachsen. Für sie ist alles paletti, sozusagen.«

»Wie wir damals, oder …« Ich hebe das Glas.

»Oje, erinnere mich nicht daran!«

»Es war doch schön!«

»Wir waren reifer!«, erklärt Doris, und wir müssen beide lachen und stoßen miteinander an.

Trotzdem muss ich noch einmal nachfragen: »Also ist das abgemachte Sache? Studium in Mailand?«

»Jörg hat zugestimmt. Und da er bezahlt …«

Mir kommt plötzlich ein Gedanke. »Okay, Doris, sieh es mal so. Amelie in Mailand, Jonas in Leipzig. Nun hast du freie Fahrt! Hat sich denn Harriet noch einmal gemeldet?«

»Nein. Ich wollte sie gemeinsam mit dir anrufen. Und wenn alles noch so ist wie gestern, dann sollten wir unsere Winzer zusammenrufen und ihnen unsere Pläne mitteilen.«

»Möchte Harriet als Sponsorin denn erwähnt werden?«

»Das müssen wir sie fragen.«

Doris geht schnell zu den Gästen, um nachzusehen, ob alles in Ordnung ist, dann kommt sie wieder. »Noch ein Kännchen frischen Kaffee, dann sind sie für die nächste Viertelstunde versorgt, das dürfte für ein Telefonat reichen.«

»Ist Rico denn schon da?«

»Der ist in sein früheres relaxtes Ich zurückgefallen.« Sie wirft einen Blick auf die Uhr. »Kleine Speisekarte bedeutet wenig Vorbereitung, hat er gesagt.«

»Wir werden ihm das Gehalt kürzen«, sage ich drohend.

Doris lacht, während sie einen Kaffee herauslässt. »Er ist ein Tausendsassa, tanzt auf dem Regenbogen, das wäre ihm wahrscheinlich völlig egal. Aber du hast ja gesehen, er kann auch anders, wenn er will.« Sie richtet das Porzellankännchen auf einem kleinen Serviertablett her und legt noch zwei selbst gebackene Kekse dazu. »Vielleicht hat er Liebeskummer?«

»Ha! Gegen Liebeskummer hilft nur Arbeit!«

Kaum ausgesprochen, fliegt die Eingangstür auf, und Rico schneit herein.

»Warum geht von euch eigentlich keine an ihr Telefon?«

Doris bleibt auf dem Weg zu den Gästen bei ihm stehen. »Wieso? Ist was passiert?«

»Na, die Dinge laufen!«, sagt er und knufft sie freudig gegen den Arm.

»Aaachtung, Kaffeee!«, warnt Doris.

Rico lacht und kommt zu mir. »Aha«, sage ich, »und was heißt das, die Dinge laufen?«

»Helena hat nachher ein Gespräch mit ihrem Chef, hat mir Niki geschrieben. Sie hat eine Idee, und die will sie ihm unterbreiten.«

Ich schau zu Doris, die sich gerade mit dem Pärchen unterhält, und will nicht vorgreifen. Aber gespannt bin ich schon. »Welche?«, frage ich, füge aber gleichzeitig »Warte« hinzu und deute auf Doris.

Er nickt. »Wollen wir vielleicht in die Küche?«, fragt er, »dann kann ich schon mal anfangen!«

»Eine Minute«, sage ich und winke Doris zu uns. Sie hat ein leeres Kaffeekännchen auf dem Tablett und gibt Rico ein Zeichen. »Die Gäste hätten gern noch ein Omelett mit Zwiebeln und Käse und ein Rührei mit allem.«

»*Mit allem* haben wir heute nicht«, entgegnet Rico. »Nur zwei Leute, und dann so ein Aufstand.«

»Rico«, zische ich, »es sind unsere Gäste!«

»Ja, aber bisher waren immer alle mit Croissant und den selbst gemachten Marmeladen zufrieden. Und jetzt kommen die Schnösel aus Hamburg, scheint mir, und wollen das volle Programm!«

»Ab in die Küche«, sagt Doris und hebt die Hand. Er grinst und dreht sich an der Küchentür noch einmal um.

»Auf diese Art erfahrt ihr die Neuigkeit nie.«

»Wovon spricht er?«, will Doris wissen und sieht ihm nach.

»Niki hat sich heute Morgen bei ihm gemeldet. Helena hat nachher einen Termin mit ihrem Chef. Mehr weiß ich auch nicht.«

»Uns hat sie nicht informiert?«

»Hattest du dein Smartphone heute schon in der Hand?«

»Bin ich süchtig?«

»Na eben!!«

Wir folgen Rico in die Küche.

»Jetzt spuck's aus«, sagt Doris, kaum dass wir in der Küche sind.

Rico bindet sich gerade eine weiße Schürze um. »Langsam! Zuerst muss ich die Gaumen unserer Gäste verwöhnen.« Er geht quälend langsam zum Kühlschrank und holt Eier, Butter, Käse, Tomaten und Zwiebeln heraus, die er einzeln auf die Anrichte neben den Herd legt. »So«, sagt er, »jetzt können wir anfangen!«

»Also gut!« Doris bleibt mit verschränkten Armen neben dem Küchentisch stehen. »Du bist der Chef, das haben wir jetzt kapiert. Maître de cuisine, drei Michelin-Sterne. Und jetzt verrätst du uns bitte, was wir verpasst haben.«

Rico stellt zwei Pfannen auf den Herd, gibt Butter hinein und angelt sich ein Messer aus der Schublade, das er am Schneideblock noch einmal schärft. Während er die Zwiebeln und Tomaten schneidet, redet er über die Schulter mit uns. »Also, Helena hat heute Morgen ein Gespräch mit ihrem Chef. Sie hat eine Idee. Was es genau ist, werden wir danach erfahren.«

»Und deswegen machst du so einen Aufstand?«, fragt Doris.

»Wer weiß, was dabei herauskommt…« Rico zuckt mit den Schultern und arbeitet weiter.

Doris wirft mir einen kurzen Blick zu. »Du weißt doch mehr«, sagt sie und stellt Rico zwei Essteller hin.

»Ich könnte mir höchstens vorstellen, was sie versucht …«

»Ach, was versucht sie denn?«, mische ich mich ungeduldig ein.

Er winkt mit dem Messer in der Hand ab. »Wenn es nachher nicht funktioniert, habe ich den Schwarzen Peter. Nein, nein. Schaut auf eure Handys!«

»Wir gehen hoch ins Büro. Das machen wir oben«, erklärt Doris.

»Und die Eier?«

»Kannst du ja servieren. Ist nicht so schwer. Sind nur zwei Gäste.«

Heiko ist schon am Schreibtisch und winkt uns durch die Verbindungstür zu. »Na, ihr Hübschen, alles okay?«

»Das werden wir sehen«, sagt Doris und zieht ihr Smartphone heraus.

»Also erst mal Niki!« Sie öffnet die Nachricht und liest dann laut vor, was Niki ihr geschrieben hat. »Okay, das ist nichts Neues, das wissen wir schon von Rico. Und nun Harriet. Ich stelle auf laut!«

Auch Heiko lauscht gespannt von nebenan auf die Freizeichen, dann, kurz bevor es abbricht, ist Harriet dran.

»Ah, Frau Fischer«, sagt sie, »wie schön. Guten Tag.«

»Ja, wir grüßen Sie auch, stehen gerade zu zweit hier, Katja und ich.«

»Dann auch guten Tag, Frau Klinger!«

»Das wünsche ich Ihnen auch«, erwidere ich.

»Gut, dass Sie mich anrufen, ich wäre sonst vorbeigekommen.«

Doris sieht mich erschrocken an. »Ist etwas passiert?«

»Nicht gerade passiert, aber man sollte darüber reden.« Doris' Gesten signalisieren mir: Das fängt ja gut an.

»Wir können natürlich über alles reden«, sagt sie.

»Es geht um etwas, das mir mein Mann gestern offenbart hat, Augenblick mal ...«, wir hören Schritte und dann eine Tür, die offensichtlich geschlossen wird, »man weiß ja nie. Das Haus ist groß und hat tausend Ohren ...« Sie lacht leise. »Sind Sie noch dran?«

»Selbstverständlich!«

»Ja, also, mein Mann erklärte mir gestern, da Sie ja beträchtliche Steuerschulden hätten, liebe Frau Fischer, werde er das Café doch anderswo anbieten, den Pachtvertrag mit Ihnen nicht verlängern, denn man wisse ja nicht, was da komme ...«

»Shit!«, flüstere ich. »Ralf Klasser!«

»Ja, das stimmt«, sagt Doris völlig ungerührt. »Das ist meiner eigenen Schludrigkeit geschuldet. Das war, bevor Katja ins Café eingestiegen ist. Seither ist alles in Ordnung, aber nun habe ich aus dem ersten Jahr eine Steuernachzahlung.«

»Und in nicht unbeträchtlicher Höhe«, sagt Harriet. »Hugo sprach von dreiundzwanzigtausend Euro.«

»Sapperlot!«, rutscht mir raus.

»Wie bitte?«, fragt Harriet nach.

»Woher weiß er das denn, Ihr Mann?«, frage ich, den Mund nah am Smartphone in Doris' Hand.

»Das habe ich ihn auch gefragt. Er sagt nur, er habe seine Quellen.«

»Ja!« Ich nicke erbost. »Und da gehört offensichtlich unser Steuerberater dazu. Der muss ein richtiges Klatschmaul sein!«

»Wie heißt der Herr denn?«, will Harriet wissen.

»Ralf Klasser.«

»Na ja«, sagt sie bedächtig, »dann wundert mich das nicht. Ein Parvenü. Er versucht mit allen Mitteln, in die bessere Gesellschaft aufzusteigen. Auch mit solchen Indiskretionen.«

»Und nun?«, fragt Doris mit leicht angstvoller Stimme, wie mir scheint, »ändert das etwas an unserem gemeinsamen Vorhaben?«

»Nein«, wir hören Harriet leise lachen. »Es ändert nur etwas an meinen Plänen.«

»Und die wären?«, frage ich nach und kann nur den Kopf schütteln. Deshalb also war Linus Richter noch so siegessicher.

»Ja, also«, Harriets Stimme wird leiser, »die Sache ist die, mein Name darf auf keinen Fall irgendwo erwähnt werden, denn ich habe Folgendes vor …« Sie macht eine Pause. Doris und ich sehen uns gespannt an, und Heiko kommt hinter seinem Schreibtisch vor und stellt sich zu uns. »Da ich die Spielchen meines Mannes und seiner Männerbrut, entschuldigen Sie den Ausdruck, aber so nenne ich sie heimlich immer, kenne, habe ich mich zur Gegenwehr entschlossen.«

»Zur Gegenwehr?«

»Ja. Wenn die spielen können, können wir es auch, finden Sie nicht?«

Da wir immer noch nicht wissen, was sie uns eigentlich sagen will, warten wir erst mal ab. »Es ist wie auf einem Spielfeld, sehen Sie? Wie beim Volleyball. Da sind die Spieler, dazwischen das Netz. Wir stehen auf der einen Seite, die auf der anderen. Wenn wir uns einig sind, dann spielen wir uns den Ball zu, bevor wir ihn rüberdonnern. Richtig?«

»Richtig.«

»Also müssen wir erst mal wissen, wer denn da auf der anderen Seite noch mitspielt? Wer ist im Team? Hugo, Ralf Klasser … wer noch?«

»Mein Mann, Jörg Fischer, haben wir herausgefunden, und der Besitzer unseres Nachbarhotels, Linus Richter.«

»Aha, der Herr Richter also auch. Dachte ich es mir doch.« Sie überlegt. »Und wir sind zu dritt. Sie, Frau Katja und ich.«

Wir sagen immer noch nichts. Ich schau auf Heikos Reaktion, aber er zieht nur kurz die Schultern hoch.

»Dann machen wir es so.« Sie macht eine Pause. »Schade, dass wir jetzt nicht zusammensitzen, das war gestern so gemütlich.«

»Wollen Sie schnell kommen?«, fragt Doris spontan.

»Nein, nein, ich habe nachher Lymphmassage, die Dame kommt ins Haus. Aber gern bald mal wieder.«

»Mit Vergnügen!«

»Aber Sie können ja trotzdem ein Gläschen drauf trinken, wenn Ihnen meine Idee gefällt.«

»Und um welche Idee geht es?«, frage ich. »Den Weinberg haben wir gestern schon begossen.«

»Ja«, sagt sie, »das können Sie jetzt angehen, das ist gesichert!« Doris stupst mich an, bläst die Backen auf und pustet erleichtert Luft aus. »Da würde ich dann gern mal wieder mitfahren.«

»Natürlich!«, sage ich schnell. »Jederzeit! Wir werden heute nach einer Zusammenkunft fragen und dann die Neuigkeit verkünden. Wollen Sie da vielleicht schon mit?«

»Nein, nein, vielen Dank.« Sie scheint sich zu sammeln. »Was ich aber eigentlich sagen wollte, ist dies. Wir schlagen den Herren ein Schnippchen. Doris, Sie geben mir die Daten, wie und wo ich Ihre Steuerschuld begleichen kann, und dann werde ich das regeln.«

»Sie werden … was?«, platzt es aus mir heraus, und Doris reißt ungläubig die Augen auf.

»Ja, das hat einen Grund. Ich muss Ihnen sagen, Katja, ich weiß noch, ganz am Anfang, als ich Sie zum ersten Mal im Café gesehen habe. Und als mein Mann beim Bezahlen mal wieder den Alleinverdiener herausgekehrt hat, gewissermaßen mit mir als teurem Anhängsel, haben Sie ihn zurechtgewiesen.« Doris wirft mir einen fragenden Blick zu, und ich muss mich auch erst besinnen. »Das ist gut ein Jahr her«, fährt Harriet fort. »Sie haben ihm damals gesagt, seine Frau hätte sicher genauso viel zu seinem Bankkonto beigetragen wie er und deshalb das gleiche Recht an seinem Geld.«

»Stimmt!« Jetzt fällt es mir wieder ein.

»Sehen Sie?«, ein leichter Triumph liegt in ihrer Stimme, »Hugo war empört. Und ich habe es genossen. Und jetzt, liebe Damen, kommt die Retourkutsche. Jetzt helfe ich Ihnen!«

Als sie aufgelegt hat, ist mir schwindlig. Und auch Doris muss sich erst mal setzen. »Ich weiß nicht«, sagt Heiko und bleibt mitten im Zimmer stehen. »Gibt es so was heute noch? Eine gute Fee?«

Ich schüttle langsam den Kopf. »Ich glaube, sie hat tatsächlich Spaß daran. Genau, wie sie gesagt hat. Ein Spiel. Wir gegen seine, wie hat sie es genannt, Bubenschar?«

»Männerbrut!«, korrigiert Heiko. Ich muss lachen. »Unfassbar!«

»Und offensichtlich ist ihr das Geld wirklich völlig egal«, stellt Heiko fest.

»Verrückt!«, Doris schüttelt den Kopf, »so viel Geld!«

»Vielleicht nimmt sie es heimlich von seinem Konto?«, rätselt Heiko. »So, wie manche Frauen heimlich die teuren, alten Weine ihrer Männer trinken, um sich zu rächen?«

»Gibt's das?«, will ich wissen.

»Ich habe gerade so einen Fall. Ausgetrunken, mit Supermarktwein aufgefüllt und wieder ins Regal gestellt. Es waren seine Schätze, seine Kinder, sein Heiliger Gral, wenn du so willst.«

»Tja! Das war wahrscheinlich auch mal Liebe!«

»Wahrscheinlich!« Heiko sieht mir für einen kurzen Moment in die Augen. Will er mir was sagen? Ich bin mir nicht sicher.

»Und jetzt rufen wir unsere Weinbauern an. Vollversammlung! Das muss jetzt sein!«

»Harriet will nicht genannt werden«, erinnert mich Doris.

»Müssen wir ja auch nicht. *Wir* machen das, starten das Projekt Winzerstube. Woher das Geld kommt, muss ja nicht deren Sorge sein.«

»Ich will da auch mal mit«, schaltet sich Heiko ein.

Mir fällt der gestrige Abend wieder ein. »Mein Bruder auch. Er meint, als Architekt könne er vielleicht helfen.«

»Na ja, prima!«, sagt Heiko. »Wann fahren wir?«

»Vielleicht sollten wir schon mal einen Reisebus anmieten«, schlag ich vor, und Doris hält ihr Smartphone hoch. »Achtung, ich rufe jetzt an.«

»Und wen?«, will ich wissen.

»Robby! Die anderen Nummern habe ich ja nicht.« Sie lächelt mir zu und setzt sich abseits von Heiko und mir in meinen Schreibtischsessel. Aha, denke ich, da sollen wir nun also nicht mithören, und beobachte sie, wie sie den Bürostuhl lässig hin und her dreht, Vorfreude im Gesicht. »Ja, ich bin's«, sagt sie. Und dann: »Ich mich auch.« Und schließlich: »Das können wir bald besprechen, wir haben nämlich Neuigkeiten und würden gern eine Vollversammlung«, bei dem Wort lacht sie leise, »einberufen. Was meinst du, wann das ginge?«

Sie lauscht. »Nein, falls möglich schon heute!«

Heiko wirft mir einen Blick zu. Ich weiß, was er denkt. Eine abendliche Vollversammlung im Weingut gefährdet den Kuschelabend.

»Gut, dann ruf zurück.« Sie strahlt. »Ja, gut, fein. Du auch.« Und damit legt sie das Smartphone weg und dreht sich auf meinem Stuhl zu uns um.

»Du hast nicht auf laut gestellt«, bemerkt Heiko.

»Es muss nicht immer alles für alle Ohren sein.« Doris zwinkert ihm zu. »Jedenfalls fragt er mal rum, wann sie eine Versammlung hinkriegen, er gibt sein Bestes, hat er mir versichert.«

»Aha?« Ein forschender Blick trifft mich. »Gibt es da noch einen anderen Grund, warum diese alte Winzerstube plötzlich so attraktiv ist?«

Ich muss lachen. »Ja, wer weiß?«

»Quatsch!« Doris steht auf. »Er ist fünfzehn Jahre jünger. Mal knapp über dreißig!«

»Na, das nenne ich gerade mal attraktiv. Einen alten Knacker hast du ja schon zu Hause.« Heiko geht in sein Büro zurück und pfeift vergnügt vor sich hin.

Doris sieht ihm nach und dann mich fragend an. »Meint er das ernst?«

»Na, zumindest ist er zwanzig Jahre jünger als Jörg. Das ist ja wirklich mal 'ne Hausnummer!«

Sie schüttelt nur den Kopf und geht an mir vorbei. »Mal schauen, ob die Bude schon voll ist …«

Ich arbeite an den Ideen für mein Start-up-Unternehmen und fühle mich richtig gut dabei, als Doris reinstürmt. »Entschuldige«, sagt sie atemlos, »aber alle sind so neugierig, sagt Robby, dass sie heute Abend noch zusammenkommen wollen. Weil es so schönes Wetter ist, stellen sie einfach ein paar Bierbänke in den Hof. Und vielleicht wollen wir ja noch jemanden mitbringen, meinte er, Platz sei genügend da, außerdem Wein und Butterbrezeln.«

Heiko kommt sofort an die Tür. »Also, wenn uns jetzt diese Winzerstube unseren schönen Abend verhagelt, dann nehmt mich wenigstens mit.«

»Und was heißt Abend?«, frage ich, »hat Robby eine Uhrzeit genannt?«

»Ja, so gegen sieben haben alle Zeit. Seine Mutter hat sogar extra ihren Theaterabend abgesagt.«

»Also kommen tatsächlich alle!«

»Scheint so«, meint Doris. »Und wenn sie das schon sagen, dann kannst du doch tatsächlich mit. Du kennst ja die Situation.«

»In dem Fall muss ich euch was beichten.«

»Beichten?« Heiko und beichten? Ich bin gespannt, was kommt.

»Also, ich habe mich für heute Nachmittag mit deinem Bruder verabredet. Er hat mich angerufen und um ein Mann-zu-Mann-Gespräch gebeten.«

»Boris?« Das erstaunt mich wirklich. »Mann-zu-Mann-Gespräch oder eine Therapie? Will er sich von dir coachen lassen?«

»Er nannte es ein Mann-zu-Mann-Gespräch. Auch wegen der alten Zeiten.«

Na, denke ich, die alten Zeiten waren zwischen Heiko und Boris nicht besonders ausgeprägt, er hatte seine eigene Clique, aber gekannt haben sie sich natürlich, wir waren ja alle oft bei uns zu Hause. Wahrscheinlich ist das aber eher der Versuch, sich um eine Bezahlung zu drücken.

»Aha«, Doris zieht eine Augenbraue hoch, »kommt er her?«

»Wir hatten uns in der Stadt verabredet. Aber wenn ihr es jetzt wisst, kann er ja ebenso gut herkommen.«

»Dann will er mit!«, wehre ich sofort ab.

»Und? Was wäre so schlimm dran?«, Doris sieht von Heiko zu mir und wieder zurück, »es ist doch heute nur die Ansage, dass wir uns entschieden haben, das Projekt Winzerstube anzugehen. Alles andere müssen wir dann sehen. Es kommt ja auch auf unsere Winzer an.«

»Eben«, findet Heiko. »Und außerdem ist er Architekt. Ein Blick von ihm auf das Ganze könnte doch nützlich sein.«

Ich gebe nach. »Von mir aus. Aber coache ihn vorher. Damit er dort nicht auf dumme Gedanken kommt.«

»Was meinst du?«

»Na, dass er nicht irgendwelche jungen Frauen anbaggert oder so.« Ich sehe Angelina vor mir und bin fast sicher, dass er es versuchen wird.

»Dann gut. Also abgemacht!«

»Halt«, sage ich, »wer ist heute Abend im Café?«

»Vroni kommt, das wird sie alleine meistern.«

Wir schaffen es tatsächlich, um sieben kurz vor dem Weingut zu sein. Heiko hatte fahren wollen, aber sein Wald-und-Wiesen-Defender war uns zu unbequem, also haben wir meinen Audi genommen.

Wie jedes Mal, wenn jemand dabei ist, der die Einfahrt zum Weingut noch nie gesehen hat, staunen auch die beiden Männer.

»Das ist wirklich knapp!«, kommentiert Heiko von hinten. »Schaut euch lieber mal das Tor an«, sage ich und bleibe kurz zwischen den beiden offenen Hoftoren stehen.

»SINNE«, liest Boris, wenig beeindruckt, »Drei Sinne. Ja, sehen, riechen, schmecken. Das ist so beim Wein!«

»O Mann. Das ist mein Brand!«

»Kannst du auch Deutsch reden?« Er grinst, und ich boxe ihn kurz gegen den Oberschenkel.

»Unverbesserlich!«, grummle ich, aber dann sehen wir alle nach vorn, denn mitten im Hof stehen zwei Biertische. Ganz offensichtlich werden wir schon erwartet.

»Na, das sind ja eine Menge Leute«, wundert sich Heiko. »Ich dachte, drei junge Winzer?«

»Und deren Eltern«, erklärt Doris.

»Und wahrscheinlich Hortense, die Ortsvorsteherin.«

»Haben wir ein Gastgeschenk dabei?«, fragt mich Boris. »Wenn die sich schon so viel Mühe geben?«

Ja, denke ich, sogar ein großes. Sage aber: »Wir? Hast *du* eines dabei?«

»Wieso ich?« Er sieht mich mit diesem typischen Boris-Blick an … für Geschenke sind Frauen zuständig. Ich sage nichts dazu, sonst ärgere ich mich nur wieder.

»Du lernst es nie«, sagt Doris zwischen den beiden Vordersitzen hindurch nach vorn. »Da hat ganz früher irgendjemand deine Erziehung vernachlässigt.«

Boris dreht sich nach ihr um. »Ich kann meine Schwester immer noch so leicht auf die Palme bringen … ist das nicht herrlich?« Klaus kommt uns entgegen und winkt. Ich lasse das Fenster runter. »Stell deinen Wagen einfach dort drüben ab!« Er zeigt zu einem kleinen Wiesenstück an der Steinmauer. »Dort steht er gut. Und hat sogar noch Schatten!«

»Männer mit klaren Anweisungen sind so eine Wohltat!«, sagt Boris.

»Und wenn du nicht gleich aufhörst, dann kannst du dich in den nächsten Zug setzen und direkt wieder heimfahren«, fahre ich ihn an. »Es reicht mir schon, dass du meine Fahrweise ständig kritisiert, aber …«

»Sachte, sachte«, schlichtet Heiko vom Rücksitz aus.

»Was hast du denn?«, fragt Boris.

»Raus jetzt!« Ich parke und ziehe den Zündschlüssel ab. »Ich brauche frische Luft.«

Sie kommen alle auf uns zu und begrüßen uns. Ich stelle meinen Bruder und Heiko vor, und dann gehen wir zu den Tischen. »Hab ich's mir doch gedacht«, sage ich, denn schon wieder ist gut aufgetischt worden. Von wegen nur Butterbrezeln.

»Gäste sind Gäste«, sagt Klaus mit seiner dröhnenden Stimme und macht eine Handbewegung zu den Tischen. »Allerdings auf Wunsch der Damen heute mehr Grünfutter!«

Ich muss lachen, und dann sehe ich einen Mann am Ende des Tisches, der neu für mich ist. Und jetzt erkenne ich auch, dass er im Rollstuhl sitzt. Es muss Sebastians Vater sein. Ich gehe auf ihn zu und stelle mich vor. Ein gut aussehender Mann, ich schätze ihn auf etwa sechzig. So, wie er den linken Arm hält, hat er ganz offensichtlich Lähmungserscheinungen. Er lächelt mich an. »Ich höre, Sie und Ihre Freundin bringen frischen Wind in das alte Gemäuer«, sagt er.

»Oh, das freut mich aber, dass wir so einen guten Ruf haben.«

»Verzeihen Sie, wenn ich nicht aufstehen kann, um Sie zu begrüßen, aber …«

»Gar keine Frage.« Ich setze mich neben ihn. »Wir sind von allen so nett angenommen worden, das tut richtig gut.«

»Sie haben ja auch kräftig bei der Weinlese geholfen, habe ich gehört.«

So strahlend blaue Augen habe ich selten gesehen. Dunkle Haare, graue Schläfen und die Gesichtsfarbe eines Menschen, der oft an der frischen Luft ist. Das Schicksal ist ein mieser Verräter, denke ich. Dieser Buchtitel hat recht.

»Wir wurden dafür ja auch fürstlich bewirtet«, sage ich und deute zum Tisch. »Und jetzt schon wieder!«

Er lächelt. »Ja, man könnte kugelrund werden, wenn Pauline das Küchenzepter schwingt.«

»Aber sie waren zu dem Fest nicht oben.« Ich deute auf den Rollstuhl. »Ist das zu beschwerlich?«

»Nein, daran lag es nicht. Ich bin zwischendurch immer mal oben in unserem Winzerhäuschen. Sebastian fährt mich dann hoch. Ich …«, er bricht ab, dann sieht er mir direkt ins Gesicht, »es schmerzt zu sehr.«

Ich verstehe. »Aber sprechen wir nicht darüber«, fährt er fort, »es gibt schönere Themen. Beispielsweise, warum Sie heute eine Vollversammlung einberufen haben.«

Ich zögere. Und er winkt ab. »Ich werde es früh genug erfahren.« Inzwischen haben sich fast alle gesetzt, nur mein Bruder steht vor dem Haus und unterhält sich mit … Angelina. Hab ich's doch gewusst, dass er gleich auf sie abfährt. Angelina trägt zwei große Krüge Wasser, und immerhin ist er Kavalier genug, ihr die Krüge abzunehmen und sie zum Tisch zu begleiten. Ich beobachte ihn und muss zugeben, dass er, mit fremden Augen betrachtet, etwas hermacht. Groß gewachsen, breitschultrig, braun gebrannt, mit Pferdeschwanz und in seinem lässigen Outfit wirkt er wie der perfekte Lebemann. Keine Sorgen, lebenslustig, Sunnyboy. Was ihm fehlt, sind die Millionen, um das leben zu können, was er ausstrahlt. Lass, rufe ich mich selbst zur Ordnung. Er ist dein Bruder. Früher hast du ihn abgöttisch geliebt, jetzt mach ihn nicht ständig runter. Jedenfalls scheint er gut anzukommen, denn auch Sebastian und Robby stehen bei ihm und scheinen sich köstlich über seine Scherze, oder was auch immer er gerade erzählt, zu amüsieren. Ich sehe mich nach Doris um. Sie steht hinter mir, im Gespräch mit Hortense, und winkt mir kurz zu.

Heidi, Robbys Mutter, schlägt zwei Weingläser leicht aneinander und bittet zu Tisch. »Pauline hat das ja nicht so liebevoll angerichtet, damit ihr da herumsteht«, ruft sie in die Runde, »sondern damit ihr euch auf eure Hintern setzt!«

Alle lachen und suchen sich ihre Plätze. Ich bleibe neben Sebastians Vater sitzen, der mir, nachdem er ein gefülltes Weinglas in der Hand hat, zuprostet und »Ich bin der Josef« sagt. »Kannst Sepp zu mir sagen oder Pep. Es gibt hundert Möglichkeiten.«

»Giuseppe auch?«, frage ich, und er muss lachen. »Falls wir statt einer Weinstube eine Pizzeria eröffnen, würde auch das passen!«

Doris setzt sich uns gegenüber hin. »Ich bin Doris«, sagt sie, »darf ich auch …?« Sie macht eine Handbewegung zu den anderen am Tisch. »Wie nennen dich denn deine Freunde? Oder Familie?«

»Meine Frau Beppi, wenn sie gerade verliebt in mich ist, und Sepp, wenn sie mich gerade zum Teufel wünscht.«

Doris lacht. »Da wähle ich den Josef. Ist doch ein schöner Name … in Ordnung?«

»Sehr!« Er stößt auch mit ihr an und prostet seiner Frau, die sich am Nachbartisch niedergelassen hat, zu.

Ich betrachte die Speisen auf dem Tisch und stelle fest, dass Klaus recht hat. Heute sind mehr Quarkbrötchen mit Schnittlauch, Dipgemüse mit unterschiedlichen Soßen und verschiedene Frischkäsesorten auf dem Tisch als gewöhnlich. Und sogar Cracker zum Frischkäse, wie ich sie aus ganz früheren Zeiten kenne.

Pauline ergreift erneut das Wort. »Mal keine Schlachtplatte, damit unsere Damen – und diesmal auch Herren – aus der Stadt sehen, dass wir auch modern aufgestellt sind und nicht nur Kalorienreiches auf den Tisch kommt.«

»Sehr schade«, kommentiert Klaus, worauf alle lachen und zugreifen. Ich wechsle mit Doris einen Blick. Wann wollen wir unsere Neuigkeit verkünden? Und wie viel wollen wir verraten? Im Moment unterhalten sich alle quer über die Tische. Offensichtlich genießen sie es auch, wieder zusammen zu sein.

Doris reicht mir den Brotkorb rüber. »Hast du mal dieses Bauernbrot probiert? Das ist perfekt! Außen knusprig und innen leicht. Ich wüsste nicht, wo wir das in Stuttgart bekommen sollten.«

»Gar nicht«, antwortet Hortense vom Nebentisch, »das backt Pauline selbst. Die Brötchen auch. Aber sie beliefert nur ihre Familie … und manchmal auch mich.«

»Sensationell!«, sagt Doris, und ich denke, wow, die hat feine Ohren. Da muss man ja direkt aufpassen.

Als der Geräuschpegel sinkt, schätze ich, dass es der geeignete Zeitpunkt ist.

»Doris?«, frage ich leise, und sie reagiert sofort. »Du oder ich?«, will ich wissen. Du, signalisiert sie mimisch. Also nehme ich mein Messer, jetzt oder nie, und klopfe leicht gegen mein Weinglas.

Der Ton lässt sofort alle verstummen, sämtliche Augen richten sich auf mich, und ich stehe auf.

»Liebe … ja, ich freue mich, das wirklich sagen zu können, liebe Freunde. Dass mich das Weingut von der ersten Sekunde an gefesselt hat, ist ja kein Geheimnis. Dass ich mit meinem Agenturteam hier einen unglücklichen Start hatte, auch nicht. Umso mehr freut es mich, dass wir dann doch noch den richtigen Brand«, meine Augen suchen Boris, »entschuldigt, die richtige Marke, das richtige Markenzeichen gefunden haben. Und darüber hinaus, dass eure alte Winzerstube Doris aufgefallen ist. Und wir plötzlich das Gefühl hatten, sie müsste wieder zum Leben erweckt werden.« Ich mache eine kurze Pause, um sicher zu sein, dass nun auch alle zuhören. »Und deshalb wollen wir euch heute sagen, wenn ihr das noch immer wollt, ich meine, mit uns zusammenarbeiten, dann haben wir heute die Möglichkeit, ein deutliches Ja zu sagen.« Ich sehe mich um, alle hängen an meinen Lippen, niemand sagt ein Wort. »Von unserer Seite aus könnten wir loslegen. Wir haben die Finanzmittel zusammen, wir haben den Willen, und wir hätten die Freude, aus diesem verstaubten Raum«, ich zeige zur zugestellten Eingangstür, »wieder einen Treffpunkt zu machen, der Jung und Alt anzieht, Einheimische und Touristen. Drinnen kuschelig und draußen einladend. Einen Außenbereich mit schönen Tischen und Stühlen und viel Grün drumherum.« Ich sehe mich wieder im Kreis um. »Wenn ihr das wollt, dann setzen wir uns das nächste Mal ernsthaft zusammen und machen nicht nur einen Plan, sondern auch einen Vertrag.« Da war ich jetzt etwas vollmundig, denke ich, während ich die Reaktion abwarte. Ich kenne überhaupt keinen Anwalt.

Kurz ist es still, dann klatschen alle, und einige springen sogar auf. Doris wirft mir einen anerkennenden Blick zu, offensichtlich habe ich den richtigen Ton getroffen. Das freut mich.

»Ja, klar wollen wir das«, sagt schließlich Sebastian. »Ich denke, das wäre für uns alle ein Traum, stimmt's, Papa?«

Josef neben mir nickt. »Ja, es gibt viele Erinnerungen, und wir freuen uns alle, wenn die wieder zum Leben erweckt werden.« Dann sieht er in die Runde. »Eigentlich schon erstaunlich, dass dafür zwei junge Frauen aus der Stadt kommen müssen – dass uns das nie selbst eingefallen ist.«

»Zu viel Arbeit«, sagt Ilse. »Wenn der Tag sowieso schon voll ist … und außerdem«, sie sieht sich um, »wenn wir ehrlich sind, hatten wir die Winzerstube doch schon vergessen. Der Raum war irgendwann ein willkommener Platz, um viele Dinge abzustellen, von denen man nicht wusste, wohin damit.« Sie deutet auf uns. »Und die beiden haben die Energie, das Know-how, sie sind nicht im täglichen Weinbaugeschäft, ich bin sicher, sie machen das fantastisch!«

Alle klatschen.

»Und dass wir sie mögen, kommt noch dazu«, wirft Robby ein und erntet allgemeines Kopfnicken.

Sebastian steht auf. »Also wenn ich alle Zeichen richtig deute, dürfte dies der Beginn einer neuen Ära auf unserem Weingut sein. Das Erwecken unserer alten Weinstube zu neuem Leben.«

Alle klatschen Beifall. Ich versuche Heikos Blick zu erhaschen, aber er sitzt am anderen Tisch, und ich kann ihn nicht sehen, weil Klaus' breiter Rücken ihn verdeckt. Und außerdem werde ich sofort von meinen Nachbarn am Tisch in Gespräche verstrickt. Irgendwann sehe ich aus dem Augenwinkel, dass Boris mit Angelina den Tisch verlässt. Lässt er sich die Toilette zeigen, überlege ich, oder was hat er vor? Gewöhn dir das ab, sage ich mir gleich darauf, lass ihn machen. Er ist erwachsen.

Inzwischen ist auch Klaus von seinem Platz aufgestanden, sodass ich Heiko am Nachbartisch sehen kann. Er winkt kurz zu mir rüber, aber an sich scheint es ihm zwischen Ilse und Hortense gut zu gehen.

Robby kommt zu uns und setzt sich neben Doris. »Na,« sagt er, und offensichtlich gilt das für uns beide. »Wenn ihr das hier aufbauen und dann bewirtschaften wollt, braucht ihr wohl auch eine Wohnung.«

»Ja«, sagt Doris, für meinen Geschmack in einem etwas zu erwartungsvollen Ton. Will sie gleich mit ihm zusammenziehen?

»Es gibt da hinten ein kleines Fachwerkhaus, das gerade renoviert wurde. Die bisherigen Mieter sind ausgezogen – wenn ihr wollt, könnte ich mit dem Besitzer reden. Er ist Händler für Landmaschinen, wir haben öfter mal miteinander zu tun.«

»Ja, klar«, sagt Doris sofort. »Genial! Stimmt's, Katja?«

Ich weiß noch nicht, ob's stimmt, aber für den Anfang brauche ich ja auch ein Dach überm Kopf. Und wer weiß schon so genau, was kommt?

»Super!«, sage ich. »Was soll das Häuschen denn kosten?«

Robby zuckt mit den Schultern. »Jedenfalls keine Stuttgarter Immobilienpreise, ich rede mal mit ihm.«

»Und es ist wahr?«, hakt er nach, »ihr habt die Finanzierung wirklich hingekriegt?«

Wir nicken gleichzeitig.

»Dann wollt ihr das also selbst stemmen? Was ist aber, wenn ihr irgendwann geht? Wie sieht es dann aus?«

»Tja«, sagt Doris, »das ist die Sache eines Anwalts, da einen guten Vertrag auszuarbeiten.« Sie schaut auf, und ihr Blick bleibt hinter mir hängen. Ich drehe mich um. Mein Bruder steht hinter mir.

»Also«, sagt er, »ich habe mir das gerade angesehen. Das ist kein großes Ding, da lässt sich mit wenig Mitteln vieles erreichen. Erst mal muss natürlich eine Mannschaft zum Ausräumen anrücken. Aber dann … die Bausubstanz ist super. Die Balken, die Mauern, das Fundament, alles tipptopp, dann die Fenster vielleicht größer, den ganzen Raum wärmedämmen, die Heizung modernisieren, die Küche muss neu … die alten Stühle sind wirklich klasse, die Tische auch … und, entschuldige, ich habe deine letzten Worte gehört, wenn du einen Anwalt brauchst, du weißt doch … mein alter Freund Lars Zimmermann. Der könnte das gut erledigen.«

»Aha«, sage ich, etwas erschlagen. Mein Bruder …?

»Wenn ihr wollt, helfe ich euch.« Und weil Robbys Gesichtsausdruck wohl etwas fragend ist, erklärt er: »Ich bin nicht nur Katjas Bruder, sondern auch Architekt. Es wäre mir eine Freude, mithelfen zu können.«

»Du?«, rutscht mir nun doch über die Lippen.

»Ja, Sommerpause in Thailand, hier habe ich nichts zu tun, das trifft sich doch perfekt!«

Ich bin noch nicht so sicher, ob es perfekt ist, wenn mein Bruder mitmischt, aber das Angebot steht. Und Robby geht darauf ein. »Sommerpause in Thailand?«, fragt er nach, und in kürzester Zeit sitzt Boris neben mir und erklärt Robby, was er derzeit auf Kho Phangan baut. Wenn man ihm so zuhört, hört sich das wirklich fantastisch an. Strahlender Sonnenschein, Palmen, Meer und nebenher ein paar Villen bauen. »Also wäre das ein sensationeller Urlaub – in einer deiner Villen?«, will Robby wissen. Und als Boris' Beschreibungen noch plastischer werden, denke ich, jetzt betreibt er auch noch Akquise! Das schlägt dem Fass doch den Boden aus! Aber dann kommt er wieder auf die Weinstube zurück.

»Der Tresen ist gut erhalten, dieser alter Vitrinenschrank wunderschön, andere alte Stücke auch – alles schreit nach einer Mischung aus alt und modern. Das ist wirklich ein tolles Projekt«, er klatscht mir auf die Schultern, »da muss ich meine kleine Schwester wirklich mal loben!«

Ich verdrehe die Augen und sehe aus den Augenwinkeln Angelina, die auf uns zusteuert. »In seiner Fantasie steht die Hütte schon«, sagt sie lachend und setzt sich neben Doris. »Das hat wirklich Spaß gemacht, mit dir da durchzugehen, Boris. Dein

Bruder kann das so plastisch darstellen, dass man schon fast ein Viertele bestellen will.«

»Na, prima«, sage ich und werfe Doris einen Blick zu. Aber die hat wohl gar nicht zugehört oder nur Robby im Sinn, denn sie lächelt mir zu und sagt: »Ist doch alles bestens!«

Na, denke ich, da bin ich gespannt.

»Ich finde auch, dass sich das alles gut anhört«, sagt da eine Stimme neben mir. Josef. Den hätte ich fast vergessen.

»Ja?«, frage ich.

»Na ja«, sagt er, »Doris, die ein Restaurant führen kann, du als die Betriebswirtschaftlerin und Marketingfrau, wie mir gesagt wurde, und nun auch noch der Bruder, ein Architekt, das ist doch wie bei uns: Im Familien- und Freundeskreis ist man am stärksten.«

Ich nicke, und gleichzeitig geht mir auf, dass noch keiner von denen in unserem *Restaurant* war. Vielleicht würden sie dann anders denken. Und überhaupt – was ist eigentlich mit Helena? Ich schau auf die Uhr. Das Ergebnis ihrer Besprechung müsste doch längst vorliegen. Wobei ich noch nicht einmal weiß, in welche Richtung dieser Termin mit ihrem Chef laufen sollte. Will sie wirklich kommen und das Café übernehmen? Eine gute Stellung in einem Gourmettempel deswegen aufgeben? Irgendwie kann ich es mir nicht wirklich vorstellen, sie hat die begrenzten Möglichkeiten des Cafés ja kennengelernt. Und wenn doch, dann wahrscheinlich nur ihrer Tochter zuliebe. Wobei – in Kiel würde sich sicherlich ein ähnliches Projekt finden lassen.

»Was sagst du dazu?«

»Wozu?« Boris sieht mich fragend an. »Sorry, ich war gerade mit meinen Gedanken woanders.«

»Na, dass wir demnächst mit Lars wiederkommen? Er hat eine gute Kanzlei und kann uns sicher helfen, ohne große Kohle einheimsen zu wollen.«

»Sehr gut«, sagt Josef neben mir. »Die Anwälte, die ich kenne, haben nur Kohle im Sinn.«

»Lars ist da anders«, beteuert Boris.

»Und vor allem hat er hübsche Praktikantinnen«, füge ich leise hinzu.

»Das habe ich jetzt nicht gehört«, erwidert Boris und zieht kurz seine Stirn kraus. »Das glaube ich gern«, sage ich. Das letzte Jahr kann er nicht so einfach wegwischen. Zumindest nicht aus meinem Gedächtnis.

Heiko kommt vom Nebentisch rüber.

»Eine wirklich sehr nette Gemeinschaft«, sagt er, »hier kann man sich wohlfühlen!«

»Stimmt!« Ich stehe auf. »Ihr entschuldigt«, sage ich nach rechts und links, denn ich brauch jetzt eine Schulter zum Anlehnen.

»Magst du mir mal die kommende Winzerstube zeigen?« Heiko legt den Arm um meine Schulter.

»Ja, gern«, ich bin froh, dass ich wegkomme, »mein Bruder versucht doch tatsächlich, alles an sich zu reißen«, flüstere ich ihm zu, während wir auf das Haus zugehen.

»Vielleicht will er sich aber wirklich nur nützlich machen?«, gibt Heiko zu bedenken, »immerhin ist es sein Beruf, und er könnte euch ja wirklich helfen.«

»Bist du auch auf seiner Seite?«

Er bleibt stehen und fasst mich an meinen beiden Schultern. »Vielleicht ist das ein Grundproblem unter Geschwistern.«

»Was meinst du?«

»Wettkampf.« Er sieht mir direkt in die Augen. »Du hast das hier entdeckt, hast die Finanzierung und ärgerst dich jetzt, dass er mitmischen will, weil es *deins* ist.«

»Er hat schon so viel Blödsinn gemacht …«

»Ja, aber … das *war* doch. Inzwischen baut er in Thailand etwas auf. Das sollte man respektieren.«

»Und woher willst du das so genau wissen?«

»Du musst nur mal googeln. Bei den Projekten, die er als seine Bauprojekte ausgegeben hat, steht sein Name.«

Hm. Ich überlege, wie Boris das getrickst haben könnte.

»Katja!« Er rüttelt mich sanft. »Er ist trotz allem dein Bruder und der Vater deines kleinen Neffen und deiner kleinen Nichte. Familie. Also bau dein Misstrauen ihm gegenüber ab, gib ihm eine zweite Chance.«

»Hm.« Ich bin noch nicht überzeugt.

»Schau, er ist ein netter Kerl. Ich fand das auch vorhin in unserem Gespräch hinter verschlossenen Türen wieder. Er ist halt anders als du, nicht so zielstrebig, nicht so strukturiert. Aber er hat einen guten Kern, hat den festen Willen, in Zukunft alles besser zu machen. Ich fand ihn übrigens schon in unserer Schulzeit ziemlich cool, und schau, wie schnell er die Türen öffnen kann. Sieh doch auch mal seine positiven Seiten.«

»Vielleicht ist es gerade das«, gebe ich zu, »vielleicht ist es Eifersucht, weil er mir die Schau stiehlt, sobald er auftaucht?«

»Das hast du doch gar nicht nötig!« Er küsst mich auf die Stirn. »Du bist eine starke Persönlichkeit, du hast Humor und Erfolg, es gibt keinen Grund, weshalb du dich an deinem Bruder messen müsstest.«

»Das sagst du so leicht!«

»Liebste Katja, Schatz, ich habe auch Geschwister. Und bei mir war es eher so, dass mir meine große Schwester als ewiges Vorbild vor die Nase gehalten wurde. Sie hatte bessere Noten in der Schule, ein besseres Abi, hat Medizin studiert, ist sogar mit ihren wissenschaftlichen Forschungsergebnissen im Fernsehen aufgetreten.«

»Ach, das weiß ich ja gar nicht. Jutta?«

»Genau. Davon musste ich mich auch irgendwann frei machen.«

Er nimmt mich in den Arm. »Sieh's doch mal so. Wenn er dir

helfen will, dann nimm es an. Wer weiß, was daraus wird – vielleicht wieder das alte Verhältnis, wie es früher war? Der große Bruder, den du bewundern kannst, ohne dich selbst kleiner zu machen?«

Ich höre mich selbst seufzen, obwohl ich es gar nicht will. »Vielleicht hast du recht.«

»Magst du mir jetzt die Winzerstube zeigen?«, fragt er. »Und darf ich dir nachher mein Beratungshonorar in Rechnung stellen?«

Ich ziehe ihn lachend am Haar und fühle mich besser. Freier, stelle ich fest, während ich mit ihm um die abgestellten Maschinen herum zum offenen Tor gehe. Vielleicht hat er wirklich recht. Vielleicht muss ich einfach mal über mich selbst nachdenken und weniger über Boris. »Also gut«, sage ich, »versprochen. Ich versuche, meine Vorurteile und Eifersüchteleien zu vergessen und die Schiefertafel sauber zu wischen. Alles auf Anfang.«

»Das hört sich doch gut an«, sagt Heiko sanft, und wir bleiben eng umschlungen im Eingang zur Weinstube stehen. »Wenn wir jetzt da reingehen, dann ist es etwas ganz Besonderes, quasi eine Grundsteinlegung, denn jetzt ist es wohl beschlossene Sache.«

»Ja.« Ich schmiege mich an ihn. »Und ich hoffe, du unterstützt mich?«

»Brauchst du das?«

»Ich brauch dich!«

Sechs Wochen später.
Samstag, 2. Oktober

Wenn ich denke, wie schnell alles gegangen ist, wie sehr ich in der letzten Zeit gelernt habe, was wahre Teamarbeit ist, dann kann ich es kaum glauben. Nach unserem entscheidenden Treffen vor sechs Wochen fand Lars, Boris' Rechtsanwaltsfreund, tatsächlich die richtige Lösung und setzte einen Vertrag für uns auf. Darin sind wir nun eigenverantwortliche Pächter, die in Abstimmung mit den Hausbesitzern die Winzerstube so ausbauen können, wie wir uns das für den Erfolg denken. Eigenverantwortlich hieß in dem Fall auch, dass wir alles bezahlten. Sollte der Vertrag durch Unstimmigkeiten oder andere von uns nicht verschuldete Vorfälle aufgelöst werden müssen, müssten unsere Auslagen erstattet werden. Damit dies gerecht ist, hat er eine dementsprechende Abnutzungsstaffel eingebaut.

Doris und ich fanden das gut und unsere Winzer auch. Wir hatten also freie Hand. Begünstigt wurde das auch durch Helenas Gespräch mit ihrem Chef. Sie hat nicht gekündigt, sondern ein Sabbatical von sechs Monaten erbeten. Sechs Monate, während derer sie ihrer Tochter Gastronomie-Betriebswirtschaft vermitteln möchte – und dazu: Learning by doing. Was danach kommt, da waren sich Mutter und Tochter einig, wird man sehen. Ob Niki doch noch Ernährungswissenschaften studiert oder vielleicht sogar mit Rico das Café weiterführt?

»Wir übernehmen das eigenverantwortlich für sechs Monate«, hatte Helena mir erklärt, »danach wird neu entschieden. Nach sechs Monaten wissen wir alle mehr – ihr mit eurem Winzerstübl und wir hier mit dem Café. Allerdings brauche ich dich, was die laufende Buchhaltung angeht.«

Diese Mitteilung war für Doris und mich der Startschuss. Ab dann konnten wir uns voll auf die Weinstube konzentrieren. Erst wurde der große Raum ausgeräumt, ein Container vor dem Tor reichte kaum aus. Manches stellten wir auch zur Seite, um es restaurieren zu lassen, anderes musste nur entstaubt und gereinigt werden. Jedenfalls war die Ausbeute fantastisch: ein alter Kinderkaufladen, ein schön bemaltes Schaukelpferd aus Holz, etliche Jugendstillampen, einige wertvolle Amoy-Art-Steinkrüge, die in einer löchrigen Decke eingewickelt in einer Ecke lagerten, signierte Bilder von Heimatkünstlern und natürlich die massiven Bauernstühle und Tische aus Großvaters Zeiten.

Und Boris, ja, mein Bruder, kümmerte sich mit Feuereifer um den Umbau. Die kleinen, zugigen Stallfenster wurden herausgerissen und durch große Sprossenfenster ersetzt, moderne Elektroinstallationen und sanitäre Anlagen eingebaut und nicht zuletzt der ganze Raum wärmegedämmt.

Jeden Tag ging es einen Schritt voran, auch mit dem Thema Wohnen. Solange das kleine Fachwerkhaus noch nicht bezugsfertig war, wohnten wir bei Hortense. Doris durchgehend, ich sporadisch. Hortense fand das natürlich gut, denn so fühlte sie sich privat und in der Eigenschaft als Ortsvorsteherin über alles gut informiert. Inzwischen ist Doris in die neue Wohnung eingezogen, noch reichlich unmöbliert, aber das hat Zeit, sagt sie, die Winzerstube geht vor. Doch immerhin gibt es ein großes Doppelbett, und als Freundinnen finden wir, dass dies der beste Platz ist, um sich über die vielen Gedanken, die einem im Laufe eines Tages kommen, in aller Ruhe auszutauschen.

Mit Jörg und ihren Kindern hatte Doris ein langes Gespräch, lud sie ein, die Baustelle zu besuchen und überhaupt jederzeit zu kommen. Aber sie machte auch klar, dass dies ihr neuer Lebensweg sei. Was danach käme, könne sie noch nicht sagen. »Die Kids waren nur halb so betroffen, wie ich es befürchtet habe«, erzählte sie mir danach, halb enttäuscht und halb erleichtert.

»Und Jörg?«, wollte ich wissen.

»Nachdem ich ihm mal seine Strategie mir gegenüber aufgezeigt habe, die Absicht, mich untergehen zu lassen, um mich wieder im Haus zu haben, war auch ihm klar, dass dieser Zug abgefahren ist. Er konnte es schließlich nicht abstreiten. Und sein Einwand, dies zeige seine große Liebe zu mir, war einfach lächerlich. Das zeigt nur, dass du eine Haushälterin brauchst, habe ich gesagt, und vielleicht noch ein Püppchen fürs Bett. Mehr nicht. Liebe ist etwas ganz anderes.«

»Und jetzt?«

Doris verzog leicht den Mund. »Ob du es glaubst oder nicht, er wollte unsere Trennung gütlich durch einen Anwalt regeln lassen. Ich habe den Namen gleich mal gegoogelt. Burschenschaftler natürlich. Selbst da wollte er mich noch reinlegen.«

»Erst mal Trennung oder gleich Scheidung?«

»Erst mal Trennung«, sagte sie. »Schon wegen der Kinder.« Aber gleich darauf musste sie lachen. »Kinder! Jonas in Leipzig und Amelie in Mailand. Ach, übrigens, diese Neuigkeit kennst du noch nicht.«

»Was denn?«

»Amelie hat tatsächlich einen Studienplatz bekommen. Fashionmanagement. Und versucht sich jetzt nebenher als Influencerin.«

Ich sah sie direkt beim perfekten Selfie vor mir, mit ihrem stylishen Haarschnitt, dem akkurat gerade geschnittenen Pony über den schwarz geschminkten Augen und einem einstudierten Lächeln.

»Und Alessandro? Hast du deinen Frieden mit ihm gemacht?«

»Nun, zumindest jobbt er nicht nur als Model, wie ich befürchtet habe, sondern er studiert … warte mal, irgendwas mit Medien. Medienwissenschaften.«

»Aha«, sage ich. »Das hört sich doch gut an.«

»Tja, wenn Amelie bloß nicht so jung wäre. Siebzehn! Ein halbes Kind!« Sie zuckt die Schultern. »Aber eine gute Nachricht gibt es doch, Mitte Oktober wird sie achtzehn, dann gibt es ein großes Fest bei uns im Garten. Für all ihre Freunde aus Stuttgart.«

Nun kommt morgen der große Tag. Für die morgige Eröffnung habe ich Flyer drucken lassen, Online-Werbung gemacht, Presse eingeladen, Anzeigen im hiesigen Gemeindeblättle geschaltet, und außerdem haben natürlich unsere Winzer alle Freunde und Berufskollegen informiert. Den Anmeldungen nach kommen wir auf fast hundert Gäste, und deshalb haben wir uns seit Tagen ins Zeug gelegt. Wie es sich für den Herbst gehört, gibt es Suser, den neuen Wein, mit Zwiebelkuchen, einer Quiche oder Flammkuchen mit Speck und Zwiebeln. Zum Naschen geröstete Maronen. Und natürlich jeden Wein aus dem Sortiment der Jungwinzer.

Helena, Niki und Rico sind heute extra zur Unterstützung angereist, haben sich mit allem vertraut gemacht und übernachten bei Hortense … auf deren Einladung. Ihre Gäste in Stuttgart werden am Café-Eingang nur ein Schild vorfinden: *Heute wegen Familienfeier geschlossen.*

Boris, Isabell und die Kinder bringen zur Einweihung die beiden Damen mit, Harriet und meine Mutter. Harriet war öfters mal da und immer wieder vom schnellen Fortschritt der Dinge beeindruckt. »So schön«, sagte sie ein ums andere Mal, und schließlich erklärte sie, dass sie sich den Kauf einer kleinen Immobilie in der Nähe des Weingutes überlege. »Hier geht einem das Herz auf«, sagte sie eines Abends bei einem Glas Wein, »weshalb soll ich dann in Stuttgart in einem riesigen unbeseelten Bunker leben?« Was Hugo dazu meint, fragte ich nicht.

Aber am meisten freut mich, dass Heiko für heute Nacht ein schönes Hotelzimmer in Lauffen gemietet hat. »Noch ein bisschen Zweisamkeit«, meinte er, »und Entspannung, bevor morgen der Rummel losgeht.«

Sonntag, 3. Oktober

Um fünf Uhr wache ich wie vom Donner gerührt auf. *Hab ich was vergessen?* Aber dann lasse ich mich langsam wieder zurücksinken. Gleich darauf sitze ich wieder kerzengerade im Bett. Was macht das Wetter? Mit einem Satz bin ich aus dem Bett und zieh die Rollläden hoch. Es ist noch dunkel. Aber der Himmel ist klar, soweit ich das beurteilen kann. Zumindest hat die Wetter-App gutes Wetter versprochen.

Heiko wird munter und richtet sich auf.

»Puhhh«, sagt er. »was machst du denn? Muss das sein?«

Ich entschuldige mich, lass die Rollläden wieder runter und schlüpfe zu ihm unter die Bettdecke.

»Bist du nervös?« Er legt mir sanft eine Hand auf den Bauch.

»Nein, überhaupt nicht.«

Er lacht. »Sieht ganz danach aus. Deine Bauchdecke hüpft im Gleichklang mit deinem Herzen. Ziemlich schnell, würde ich mal behaupten.«

»Ach Quatsch. Kann ja gar nicht sein!«

Heiko lässt seine Finger wie ein Klavierspieler abwechselnd auf und ab tanzen. »Wie spät ist es überhaupt?«

»Fünf vorbei.«

»Grundgütiger! Hast du den Wecker auf fünf gestellt?«

»Nein, auf sechs. Um sieben will ich dort sein.«

»Es ist doch alles vorbereitet. Um elf ist die feierliche Eröffnung, da ist noch massig Zeit.« Er gähnt lang und herzhaft.

»Trotzdem!«

»Wir können noch gut eine Stunde schlafen.« Er zieht seine Hand zurück und nestelt sich sein Kopfkissen zurecht.

»Ja«, sage ich. Wir könnten. Aber ich kann nicht. Ich geh im Geist noch mal alles durch, während ich Heiko neben mir schon wieder gleichmäßig atmen höre. Der hat wirklich die Ruhe weg. Aber er ist ja auch nur Gast und nicht Gastgeber. Ich stelle mir alles noch einmal bildlich vor. Vor allem der Vorplatz, der vor sechs Wochen noch Parkplatz für alle möglichen Maschinen war, ist mein ganzer Stolz. Da hat auch Boris kräftig mitgeholfen, muss ich zugeben, und ein Landschaftsgärtner aus Lauffen, der sofort gute Ideen entwickelt hat.

Jetzt ist der Platz frisch gepflastert, der ehemalige Parkplatz ein gutes Stück nach hinten verlegt und durch einen Sichtschutz aus hohen, mit Weinreben bewachsenen Rankgittern von der Terrasse aus nicht mehr zu sehen. Eine Linde wurde an der Stelle des alten Baumstumpfs gepflanzt, und alte mit Stauden und Gräsern bepflanzte Steintröge grenzen die Tische voneinander ab. Genau diese Pflanzen haben bei mir wegen ihrer Vielfältigkeit für Staunen gesorgt. Alleine die dekorative Prachtfetthenne fand ich ihres Namens wegen originell und wunderschön, und auch die Purpurglöckchen haben es mir angetan. Ich hätte dem Gärtner stundenlang bei der Arbeit zusehen können.

Heiko stöhnt und tastet nach mir. »Was machst du?«, will er schläfrig wissen.

»Ich denke gerade an meine Prachtfetthennen und Purpurglöckchen«, sage ich wahrheitsgemäß.

»Gut«, brummt er, »dann schlafe ich weiter.«

Das ist mir ganz recht, denn nun denke ich über unsere Outdoor-Möbel nach. Modern, da waren wir uns einig. So haben wir hellgraue Flechtstühle ausgesucht, dazu die passenden Tische und helle Sonnenschirme.

Fehlt noch das, was ich heute enthüllen werde. Außer mir und Doris weiß noch kein Mensch, wie die Winzerstube heißen wird. Die Enthüllung des Namens wird heute unser besonderer Moment werden, denn nun werden die Gäste entscheiden: Nehmen sie es an, gefällt es ihnen, oder sehen wir sie nach der Eröffnung nie wieder?

Ich habe Herzklopfen, und es wummert durch den ganzen Körper. Ich lege meine flache Hand leicht auf meine Bauchdecke. Tatsächlich, Heiko hatte recht, ich spüre meine schnellen Herzschläge selbst hier.

Auf 11 Uhr hatten wir die Eröffnung angesetzt, mit einem gemütlichen Hock, Suser, Zwiebelkuchen, Quiche und Flammkuchen, dann Ansprachen und die Enthüllung des Namenschildes, das übrigens ein ortsansässiger Kunstschmied kreiert und ausgeführt hat – und offensichtlich hat er auch den Mund über den Namen gehalten, denn es scheint tatsächlich kein Einheimischer zu wissen. Anschließend wird das Winzerstuben-Tor geöffnet, und jeder darf sich umsehen und natürlich auch an einen der Tische setzen und nach seinen eigenen Wünschen bestellen. In der Küche wetteifern Rico, Pauline und die junge Maxi, eine Köchin, die aus Lauffen stammt und gerade ihre IHK-Prüfung bestanden hat.

Um zehn strömen schon die ersten Gäste heran. Darauf war ich nicht gefasst. »Sie sind zu früh«, erkläre ich ihnen, aber bekomme nur zur Antwort: »Macht nichts, wir warten, aber wir wollen einen guten Platz!« Wer hätte das gedacht, unsere Eröffnung wird zum Dorfereignis.

Ich schau mich um: Die Restauranttische sind gedeckt, auf jedem steht eine kleine Glasvase mit einem Hypericumzweig mit hübschen, roten Beeren. Biertische und Bierbänke haben wir in hoffentlich ausreichender Menge dazugestellt, außerdem für die, die keinen Sitzplatz mehr finden, einige Stehtische. Um halb elf treffen wir uns alle mit Angelina, Robby und Sebastian in der Küche. Sie sind heute gemeinsam mit Helena und Niki im Service.

»Toi, toi, toi!« Sebastian dankt noch mal allen Helfern und vor allem Helena, Niki und Rico, die so enthusiastisch eingesprungen sind. »Wir sind überzeugt, dass dies ein wunderschönes, glanzvolles Projekt ist und nicht nur in unserem Weingut, sondern auch in der ganzen Region gefehlt hat. Lassen wir den Geist meines Großvaters wieder aufleben, er soll uns Glück bringen.«

Wir klopfen alle auf Holz und gehen an unsere Plätze. Doris und ich hinaus, um die Gäste zu begrüßen. Harriet und Mutti haben mit Boris, Isabell und den Kindern schon ihre reservierten Plätze eingenommen, und ich sehe mich zufrieden um, da stockt mir der Atem. Wer da gerade durch das Hoftor geschritten kommt – damit hätte ich wirklich nicht gerechnet! Ich gehe auf die neuen Gäste zu und muss aufpassen, dass ich andere nicht anremple, so sehr freut mich ihr Kommen. »Herr Petroschka! Fräulein Gassmann! Und Lisa! Das ist ja eine Überraschung!«

»Konnten wir uns das entgehen lassen?«, sagt Lotta Gassmann etwas nasal, während Lisa nur grinst und Petroschka bedächtig den Kopf wiegt: »Na, die Überraschung scheint uns ja gelungen zu sein.«

»Und ob!« Am liebsten hätte ich ihn vor Freude geküsst, aber das hätte ihn wahrscheinlich überfordert. Und Lotta Gassmann auch. »Ich habe noch einen reservierten Tisch für special guests«, sage ich. »Und jetzt weiß ich auch, welche special guests das sind.«

Schlag elf ist der kleine Platz so voll, als stünde Helene Fischer da vorn und gäbe ein Livekonzert. Alle Sitzmöglichkeiten sind längst besetzt und auch die Stehtische längst vergeben. Die meisten haben ein Glas Suser in der Hand, mit Zwiebelkuchen, Quiche oder Flammkuchen wird es ohne Abstellgelegenheit schon schwieriger. Trotzdem ist der Absatz groß, ich sehe unseren Service pausenlos mit Tellern hin und her flitzen. Ich habe sogar Mühe, zum Tisch meiner Familie und Harriet durchzudringen.

»Gratuliere«, sagt Boris, »das scheint ein Riesenerfolg zu werden!«

»Danke«, sage ich, »du hast auch deinen Anteil dran«, sehe nach ihm aber direkt Harriet an, die ein leises Lächeln zeigt.

Mutti, chic in einem hellen Leinenjanker, scheint sich auch wohlzufühlen und zeigt auf Lara und Ludwig: »Gibt es hier auch einen Spielplatz für die Kinder?«

Lara kräht sofort: »O ja!«, während Isabell ein kleines Steckspiel aus ihrer Tasche kramt. »Das ist ein kleiner Spielplatz für Kinder!« Lara greift begeistert danach, während sich Ludwig fachmännisch an mich wendet. »Und das haben Papa und du ganz alleine aufgebaut?«

Ich werfe Boris einen Blick zu, der ertappt grinst. *Du kennst mich doch*, soll das wohl heißen.

»Ja«, sage ich, »dein Papa ist der Beste von allen!«

Und damit wende ich mich ab, weil mich Isabells ironische Geste sonst zum Lachen bringen würde.

»Schätzchen, kommst du mal?«

Heiko steht hinter mir. Ich nicke meiner Familie zu und gehe hinter ihm her. »Was ist?«

»Ich glaube, da ist jemand, der Doris jetzt völlig aus dem Tritt bringt.«

Etwas abseits des Getümmels, die Hände in einer leichten Sommerjacke vergraben, steht Jörg.

»Wenn Doris ihn während ihrer Ansprache sieht, bekommt sie kein Wort mehr raus«, befürchte ich sofort.

»Ich denke, *du* redest?«

»Ja, den Großteil. Aber ein paar Sätze muss sie als zukünftige Wirtin auch sagen.«

»Sollen wir sie vorwarnen?«

»Besser wär's.« Ich schau auf die Uhr. »Wir sollten gleich loslegen, bevor die Leute unruhig werden. Es ist gleich halb zwölf …« Und dann frage ich mich eines: »Woher kennst du ihn überhaupt?«

»Ah, Verschwörung und so? Nein, natürlich kenne ich ihn. So, wie man sich in Stuttgart eben immer irgendwo begegnet.«

»Dann kennt er auch dich. Willst du nicht so lange zu ihm hin? Du hast doch auf alle Männer eine beruhigende Wirkung!«

Er fasst mir in die Haare. »Das ist das Letzte, was ein Mann von einer Frau hören will.«

»Ich sprach ja auch von Männern und nicht von mir.«

Er küsst mich kurz auf die Stirn. »Ich mach das!«

Doris ist gerade bei Helena an der Theke, als ich hereinkomme. »Es geht los«, sage ich, »und bevor du dich erschrickst, draußen steht dein Mann.«

»Nein! Ehrlich?«

»Ich hoffe, das bringt dich jetzt nicht aus dem Gleichgewicht?«

»Nein, das spornt mich nur an. Wo?«

»Links an der Hausseite. Heiko ist jetzt bei ihm.«

»Falls er eine Knarre zieht? Wegen Verlassenwerden und so?«

»Gespräch von Mann zu Mann.«

Doris zieht kurz eine Augenbraue hoch. »Na, das kann ja was werden!«

»Los jetzt«, kommt Niki angelaufen, »die Menge ruft schon nach euch!«

Wir werfen uns einen Blick zu. »Also gut«, erkläre ich, »dann Bühne frei!«

Unter dem Tor haben Sebastian und Robby eine Erhöhung aus mehreren Paletten improvisiert, darauf klettern wir jetzt. In der Hand ein Mikrofon, über uns das mit Tüchern verhängte Wirtshausschild.

Von oben sieht die Menschenmenge fast beängstigend aus, vor allem jetzt, da es plötzlich still wird und alle darauf warten, was ich wohl zu sagen habe. Ich muss schlucken. Aber dann lege ich los, schildere kurz, wie die jungen Winzer und ich überhaupt zusammengekommen sind, und vergesse auch das Mitwirken meines Bruders, des Architekten, nicht. An dem Punkt übergebe ich Doris das Mikrofon, und sie spricht von ihrer spontanen Liebe zu dieser Gegend, zu dem Weingut und zu diesen Menschen hier, die nicht nur hart arbeiten, sondern eben auch gern gemeinsam feiern. Und dann ist es so weit.

Wir bitten alle, von zehn rückwärts zu zählen. Erst sind es nur wenige, dann fallen immer mehr ein, schließlich ist es ein brausender Chor. Doris fasst das Tuch an seinem linken Ende, ich an seinem rechten.

Bei der gebrüllten »Null« ziehen wir kräftig und rufen synchron ins Mikrofon: »Wir nennen unsere Weinstube *Zum Karle* im Gedenken an Josefs Vater und Sebastians Großvater! Möge sein guter Geist darin wohnen und stets für Harmonie, Frohsinn und guten Wein sorgen!«

Der Beifall ist stürmisch, es fallen sogar einige Stühle und Bänke um, weil die Gäste vor Begeisterung aufspringen. Sebastian, Robby und Angelina, die neben unserer Bühne gestanden haben, sehen gerührt zu uns hoch und klatschen wie verrückt. Sebastian wischt sich kurz über die Augen und verlangt nach dem Mikrofon. Er steigt zu uns hinauf und umarmt uns beide. Dann nimmt er das Mikrofon in beide Hände: »Ich spreche ganz sicher im Sinne meines Vaters, meiner Mutter und den Eltern meiner Freunde und natürlich vor allem im Sinne meiner Mitstreiter Angelina und Robby, wenn ich mich hier bei euch von ganzem Herzen bedanke. Für eure Vision und eure tolle Initiative, denn ihr habt die Winzerstube wieder zum Leben erweckt. Für meinen Vater und mich möchte ich sagen: Die Namensgebung *Zum Karle* ist ein ganz besonderer Moment für uns beide. Wir wünschen euch viel Erfolg und danken euch von Herzen!«

Und während wieder heftig applaudiert wird, räumen wir die Paletten vom Eingang weg und rufen: »Die Winzerstube *Zum Karle* ist eröffnet.«

Alle strömen in die Winzerstube, fast muss man sich vor dem Sog in Sicherheit bringen. Sebastian und ich sehen dem Treiben überwältigt zu.

»Wenn das so anhält, wird das ja eine Goldgrube«, sagt plötzlich Heiko über meine Schulter. Ich drehe mich nach ihm um. »Ja, das hoffen wir mal … wo ist denn Jörg?«

»Sieht sich die Winzerstube an.«

Aha, denke ich, kann aber Doris in der Menschenmenge nicht entdecken. »Ich glaube, ich vertröste mal meine Familie und

Hausfreunde auf nachher. Nachher werden wir doch sicherlich noch in Ruhe zusammensitzen können.«

»Gute Idee!« Sebastian zeigt zur Winzerstube. »Hoffentlich fliegen die neuen Fenster nicht raus. Wegen Überfüllung …« Er lacht. »Komm mit. Bevor du deine Leute zusammentrommelst, sollten wir bei unserem Tisch vorbeischauen, mein Vater will dir was sagen.«

Ich setze mich neben Josef, und er drückt mir die Hand. »Das ist ein Geschenk, Katja, ein wahres Geschenk.«

»Es hat mir Freude gemacht«, sage ich.

Er nickt. »Und weißt du, all die Geschichten, die sich um den Karl immer so ranken, das ergäbe ein ganzes Buch. So viele Eulenspiegeleien, aber auch Ernsthaftes, gerade habe ich wieder daran gedacht, was er immer so erzählt hat. Oder was ich von anderen gehört habe …«

»Ja?«, frage ich, und da kommt mir eine Idee. »Sag mal, Josef, könnten wir daraus nicht so einen Geschichtenabend machen? Die Menschen mögen das doch. Den alten Zeiten nachhängen. Vor allem im Winter. Die Winzerstube ist jetzt so gemütlich, das könnte ich mir toll vorstellen. Alle vierzehn Tage, sagen wir am Mittwoch, findet ein Karle-Geschichtenabend statt. Du erzählst – bei Glühwein und Käsebrot aus dem Pfännchen. Oder so.«

Er legt den Kopf schräg. »Dir gehen die Ideen wohl nie aus?«

»Nicht, wenn ich gerade welche habe …«

Wir lachen beide, und in diesem Moment sehe ich Doris und Robby, wie sie sich an der Rebenwand unterhalten und das offensichtlich genießen. Tja, denke ich, irgendwie haben die beiden sich gefunden. Und irgendwo da hinten geistert Jörg herum. Ganz wohl ist mir bei dem Gedanken nicht.

Klaus kommt auf mich zu. »Ich denke, wir schieben jetzt mal ein paar von den frei gewordenen Biertischen zusammen und holen alle her. Deine Familie, deine Freunde und unseren Haufen. Und dann verlängern wir dieses Fest auf unsere Art, während sich alle anderen beim *Karle* herumdrücken.«

Während die Männer das in die Hand nehmen und auch das benutzte Geschirr von den Tischen abräumen, läuft Doris an uns vorbei. »Ich muss mich mal meinen zukünftigen Gästen stellen«, ruft sie und deutet zur Winzerstube. »Ich stoße nachher dazu.«

Ich selbst gehe zu Petroschka und Isabell, um alle zu den beiden neuen Tischen zu bitten. Mutti ist gut drauf. »Wie in unserer Jugend, Harriet, ist es nicht so? Wir haben auch immer gefeiert. Es fehlt nur die Musik. Dixieland war es doch immer? Dixie …«, und sie tänzelt summend in Richtung der Tische, »wir haben leider keine Musik«, sagt sie zu Klaus. »Sonst hätte ich jetzt mit Ihnen getanzt!«

»Ach!« Klaus sieht sie an, verbeugt sich kurz, nimmt sie in den Arm und Tanzhaltung an. »Ja, dann singen wir doch einfach. Ja, den Schnee-, Schnee-, Schnee-, Schnee-Walzer tanzen wir, du mit mir, und ich mit dir.« Und wirbelt sie dazu herum.

Ich muss lachen. Es ist auch zu komisch, und Harriet an meiner Seite lacht auch. »Harriet, wollen Sie sich nicht zu erkennen geben, ich hätte Sie heute so gern erwähnt, denn ohne Sie wäre dies doch alles gar nicht möglich gewesen! Wir sind Ihnen alle so dankbar!«

»Ach ja, nein, nein. Das ist gern geschehen. Und sehen Sie, ich brauche den Beifall nicht. Ich freue mich, dass Ihre Vision Wirklichkeit geworden ist. Es ist sehr viel schöner geworden, als ich mir das hätte vorstellen können. Ich bin gerne inkognito, da ist das Leben um einiges leichter.« Sie lächelt. »Und das Café floriert ja auch. Die beiden Frauen machen das prima, und der Koch zaubert ständig neue Gerichte. Sogar Hugo hat kürzlich vegan probiert und fand es gar nicht schlecht, kaum zu glauben!« Sie lacht. »Mir gefällt mein Leben gerade genau so, wie es ist. Ich setze ein bisschen Geld ein und mache einen Riesengewinn.« Sie schlägt leicht auf ihr Herz. »Hier drin.«

Wie schön, denke ich, und was für ein Segen, dass sie so denkt.

»Nun aber«, sage ich, »Bestellungen. Ich hole die Getränke, schließlich haben wir was zu feiern.«

»Schon unterwegs«, erklärt Heidi. »Setz dich und schau lieber Klaus und deiner Mutter beim Tanzen zu, so etwas hat man auch nicht alle Tage.«

Ich bleibe stehen, denn zum Sitzen fehlt mir gerade noch die Ruhe. Aber umso begeisternder ist, was ich sehe. Petroschka und Gassmann im Gespräch mit Pauline und Josef, Isabell unterhält sich mit Lisa, die Kinder spielen Fangen um die Blumentröge herum. Das Leben kann so schön sein, warum machen wir es uns manchmal so schwer? Gute Gespräche, zusammensitzen, ein Lachen, ein bisschen verrückt sein, das ist doch Leben. Wenn die Gäste weg sind, werden auch die anderen noch dazukommen, Angelina, Sebastian und Robby, Helena, Niki, Rico und Maxi. Alle, die heute zum Gelingen dieses Festes beigetragen haben, für diesen Erfolg versprechenden Auftakt. Nur Doris fehlt. Wo ist sie nur? Vielleicht sollte ich mal nach ihr schauen?

Da sehe ich sie aus der Winzerstube kommen, an ihrer Seite Jörg.

Gemeinsam gehen sie in Richtung Ausgang, dann bleibt Doris stehen, und Jörg hebt die Hand zum Gruß, bevor er durch das weit geöffnete Tor in Richtung Straße verschwindet. Ich rühre mich nicht vom Fleck, bis Doris bei mir ist.

»Was war das jetzt?«, frage ich leise. »Was wollte er?«

»Er hat mir gesagt, dass er alles falsch gemacht hat. Dass er genau hier sieht, was in mir steckt. Und dass er das einfach nicht wahrhaben wollte. Er möchte, dass wir für die Kinder Freunde bleiben, will mir aber keine Steine mehr in den Weg legen.«

»Und du glaubst ihm?«

»Diesmal schon. Er schickt mir einen Notartermin.«

»Notar? Also Scheidung?«

»Er will mir das Haus überschreiben.«

»Er will was? Ehrlich?«

Sie nickt.

»Ist es ungefähr so, wie Boris ganz todsicher nach Thailand zurückfliegt?«

Doris wiegt den Kopf. »Es klang ziemlich glaubhaft! Immerhin hat er mir zehn Minuten lang seine Fehler erklärt. Und seine Versäumnisse. Er! Jörg! Das gab es noch nie! Und dass er das alles wiedergutmachen will.«

»Na ja«, sage ich, »wenn er plötzlich so einsichtig ist, und wenn es so weit kommt, dann …«

»… wird das aber ein ganz besonderer Moment!«

Doris lacht und zieht mich an sich. »Und wenn nicht«, flüstert sie mir ins Ohr, »dann haben wir immer noch uns. Solange wir uns haben, kann im Leben nichts schiefgehen.«

Hinterm Horizont geht's weiter …

Udo Lindenberg